两岸语言文字调查
与语文生活

李宇明 主编

2017年·北京

编辑委员会

顾问 许嘉璐　陈章太　李行健　侯精一

主编 李宇明

编委 李宇明　张世平　张振兴　马重奇
　　　　余桂林　戴红亮

在交流中求同化异
——序《两岸语言文字调查与语文生活》

2008年以来,两岸语言文字交流步入快车道,特别是第五届两岸经贸文化论坛,对两岸语言文字交流做了高层次规划。在两岸相关部门及有识之士的支持和努力下,语言文字交流取得了丰硕的成果,如两岸共编语文工具书、两岸共办汉字艺术节和青少年诵读活动等,这些成果成为两岸进一步发展的台阶和未来发展之基础。2013年,两岸语言文字交流与合作协调小组成立,标志着两岸语言文字交流进入了新的发展阶段。小组成立后,发布了"汉字简繁文本智能转换系统",召开了首届"两岸语言文字调查研究与语文生活"研讨会,两岸语言文字专题片也已摄制完成。这些活动如火如荼地开展,得益于两岸关系的改善,得益于两岸人民共同的智慧,得益于中华民族文化丰厚的底蕴。

2015年4月,首届"两岸语言文字调查研究与语文生活"研讨会在福州福建师范大学举办。两岸学者共有70多人齐聚榕城,共同研讨两岸语言文字生活。两岸学者会上畅所欲言,不回避问题,求同化异,会下积极沟通,出谋划策,很多老先生共同回忆了两岸语言文字交流的历程和个中趣事。会议气氛融洽,体现了两岸学者学术之心、同胞之情。会议参与面也很广,既有语言文字专家,也有出版家、基金会负责人,还有一些从事自然科学的专家学者。会议创新形式,既有知名专家的大会发言,又安排了"两岸语言文字传承与中华文化传播""两岸语言文字合作研究、机制建设及展望"两个专题讨论。通过讨论,会议达成了很多共识:两岸语言文字合作与交流应要进一步加强,特别是学者间和青少年的交流,两岸交流要增加形式,如网络、微信等,台湾朋友也都在使用微信,联系起来很方便。研究应关注两岸语言文字生活,从语言生活出发,面向两岸语言文字生活,两岸语言基本面是相同的,如共同语语音和语法基本一致,词汇差异稍大,但百分之九十也是相同的;差异是变体,是两岸人民创造的财富,应珍惜,但分歧大了就影响交流,看同化异求通是两岸语言文字学者义不容辞的责任和义务。两岸语言生活研究既要看现实,看发展,也要看世界,看未来,从信息化、多元化和国际化视角,多层次、多方面、多角度观察,这样才能看趋势,看方向。

这次会议还产生了一些共同设想与主张,希望今后能够逐项落实。一是持续举办两岸语言文字生活会议,两年召开一次,在大陆开三两届,再在台湾开一届。二是积极推进两岸合作研究,共同开展一些项目,如构建两岸常用字、通用字对照表;建设两岸语言文字规范对照数据库;两岸语言文字术语梳理;开展两岸语言文字生活实地调查;开展全球华语调查和研究;共编两岸闽南话词典等。只有两岸共同合作研究,才能将思想物化,物化才能固化,固化才能达成共识。三是积极推进两岸学会的学术交流,语言文字学会应在两岸语文生活中扮演更为重要的角色,学会集中了大批智者,大批能者,大批专家学者,可为两岸语言文字政策制定提供有价值的建议和对策,也可影响两岸民众对语言文字的认知,从而共同推动两岸语言生活相向而行。四是设置两岸学者互访项目,支持两岸青年学者交流。五是办电子刊物,及时将交流合作成果传递给两岸语言文字学者,了解两岸交流和合作动态。我们还呼吁台湾以语言学会为基础成立一个协调小组,以便两岸持久开展语言文字交流与合作。

两岸各领域的交流和合作蓬勃发展,语言文字交流与合作也时不我待。我们应"更励孜孜图进益",两岸语言文字交流才能"青云万里有前期"。

李宇明

2016 年 7 月 19 日

序于北京惧闲聊斋

目　录

语言政策

发扬新文化运动精神　共同推进两岸语文现代化……… 黄德宽　1
试论两岸语文融合、统一之途径 …………………… 李行健　17
关于深化海峡两岸和香港、澳门语言对比研究的思考…… 刁晏斌　25

两岸词汇比较

词义变异、误用与辞书释义
　　——两岸汉语词汇运用的一种现象的考察……… 董　琨　36
台湾大学生语言使用和语言态度的调查与思考
　　…………………………… 苏新春　方　慧　张期达　44
台湾中小学生语言转移的调查
　　——以台北市、新北市、高雄市为例
　　………………… 廖湘美　林素卉　庄斐乔　苏新春　57
海峡两岸汉语词义知晓现状调查研究 ………………… 王　立　75
论两岸同形词的色彩意义 …………………………… 竺家宁　88
试论两岸差异词 ……………………………………… 林玉山　106
"语言癌"现象及其应对 ……………………………… 魏　晖　121
两岸小学教科书识字教学内容与教学方法比较研究 …… 陈　鸿　133

2014 阅读素养评量分析与教学建议
　　——以高雄市某初中三年级学生施测结果为例
　　　　　　　　　　　　　　　　　　　　　…………… 孙剑秋　丁美雪 141
中文检测命题趋势
　　——以阅读理解题组与写作命题为例 …………………… 汪中文 159
国际华语教师面临的多元华人文化语言使用问题 ……… 曾金金 182
识字与构词
　　——汉语词汇教学的选择与实践 ………………………… 许学仁 196
台湾小学学习字词析探 …………………………………… 徐长安 213
浅谈两岸汉英语码转换的特点及发展趋势 ……………… 尤　远 228

两岸文字比较

两岸繁简汉字发展回顾与展望 …………………………… 卢国屏 245
海峡两岸"书同文"研究 ………………………………… 许长安 256
"大华文"视野下两岸语言文字稳态系统研究导言 …… 盛玉麒 266
大陆与台湾常用字字形比较 ……………………… 沈　阳　刘依婷 280
计算机字符集 ISO10646 中大陆与台湾同编码汉字
　　字形差异的特点 ………………………… 张素格　陈双新 295
《新订异体字表》异体字在台湾留存情况考察
　　　　　　　　　　　　　　　　　　　　　…………… 王立军　白　如 304
香港与内地汉字规范用字差异比较分析 ………………… 汤志祥 319
汉字简繁文本智能转换系统中的语言学问题分析 ……… 戴红亮 337
汉字简繁转换原则及其系统实现 ………………… 史晓东　陈毅东 349
"汉听"在两岸的影响及对两岸文化融通的作用 ……… 张军民 363

目 录

两岸闽南话比较

台湾闽南话的复兴运动 ………………………… 蔡金安 376
清末民初闽台传教士编撰的五种厦门方言辞书音系
　　比较研究 …………………………………… 马重奇 389
试论闽台闽南方域文字的研究 ………………… 李春晓 417
两岸闽南话区语言生活现状调查 ……………… 林华东 429
两岸交流视域中的厦漳泉闽南话 ……… 林晓峰 吴晓芳 440
台湾闽南话使用现状及其相应问题研究 ……… 苏金智 456
从文献目录看闽台的方言资源 ………………… 张振兴 466
闽粤台客家俚俗谚语的扩散与变异 …………… 曾纯纯 475
闽南话在台湾语言生活中的地位和作用 ……… 周长楫 493

发扬新文化运动精神
共同推进两岸语文现代化

黄德宽

（安徽大学文学院）

【摘要】 1915年兴起的新文化运动,对我国语文现代化具有划时代意义:一是促进了民族共同语形成,二是推进了汉字改革发展,三是确定了新中国语文现代化的基本方向。新文化运动对我国语文现代化起到了奠基作用,发挥着长远的不可低估的影响。新文化运动百年之际,在充分肯定我国语文现代化所取得的巨大成就的同时,要重视和思考当前所面临的一系列新问题:对新文化运动做出客观的历史的评价,更好继承新文化运动的精神遗产;在推行国家通用语言文字同时,处理好民族共同语与语言多样性的关系问题;重视缩小两岸语文差异,突破语言文字信息化瓶颈;理性对待汉字,珍惜汉字文化遗产。

【关键词】 新文化运动;语文现代化;民族共同语;汉字改革;两岸语文工作

新文化运动百年之际,从不同视角对新文化运动进行全面的总结和反思,对当前中国现代化建设具有重要的现实意义。本文着重从新文化运动对我国语文现代化的影响谈一些看法和思考。

1. 新文化运动开启了我国语文现代化历程

　　语文现代化是指国家为适应现代化的要求而进行的语言文字规范化、标准化过程。国家通过制定统一的语言文字标准和规范,以便语言文字能够便捷地传递信息,更好服务教育的普及和科技进步,从而为实现国家现代化奠定基础。在现代化进程中,西方发达国家大都曾推行过语文现代化政策。如日本从明治维新(1868)开始,就将普及国语作为一项基本国策,推行语言规范化和标准化。近代以来,中国现代化探索经历了一个曲折过程,许多志士仁人也曾认识到语言文字对复兴中华民族、实现古老中国现代转型的重要性。吴汝纶1902年考察日本,看到日本普及教育和语言统一的功效,回国后就上书主张"使天下语言一律"[①]。从普及教育、发展科学、振兴国家的良好愿望出发,受西洋传教士"教会罗马字"和日本语言文字政策的影响,近代不少有识之士开展了语言文字的各种改革尝试,比较有影响的,如卢戆章的"切音新字"(1892)、王照的"官话字母"(1900)、劳乃宣的"合声简字"(1905)等。1910年王照的"官话字母"被查禁后,筹备立宪的资政院收到六个呈请说帖,请求推行劳乃宣的"合声简字"。资政院推严复审查,在审查报告中,严复认为:这些说帖"大旨谓我国难治之原因有二:教育不普及也,国语不统一也,而皆以不用官话拼音文字之故"。严复建议采用简字"补汉字之缺,为范正音读,拼合国语之用"。1911年通过了"统一国语办法案",因辛亥革命爆发,也就不了了之了。1912年在北京召开"中央临时教育会议",提

[①] 胡适:《〈中国新文学大系〉第一集·导言》,《胡适学术文集·新文学运动》第234页,中华书局,1993。

出"采用注音字母案",1913年教育部召开"读音统一会"会议,邀请吴敬恒、王照等40多人审定国音,制定了一套正式的"注音字母"方案(1918年公布)。这些标音文字运动和统一国语的努力,虽未能寻找到解决汉语言文字所面临问题的正确道路,但各种标音实验在一定范围内的推行和统一国语形成的认识,为新文学运动提供了一个大的历史背景①。1915年新文化运动的兴起,则真正开启了我国语文现代化的历程。

1.1 文学革命与汉民族共同语的形成

1917年胡适、陈独秀发表了《文学改良刍议》和《文学革命论》,高擎"文学革命"大旗。"文学革命"最核心的内容就是:倡导文言一致,摒弃模仿古文,以白话为工具建立"活的文学",这种文学是一种"人的文学"。陈独秀提出要"推倒贵族文学,建设国民文学;推倒古典文学,建设写实文学;推倒山林文学,建设社会文学"。胡适更进一步将建设新文学的唯一宗旨概括为"国语的文学,文学的国语"。他说:"我们所倡导的文学革命,只是要替中国创造一种国语的文学。有了国语的文学,方才可有文学的国语。有了文学的国语,我们的国语才算得真正的国语。"②这种认识将新文学运动与国语的建立很自然地结合起来。胡适考察意大利、英国等欧洲国家国语形成的经验,认为"有了国语的文学,自然有国语","中国将来的新文学用的白话,就是将来中国的标准国语"③。他还指出:"凡是国语的发生,必是先

---

① 本文所论关于汉字改革等内容可参看黄德宽等《汉语言文字学史》第四编第七章,安徽教育出版社,2006。
② 胡适:《建设的文学革命论》,原载1918年4月15日《新青年》第4卷第4号。收入《胡适学术文集·新文学运动》第40—54页。
③ 同注②,第44页。

有了一种方言比较的通行最远,比较的产生了最多的活文学,可以采用作国语的中坚分子;这个中坚分子的方言,逐渐推行出去,随时吸收各地方言的特别贡献,同时便逐渐变换各地的土话:这便是国语的成立。有了国语,有了国语的文学,然后有些学者起来研究这种国语的文法,发音法等等;然后有字典,词典,文典,言语学等等出来;这才是国语标准的成立。"①胡适对"国语的文学,文学的国语"关系的论述,尤其是他对国语及其标准成立条件的分析精辟透彻。通过文学革命来建立真正的国语,是新文化运动对中国语文现代化的最重要贡献。在胡适倡导文学革命之前,虽"国语统一"已提出,但并没有找到实现的正确路径。胡适不仅明确提出通过以白话为作文工具,尽量采用《水浒传》《西游记》《儒林外史》《红楼梦》中可用的白话,不够用的,就用今日的白话来补助甚或可采用不得不用的文言来补助,努力去做白话的文学;而且,他在系统研究白话文学史的基础上,进一步指出可以充当国语的具有双重资格的方言(流行最广,已产生了有价值的文学)就是从东三省到云贵川、从长城到长江流域最通行的一种大同小异的"普通话",也就是流行最广的北方话(官话)。在"国语的文学"创作方面,胡适自己尝试解决以白话来创作新诗的问题;1918年《新青年》开始专用白话作文;同年,鲁迅的《狂人日记》在《新青年》第4卷第5号上发表,产生了巨大反响。1919年"五四"之后,新文化运动席卷全国,各种白话文学作品层出不穷,创造了中国文学史上30年的黄金时代。正如胡适所言,大批优秀的以白话写作的"活文学"作品的出现,加快了"文学的国语"的确立,进而形成了我国

---

① 胡适:《〈中国新文学大系〉第一集·导言》,《胡适学术文集·新文学运动》第253页,中华书局,1993。

真正的"国语标准",促进了现代民族共同语形成。

作为现代汉民族的共同语,台湾称"国语",大陆称"普通话",海外叫"华语",虽名不一,其质则同。"文学革命"切中了中国文学之蔽,以世界眼光,选择了语文革新的正确路径,顺应了时代潮流,因此,"经过几年的艰苦奋斗与激烈的争辩以后,这一运动最后受到全国的承认和接受。"①与此相随,由"文学工具革命"催生了真正意义上的汉民族共同语,结束了两千年来我国文言分离的历史,确立了白话文学的正宗地位,白话最终成为汉民族文学和教育的有效工具。这不仅是我国语文现代化的一项伟大成果,就是放在数千年中华文明发展进程中来看,也是划时代贡献。

1.2 文学革命与汉字改革运动

新文化运动对我国语文现代化的另一个重要影响,就是掀起关于汉字存废和前途问题的大辩论。

汉字是中华文化最重要的载体和中华文明的独特标志,汉代"儒家学说经典化"之后,汉字体系一直处于比较稳定的状态,其至高无上的地位在历史上从来没被动摇过②。1840年鸦片战争失败后,西洋传教士在沿海传播基督教,形成规模甚大的"教会罗马字运动"。"教会罗马字"的推行必然与汉字体系产生冲突,一些传教士开始批判汉字的繁难和落后,进而主张以罗马字替代汉字。那些关注国家存亡、民族进步的知识分子,为推进教育普及、克服汉字繁难之蔽,也开始了各种改进汉字教学的实验,形成了颇具影响的"切音字运动"。

---

① 胡适:《四十年来的文学革命》,《胡适学术文集·新文学运动》第310页,中华书局,1993。
② 黄德宽:《儒家学说经典化与汉字系统的稳定性》,王霄冰等主编《文字、仪式与记忆》,民族出版社,2007。

这些关于汉字的批评和改革,受到了来自正统文化势力的强大阻力,并没能取得实质性成效,但汉字的神圣地位却被大大地动摇了。

新文化运动的兴起,汉字的存废和前途问题再次成为文学革命的中心议题之一。作为新文化运动干将的钱玄同,在1918年《新青年》上发表了《中国今后之文字问题》,主张废除汉字和汉语,他态度激烈,认为:"欲废孔学,不可不先废汉文;欲驱除一般人之幼稚的野蛮的顽固的思想,尤不可不先废汉文。"他对汉字进行了全面的否定和批判,断言"这种文字,断断不能适用于二十世纪之新时代"。陈独秀、胡适虽不完全同意钱玄同观点,对发动文字改革却予以了热情支持,随钱文同时发表的陈独秀的答书和胡适的跋语表明,他们赞成"先废汉文(字),且存汉语",将来改用拼音文字。胡适坚信,文学革命的成功,将来一定会用拼音替代汉字来拼写白话①。这篇文章之后,《新潮》上发表了傅斯年的《汉语改用拼音文字的初步谈》。《国语月刊》出了一期"汉字改革"专号,发表了钱玄同的《汉字革命》以及蔡元培、黎锦熙、赵元任等讨论汉字改革的文章,掀起了汉字改革运动的高潮。这次汉字改革的争论异常激烈,产生了较大的社会影响,论争中采用国语罗马字的呼声渐趋一致。1923年,经钱玄同向国语统一筹备会提议,国语统一筹备会决定组建"国语罗马字研究委员会",钱玄同、黎锦熙等11人为委员,但由于时局变化,委员会未能适时开展工作。次年,刘复在北京发起部分委员参加的"数人会",议定了一个《国语罗马字拼音法式》,1926年由国语统一筹备会非正式颁布。1928年国民革命军统一南北,在蔡元培推动下,大学院(教育部)以《国音字母第二式》正式发布了这个方案。"国语罗马字"拼音方案的

---

① 胡适:《答朱经农》,载1918年8月《新青年》第5卷第2号。

制定,是清末以来汉字改革的一个不小的进步,更是新文化运动的一项成果。但这个方案公布后并没有产生太大的社会影响,这预示着推行国语拼音文字的改革可能不是一个正确方向。

在"国语罗马字运动"渐趋沉寂之时,受苏联文化扫盲和新语文政策影响,大革命后来到苏联的瞿秋白、吴玉章、林伯渠等在苏联语言学家龙果夫等人的帮助下,研制出一套"拉丁化新文字"方案。这个方案先在苏联华侨中用于扫盲教育并取得较好效果,1933年被介绍到国内。1934年,国内"文言、白话、大众语"的论战达到高潮,汉字拉丁化新文字在国内的介绍适逢其时。张庚、应人、鲁迅等发表文章,宣扬"大众语",主张"拉丁化"。1935年12月,蔡元培、孙科、柳亚子、鲁迅、郭沫若等688位社会文化名流联名发表《我们对于推行新文字的意见》,倡导实行"拉丁化新文字"。在全民抗日的民族危亡的关键时期,"拉丁化新文字"在文化扫盲、动员群众、宣传抗日方面发挥了一定作用,在全国尤其是在延安地区产生了广泛影响。虽"拉丁化新文字运动"的发展,宣告了"国语罗马字"时代结束;但处于抗日战争的血雨腥风之中,这种拼音新文字不可能得到大范围的推广应用。抗战胜利后,实现文字拼音化的呼声再起,但由于内战爆发,中国社会文化环境发生了急剧变化,已不具备实行任何文字改革的可能了。尽管拉丁化新文字运动主要是共产党人受苏联影响搞起来的,但介绍到国内之后很快得到响应并迅速在一定范围内传播。除了抗战大背景之外,不能不承认这是由于新文化运动以来整个社会环境和文化思潮发生重大变化的结果。从这个意义上来看,拉丁化新文字运动同样是新文化运动的成果之一。

汉字改革作为文学革命论争主要问题之一,涉及古老汉字的生死存亡,汉字是否能适应20世纪发展的需要,汉字是不是普及教育、传播新思想新知识的巨大障碍,该不该废除汉字而采用西方的拼音文字等问题。面对这些问题,站在传承中华文化与主张全盘西化的不同立场上,形成了针锋相对的观点。在新文化运动发起者的阵营里,虽主张完全废除汉语的偏激观点并没有多少人认可,但大多数人都赞成废弃汉字而改用拼音文字,其分歧只在于如何改用拼音文字的方法层面。实际上,在整个新文化运动中,实行拼音文字问题并没有取得实质性进展。1935年,胡适曾不无遗憾地总结到:"在文学革命的初期提出的那些个别问题中,只有一个问题还没有得着充分的注意,也没有多大进展——那就是汉字改用音标文字的问题……如果因为白话文学的奠定和古文学权威的崩溃,音标文字在那不很辽远的将来能够代替那方块的汉字做中国四万万人的教育工具和文学工具了,那才可以说是中国文学革命的更大收获。"[①]胡适的遗憾大概也是新文化运动发起者们的共同遗憾:陈独秀1929年编成《中国拼音文字草案》,试图用拼音文字来拼写北京、汉口、上海、广州四种方言,其书却无人问津;胡适1958年介绍"中国文艺复兴运动"的演讲中大谈老祖宗的创造——用"汉字写白话";1959年曾力主采用国语罗马字的赵元任在台大出版的《语言问题》演讲集中也坦承:"某种用文字的场合,是非用汉字不可"[②]!可看出,随着时间推移,这些拼音文字的积极倡导者,自身对这个问题的看法所发生的一些令人深思的微妙的改变。

[①] 胡适:《〈中国新文学大系〉第一集·导言》,《胡适学术文集·新文学运动》第260页,中华书局,1993。
[②] 唐宝林:《关于陈独秀的文字学论著》,《陈独秀音韵学论文集》,中华书局,2001;胡适:《中国的文艺复兴运动》,《胡适学术文集·新文学运动》,中华书局,1993;赵元任:《语言问题》第150—151页,商务印书馆,1999。

发扬新文化运动精神　共同推进两岸语文现代化

　　文学革命影响下的汉字改革还有一个方面,那就是汉字简化问题。早在1909年《教育杂志》的创刊号上,陆费逵就发表《普通教育当采用俗体字》一文。1920年,汉字改革的激烈推进者钱玄同发表了《减省汉字笔画底提议》。1922年,在国语统一筹备委员会他提出了《减省现行汉字的笔画案》,提倡推行民众社会的简体字。1934年杜定有发表《简字标准字表》,1935年钱玄同主持编成《简体字谱》,同年8月民国政府教育部公布《第一批简体字表》,1936年容庚的《简体字典》、陈光垚的《常用简字表》相继出版,1937年5月北平研究院字体研究会发表《简体字表》第一表。

　　胡适也是将汉字简化作为与白话文同样重要的改革来对待的。在给《国语月刊》"汉字改革号"撰写的《卷头言》中,他充分肯定了两千年来"小百姓""还做了一件同样惊人的革新事业:就是汉字形体上的大改革,就是'破体字'的创造与提倡"。他认为这些改革就是为了经济实用,而且还发现这些革新总是先由小百姓做起,然后才得到学者文人的承认。因此,他很赞成钱玄同、黎锦熙研究整理这些破体的"新字",建议"全国人采用这几千个合理又合用的简笔新字来代替那些繁难不适用的旧字",并指出"这不是彻底的改革,但确然是很需要而且应有的一桩过渡的改革"①。

　　从这些对简体字整理研究、编纂设计(如容庚创造的一些简体字)的字表或字典来看,当时对推行简体作为"目前最切要的""过渡的改革",已获得政府和学界相当的重视,但由于缺乏统一的安排和规划,即使已公布的简体字表也没有得到真正的推行。不过,这个期

---

① 原载1923年《国语月刊》第1卷第7期,收入《胡适文存》二集卷四,又见《胡适文集》第三册第651—652页。

间对简体字的重视和整理研究,却是新文化运动为新中国的语文现代化留下的一份重要的遗产。

2. 新中国语文现代化新进展

中华人民共和国成立后,"五四"新文化运动精神得以传承和发扬,语文现代化事业取得了新进展。新成立的中央政府高度重视语言文字工作,1949年10月10日在北京成立"中国文字改革协会",1951年5月教育部设立"中国文字改革研究委员会筹备会",1952年成立"中国文字改革研究委员会",1954年改组为"中国文字改革委员会",直属国务院领导。1956年成立"中央推广普通话委员会",各地方政府也都成立了相应的语言文字改革组织机构。1955年10月15—23日,教育部和中国文字改革委员会在北京召开了全国文字改革会议,10月25—31日,中国科学院召开了汉语规范问题学术会议。10月26日,《人民日报》正式公布了新中国语文工作三大任务:简化汉字、推广普通话、实现汉语规范化。1956年2月《汉字简化方案》公布。1958年周恩来总理在全国政协会议上做《当前文字改革的任务》报告,提出"简化汉字、推广普通话、制定和推行汉语拼音方案"三大任务。1958年2月3日吴玉章在第一届全国人大第五次会议上做《关于当前文字改革工作和汉语拼音方案的报告》,2月11日大会通过了《汉语拼音方案》。自此以后,新中国的语言文字工作,一直围绕这三大任务展开,依靠政府强有力的推动和良好的社会环境,我国的语文现代化工作跨入一个新的历史时期。

新中国确定的文字改革三大任务,是适应新中国经济社会发展和文化教育事业需要而采取的语文政策,这些语文政策对新文化运动语文改革成果予以了全面继承和发展。汉民族共同语——普通

发扬新文化运动精神　共同推进两岸语文现代化

话,"以北京语音为标准音,以北方方言为基础方言,以典范的现代白话文著作为语法规范",这是新文化运动成果的直接继承;在汉字发展方向上依然坚持走"拼音化"道路,为了适应当前教育普及和文化发展,先行推行简化字,充分吸收了新文化运动过程中对简体字整理研究的成果;《汉语拼音方案》也同样是在总结以往经验的基础上制定的方案,虽现阶段只作为学习汉字、推广普通话的工具,但其最终的作用,制定者当初显然是要将其作为取代汉字的拼音文字方案。无论从文字改革的思想还是内涵看,我们认为,新中国的语言文字工作都是对新文化运动文学革命成果的合理继承和发展。这充分表明,新文化运动对我国语文现代化起到了无可争议的奠基性作用,发挥着长远的不可低估的影响。

新文化运动百年来,世界的政治、经济、文化和科学技术发生了巨大的变化,全球化、信息化正以出人想象的方式在改变着整个社会和人们的生活。经历了"文化大革命"十年浩劫后三十多年的改革开放,中国创造了人类社会的经济发展奇迹,已成为名副其实的世界大国,近代以来志士仁人复兴中华的伟大梦想正在变成可能。经过数十年的对立和分治后,海峡两岸的经济、文化交流也日趋频繁。百年来,我国语文现代化伴随着现代化的进程已取得了巨大成就,汉民族共同语在海峡两岸和华人世界已得到了广泛的应用,汉语成为联合国六种法定的大会和工作语言之一;汉字的简化、整理工作成效显著,汉字标准化、规范化水平日益提高,大陆、台湾、香港都制定了各类汉字使用规范;汉语言文字信息处理技术日趋成熟,汉语汉字较好地跟上了信息化时代的步伐;汉语拼音方案也被联合国等国际组织作为中文地名、人名和中文文献罗马字母拼写的国际标准。凡此等等,表明我国语文现代化的成就和达到的水平。

3. 当前语文现代化面临的问题与我们的思考

新文化运动百年之际,当我们充分肯定我国语文现代化所取得成就的同时,更要重视和思考当前语文现代化所面临的一系列新的问题。在我们看来,这些问题主要表现在以下方面:

3.1 关于如何客观评价新文化运动,更好地继承新文化运动的精神遗产问题

新文化运动百年后的今天,重读那些回肠荡气,充满理想、责任和危机感的文章,缅怀那些在国家民族危亡、文化沉沦之际勇于担当和牺牲的志士仁人们,我们的心灵不能不为之震撼,我们不能不反思:对他们当时所做的一切,我们是不是都予以了足够的尊重和敬仰?我们享受了新文化运动成果,是否还铭记着它的伟大精神?那些先贤们尚未完成的使命是否还能激励我们奋起担当?新文化运动只能是一个民族特殊时代的产物,但它的伟大历史功绩和所展现的不朽精神,我们这个民族的后来者永远不应忘记!新文化运动的精神遗产,应由海峡两岸和全体中国人共同继承和发扬。就语文现代化而言,虽两岸的发展路径和取向存在分歧,但无论是大陆还是台湾都应认识到,两岸语文政策总体上都是在沿着新文化运动先驱们开辟的道路前进的,彼此应相互尊重和认同,共同开辟中国语文现代化的未来,而不应彼此贬斥和否定,各行其道,继续扩大分歧,那样的话就有违新文化运动的根本精神了。

3.2 关于如何在推行汉民族共同语的同时,处理好语言多样性的关系问题

新文化运动最为突出的语文现代化成果是促进民族共同语的形成。作为世界使用人口最多的汉民族共同语,无论叫"国语""普通

话"还是"华语",它不仅是现代化社会最为基础和重要的交流工具和信息载体,同时还负载着政治、经济和文化价值。我国高度重视民族共同语的推广,将"国家推广全国通用的普通话"写进了宪法,《国家通用语言文字法》对普通话的推广和使用有多项明确规定,这从根本上确定了民族共同语的法定地位,促进了民族共同语的推广。我国是一个多民族、多语言国家,据统计各种不同的语言达130种;同时我国方言分歧也很严重,大的方言区就有北方、吴、湘、赣、客家、闽、粤、徽、晋及平语等十个,各方言区内部还可细分为若干片区。一方面,我国语言生活的现实情况,使得建立和推行民族共同语、提高全民语言能力成为国家现代化建设的基础性工作;另一方面,语言的多样性是人类社会漫长历史发展进程中自然形成的,是人类宝贵的历史文化资源,尊重语言平等、保护语言多样性是现代国际社会的共识。当前,我国民族语言保护也面临着新的形势,随着现代社会的发展,一些少数民族语言处于濒危境地,如不及时保护将会永远消失;方言作为语言的活化石,具有独特的历史文化价值,民族共同语的推广、教育的普及和现代传播手段的发展,使方言的保护问题也越来越引起关注。在这种情况下,推广国家通用语言与尊重民族语言的多样性、保护方言文化往往会形成难以避免的冲突,尤其是随着经济社会发展水平的日益提高和文化多元意识的不断增强,这种由语言问题引发的冲突发生得更加频繁,严重的有时甚至会激化民族矛盾、引起社会的不稳定。在教育方面这种矛盾表现得更加明显,我们面临着既要推广国家通用语言文字,又要尊重语言多样性、兼顾教育公平的新问题。上述问题是新形势下语文现代化和语言文字工作所面临的不容回避的问题,必须以新的思维和对策来妥善解决。

3.3 关于如何缩小两岸语文差异,突破语言文字信息化瓶颈问题

在信息化的现代社会,语言文字的信息处理技术直接体现一个

国家的科学技术水平,对国家的政治、经济、文化的发展和安全至关重要,而信息化的基础和前提则是语言文字的规范化和标准化。追踪信息化技术的发展,大陆和港澳台地区都为语言文字制定了各种规范和标准,在语言文字信息化工作方面都取得了很大的成绩。信息化社会科学技术的发展,更加突显出新文化运动所催生的汉民族共同语的重大价值。如果没有一个统一规范的民族共同语做基础,汉语言文字就无法适应现代信息化社会的发展要求。目前,汉语言文字的信息化也面临许多新的问题,撇开信息技术层面问题不谈,仅就语言文字规范标准的制定而言,两岸语文存在的差异客观上已造成了信息化处理的不少障碍。这种障碍主要表现在词汇系统和书写系统两个方面:词汇系统的差异,既有日常用语方面的,也有科技等专业名词术语方面的;书写系统的差异,就是汉字繁简的不同。虽海峡两岸和香港、澳门的学者已为解决这些差异问题开展了合作并提出了一些解决方案,但总体上看,由于认识上的分歧和政治上的原因,两岸尚没能形成消除差异、制定统一规范和标准的共识和长远规划。两岸语文差异不仅影响语言文字信息交换的效率和水平的提高,也对人们日常交际和汉语国际教育产生了不良影响。随着中国经济的发展和国际地位的提高,了解古老中华文化、学习汉语言文字已成为当今世界的一股热潮,而两岸汉语差异和汉字繁简分歧却为汉语汉字的学习和传播带来许多不便,不能很好适应汉语国际教育发展的要求。当今社会,国家信息化水平实际上体现的就是现代化水平,历史上中华民族曾因失去了工业化的历史机遇而付出惨痛代价,我们绝不能在信息化时代再次坐失赶超西方发达国家的良机。我们认为,两岸在处理语言文字分歧的时候,都应发扬新文化运动的精神,从中华民族和中华文化的复兴和传承计,抛弃前嫌,坦诚合作,立足语言文字的信息化和现代化来处理语言文字问题,共同制定消除语言文字分歧的规划和目标,共同研制统一的语言文字规范和标准。这不仅会为实现两岸书同文和复兴中华大业奠定信息化基础,也会为促进国际合作交流和世界文明进步做出我们中华民族的巨大贡献。

3.4 关于如何理性对待汉字,珍惜汉字文化遗产问题

反思新文化运动,我们绕不开汉字问题。如果说文学革命确立白话文学的正统地位、实现文言一致、确立民族共同语是新文学运动的巨大历史功绩,这一点是不会有任何疑义的;但涉及文学革命对汉字的批判和存废问题的评价,看法就会存在着很大的分歧。这种分歧不仅影响了对汉字的整理、研究、应用和教学,也决定着文字政策的制定和文字改革的发展方向。可以说,从近代以来关于汉字问题的争论从来就没有停歇过,即便是新中国已颁布实行汉字简化方案的情况下,社会上的认识分歧和质疑也一直存在。在改革开放背景下,我国语言文字工作又进入一个新的历史阶段。1985年国务院决定将"中国文字改革委员会"改名为"国家语言文字工作委员会"。1986年1月在北京召开全国语言文字工作会议,会议总结了1955年全国文字改革会议以来我国文字改革工作,调整了新时期语言文字工作重点。同年6月国务院批准废止1977年公布的《第二次汉字简化方案》,10月国家语委重新发表《简化字总表》,在"说明"中除交待了对1964年发布的《简化字总表》的个别调整外,特别强调"汉字形体在一个时期内应当保持稳定,以利应用",希望"引导大家逐渐用好规范的简化字"。1989年,新创刊的《汉字文化》第一、二期刊登袁晓园《识繁写简 书同文字 共识互信 促进和平统一》的文章,提倡汉字运用"识繁写简",此后引发了汉字问题的新一轮热烈讨论。这次

讨论涉及汉字功过的评价、繁简关系问题、拼音化问题以及汉字文化问题,参与讨论的人数之多和意见分歧之大,与新文化运动时期关于汉字的争论难分伯仲。通过近年来的争论和汉字研究的进展,我们认为,在汉字问题上有些认识已逐渐明晰并有可能趋向一致,如:(1)汉字是博大精深、历史悠久的中华文化的智慧结晶和中华文化的载体,中华文化的传承和中华民族的延续离不开汉字,废除汉字是不明智的也是不可能的;(2)文字拼音化并不是世界文字发展的唯一方向,汉语拼音(包括其他拼音方案)是汉字学习和运用的重要辅助手段,对语言文字的信息处理具有重要作用,但完全实行拼音文字在汉语世界是一条走不通的道路;(3)当前汉字繁简二元并存是一个客观存在的事实,两岸语文政策的制定应面对这一现实,应有利于稳定现状,促进互相认同、相向而行,共同探讨缩小分歧、实现书同文的路径和策略,而不是相互否定和排斥,继续扩大这种分歧;(4)两岸共同研制统一的汉字规范标准尤其是汉字信息化各种国际标准,突破语言文字信息化瓶颈,是实现国家现代化和中华民族复兴的必然要求。上述这些认识,虽与近代尤其是新文化运动以来许多先哲们对汉字问题的认识存在着明显差异,但我们并非否认他们在当时背景下讨论汉字问题的良好动机和崇高愿望,客观地看正是他们对汉字问题的讨论,才推进了汉字的整理、研究、改革和规范工作,才有今天两岸汉字政策和规范的出现。两岸汉字问题可以说也是新文化运动历史发展的结果,我们应依据当前对汉语言文字研究所获得的科学认识,依据今天我国政治、经济、科技发展水平和社会教育文化发展情状,客观理性而又富有前瞻地面对和处理汉字问题,这才是发扬新文化运动精神所应秉持的立场和态度。

试论两岸语文融合、统一之途径

李行健

(《现代汉语规范词典》编写组)

【摘要】 两岸语文融合差异,达到统一,这是两岸深度交流、和平发展提出的新课题。从两岸语文现状出发,正确定位两岸为"一语两话""一文两体"。仿效澳门的语文实践,不排斥差异,让差异在交流中趋向统一。有关部门采取有效措施,可以加速这种融合统一的实现。

【关键词】 语文融合;统一;现状;定位;澳门实践

1. 问题的提出

语言文字作为社会交流的重要工具,既是文化传承和发展的载体,也是民族的标志和灵魂。语言文字的统一是一个国家的统一和民族团结的有利条件。语文的统一必将增强相互交流,相互理解,为祖国完全统一营造良好的氛围。

党的十八大报告为两岸关系和平发展和祖国和平统一提出了明确的方针,"全面贯彻两岸关系和平发展的重要思想,巩固和深化两岸和平发展的政治、经济、文化、社会基础,为和平统一创造更充分的条件"。语言文字工作,当务之急就是努力做好两岸的语文交流,让差异在交流中逐步化异为同,使我们民族共同语在大统一中健康发展,更利于两岸交流和汉语向国际推广,从而增强我们的民族认同感和国家的凝聚力,更好地充实我们的软实力,提高国际竞争力。在此大好形势下,为了民族的复兴,两岸长期和平发展的需要和最终国家统一的目标,我们语文工作者应努力探索两岸语文融合统一的道路。

2. 两岸语文的现状

海峡两岸尽管有相同的思想文化传统,使用同一种语言文字,但由于半个多世纪的分隔,具体到字和词形、音、义以及使用层面,已出现了不少的差异。

汉民族共同语在大陆称"普通话",在台湾叫"国语"。它们都是1949年前同一种语言,即"老国语"的分支,经过半个多世纪的隔绝,在语音,特别是词汇方面产生了不少差异。文字方面,由原来统一的汉字,因政策的差异,形成简繁不同字体。

两岸的差异词语是重点。首先要调查整理两岸常用的差异词,因为妨碍交流的主要是这部分词。两岸半个多世纪的隔绝,由于社会制度不同、生活方式的差异以及各自所处的地理环境和不同方言的影响,形成两个不同的社区,语言文字出现了一些明显的不同。比如台湾特殊的选举文化,产生了"奥步、妆脚、站台、背书、冻蒜"一类特有词。由于台湾地处闽南话中,台湾国语自然就吸收了不少闽方言词,如"拌手礼、土豆(花生)、阿督仔"等。两岸吸收外来词的情况也不同,形成词语差异,如"中古、一级棒、阿巴桑、阿沙力"之类日语词就渗进了台湾国语。我们研究两岸语言以及词典编纂就要注意这些差异词,因为只有处理好差异词才能达到沟通的目的。

要处理好差异词,首先要正确认识差异词。两岸合编词典采取求同存异,客观描写两岸词汇现状,不用某一方的标准去规范另一方。但求同存异并非我们的终极目标,我们要通过求同存异达到化异为同的目的,从而使两岸语文回归到统一的状态,真正使交流畅通,达到两岸一家亲的目标。

同时,我们在认识上要把两岸产生的差异词看作我们民族语言中的财富和资源,而不是累赘和多余的成分。处理好差异词也是编纂词典工作中的难点和重点。

3. 两岸语文的定位

两岸语文相互关系的定位,决定着双方互动的方向,引领着双方语文方针政策的制定。这对于两岸语文能否化异为同,从融合达到统一有重大的影响。

我们在两岸合编《中华语文词典》的工作中,双方经过认真研究讨论,最后达成共识,词典以描写两岸语文为目的,忠实反映存在于两岸的民族共同语相同的概貌及其差异。大家认同大陆普通话和台湾国语同根同源,国语和普通话是并存互不从属的分支,不能以一方的规范去要求对方。正是在这种共识下,顺利合作编写出版了《两岸常用词典》《〈中华语文大词典〉简编本》《中华语文词典》《〈中华语文大词典〉中编本》已完稿进入出版工序,台湾版已上网。

在这种认识下,我们提出了"一语两话"和"一文两体",作为两岸语文定位的意见。"一语两话"是指两岸的语言同属老国语——汉语共同语,但现在形成了一定的差异,出现了两个分支。因此,它们应属于一个共同母语的两种有差别的"话",它们的地位是平等的。它们的差异都是汉语共同语中的组成部分,是丰富发展我们民族语言的宝贵财富。它们之间不是方言和共同语的关系,更不是两种不同语言的关系。这在理论上廓清了相互融合、吸收的认识障碍,在思想上求得两岸最大的共识,也为两岸合编语文词典提供了可能性。

"一文两体"指现行汉字在两岸的情况。由于两岸对传承汉字政策的不同,大陆简化了2200多个传承字,也就是现行的"简化字"。这些简化字大部分是历史传承下来的"简体字"。台湾保留了传承字,虽在手写中简体字不少,但书面上两岸文字却形成了差异。台湾叫"正体字"或"繁体字",称大陆的为"简体字"或"简化字"。这些名称不十分科学确切,因为"正体"是对"俗体"或"讹体"字说的,是一个文字体系中对不同字的称谓,不宜用在两岸文字的称名中。至于"繁体字"和"简体字"称名,也不宜用在两岸文字的称名中。两岸学者在合编语文词典中已取得共识,称大陆现行用字为"规范字"(经政府正式定名),称台湾现行用字为"标准字"(台湾有关方面发布的字表称标准字体),这正是双方各自的定名,符合两岸语文实际,也为两岸学者接受。

4. 语言文字只有在不断地接触交流中才会融合趋同

在当前形势需要和推动下,两岸语文开始广泛深度接触与交流。如何尽快排除干扰给以正确引导,加快两岸语文的互通互用,逐步走向统一是我们语文工作者应研究的课题。

现在海峡两岸和香港、澳门的情况澳门比较特殊,它的包容性最大,语文方面也没有法律的限制。一到澳门我们就会感到粤方言、普通话都可自由使用,"繁体字"和"简化字"也是同时并存。澳门人很习惯,外地人也可以各取所需,没有人以为怪。这是在其他三地不可能见到的语文使用情况,特别是繁简字并用的现象。2013年11月在澳门召开过一次繁简字问题的学术讨论会,其目的也是希望早日实现"繁简由之"以达到统一的目的。这是程祥徽先生早年在香港提出的口号,但行不通。据香港姚德怀先生的文章说,香港一家饭店在菜单上用了繁简对照的名称以方便大陆游客,就马上引起一些好事者的抗议。而今日的澳门社会,的确实现了"繁简由之"的局面。显然,"繁简由之"是一个过渡阶段,经过社会民众的使用,到一定时候可以显现出群众的倾向性和选择性。这是优胜劣汰和语文要求统一规范的必然法则,因此,我们要相信澳门社区的正确选择。2013 年的讨论会上,有三个调查材料,分别就不同社区对繁简字的认同情况进行调查,简繁字相互渗透,简化字受到欢迎等丰富的信息可供我们分析研究。

随着两岸交流的开展和深入,两岸语文也由开始沟通阶段的求同存异向化异为同演变,相互逐步认同并接纳对方差异的成分,进而达到互通互用,出现了整合差异的现象。语词融合现象已引起大家注意,先前认为不少台湾专有词,已被逐步吸收进普通话,如"负面、代沟、媒体、运作、界定、评估、涵盖、瓶颈、前瞻、知名度、工薪族、转型期、自助餐、联手、打卡、包装、认同、心态、共识、爆满"等等。与此同时,不少大陆词语或独特用法也进入了台湾国语,如"抓、搞、落实、紧张、对口、口径、样板、渠道、方便面、水平、试点"等。近时纷纷涌现的不少新面孔词已难分你我,如"作秀、观光、套牢、愿景、福祉、达人、香波、丁克族、脱口秀、麦当劳、肯德基、霹雳舞"等。

5. 澳门是海峡两岸和香港、澳门实现语文融合统一的最好的实践基地

语文的化异为同,逐渐达到统一,必须是社会使用人的自觉自愿的行为,这是谁也无法强迫的。大同小异的两种语文在深度接触中,

必然走向统一,这也是谁都阻挡不了的。但当前我们需要一个理想的基地,在这里使用"两种"语文不受任何歧视,交流中使用者自主地对差异做出抉择。这个地方就非澳门莫属。因为澳门有天时、地利和人和的得天独厚的条件。

就"天时"说,中华民族正在奋起,港澳先后回归祖国,陆台两岸正向长期稳定和平发展的方向前进,民族语言和用字的统一成为广大中国人民的愿望,有分歧的只在于选择什么作为统一的语言和文字。这只能找一个兼容并包,没有偏见的社区去实践中华语文"语同音""词同形""书同文"的梦想。

至于"地利"更显而易见,澳门地方不大,但正适合做语文互通互用,融合统一的实践基地。其他三地同胞,乃至海外华人都可以在澳门自由往来、生活,成就了它可以容纳有差异的多种语文自由使用的社区,澳门人也逐渐接受了这样的交流方式。这也是其他三地无法比拟的。

说到"人和",更是澳门的最大优势。澳门回归后,经济发展,民生改善,社会安定,人民团结,没有港台常见的政治干扰和人为的障碍。澳门对于其他三地相互排斥的用字用语,也都能用理智平常心态接受。我们有理由预见不久的将来,澳门会从当前的分歧差异的语文中逐渐选择一种为大多数人接受,或者说为澳门社会主流使用的汉语汉字。这对我们促进海峡两岸和香港、澳门语文的统一有重要的参考价值。

澳门的实践必然会带给我们许多新的东西,同时也会给我们致力于民族语文统一的工作以新的启示。我们要密切注意澳门语言文字的动态变化,分析其蕴含的信息和规律,助力其实现汉语汉字先行统一的目标。

6. 为促进两岸语文统一,需要双方互动,采取具体措施

过去两岸语文形成差异的原因,除了社会因素外,主要是两岸语文规划和政策理念的差异,今后要从促进两岸融合的方面多考虑,尽可能协调两岸的语文规划,力求减少已有差异,不再产生政策性的新差异。

加强两岸语言的学术研究和成果交流,这是促进语文统一的基础性工作。现在每年在海峡两岸和香港、澳门都分别有不同的相关学术研讨会,两岸语言文字研究的单位和人数也迅猛增加,学术成果也日益丰富,今后要深入研究两岸的语文差异,探索化异为同的有效途径。

为了两岸交流互通互用,努力编纂两岸通用的语文词典,除方便交流外,使两岸差异达到相互理解认同,使现存分歧不会成为交流的障碍,并逐渐融合统一,这是别的手段无法取代的。

简繁汉字本质上说,相互是一种异体字性质,当前双方可以把有差异的字视为自己用字的异体,逐步从多元到一元选择,使汉字达到同一,实现"书同文"。

采取上述措施的结果,将会在两岸关系中产生深远的影响,在国际上将形成重要的软实力。两岸语言差异成分是宝贵资源,通过相互吸收,择优选用,不仅可以逐步使语言达到统一,回复到"两岸一语"的状态,还可以使两岸统一后的民族共同语更加丰富。

当前世界出现汉语热,学汉语的外国人近四千万,孔子学院几百所,要促进汉语推广的深入发展,要增强我们国家的文化实力,就需要两岸语文的统一,拧成一股合力传播推广汉语,这样必将取得更好

的成绩,提高我国国际声望和影响力!

  这就是我个人为当前两岸语文融合统一粗浅的设想,敬请批评指正。

参考文献

[1] 刁晏斌.两岸四地语言文字对比差异研究[M].北京:语文出版社,2013.

[2] 李鍌、单耀海.中华大辞林[M].台北:五南图书出版公司,2012.

[3] 李行健.两岸常用词典[M].北京:高等教育出版社,2012.

[4] 李行健.整合两岸四地语文,助力民族复兴和国家兴盛[A].两岸四地现代汉语对比研究新收获[C].北京:语文出版社,2013.

[5] 李行健.两岸差异词词典[M].北京:商务印书馆,2014.

[6] 李行健、王铁琨.两岸词汇比较研究管见[A].海峡两岸语言与语言生活研究[C].香港:商务印书馆,2008.

[7] 李宇明.全球华语词典[M].北京:商务印书馆,2010.

[8] 马重奇、林玉山.两岸语言和辞书编纂研究[M].福州:福建人民出版社,2013.

[9] 苏新春.台湾新词语及其研究特点[J].厦门大学学报(哲学社会科学版),2003(2).

[10] 孙汝建、张莱宴.两岸四地汉语共同语的差异和融合[J].两岸四地现代汉语对比研究新收获(2)[C].北京:语文出版社,2014.

[11] 许长安.台湾语文政策概述[M].北京:商务印书馆,2011.

[12] 姚荣松.台湾现行外来语的问题[J].台湾师范大学学报,1992(37).

[13] 张世平、李行健.语言规划与两岸和平统一[J].语言文字应用,2014(1).

关于深化海峡两岸和香港、澳门语言对比研究的思考

刁晏斌

(北京师范大学文学院)

【摘要】 以往海峡两岸和香港、澳门语言对比研究在以下方面用力较多:一是差异类型,二是港闽南话现象在大陆地区的引进和使用情况,三是某些具体方面差异,四是差异内外原因,五是四地的融合及表现。目前问题主要是在精细化研究、融合研究、历时研究以及理论性或有理论色彩的研究方面存在不足。已有研究主要依托应用语言学和社会语言学两个支点,今后还应增加本体语言学、演化语言学、理论语言学和全球华语学这四个支点。今后研究应在系统性、本体性、创新性和即时性方面多加努力,同时还应加强海峡两岸和香港、澳门合作以及进一步扩大语料来源和语言调查范围。

【关键词】 海峡两岸和香港、澳门;语言对比;共时研究;历时研究

1. 为什么要进行海峡两岸和香港、澳门语言对比研究

要回答这个问题,大致可从观念与认识、目标与支点这两个方面

来说。

1.1 应有的观念与认识

许嘉璐(2012)说:"两岸语言文字的差异,就是分头演变之果,是特定历史环境之使然,其实也是对汉语汉字的传承和丰富,都应得到尊重、珍惜。"这虽是就两岸语言文字而言,但推及四地,乃至于全球华语,也同样适用。

笔者对这段话有以下两点理解和认识:

第一,从共时层面来说,当代汉语因有上述差异而更加丰富。海峡两岸和香港、澳门当下的民族共同语合而成为一个巨大的共时平面,所有现象和用法的总和构成了当代"大汉语"的共时全貌,这一全貌远比任何一地汉语的单一面貌更为复杂多样、丰富多彩,在形式和内涵上都达到了一个包罗四地的"最大值",不仅能给人们提供更多的观察角度和研究内容,而且也为更多理论、方法的运用提供了更大空间和现实需求。对海峡两岸和香港、澳门众多语言现象的充分观察、充分描写和充分解释,一方面为当代语言研究者提供了展示自己才华、进行多样性研究并产出高水平成果的广阔空间和舞台,同时也提出了巨大挑战。

第二,从历时层面来说,海峡两岸和香港、澳门语言文字的差异并非凭空产生,而是各自独特社会发展过程及其环境、文化等的产物,是历时发展变化在共时层面的表现。把演变的过程准确还原,弄清其来龙去脉以及各种影响与制约因素和条件,同样也是一项充满挑战性的任务,而这样的研究,无疑也会为当代汉语及汉语语言学注入新鲜血液、带来新活力。

如把以上两个层面放在一起考虑,那就是:在当下语言研究中,共时与历时相结合已成为人们的共识,而海峡两岸和香港、澳门语言对比研究正为这一旨趣的实现提供了最好机遇、场地和条件。正因如此,海峡两岸和香港、澳门语言差异及融合的事实及其背后的规律和理论内涵,可说是上天对所有汉语/华语研究者的一份厚赐,不仅应充分尊重和珍惜,更应充分开发和利用,从而出成果、出方法、出理论,进而推动整个汉语语言学研究,使之达到更高层次和境界。毫无疑问,这才是我们为什么要深入进行海峡两岸和香港、澳门语言对比研究的最根本原因。

1.2 研究的目标与支点

以往的海峡两岸和香港、澳门语言对比研究大致有两个目标和诉求,一是着眼于语言交流与沟通,二是着眼于相互了解和认识,由此就形成以下两个重要支点:

一是应用语言学支点,它对应的是第一个目标,即扫除语言障碍。毫无疑问,海峡两岸和香港、澳门语言对比研究始于、着眼于并立足于应用,即为了满足四地中国人相互间有效交流、无障碍沟通的需要。可以说,这种"经世致用"的目的贯穿在相关研究始终。着眼于应用以及应用性的研究,仍是今后海峡两岸和香港、澳门语言对比研究的重要目的,但却远不应是它的全部,特别是对"纯学术"的研究来说。

二是社会语言学支点,它对应的是第二个目标,即了解对方社会和人。如前所述,人们在相关研究中,比较重视对造成差异的各种原因分析,尤其重视从语言之外的社会方面来寻求解释,无疑就包含上述目标。就社会语言学来说,一方面,它的实质就是从社会看语言和从语言看社会;另一方面,语言变异始终是它的核心研究内容,而海峡两岸和香港、澳门的差异及融合的事项都是语言变异的具体表现。所以,相关研究很大程度上可归之于社会语言学研究,而以往研究很大程度上也都以此为重要支点。

即使从"纯研究""纯学术"角度看,以上两个方面的取向和追求也是非常重要的,但却远非海峡两岸和香港、澳门语言对比研究的全部目标和归宿。我们认为,这一研究总目标应是:充分描写和解释四地语言的现实面貌及历时发展变化,进而上升到理论高度,为世界语言学奉献基于独特的当代汉语现实而提炼升华的理论与方法,从而做出属于海峡两岸和香港、澳门中国人自己的理论贡献。

所以,为什么要进行海峡两岸和香港、澳门语言对比研究,除了以上两个方面外,还应而且必须站在更高的高度,具有更广阔视野,确定更远大目标,从而拓展和深化这一研究,并使之具有更大意义和价值。以下结合上一节提到的问题与不足,仍从"支点"角度来对此略做陈述。

进行海峡两岸和香港、澳门语言对比研究,除以上应用语言学和社会语言学这两个支点外,还应有以下四个重要支点:

一是本体语言学支点。所谓本体语言学,就是致力于语言本体研究的一个语言学的分支学科;而所谓本体研究,简单地说就是对语言本质特征及其发展规律的研究。以前的研究更多地关注并侧重于"对比",而对四地语言各自"本体"状态和特点却有一定程度的忽略,所以下一步应加强的,就是把各种相关现象作为"本体"来研究。

二是演化语言学支点。前边已提到,无论差异还是融合,其实都是历时演化/演变的结果,而且这样的演化/演变还一直在持续进行过程中。我们以往在这方面有明显不足,首先就是因为我们还没有建立这样一个角度以及相关理念的匮乏,所以在这方面我们还要做出更多、更大的努力。

三是理论语言学支点。理论语言学主要目标是从具体语言现象中总结归纳出普遍、系统的理论和规律,并用它们指导各个具体语言的学习与研究。海峡两岸和香港、澳门语言诸现象既有丰满厚重的历时内涵,又有丰富多样的共时表现,正是一片可以深耕理论与方法的沃土。比如,徐大明(2004)指出,言语社区理论"一旦全面、成熟地发展起来,必然成为社会语言学的核心理论,而且会在普通语言学理论中取得重要地位"。海峡两岸和香港、澳门是一个言语社区下的四个共性明显、个性突出的子社区,在这方面正是一个最佳的用武之地。

四是全球华语学支点。"全球华语学"是我们提出的一个概念(刁晏斌2012a),顾名思义,它是一门关于全球华语及其研究的学问。这一概念今天对很多人来说还比较陌生,但我们有理由相信,这门学问一定会成为"显学"。海峡两岸和香港、澳门语言现象的研究,无疑可纳入全球华语研究范围,并且可作为其中最重要的组成部分。从某种意义上说,全球华语形成也可看作是海峡两岸和香港、澳门语言的地域扩展和延伸结果,因此,了解和掌握了后者,对前者在一定程度上会有"思过半"的功效。

2. 怎样进行海峡两岸和香港、澳门语言对比研究

以下结合相关研究中存在的问题以及上一节提出的后四个"支点",来讨论怎样进行海峡两岸和香港、澳门语言对比研究。

我们曾就海峡两岸语言对比研究提出过一个"一、二、三"模式,就是一个背景(把整个研究置于全球华语这一大背景下)、两个面向(面向两岸人民实际的语言交际和沟通,面向两岸现代汉语的研究)和三个结合(点与面结合,事实与理论结合,共时与历时结合)(刁晏斌2012b),这一模式同样适用于海峡两岸和香港、澳门语言对比

研究。

在这一模式下,当下以及今后一段时间内海峡两岸和香港、澳门语言对比研究应在以下五个方面做出更大努力。

2.1 系统性研究

所谓系统性研究,就是注重整体以及整体性的研究。以前我们相关研究,太过注重"对比",这样有时就难以避免"猎奇"的眼光,即只注重那些有较为明显标志和表现的差异点,而在研究旨趣上也多是注意同形异义、同义异形、有无之别,以及同中之异等,这样虽也能对比较对象的特点等形成一些认识,但却往往难以深入,并且总体而言有点无面,难以做到点面结合。具体说来,一是研究项目不全,比如相对于"词"而言,"语"的研究就明显不足,像一些固定语(如成语、谚语等)就较少涉及,至于语法、修辞以及表达方式和语体风格等方面,欠缺就更明显了;二是对某些"点"的比较因缺少"面"的支撑,而显得单薄甚至肤浅,比如缩略词语的研究已较多了,但从系统角度全面考察分析的似乎还没有。

我们认为,正确思路和做法是,应先对海峡两岸和香港、澳门各自语言面貌有一全面、深入的了解和认识,在此基础上再进行相互对比,这样才有可能真正做到全面深入。刁晏斌(2012a)曾就研究内容的系统性和知识体系的系统性这两方面进行过阐述,在此还要加上一点,这就是进行多维的研究,即不能拘泥并满足于传统的要素研究,以及分解性、原子式研究,比如在词汇方面,就要更多地进行结合词形、词义和词用的综合性研究,而且每一方面也都不是单一的,比如词义就至少应结合三个方面来进行,即概念义、色彩义和语法义。

2.2 本体性研究

上文讨论的"本体语言学支点",其实就是强调应进行更多、更好的本体性研究。以往太过注重"对比",其结果一方面忽略了面,另一方面还在找到并指出各种差异的同时,却在一定、甚至很大程度上忽略了各种语言现象自身的特点,由此在本体研究上表现出诸多不足,而最主要的问题往往就是不够深入细致。举一个简单例子。比如不少研究笼统地指出,海峡两岸和香港、澳门有同素倒序词的对立,如大陆使用"素质",而台港澳却使用"质素",一些工具书也是这样立条并进行对比的。但实际情况往往是,台港澳大致沿袭早期现代汉语习惯,两词并用,只不过频率有差异,比如许蕾(2014:167)考察指出二者在台湾的使用频率是 12:1。如果这个问题做得稍微细致一点,当然还要看港澳两地使用情况。我们曾就三地各约 100 万字的近期报纸语料进行调查,"素质"与"质素"的使用比例分别是:台湾 15:0、香港 10:50、澳门 49:59。当然,这还仅仅是一项频率调查,而在频率差异背后,一定还会有二者此消彼长以及替代分化的变化过程,而与此相伴的,可能还有意思表达、组合功能、使用环境等多方面差异,总之有相当大的"本体"研究空间。如由这一对同素异序词推而广之,我们对海峡两岸和香港、澳门现存的所有同素异序词就可作为一个专题,来进行这样的共时与历时两个维度的调查和研究。

2.3 创新性研究

所谓创新性研究,一是就内容而言,二是就方法而言,二者很大程度上又是结合在一起的。

以往研究主要关注并着力于差异对比,而词义方面的对比往往是借助工具书,以义项为考察单位和对象,因而有较大局限,总体而言比较粗放与粗疏。其实海峡两岸和香港、澳门语言差异不仅有显性的,还有隐性的,对后者人们关注得就远远不够,甚至忽略不计。

徐复岭(2014)提出"同形同义异用词"概念,指的是形式完全相同、词汇贮存义或核心意义也都相同,只是实际语用或附加意义不尽相同的词语,把它归为隐性差异词的下位类型。文章按使用范围不同、搭配对象不同、语法特点不同、文化附加义或色彩附加义不同、活跃程度和使用频率不同等细分为不同类型,并进行了初步的说明和讨论。这样的研究从本体角度而言显然在已有基础上深入了一步,而相较于"传统"的对比研究,无疑就是一种创新。它的创新性就体现在对隐性义及差异的关注与发掘,而它的意义和价值则主要体现在研究策略、研究方式和研究诉求的转变以及由此而带来的研究思路、角度以及着力点等的变化(邹贞 2014)。循着这样思路,我们一方面可把相关工作做得更细,另一方面也可在一些具体问题的研究中走得更远,并且这里边还有一些理论和方法的内涵,值得认真总结与挖掘,而这正是我们极力推崇和倡导的创新性研究。

我们曾提出两岸语言"间接对比"和"直接对比"概念,前者是指长期以来人们一直使用的语料采集与选取方式,以及基于这一方式的研究;后者相对于前者而言,是指有意识、有目的地选取能够形成"直接对比"的两岸语料,并以此为基础而进行的相关研究。如我们曾以美国 Simon & Schuster(西蒙与舒斯特公司)2011 年出版的 Steve Jobs by Walter Isaacson(沃尔特·艾萨克森著"Steve Jobs")的两岸翻译文本,即大陆的《史蒂夫·乔布斯传》(中信出版社 2011 年 10 月第 1 版)和台湾的《贾伯斯传》(天下远见出版股份有限公司 2011 年 10 月第 1 版)为语料,借由原文中同一句话的不同翻译,来进行"最小"对比,发现了不少间接对比中较难发现的语言事实(刁晏斌 2015)。如果说上述隐性差异是研究内容的一种创新,那么这种语料的选择以及基于此类语料的研究或许可算作方法上的创新。

2.4 综合性研究

所谓综合性研究,就是从一点到多点、从局部到整体,共时与历时有机结合、定性分析与定量分析互相支持的研究思路和做法。下面结合具体实践做进一步说明。

以往很多研究,多是一些单点式的简单对比,如进行词义对比,通常只局限于概念义,考察某一义项的有无及异同等,鲜少及于其他方面,如色彩义、蕴含义、语法义等;进行某一语法现象对比,也多是就某一或某些形式的有无来举例说明,至于这些形式本身的语法—语义特点、使用的条件与环境,以及频率高低、范围大小,和其他同义或近义形式的关系及其消长变化,在整个或某一局部的表达体系中的作用和价值等,则往往付之阙如,更遑论结合历时发展的考察与分析了。

当然,我们也不是说进行每一项对比研究都要程序化地进行如此复杂的考察和验证,但有一个总体性的原则必须明确:我们研究应跳出狭隘简单的"对比"窠臼,进入本体性、立体化、全景式的"比较"层次,并根据这一需要来确定研究策略、调整研究内容。在这一原则下,再根据具体问题来确定具体的研究内容以及着力点。如杨必胜(1998)标题为《台湾新闻的文言色彩与简缩词》,仅由标题看,比较微观地说,文章把简缩词和文言色彩联系并结合起来,这显然就是由单点到多点了;相对宏观地看,则是把台湾一类具体词的特点及其与大陆的差异,放在语体风格和色彩这一大的背景下,来进行考察与分析,这样该项研究的意义和价值就不止于一类词甚至词汇本身,而是及于整个语言表达体系以及言语风格的差异。

2.5 即时性研究

海峡两岸和香港、澳门语言的差异与融合是一个动态的实时过程,以往研究多针对一些"后时"语料,如出版几年、十几年,甚至几十年的工具书、文学作品等,虽也有一些研究用到比较贴近现实的语料,但总体而言一是数量并不占优,二是或多或少也还是有一些滞后,不能与语言应用的实际同步。所以,这方面需要有一个总体改观。在一个词语产生时间可以精确追溯到某一秒的时代,即时性语料的使用以及基于这样的语料所做的语言实时状况的即时性研究就是应有之义了。特别是语言现象的融合,有时用"日新月异"来形容也不为过,所以更应强调这种即时性。

这方面研究大致有以下两个着力点:一是"开始做",即完全或主要依据一些即时语料来进行差异与融合的对比研究,这样才能反映某一现象本身及四地之间对比的最新实时状况;二是"接着做",即针对某些已有研究做进一步的后续研究,补上从当时到当下这一段时间的空缺,从而形成一个时间上有连续性、内容上有延展性的完整研究。

除了以上"五性"外,就研究手段和方式而言,我们还需要在以下两个方面做出进一步的努力:第一,加强海峡两岸和香港、澳门合作。目前我们基本只在工具书编纂及科技术语协调方面有比较成功的合作,而在其他方面无疑还有待加强。陆俭明(2011)曾列出两岸汉语学界在全球汉语热背景下目前需合作攻关的几个方面:一是相关汉语言文字学的基础性研究,二是海外汉语教学所需教材教辅材料的编写,三是相关工具书的编写,四是相关教学资源库的开发,五是海外汉语教学一些理论问题的探讨。我们这里所说的合作研究,大致属于上述五个方面的第一方面,而合作的范围主要是海峡两岸和香港、澳门,但也可扩大到整个"大华语"地区。第二,扩大语料来源。进行海峡两岸和香港、澳门语言对比研究,在语料方面总会有或多或少的限制,但目前总体而言还是不断向好,可利用的资源越来越多,特别是随着港澳地区先后回归以及大陆与台湾文化经贸交流的持续进行,四地联系日益密切,往来也较方便,加之互联网提供的交流之便,为实地和网络上的语言调查提供了以往难以企及的便利,应充分利用。就后者来说,比如台港澳地区的一些媒体网站可自由访问,其中不少都提供某一时间范围内的检索服务,大陆地区自然也有更多的类似资源,而这些实际上就可组合成巨量的实时动态对比语料库,利用它们能够方便、快捷、高效地做很多工作。

参考文献

[1] 刁晏斌.两岸四地语言对比研究现状及思考[J].汉语学习,2012a(3).
[2] 刁晏斌.关于海峡两岸语言对比研究的思考[N].语言文字报,2012b-01-04.
[3] 刁晏斌.试论两岸语言"直接对比"研究[J].北华大学学报,2015(1).
[4] 陆俭明.全球汉语热背景下的两岸汉语学界合作的内容和思路[J].云南师范大学学报(哲学社会科学版),2011(4).
[5] 徐大明.言语社区理论[J].中国社会语言学,2004(1).
[6] 徐复岭.试论两岸同形同义异用词[J].武陵学刊,2014(1).
[7] 许嘉璐.携手建设,为两岸为世界做贡献[N].人民日报,2012-02-09.
[8] 许蕾.海峡两岸日常生活词语差异及其原因研究[M].北京:中国国际广播出版社,2014.
[9] 杨必胜.台湾新闻的文言色彩与简缩词[J].语文建设,1998(8).
[10] 邹贞.论两岸通用词语的隐性差异——以"起跑"为例[J].武陵学刊,2014(6).

词义变异、误用与辞书释义
——两岸汉语词汇运用的一种现象的考察

董　琨

（中国社会科学院语言研究所）

【摘要】　词义在一般情况下须保持稳定。但一个词义所表达的意义,包括其褒贬感情色彩,不可能不发生变异。辞书对新产生的变异词义的收录,不可仓促匆忙,"有闻必录"。但同时要用发展的眼光,采取通达的态度,看待新词义,不漠视,不妄拒。论文针对海峡两岸现实语言词汇的一种特异使用(包括词义变异与词语误用)现象加以考察,并就辞书可能和必要的相关应对提出看法。这种现象涉及对中华传统文化的解读与认知的问题,非为轻小;而既然为两岸所共见,则应引起两岸学界的共同注意和妥善应对。

【关键词】　两岸汉语词汇;词义变异;词语误用;辞书释义

数年前的一个炎炎夏日,参访大陆的台湾某政党领导人到北京某大学演讲。在欢迎仪式上,该校校长脱口而出的话就是:"七月流火,但充满热情的岂止是天气。"这一说法引发了对"七月流火"正确用法乃至关于复兴国学的广泛讨论。有些人认为这是误用,应当纠正。而另一种观点则认为,这是一种词义演变。这种词义演变比比皆是,不足为奇。他们认为:当代阳历七月正相当于农历六月,正是一年中最热之时,用"七月流火"来形容天热十分贴切,属于"借形词",符合词汇发展规律,而当代也已多用"七月流火"来表示天热,因此应接受此义为正确用法,否则就是犯了"以古匡今"的错误。

这一事件之后,大陆某些官方媒体竟也使用"七月流火"表示天气炎热,如:

七月流火,高温引爆了今年的夏日经济。(《市场报》2006 年 7 月 10 日)

哪怕外界七月流火,山里却依然是"山中无甲子,寒暑不知年"的清凉世界。(《京华时报》2006 年 7 月 18 日)

北京有一位大学教授不久前则在题为《从成语的"误解误用"看汉语词汇的发展》的讲座中认为,原来"七月流火"古时一贯作为天气转凉的说法(农历七月流走了火星),但随着汉语的发展,今人也将该成语用来形容天气炎热。两种用法都是合理的存在,不能武断地认为哪一种用法就是误用。这是属于"异解另构",即异解原词语的语素而另构新词语。他认为:无论是词义引申还是同形异构所产生的新词新义新用法,都符合词汇发展演变的正常规律,所以具有不可扼杀的生命力。之所以有人把它们看成"误解误用",是把"不符合原义原用法"当成唯一判断标准,缺乏发展演变的眼光和理性分析的思维。他对原来常常遭到非议的所谓"误解误用"的成语有许多在《现代汉语词典》(商务印书馆出版,以下简称《现汉》)这样的权威词典中得到认可表示赞同,认为这说明成语意义的变化事实已越来越得到理性对待。

这位教授所说《现代汉语词典》对于所谓"误解误用"的成语的认可,大概是指对成语"空穴来风"的解释。该成语原释义为:"有了洞穴才有风进来(见于宋玉《风赋》)。比喻消息和传说不是完全没有原因的。"从第 5 版起,后面加了一句话:"现多用来比喻消息和传说毫无依据。"

众所周知,语言是社会交流的最主要的载体和工具;语言所表达的意义在一般情况下须保持稳定,这是毋庸置疑的,因为如词义由个人随意变动而破坏大众认知,则社会交流必将陷入混乱。但语言反映社会生活,又随着社会生活的发展而变化,而在语言的诸要素中,词义是最为敏感易变的。一个词义所表达的意义,包括其褒贬的感情色彩,也不可能不发生变异。

词义变异,并不自今日始,有的很早就产生了,如:

【爪牙】从字面看是指人或动物的指甲和牙齿,最早用来比喻勇士、卫士。《诗经·小雅·祈父》:"祈父!予王之爪牙。"又形容勇武:《国语·越语上》:"谋臣与爪牙之士,不可不养而择也。"这些都是褒义的用法。但很快就产生了贬义,指党羽、帮凶:《史记·酷吏列传》:"是以(张)汤虽文深意忌不专平,然得此声誉。而刻深吏多为爪牙用者,依于文学之士。"而且后代基本上就是以贬义作为常用义了。

【勾当】作为动词,指主管、料理;作为名词,指事情、本领,在指事情的时候,原义一般是中性的。《前汉书平话》卷下:"吾者久困淹滞,作为庶民,故来谒舅舅寻些小勾当。"甚至是褒义的,《儒林外史》第一回:"这是万古千年不朽的勾当,有什么做不得!"但后来就专指坏事了,柳青《铜城铁壁》第十三章:"可惜人的眼睛透不过高墙,不知那院里正在干些什么勾当。"杨沫《青春之歌》第二部第二八章:"你一九三三年曾经被捕叛变,接着你又混入党内,为敌人做了一系列血腥勾当。"

【取巧】原来即按字面所示,指"用巧妙的方法",元·吾丘衍《学古编》上:"纵有斜笔,亦当取巧写过。"意义指向亦是中性的。后来产生贬义,指以巧妙手段谋取不正当利益。清·采蘅子《虫鸣漫录》卷二:"……不为之出养父之资,而专得其子女之益,居心取巧,亦必有报。"杨朔《三千里江山》第三段:"李春三这孩子说话率,做事也率,从来不会藏奸取巧。"

词义指向的这种感情上的褒贬变异比较明显,如若成为人们共识,亦即"约定俗成",则不易改变。如若有人用其原义或本义,还会被多数人视为误用。如上述"爪牙""勾当""取巧"诸词,今天如有人还用于中性甚而褒义场合,恐怕多数人将视其为误用。

这方面最著名的例子是成语"罄竹难书"。《辞源》(二版,商务印书馆)在释此成语时,首引二书证《吕氏春秋·明理》:"乱国所生之物,尽荆越之竹,犹不能书也。"《汉书》六六《公孙贺传》:"南山之竹不足受我辞,斜谷之木不足为我械。"然后指出:"本言事端繁多,书不胜书。后来征讨书檄,数对方罪恶,常用'罄竹难书'类同词语,如后汉隗嚣之于王莽(《后汉书》二三《隗嚣传》)、梁武帝之于齐主东昏侯、元帝之于侯景(《梁书·武帝纪》上、《元帝纪》)、隋李密之于炀帝(《新唐书》八四《李密传》),惟词旨文字略有小异。"可见"罄竹难书"原义虽为中性,但很早就被用于贬义,成为多数人的认知。因此台湾某大人物把该成语说成是赞美之词(其言曰:"有很多我们的志工团体,不管是政府代表,或民间企业帮忙等等,这些都是罄竹难书,非常感人的成功故事。")而又有下属为其做辩解云:"罄是用尽,竹就是竹片,是纸张发明前的书写工具,难是难以,书就是书写,翻成今天现在的话,就是用尽所有纸也写不完,也就是要做的事实在太多。"难怪招致"朝野"上下一片嘲笑,有人嘲讽道:"(他)对教育的贡献,真是罄竹难书。"究其所以,就在于词义的褒贬色彩既已约定俗成,一般是难以撼动,不宜、也不易随意改变的。

　　语言学界前辈王力先生将词义的演变方式归纳为:1.扩大,2.缩小,3.转移。上述例子中的词义变异,主要是感情色彩即褒贬的变化,可以认为属于词义的转移。王力先生说:"词义的转移共有两种情形:一种如蚕化蛾,一种如牛生犊。"(《王力文集》第十一卷《汉语词汇史》第五章"词是怎样变了意义的",山东教育出版社,1990)就上述例子来看,似乎还不妨加上一种,叫作"鸠占鹊巢"。

　　眼下,随着社会生活发展(包括网络的盛行),词语意义的变异现象,其实多数情况应说是词语的误用,大有日益纷呈之势。其中许多人不爱读书,对于传统文化的认知水准下降,或者说倨视传统、不知敬畏,是一个重要原因。从上述"罄竹难书"的例子看来,这种现象两岸皆有,不过可能大陆为烈吧。如近年在大陆以时尚诠释《论语》走红的某教授把"唯女子与小人为难养也"的"小人"说成"小孩子"(其言曰:"这句话可以有几种解释,把小人理解成与君子相对的不道德的人,这是一种解释。第二种是把小人解释为襁褓中的婴儿,也就是我所说的,把小人单纯地理解成小孩,因为女人与小孩有共同的心性。我个人更喜欢这种解释,因为这种解释更有性情,更贴近我们当下的社会现象"),即为一例。本文开头所举关于"七月流火"的理解,亦属此类。更有一位著名的书法家竟然责备学生使用"美轮美奂"一词,说这是西化的"外来词",大概他看到有两个"美"字,以为是指美国吧!

　　个别词语如成语"差强人意",《现汉》的释义是:"大体上还能使人满意(差:稍微)。"应是肯定性的,但现在不少人用为"不能使人满意",关键是见文生义,把"差"理解为"差劣",成为否定性的了。

　　类似词语还有:

【炙手可热】原指"气焰盛、权势大",现多见于表示因时尚而受到热捧。

【黄发垂髫】应是指"老年人和小孩",现有些人则用于专指小孩,大概认为"黄发"即"黄毛",不是有"黄毛丫头"一词指"年幼的女孩子"(《现汉》6 版)吗?按:《汉语大词典》12-971(上海辞书出版社)有"【黄毛】条,释为"黄发",而【黄髪(发)】条释为:"指年老;亦指老人。"虽"黄毛"等同于"黄发",但怎么能释为"年幼的女孩"呢?

再举两个较为复杂的例子:

某省卫视专题知识节目(《原来是这样》)号称"探究词语创始之初各种国学历史趣事",(记者邱伟《〈原来是这样〉解读那些被谬传的词语》,《北京晚报》2015 年 2 月 8 日 11 版)也存在不够严谨的现象,如说成语"呆若木鸡""原本是用来称赞一个人"(同上),这是把作为语源的"木鸡"与组成成语后的"木鸡"混为一谈了。按:"木鸡"一词源于《庄子·达生》:"纪渻子为王养斗鸡。十日而问:'鸡已乎?'曰:'未也。……'十日又问,曰:'几矣。鸡虽有鸣者,已无变矣,望之似木鸡矣,其德全矣,……'"这里说的"木鸡",是比喻极有涵养的谦谦君子,即《辞源》所云"称修养深淳、以镇定取胜的人";后来组成成语"木鸡养到"或"养若木鸡",此中"木鸡"确为褒义。但与"呆"字连用,就成了贬义了,"呆若木鸡"是形容因恐惧或惊讶而发呆的样子,从现有语料来看,此成语及其同义、近义成语均出现较晚,到清代才有用例,如刘洁修《汉语成语源流大辞典》(开明出版社,2009)引的首例为清·长白浩歌子《萤窗异草·三编·一·晋阳生》:"妇以美目盼生,备极狎昵。生对之反觉汗颜,呆坐如木鸡。"还尚未成型。而只要是用于"呆若木鸡"一类的成语,无不作为贬义,所以不能说"呆若木鸡""原本是用来称赞一个人"。

这个节目中又提到成语"衣冠禽兽",说"在古代'衣冠禽兽'却是被人们极力追求的。明朝时期,根据官员不同的等级,规定在官服上绣以不同的飞禽走兽,文官绣禽,武官绣兽,一一对应,等级森严,不得逾越。因此'衣冠禽兽'对应的是一个人的权利地位,自然人人趋之若鹜。"(同上)实际上,这也是把具有褒义的"衣冠"与作为成语的"衣冠禽兽"混为一谈了。只要是说"衣冠禽兽",绝对都是用于贬义。哪有"衣冠禽兽"用于褒义的书证呢?所以这是说者故作新义,哗众取宠;记者亦不明所以,跟着起哄,误导受众。

　　以上两个例子,也可以说都是属于词语(成语)的误解误用。

　　对汉语词义(包括成语意义)的变异以及误用现象,辞书应怎么办?这里,主要指的是辞书的释义。

　　照前文所述,词义变异乃是语言随社会生活变迁的结果,初不论这些变迁是否合理,是否与古代训诂相背。新词义的确立,须遵循如上文所云"约定俗成"的原则,就是说,如果社会大众承认了,接受了,并且在社会上广泛流通了,这个新词义就进入了社会语言的词汇库,作为主要功能是记录并解释词语意义的辞书,无论其为描写型抑为规范型,则必须予以及时的收录。

　　辞书对新产生的变异词义的收录,不可仓促匆忙,"有闻必录"。诸如将"七月流火"释为"天气热辣辣",将《论语》的"小人"释为"小孩子"的此类误用,亦即随意颠覆传统训诂的所谓变异,应视为不学无术,不予承认(当然,如果若干年以后,此等解释为社会大众广泛接受,则又当别论);但同时要用发展的眼光,采取通达态度,看待新词义,不漠视,不妄拒。

　　《现代汉语词典》可以说在这方面做出了一个榜样。这是一部中等规模的规范型词典,于1958年开始编写,至今已发行数千万册,是当代影响最大的语文词典之一。但它也十分注意吸收新词新义，对于词语的意义变异，认为成熟了，就及时收录，做到"与时俱进"。上述关于成语"空穴来风"的变异意义的收录，就是一个适例。

字音方面也有相应的例子，如关于"荨麻疹"的读音：荨，应是读 qián（音同"潜"），但后来社会上很多人读成 xún（音同"寻"），连医院里的大夫也读"xún 麻疹"，就不得不接受这个"错误的"读音了。《现代汉语词典》最初的版本都是注音为"qián 麻疹"，直至1996年的第3版，才标为"xún 麻疹"，同时注上"旧读 qiánmázhěn"，而且"荨麻"一词，一直仍注音为 qiánmá，既表现其一贯的严谨，又体现了注音释义的与时俱进。

但词典在词语的注音释义方面的"从众从俗"，必须掌握分寸，拿捏得当。著名语言学家、《现代汉语词典》的主编之一丁声树先生，对于此类变异词义及读音的收录，力主相对保守态度，曾经说过："辞书（尤其是《现汉》）要成为这方面最后的堡垒。"（大意）。我们认为，这其实也是一种科学的通达态度。

以上是对海峡两岸现实语言词汇的一种特异使用（包括词义变异与词语误用）现象的初步考察，并就辞书可能和必要的相关应对谈些粗浅看法。这种现象涉及对中华传统文化的解读与认知的问题，非为轻小；而既然为两岸所共见，则应引起两岸学界的共同注意和妥善应对。

台湾大学生语言使用和语言态度的调查与思考[*]

苏新春[1]　方　慧[1]　张期达[2]

(1.厦门大学文学院；2.台湾"中央大学")

【摘要】 对台湾大学生的语言使用与语言态度中三种反差较大的现象进行了分析,这三种现象是:语言能力与语言情感反差、族群背景与母语认定反差、乡土语言学习与乡土语言价值反差。具体表现为:国语的普遍使用能力与乡土语言的较高情感体现;大部分人为闽、客族群,可选择国语为母语的却占了大多数;对在学校强力推行乡土语言教学持不同意见的为多,但对乡土语言的价值给予了较高的评价。认为台湾社会语言实态研究具有了重要的语言学与社会学意义。

【关键词】 语言使用；语言态度；国语；闽南话；客家话

1. 研究缘起与调查

1.1 缘起

对台湾语言现状的研究从20世纪90年代起就成为人们的关注

---

[*] 本研究得到厦门大学哲社科繁荣计划课题"海峡两岸学生语言使用状况调查""两岸中小学生语言学习与语言能力关系调查"、国家语委课题"台湾基础教育语文教学及语言能力培养的启示"(WT125-50)的资助。

热点。黄宣范的《语言、社会与族群意识:台湾语言社会学的研究》(1993)是这类研究的代表作。语言政策的强力施行、强力更张,必然会对社会语言的使用现实产生重要影响。当代台湾出现的"语言代沟"越来越明显,"代差"的间隔时间越来越短,21世纪以来对台湾不同族群、不同阶层、不同年龄的语言田野报告也越来越多,调查的人群有大有小,有的甚至是个案分析。对台湾语言现状的急速变化引起震动的是2011年春天,那时笔者之一的苏新春在台湾"中央大学"担任客座教授,课堂讨论时一位吴姓研究者说起自己的母语闽南话,她从小在宜兰县长大,到桃园读大学后就很少再说到闽南话了,只是回家跟父母交流时才会说到,而跟爷爷奶奶则只能说闽南话,因为他们不懂国语。而小她六岁的弟弟只会说国语,平时跟爷爷奶奶基本没有交流。姐弟相差六岁就出现了一个明显变化。一个月后我在花莲县遇到一位原住民司机,他在城里开的士,每周要回一趟五六十里外的家,除了要带母亲去医院做肾透析外,还要在祖孙两代之间做好沟通安排,因儿子只会说国语,而奶奶只会说原住民语和日语。台湾社会如此的语言代差,无疑具有了特别的社会语言学价值,而学生自然是最有动向显示意义的人群。

1.2 调查

2013年我们承担了"台湾大中小学生语言使用与语言态度调查研究"课题及国家语委的"台湾基础教育教材语言现状与语言能力培养的启示"课题,开始了三次调查。

第一次,2014年初方慧在台北生活了四个月,完成了445位大学生的调查问卷。他们分别来自台北的阳明大学(58人)、辅仁大学(61)、台中的东海大学(138)、高雄的中山大学(98)、桃园的"中央大学"(23)、花莲的东华大学(67),分属文、理、工、农、医、管、法7个学科。从出生地看,437位出生于台湾,2位在大陆,6位为其他。从生长地看,443位在台湾,2位为其他,调查对象基本上都是台湾土生土长的大学生。另有22人为原住民学生。(方慧2015)

第二次,2014年秋张期达完成了783份大学生的调查问卷,具体为台湾"中央大学"(256)、明志科技大学(45)、玄奘大学(306)、新竹教育大学(176)。

第三次,2014—2015年之交,台湾"中央大学"廖湘美老师带领博士生庄斐乔、林素卉组织了全台11县的中小学生调查,厦门大学嘉庚学院沈淑琦老师组织了台南5所中小学校的调查。一共有14所小学、12所初中、9所高中总计35所学校、2444份问卷。廖湘美选取台北市、新北市、高雄市三地的9所学校583份问卷。

以上三次调查获得的大中小学生调查问卷共3672份。问卷包括38个问题,分属三个方面。一是语言背景,如族群、出生地、生长地、祖父祖母外公外婆父亲母亲各自的族群与语言背景、学校、专业等;二是语言使用,常用语言及在多种不同语境下的使用情况,家庭内与祖辈、父辈、平辈的交流,家庭外与同学、朋友的交流及在学校、商场、夜市、教会庙宇等的使用;三是语言态度,包括好恶喜厌、与升学就业的关系、对语言前景的判断等。涉及的语言有国语、闽南话、客家话、原住民语、外语等。

2. 对三种大反差现象的思考

在对调查数据的分析时有三种大反差现象引起了我们的关注。本文引用数据主要来自第一批调查中445份大学生的问卷统计结果。

2.1 语言能力与语言情感反差

语言能力是一种客观现象,它可从使用者的熟悉程度、常用程度反映出来。在445名大学生中,对最熟悉最常用的语言都将国语排在了最前面。在族群与语言背景不同的学生中,熟悉度会有所区别,一般表现为"外省""客家""闽南""原住民"之间的递差。具体表现如下:

表1　台湾大学生最熟悉最常用语言的调查

语言	闽南人(%)	客家人(%)	原住民(%)
国语	87	97	45
母语	3	3	13
国语与母语相当	10	0	26
国语与闽南话相当			8
国语、闽南话、原住民语相当			8
合计	100	100	100

闽、客两个族群的大学生中将国语选为最熟悉语言的人数分别占到87%和97%,把母语作为最熟悉语言的都只有3%①。"国语与母语相当"这个选项上客家族群的为零,闽南族群的有十分之一。"相当"表示不相上下难分彼此。从发展趋势来看,这实际上是一种过渡状态,即闽南族群学生的母语弱化速度要慢于客家族群。而原住民族群大学生的选择则多些,在五个选项中,居首位的是国语,达45%。选母语的只有13%,还有部分学生是同时并用几种语言,反映出原住民大学生在进入主流社会时语言学习的任务更重。

---

① 把这个数据与姜丽芳、熊南京2012年的研究相比,调查对象的国语熟悉程度又有所提高。姜文中的表5显示,闽南族群对国语的熟悉程度"听"为95.4%,"说"为95.1%,客家族群对国语的熟悉程度"听"为95.7%,"说"为85.1%,均要低于本文调查的数据。见《族群视野下台湾地区语言使用及语言态度调查》,载《怀化学院学报》2012年第7期。

与"语言使用"这种只突出语言交际功能的客观性判断相对,"语言情感"的判断则属于主观性选择。对"交流时使用母语会比国语更亲切吗?"这一问题回答的统计结果如下:

表2 对"交流时使用母语会比国语更亲切吗?"的调查

族群	亲切(%)	对年长和熟悉的人会感到亲切(%)	没区别(%)
闽南人	27.4	61.5	11.0
外省人	20.5	56.4	23.1
客家人	29	51.6	19.4
原住民	50	50	0

选择"亲切"的略多于选择"没区别"的,但总体上人数都不多。但在"对年长和熟悉的人会感到亲切"的选项却有超过一半的人。把这一部分与选择"亲切"选项的人数相加,对"母语会比国语更亲切"持肯定态度的明显占了多数。

问卷中还有一个问题即"语言是否是重要的族群身份标志"。母语是否是重要的族群身份,这是一个纯主观题,表示了一个人对语言的价值判断。调查显示,持肯定答案的闽南族群的有70.3%,客家族群的有58.1,原住民的是100%。这表明被调查者对"母语会比国语更亲切"的选择是理性、自觉的。有所不同的是从原住民、闽南族群到客家族群有着由高到低的变化,最强的是原住民,其次是闽南人,再次是客家人。其原因可能有多种,或与族群在社会上的开放度、融合度有关,或与族群的文化传统保持得强弱有关。

对大学生的调查中显示出的"语言使用"与"语言情感"数据如此大的反差,显示出国语在台湾社会语言交际中已具有了绝对的普及程度,而母语则在语言情感上占有优势。这表明语言使用与语言态度之间存在明显的不一致性,前者看重的是语言的交流功能,后者看重的是语言的文化功能。

对中小学生的调查也呈现出了相同的情况。廖湘美(2015)的调查颗粒度很细,将调查对象分出了台北与台南、小学初中与高中、家庭内与外,但结果却区别不大。即语言使用上国语具有明显优势,具体数据表现为,在家庭内使用国语的在65%—78%之间,在家庭外使用国语的在86%—95.5%之间。大台北地区与高雄学生使用语言的情况一致,在家庭中多使用国语,偶尔使用母语方言,极少有机会使用其他语言。超出家庭范围以外,方言的使用率下跌,只有一成的机会使用方言,国语取得压倒性的优势。在语言的情感判断上,与大学生的情况也基本一致,选择"有亲切感"的在4.3%—37%,"无亲切感"的在8%—34%,"视情况而定的亲切感"在45%—82%之间。

陈淑娇(2006)曾对比了20岁至50岁人群的闽南话与国语两种语言能力,认为"闽南话的使用与年龄及职业关系十分密切。听得懂闽南话却一直以国语回应或国语闽南话夹杂使用的是20岁上下年纪者(无论在任何场域及从事何种职业),或那些在正式场域的办公或技术人员"。"闽南话仍是三四十岁以上年龄者的居家生活语言或街坊小商店的商业语言"。陈文与本调查相去已近十年,对比之后可以发现,当今20岁左右年轻人的闽南话使用情况应是已大大少于十年前了。

2.2 族群背景与母语认定反差

一个人的母语获得是不可选择的,是生来俱有的。而希望母语是什么的选择则带有一定的主观性,影响选择的因素有语言使用时间的长短、熟悉程度的深浅、情感认同的强弱、文化族群影响力的大小等。结果显示,调查对象在母语背景与母语认定上也会表现出很大的不同。

先来看族语的认定,440 名被试中有 5 位没填本人的族群,可父母和祖辈的都填了,因没有对比性,故予以排除。另有 49 名填了"其他",也是因无可比性而排除。值得注意的是这 49 人中,在长辈也填了"其他"的有 23 人,填了客、闽、外省人等族群的有 26 人,这就显示"其他"并非是指其他族群,而是或对自己的族群认定有异议,或是不愿意参加该项调查。下面只对族群为"闽""客""外省人"的 389 名进行统计。具体情况如下:

表3 族群背景情况

族群	自选族群	父亲					母亲				
		客家人	闽南人	外省人	其他	合计	客家人	闽南人	外省人	其他	合计
客家人	31(人)	31	0	0	0	31	14	14	3	0	31
	7.97%	100	0	0	0	100	45.16	45.16	9.68	0	100
闽南人	317(人)	7	301	8	1	317	19	275	22	1	317
	81.49%	2.21	94.95	2.52	0.32	100	5.68	86.75	6.94	0.32	99.69
外省人	41(人)	0	1	40	0	41	5	15	20	1	41
	10.54%	0	2.44	97.56	0	100	12.20	36.59	48.78	2.44	100
合计	389(人)/100%					389					389

客家族群的 31 名大学生,父亲全部是客家人,母亲非客家的有 17 人。表明客家人中父亲族群的影响更大。在闽南族群的 317 名大学生中,有 301 人的父亲是闽南人,其中母亲也是闽南人的有 260 人。非闽南人的 16 名大学生的父亲有 7 人是客家人、8 人是外省人、1 人其他,但这 16 人的母亲有 15 位是闽南人。由此可知,客家人中父亲族群的影响更大,闽南人中母亲族群的影响更大。

关于族群背景的认定,有家族、地域、历史等客观因素在起作用,而对母语的选择,除了客观因素外,还含有更多的社会文化因素,特别是成长时期的语言使用习惯。调查对象对母语的选择结果如下:

表 4 母语情况

总计	单语					双语				未选
	客家话	闽南话	国语	原住民语	其他	客/闽	客/国	闽/国	原/国	
445(人)	14	107	264	1	1	0	2	54	0	2
100%	3.15	24.04	59.33	0.22	0	0	0.45	12.13	0	0.22

选择国语为母语的占 59.33%,加上"客/国""闽/国"的,国语被独立及与其他语言一起同被选为母语的高达 71.91%。这与族群的比例相去甚远。下面再仔细考察两个族群的情况,一是自己选择、父亲、母亲三者的族群都为闽南人的 260 名大学生中,除一人未做选择外,选国语为母语的有 83 人,选国语和闽南话共同为母语的有 40 人,选闽南话为母语的有 136 人,所占比例分别为 32.05%、15.44%、52.51%。可见国语成为母语选项的占了相当高的比例,达到将近一半。这说明国语在台湾的普遍程度已不再单纯地表现在"社会交际用语"层面,而是深入到儿童的语言习得层面,当作母语来完成了语言的习得任务。台湾学者董忠司先生十多年前忧虑地说道:"如果我们把台湾族群语言依走向消亡的脚步排列,我们可能会看到走在前面的是原住民的族群,其次是台湾客家话,殿后的是台湾闽南话。"这让人忧伤的结果谁也不知道什么时候会出现,但仅仅十多年,情势发展得这么快,倒是谁也没有预料到的。

2.3 乡土语言学习与乡土语言价值反差

台湾在陈水扁执政时在全台小学实行了乡土语言学习政策。2003年台湾教育主管部门国语推行委员会通过了《语言发展法》,并同时废止了《国语推行办法》。把11种原住民语与客、闽、国共同列为官方语言。"实质上,'办法'的废止就等于宣布台湾没有共同语,《语言发展法》若通过就是让几乎所有台湾语言都成为'国家语言'。这既违反了客观的社会、历史发展规律,又不符合台湾同胞的需要。"(金美2003)台当局在通过该法后很快就在小学推行了乡土语言。现在20岁左右的大学生,当时正是小学时期,可以说是首批乡土教育的学习者。学习效果如何,学习的必要性如何,学习后的社会使用状况如何,他们可以说是最有发言权的一代。问卷中有五个问题与此有关:①您认为小学有必要开设"母语教学""本土语言教学"类课程吗?②您赞成升学时适当加考闽南话、客家话或原住民语吗?③您赞成公务员任用应依据职务需要,应适当加考闽南话、客家话或原住民语吗?④和小学、初中相比,您现在使用闽南话等本土语言的机会是多还是少了?⑤目前国语是唯一官方语言,您同意将其他本土语言定为官方语言吗?

在这五个问题中都有未答的空白题,这里只对有效问卷做统计,故各表的总数不尽相同。在每个问题的选项排列时,肯定意见的排前,否定意见的排后。具体情况见下面的表5至表9。

表5 您认为小学有必要开设"母语教学""本土语言教学"类课程吗?

选项	人数(个)	比例(%)
有利于闽南话等母语能力及意识的培养	142	33.10
没必要开设此类课程,不如修英语课程	32	7.46
效果不大,不如家庭教育有效	255	59.44
合计	429	100

表6　您赞成升学时适当加考闽南话、客家话或原住民语吗？

选项	人数（个）	比例（%）
赞成，有利于语言的传承保护	161	38.15
不赞成，没必要	261	61.85
合计	422	100

表7　您赞成公务员任用应依据职务需要，应适当加考闽南话、客家话或原住民语吗？

选项	人数（个）	比例（%）
赞成，有利于提供多语言服务的便民措施	294	67.90
没必要，国语的普及度已很广了	139	32.10
合计	433	100

表8　和小学、初中相比，您现在使用闽南话等本土语言的机会是多还是少了？

选项	人数（个）	比例（%）
增多	100	22.68
没差别	171	38.78
减少	170	38.55
合计	441	100

表9　目前国语是唯一官方语言，您同意将其他本土语言定为官方语言吗？

选项	人数（个）	比例（%）
有必要，确保每种语言的平等地位	197	46.46
没必要，用一种通用语言更加便捷效率	227	53.54
合计	424	100

表5至表9的五项调查中，只有表7的肯定意见居多，赞成公务员的招聘中应加考乡土语言。表8的三种意见相当，"没差别"可看作是两可；而认为现在使用本土语言的机会"增多"的要少于"减少"

的,这对乡土语言教学的目的与效用是具有反思作用的。表5、6、9的调查结果都是否定的意见居多。

从内容上来分析,表5和表6是从学习者的角度来判断,反对意见为多;表7和表9是从应用的角度来选择。看上去表7和表9两项调查的意见相左,但细加分析就会发现表7是立足于一种具体的职业角度,与公务员的职责有关,而表9着眼于社会全局,是对语言的社会实态做出的判断,因此后者的概括面当更为广阔。

乡土语言教学的主要内容就是指推行闽南话的教学,我们专门考察了上述317位闽南族群大学生的选择,总的来说统计结果与全体调查对象的统计接近。下面来看看其中与闽南话有直接关系、有直接提升作用的两个问题的统计结果。一个是"您赞成升学时适当加考闽南话、客家话或原住民语吗?",表示不赞成的是55.84%,赞成的39.75%,放弃作答的4.42%。另一个是"目前国语是唯一官方语言,您同意将其他本土语言定为官方语言吗?",表示不同意的49.21%,赞成的47.32%,放弃作答的3.47%。两项选择都是做出否定的居多,也就是说闽南族群的也并不主张对闽南话予以额外的提升。总的来看,首批乡土语言政策的经历者、接受者对这一政策的评价并不高,这样的结果大概是当年该政策制定者所未曾料及的。

3. 余论

台湾原有少量的原住民,其实也是更早时期从大陆迁入。明末清初至半个多世纪前,不同时期分别集中迁入了相当数量的不同族群,形成了"原住民""闽""客""外省人"四大族群。加上当代渐成规模的新住民,成为一个典型的混居社会。人口的混居必定是伴随着语言的杂处。加上历史上曾受日本侵占半个世纪,受到过强力的殖民语言政策与语言教育。因此台湾的社会语言实态研究也就具有了重要的语言学与社会学意义。这种意义起码可以从以下三个方面看出。

第一,国语快速普及的过程、措施、效果、意义的总结与启示。1945年台湾光复,那时台湾的语言状况是这样:"战后初期台湾社会语言使用情形是日语和母语共同存在的双语社会。日语普及率虽高,却尚未成为家庭语言,仅成为台湾人吸收现代化知识的工具与公共场合使用的官方语言。"(俞智仁 2010)"到台湾的第一件不便就是语言不通,连文字也不通。台湾没有几个人会说国语、读汉文。他们在日本文化中长大,只会日文,而闽南话又是中国最难懂的方言之一。我们既不懂闽南话,也看不懂日文,等于是一群文盲和另一群文盲在一个社会里相遇,隔阂之生毋宁是必然的。"(汪彝定 1991)经过短短一个甲子,60年后的当今,国语已取得了绝对的统治地位,以至于在今天全台要想找到一个用方言进行课堂教学的学校已成为不可能的事情。尽管 2000 年始在基础教育中实行了本土语言教育的政策,但丝毫没有动摇国语在学校、社会的地位与作用。

第二,从语言政策的导向与语言现实的距离来看,反差之大极为突出,成为语言政策的研究与制定、语言政策与语言社会之间关系研究的最有价值示范区。当今的台湾,一方面是多种语言并存,不同语言(包括方言)差异明显,各自有着明显的地域性,而跨方言存在的国语已高度普及,语言统一的倾向性与力量都呈现出格外的优势;另一方面执政者的语言政策却刻意在混淆主流语言的影响和地位,将十多种原住民语、闽方言、客方言都扩充为官方语言,力图消弭国语的一统之势,自毁语言统一这一至大的社会财富。在语言政策的制定与推广中放在首位考虑的不是全社会的协调发展与统一,而是政治之见、政党之私,尽管有时会被带上"本土化""地域化""在地化"的时尚说辞。语言政策与语言现实之间的极大不一致性,成为当今台湾语言生活的最突出现象。

第三,大陆学者对台湾语言,以往关注的方式多是远距离,隔岸观"语",深入台湾社会的少;关注的内容多是动态信息,对语言实态观察得少;关注的问题多是语言政策,对语言生活关注得少。要真正把握台湾语言生活发展的趋势,对语言生活进行定期、系列、可对照的描写调查,当是最有意义的工作了。

参考文献

[1] 陈淑娇.台湾地区的语言冲突及语言转移之研究的成果报告[D].台湾硕博论文系统,2006.
[2] 方慧.大学生语言使用情况及态度调查——兼论台湾语言政策中的语言政治问题[D].厦门大学硕士学位论文,2015.
[3] 姜莉芳、熊南京.族群视野下台湾地区语言使用及语言态度调查[J].怀化学院学报,2012(7).
[4] 金美.论台湾新拟"国家语言"的语言身份和地位——从《国语推行法》的废止和语言立法说起[J].厦门大学学报,2003(6).
[5] 廖湘美.台湾中小学生语言使用与语言态度调查——以台北市、高雄市为例[J].语言文字应用,2015(4).
[6] 汪彝定.走过关键年代——汪彝定回忆录[M].台北:商周文化股份有限公司,1991.转引自:薛政宏.国府迁台前后(1948—1951)《国语日报》内容之研究[M].新北:花木兰文化出版社,2013.
[7] 俞智仁.战后台湾国民学校国语科教材教法之研究(1950—1962)[D].台北:台北教育大学教育学院社会与区域发展学系硕士学位论文,2010。转引自:薛政宏.国府迁台前后(1948—1951)《国语日报》内容之研究[M].新北:花木兰文化出版社,2013.

台湾中小学生语言转移的调查[*]
——以台北市、新北市、高雄市为例

廖湘美[1]　林素卉[1]　庄斐乔[1]　苏新春[2]

(1.台湾"中央大学"中文系;2.厦门大学中文系)

【摘要】　台湾人口由多元的文化族群构成,自国语运动推行以来,国语渐渐地取代了族群母语,成为各族群使用的通行语。通过调查大台北(包括台北市、新北市)[①]及高雄市的中小学生语言使用情况,我们观察到语言转移的速度与世代、区域的背景息息相关。至于定居台湾的新住民,近年来其总人口已与原住民旗鼓相当,成为不容忽视的新兴族群。本次调查对象涵盖了台湾的主要族群,可较为清晰地了解他们对语言态度、族群认同、价值观等取向,以及"新住民二代"对标准语、母语的看法及能力。

【关键词】　台湾;中小学生;语言使用;语言态度;新住民

---

[*] 本研究得到厦门大学哲社科繁荣计划课题"海峡两岸学生语言使用状况调查""两岸中小学生语言学习与语言能力关系调查"、国家语委课题"台湾基础教育语文教学及语言能力培养的启示"(WT125-50)的资助。台湾调查工作由"中央大学"中文系团队(廖湘美、李淑萍、林素卉、庄斐乔)以问卷为主的方式协助进行。

[①] 台北狭义指台北市,广义包含台北市及外围地带的新北市卫星城。因二地间的来往互动,密不可分,亦合称为"大台北"。

1. 引言

台湾由多元族群形成,与外来移民直接相关。汉人入住台湾前,原住民以狩猎、农耕方式过着朴实简单的生活。郑成功率军来台后,汉人开始扎根,移民以福建闽南人居多。清末清政府开放海港,引发第二波汉人移民潮,移民以闽南(厦、漳、泉)、客家(广东、福建客家)为主。20世纪40年代后期,来自大陆各省的军人退居台湾,这是汉人第三次大规模迁台,距离第一、二波汉人移民已有百年历史。早期迁入的汉人在此落地生根,其后代自视为"本省人",这些"本省人"称第三波迁入台湾者为"外省人"。

另一新兴族群是来台湾以外人士——新住民,主要来自中国大陆和港澳地区及越南、印尼、菲律宾等国家和地区,占总人口2.1%,即将赶上原住民人口数。非中国大陆及港澳新住民有32.4%,以婚姻方式入籍台湾,其子女被称为"新台湾之子"。他们人数逐年增加,2004年父母一方为外籍人士的小学、初中入学人数为46 411人(而2004年父母一方来自中国大陆与港澳地区的是25 143人),2013年达209 784人(中国大陆及港澳地区是132 106人),增长了近四倍。三大族群在多元文化冲击下,语言相互竞争,发生了语言同化、语言转移(language shift)现象,并随世代和地域的不同呈现快慢差异。

为了避免不同语言族群的孩童在学习母语和标准语上有障碍,台湾教育主管部门2001年推行"九年一贯政策",将"本土语言课程"纳入教学体系[①],以鼓励孩童学习自己母语。对于近年来暴增的

---

① 九年一贯教育政策的本土语言课程提供"闽南语、客语和原住民语"的教学,实施要点为:"乡土语着重日常生活应用,以听说为主,读写为辅。"并将课程分作三个阶段,第一阶段:小学1—3年级;第二阶段:小学4—6年级;第三阶段:初中1—3年级。参考自国民教育社群网:http://teach.eje.edu.tw/index.php(2015/04/10)。

新住民子女,政府亦拟开设"东南亚语言课程"提供中小学童有机会学习外籍母亲语言的机会①。

论文调查地区是台湾最重要的都会区,强势方言皆为闽南话,调查对象为学生,包括台北市 219 名、新北市 169 名、高雄 195 名,共计 583 人。下面以族群来列示三地学生人数:

表 1　三地学生所属族群的分布表②

	级别	汉族	原住民	新住民	外籍③
台北市	小学(48)	92%(44)	0	8%(4)	0
	初中(81)	97.5%(79)	0	2.5%(2)	0
	高中(90)	95.5%(86)	0	2.25%(2)	2.25%(2)
新北市	小学(37)	92%(34)	0	8%(3)	0
	初中(65)	94%(61)	1.5%(1)	4.5%(3)	0
	高中(67)	98.5%(66)	0	1.5%(1)	0
高雄市	小学(63)	95.5%(53)	2%(1)	14%(9)	0
	初中(76)	94%(72)	0	5%(4)	0
	高中(56)	95%(53)	5%(3)	0	0
共计	583	94%(548)	0.9%(5)	4.8%(28)	0.3%(2)

由于多数原住民孩童多半选择就读其部落族群邻近的小学、初

---

① 2012 年 3 月起台湾有关部门推行"新住民火炬计划",提供新住民关怀、服务与教育辅导,该计划关于新住民子女教育部分包括了"华语补救教学"和"母语传承课程"。另外,新北市因拥有人口最多的新住民及其子女,为让新住民家长与学生了解自身拥有语言、文化双资产的优势并加以发挥,新北市教育局 2015 年 8 月正式启动"新住民二代培力昂扬计划",以培育为未来东协经贸人才。参考新北市教育局网页:http://www.ntpc.edu.tw/web/News?command=show-Detail&postId=339348(2015/08/17)。
② 表格内括号中的数字,表示学生人数。
③ 调查的台北市高中学生里,有 2 名华裔外国国籍学生。由于 2 名学生属于汉族血统,又在台湾就学生活,故将这 2 名学生归入汉族,一并分析。

中,因此都会区学校较少见原住民学生。因为同地区的不同族群有各自的语言环境及背景因素,造成的语言转移现象亦不尽同,故下面论述以族群之别来进行分析。

2. 汉族学生家庭语言转移

在"国语运动"与"本土语言课程"这两项教育政策推动下,台湾汉族三代皆发生语言转移。语言竞争后的常态表现,弱势语言多发生语言转移,基于利益关系,逐渐向强势语靠拢,在高低阶语的竞争下,优势语将被保存,弱势语则被同化,甚至是"语言死亡"。那么台湾当代语言竞争结果,将会是什么样的局面?

Giles 等(1977)提出"语族活力"理论,认为社会经济地位、人口和制度支持度是影响语族活力的主要因素,倘语族的活力低落,便可能导致语言转移。黄宣范(1993)指出,1993 年的台湾人口:闽南人 73.3%、外省人 13%、客家人 12%、原住民 1.7%,目前形势有所变动,新住民跃升成为台湾主要人口一部分,其余的人口比例变动不大。台湾汉族人口中,闽南话人口仍遥遥领先,但闽南话却没成为台湾的第一优势语,这不符合 Giles 的人口因素说法。林忠正(1991b)认为台湾的汉人族群里,外省人社会经济地位较高,客家人次之,闽南人第三,但外省人祖籍来自大陆多个省份,母语也非现代国语,优势语亦非外省方言。由此可见,人口数量和社会经济地位并非决定台湾优势语的关键,政策才是最重要因素。

在国民政府接手的光复时期,采取强力手段来统治混乱局面。光复以前,由于日殖民政府推行所谓"荣民"政策,将日语定为国语,以日文作为教学媒介语,一般汉人私下交流用的是方言。光复以后,为了使不同祖籍人士能有一个共同语作为沟通桥梁,确立了国语作为台湾地区的共同语。

制定共同语是一种政治目的,为了国家统一,国语运动势在必行。然而,1990年提出母语教育的目的何在?① 是感叹母语日趋衰落、流失而试图力挽狂澜?

透过调查也发现,母语教育并不成功。调查的550名汉族学生当中,在家庭使用方言的概率是28%,使用国语的概率是71.3%,外语0.7%。其次,在家庭以外,使用最多仍为国语90.75%,方言仅为8.5%、外语0.75%。家庭当中,使用方言交谈的主要对象是祖父母,与父母谈话则多使用国语,偶尔使用方言。以高雄市小学 KE-15② 受访者为典型的案例:

表2 高雄市小学 KE-15 受访者语言使用调查表③

社会变项	闽南	客家	原住民	国语	新住民	其他	权数
一、家庭							
对父母	2	0	0	4	0	0	1
对兄弟姊妹	0	0	0	6	0	0	0.9
对祖父母	4	0	0	2	0	0	0.8
对外祖父母	4	0	0	2	0	0	0.7
对晚辈	0	0	0	6	0	0	0.6
合计	8	0	0	16	0	0	
平均	33%	0	0	67%	0	0	

---

① 当时多位民进党县市长提出将地方方言、文化、历史纳入教学内容一事,教育主管部门毛高文先生表示赞同。(《中国时报》1990年1月12日综合新闻七版)
② 论文将各个案例依地区(台北市 T、新北市 NT、高雄市 K)、级别(小学 E、初中 J、高中 S)编写代号,KE-15 指高雄市小学第15号个案。
③ 表格调查家庭及家庭以外的语言使用状况,依据语境的差异,分为五个级数,最常使用权数为1,其次酌量递减;语言的使用量部分,6分为完全使用、4分为多数使用、2分为偶尔使用、0分为不使用。

(续表)

二、家庭以外							
课堂	0	0	0	6	0	0	1
课外	0	0	0	6	0	0	0.9
校外朋友	0	0	0	6	0	0	0.8
逛街	0	0	0	6	0	0	0.7
问路	0	0	0	6	0	0	0.6
合计	0	0	0	24	0	0	
平均	0	0	0	100%	0	0	
总计	17%	0	0	83%	0	0	

受访者使用方言对象只限于长辈,对平辈和晚辈都使用国语,家庭以外不使用方言。这份调查报告暗示着语言在三代人的转移情况,祖父母辈使用方言,兼具听懂国语的能力;第二代为双语并用;第三代多使用优势的标准语。

大台北作为台湾第一大都会区,人口结构比其他县市更复杂,目前强势方言为闽南话。高雄市是南台湾第一大都会区,主要方言为混合腔(漳州、泉州)的闽南话[①]。所调查的550位汉族学生以闽南族群最多,共431位(78.4%),其余是外省人55位(10%)、客家人20位(3.6%)、"闽客人"18位(3.3%)[②]、"闽外人"8位(1.4%),另有18

---

① 洪惟仁《高屏地区的语言分布》,*Language and Linguistics* 2006年第7卷第2期。"高屏地区的主要人口是移自福建泉州、漳州的闽南人,分布在高屏地区的平地及山坡地,所有滨海地区都是闽南人。全区说的是闽南语混合腔,只有小琉球说同安腔。"

② 这是问卷作答学生自己所认同的族群,台湾汉人族群属于父系家庭,一般认同父方。另有部分学生的父母来自不同族群,而认同兼具父母双方的族群身份,因此有闽南兼客家者(简称闽客人)和闽南兼外省者(简称闽外人)的族群身份。

名汉族学生并未填写族群或勾选"其他"①。

客家族群语言转移为闽方言的情况不在少数。杨名暖(1989)研究显示,客家人使用客家话仅限于家庭及客家族群者,对外则多使用闽南话或国语。

桃、竹、苗地区为台湾主要客家话区,却也出现客家话向闽南话转移情况。陈淑娟(2004)研究桃园"大牛栏"地区方言,指出当地客家妇女与闽南话人士通婚,出现客家话移转为闽南话以配合夫家语言情况。反之,闽南人嫁到客家则无。

蔡宏杰(2009)研究桃园杨梅地区客家话时发现:"百年来的语言势力变迁打破杨梅本为一个多语势力并存的语言社群。当地的族群语言不断萎缩、流失;五十多年来华语凌驾且逐渐取代当地方言;近十年来闽南话势力扩张,在族群语言一面倒流失的情况下,反而出现年轻人会讲闽南话而不会客家话的现象。"

曹逢甫(1997)1995 至 1996 年调查台湾北、中、南、东四个地区的闽客方言,发现"无论谈话对象为何人,客家人使用母语的几率都低于闽南人,而使用国语的几率则高于闽南人"。至于外省族群,邹嘉彦、游汝杰(2007)曾指出台湾的外省人多说国语,且带江浙腔②。

---

① 勾选"其他"者,部分表明自己是汉族,另一部分表示自己是台湾族群。
② 邹嘉彦、游汝杰《社会语言学教程》第 308 页,五南图书出版,2007。"台湾'外省人'的语言特点是'说国语',与以闽南或客家为母语的台湾原有居民明显不同。这个民系及其名称是五〇年代以后形成的。据估计,1956 年外省人的人口高达 121 万;1988 年增至 2 657 400 人,占总人口数的 13.35%。关于他们的原籍分布并无数据可以查考,不过从他们的语言特征来看,江浙人应占很大的比率,这些人多是军政要员或公司白领,这些人的江浙腔蓝青官话当然具有较大的影响力。所以台湾一般人所说的国语带有明显的江浙腔,不像北京话,而更像三、四〇年代上海电影演员所说的国语。"

依前贤论述,外省人的语言以国语为主,可以认为外省人从第一代来台后,能与同祖籍的对象谈话的概率不高,为了可以同他人对话,须将语言转移为国语,因此语言转移很容易在第一代发生。客家人移民到台湾晚于闽南人,且人数不及闽南,易处于弱势,再加上政治、教育的力量,迫使客家人向优势语言靠拢。闽南人由于人数众多,移民历史悠久,方言保存情况最佳。

以前贤的研究为基础,本研究调查550名汉族学生,就闽南、客家和外省等民系老、中、青三代所学习的母语,分别观察台湾南北地区家庭的语言转移情况。本文所调查的母语,意指幼年时期的家庭教育所使用的语言。其次,判定语言转移的条件为:母语使用双语(包括多语)或非族群母语方言。例如:闽南族群兼用闽南话及国语作为家庭教育的媒介语时,即视为语言转移。

表3 三地学生的家庭语言转移表

城市	三级学校	第一代 转移	第二代 转移	第三代 转移
台北市	(1)小学	84%(37)	9%(4)	7%(3)
	(2)初中	80%(63)	19%(15)	1%(1)
	(3)高中	51%(45)	30%(26)	19%(17)
新北市	(1)小学	51%(19)	27%(10)	22%(8)
	(2)初中	69%(40)	31%(18)	0
	(3)高中	77%(51)	21%(14)	1%(1)
高雄市	(1)小学	60%(32)	23%(12)	17%(9)
	(2)初中	51%(37)	27%(19)	22%(16)
	(3)高中	36%(19)	21%(11)	43%(23)

大体来说,当前中小学校学生的祖父母辈年龄一般应介于55—75岁之间,属于台湾光复后出生或就学的一代。按照光复后时期的

语言环境,这一代人的父母应属于语言转移的第一代,并面临传承下一代要使用母语方言或将家庭教育语言转化为国语的抉择。

依据表3,高雄市与台北市家庭语言转移的步调一致,但速度北高于南,结果符合研究的预期。按照近几十年台北市的城市发展快速,人口变动速率将会和语言变动速率平行。然而,新北市的语言转移与其他二地完全相反。现试从人口流动角度解释新北市的现象。整个大台北地区以台北市为核心,居民较多是原来就居住在当地的民众,新北市是以台北市为辐射中心所发展出来的外围城市,其居民多来自中南部地区。

本次调查新北市的小学所在地为"三重",初中位于"中和",高中位于"汐止"。"汐止"位于台北和基隆之间,距离新北市其他地区较远,生活形态更接近台北市。"三重"距离台北较近,属于较早开发的地区,20世纪60年代便吸引了来自中南部地区的大量劳动阶级人口涌入定居,时至今日,劳动阶级仍是三重的主要人口。约70年代,"中和"也一样吸引了许多中南部人口,在近80年代时人口暴增。

因此,从人口结构上来看,因为新北小学和初中所在地人口多来自中南部,一般来说,劳动阶级多使用方言,这便能理解为何新北市小学、初中语言转移与其他地区不同。至于新北市高中位于生活形态接近台北市的"汐止",故语言转移情况与台北市较为相似。

相对于台北市,高雄市语言转移为"渐进式"发展。由于高中学生家庭第一代平均年龄比小学第一代平均年龄要高,因此语言使用情况相对应比较保守。这表示着光复前期一般家庭教育依然使用母语方言,国语介入家庭教育的情况只达到1/3。光复以后,台湾社会逐渐走向安定,教育、经济、社会稳定发展,国语被更多人所接受,因此高雄市小学学生的祖父母母语的语言转移情况增至2/3。

表 4 三地学生的族群语言转移表

		闽南	客家	外省	闽客	闽外
台北市	(1) 小学	闽南	客家	外省	闽客	闽外
	第一代	79%(26)	50%(1)	67%(2)	0	0
	第二代	12%(4)	50%(1)	0	0	0
	第三代	9%(3)	0	33%(1)	0	0
	(2) 初中	闽南	客家	外省	闽客	闽外
	第一代	81%(55)	100%(1)	75%(3)	0	0
	第二代	17%(12)	0	25%(1)	0	0
	第三代	1%(1)	0	0	0	0
	(3) 高中	闽南	客家	外省	闽客	闽外
	第一代	35%(22)	0	86%(12)	100%(3)	100%(1)
	第二代	40%(25)	0	7%(1)	0	0
	第三代	25%(16)	0	7%(1)	0	0
新北市	(1) 小学	闽南	客家	外省	闽客	闽外
	第一代	47%(15)	50%(1)	67%(2)	0	0
	第二代	28%(9)	50%(1)	0	0	0
	第三代	25%(8)	0	33%(1)	0	0
	(2) 初中	闽南	客家	外省	闽客	闽外
	第一代	68%(36)	100%(1)	75%(3)	0	0
	第二代	32%(17)	0	25%(1)	0	0
	第三代	0	0	0	0	0
	(3) 高中	闽南	客家	外省	闽客	闽外
	第一代	65%(28)	100%(3)	50%(3)	100%(8)	100%(3)
	第二代	32%(14)	0	33%(2)	0	0
	第三代	2%(1)	0	16%(1)	0	0

（续表）

	(1) 小学	闽南	客家	外省	闽客	闽外
高雄市	第一代	49%(20)	100%(1)	100%(9)	100%(1)	100%(1)
	第二代	29%(12)	0	0	0	0
	第三代	22%(9)	0		0	0
	(2) 初中	闽南	客家	外省	闽客	闽外
	第一代	43%(26)	75%(3)	100%(6)	0	100%(1)
	第二代	33%(20)	0	0	0	0
	第三代	24%(14)	25%(1)		100%(1)	0
	(3) 高中	闽南	客家	外省	闽客	闽外
	第一代	26%(10)	0	70%(7)	0	100%(2)
	第二代	19%(7)	50%(1)	30%(3)		
	第三代	55%(21)	50%(1)		100%(1)	0

高雄市各族群语言转移的情况，闽南族群的母语转移最缓，外省族群最快，客家人介于两者之间。闽南话最为保守，符合了高雄市闽方言区的语言环境，外省人语言转移的速度最快，亦符合了前述外省人多说国语的语言特色。

新北市族群语言转移情况与高雄市近似，闽南族群相对保守，客家、外省人转移速度较快。

相较于上述二地，台北市的语言转移变动较快。台北市三级学校学生的家庭语言第一代开始转移者皆超过半数，语言文化变动的快慢与城市发展脚步息息相关，台北市语言转移比高雄市快速属于可预料的结果。

再往大台北内部的发展过程来看，新北市的转移速度显得较为异常，这与前文已说明过的内部人口迁移有关。根据蔡金惠（2010）

研究,1970 至 1989 年间的台北市人口数,从 400 万急遽升至 600 多万,之后依然持续增长,这和台北市都市发展及就业机会有关。台北市的教育、医疗、公共设施等基础条件都比新北市或其他县市优良,以至于吸引了大批岛内外移民,大量人口涌入台北都会区,使台北市人口密度将要达到饱和。基于消费水平的经济考虑,其他地区人口到台北就业,多就近选择新北市作为安居之地[1]。依据台湾有关部门统计,2015 年 1 至 3 月都市迁移人口中,迁入新北市的人口数居于台湾县市迁入人口数的首位[2]。由于人口的流动与复杂结构,台北市、新北市的语言转移现象无法同步发展,以至于呈现新北市三代语言转移的情况特立独行。

虽"大台北"小学至高中语言转移情况未如高雄市依据年龄差别而发生"阶梯式"的平行的变化,但不同族群语言转移速度有快慢之分的情况。

综合南北两地家庭母语的语言转移情况,闽南族群的语言生命力明显地较其他汉语族群来得强势。外省族群来自大陆各省,左邻右舍难寻乡音,因此语言转移速度最快。大台北是台湾第一大都会区,来自四面八方的人潮涌入大台北,使得语言变动较为激烈。对比之下,南部高雄市语言转移的速度较符合语言变化的一般规律。

---

[1] 蔡金惠《台北都会区都市人口之研究》第 37 页,台湾师范大学地理学系第三十九届硕士学位论文,2010。2010 年 12 月 5 日台北县升格为直辖市,并改名为新北市。该论文里仍作旧称:台北县。
[2] 依据台湾有关部门资料:"县市人口迁移趋势:近 6 年累计社会增加正成长人数以桃园市、新北市、台中市、金门县、台北市及新竹县等均超过万人,为目前人口净迁入较多之主要县市;累计负成长超过万人者依序为彰化县、屏东县、嘉义县、基隆市、南投县及云林县,为目前人口净迁出较多之主要县市。"(http://www.moi.gov.tw/stat/news_content.aspx? sn=9137(2015/04/11))

3. 原住民族学生家庭语言转移

本次调查的 583 名学生,原住民人数为最少,只有 5 人。新北市初中 1 人,高雄市高中 3 人、小学 1 人,台北市无原住民案例。以下是 5 位学生家庭语言转移的情况:

表5 原住民学生家庭语言转移表

地 区	学 校	第二代	第三代	不转移
新北市	初中	1		
高雄市	(1)小学	1		
	(2)高中		1	2

新北市初中原住民学生的父亲已开始兼用国语和原住民语,该名学生表示自己会使用原住民语言,然而,3 岁以前主要使用的语言是国语;日常语言使用情况也以国语为主;偶尔使用闽南话。因为台湾多闽南族群,推测其同学多为闽南人,因此习得了闽南话。这位新北市原住民学生虽自称会用族语,但平日以使用国语为主,未见有使用族语;此外,在家庭、同侪间有使用闽南话的习惯,又以家庭内居多。

对比之下,高雄市原住民族群语言保存相对较为稳固。小学生第二代发生转移;高中学生 1 人在第三代转移,另外 2 人在 6 岁以前的家庭语言都使用原住民语。

表6 原住民学生语言的使用情况

	初中	闽南	客家	原住民	国语	新住民	其他
新北市	家庭	33%	0	0	67%	0	0
	家庭外	7%	0	0	93%	0	0
	平均	20%	0	0	80%	0	0

(续表)

	(1)小学	闽南	客家	原住民	国语	新住民	其他
高雄市	家庭	0	0	75%	25%	0	0
	家庭外	0	0	22%	78%	0	0
	平均	0	0	48%	52%	0	0
	(2)高中	闽南	客家	原住民	国语	新住民	其他
	家庭	0	0	54%	46%	0	0
	家庭外	0	0	25%	75%	0	0
	平均	0	0	40%	60%	0	0

表5—6显示,新北市原住民学生完全不使用族语,反而会使用闽南话,日常用语以国语为主。另外4位来自高雄市的原住民同学,族语的使用率相当高。不过,1位高中原住民学生平常不使用族语,拉低了原住民语整体的平均使用率,所以高中族语使用比例比小学低。

4. 新住民学生家庭语言转移

根据台湾有关部门统计,在外籍配偶人数比例上,来自中国大陆、港澳地区人数最多,其次是越南,再次是印尼。对于教育程度问题,根据刘阿荣(2004)调查,教育程度上以印尼配偶较高;多为初中及高中且其基本问卷部分多用英文写答。中国大陆配偶较为普及,但多数为初中程度"。然而,为了融入中国台湾生活,印尼配偶会积极参加"识字班"与"课后辅导",这是由于中国大陆配偶在语言的先决条件上比印尼配偶占有优势,印尼华侨的汉语学习来自家庭,普遍使用族群方言,对国语则相当陌生。至于大陆配偶的语言环境多有机会学习"普通话",因此国语程度较佳。不过刘氏调查未涉及越南配偶,因此本文还无法对越南配偶多做论述。外籍配偶是否会使用汉语方言或国语,对其子女的语言学习将有直接的影响,台湾是父系社会,外籍母亲一般会配合夫家语言,原本熟悉的母语无处使用,由于族群和语言上的弱势,便有可能就放弃教导自己子女原来的母语。(吕美枝 2007)

　　调查的 28 位新住民二代学生当中,父母皆是新住民者 2 人、父亲是新住民者 1 人,其余都是母亲是外籍人士。台北市新住民学生:高中 1 人、初中 2 人、小学 4 人,当中 1 名父母皆是外籍。新北市新住民学生:高中 1 人、初中 3 人、小学 3 人,7 人的母亲全部属外籍,父亲为台湾籍。高雄市新住民学生:初中 4 人,其中 1 人父母皆是外籍,1 人父亲是外籍人士;小学有 9 人。

　　28 名学生当中,认为自己有新住民语言能力者有 14 人,在家庭当中对父母、外祖父母或其他家庭成员会使用新住民语沟通者有 12 人。但 12 人当中有 8 位使用新住民语的谈话对象仅限于外祖父母。显然是因为外祖父母乃外籍人士,并不会使用国语,因此无法使用国语与他们沟通,在逼于无奈的情况下,只能使用新住民语。并且,外祖父母也因居住省外,见面机会鲜少,更少有交谈机会。

　　28 名学生当中,只有 14 人表示会新住民语,可见有半数的新住民父母并未教育子女新住民语,而且只有 4 名学生会使用新住民语和父母交谈,由此可见,新住民语在台湾的语言社会中屈居弱势。

表 7　新住民学生的语言使用情况

	闽南	客家	原住民	国语	新住民	其他
家庭	19%	0	0	75%	5%	1%
家庭外	11%	0	0	88%	0	1%
平均	15%	0	0	81.5%	2.5%	1%

语言使用的比重上,新住民语的使用率平均只有2.5%,可知新住民二代的新住民语能力不好。然而上表显示新住民子女使用闽南话的概率比新住民语高出许多,原因是新住民家庭的母亲大部分来自外地,父亲是闽南人所致。因此,其家庭语言转移情况应检视父辈的家庭语。

表8 三地新住民家庭的语言转移表①

地区	第一代	第二代	第三代	不转移
台北市	43%(3)	43%(3)	14%(1)	0
新北市	14%(1)	14%(1)	72%(5)	0
高雄市	27%(3)	37%(4)	9%(1)	27%(3)

表格显示,南部新住民的家庭仍倾向使用方言,因此,高雄市还有3名学生的母语是承袭父亲的族群方言并经常使用。新北市语言转移速度依然比台北缓慢,仍有大部分学童是在第三代才开始发生语言转移。

5. 结论

不论族群或居住地区,弱势语言转移至强势语言已成无法逆转的事实。在政策和教育制度的同盟之下,国语成为权威语言,最后的防线家庭也逐渐失守。

地域方面,汉语族群部分,新北市母语转移速度比台北稍缓,语言转移的年龄层级与一般规律不成正比,此与人口结构有关。另外,北部语言转移速度比南部快,完全符合预期。

原住民的母语保存情况较为完好,5个原住民案例当中,有2名

---

① 当中所统计新住民家庭排除父母双方皆是新住民及父亲为新住民者,因此该表统计人数为25人。

学生的母语依然使用族语。原住民学生多希望自己的母语依然是原住民语;汉族、新住民则多希望选用国语为母语。

  族群语言使用率方面,新住民二代使用新住民语的比例表现最低,仅限用于家庭。目前台湾的语言环境,新住民语最为弱势,具有新住民语的能力不足半数。因此,若没有采取挽救母语的决策,新住民的族群语很有可能在下一代就会完全消失了。

参考文献

[1] 蔡宏杰.杨梅客家话语音变化和语言转移研究[D].台湾师范大学国文学系硕士学位论文,2009.

[2] 蔡金惠.台北都会区都市人口之研究[D].台湾师范大学地理学系第三十九届硕士学位论文,2010.

[3] 曹逢甫.族群语言政策——海峡两岸的比较[M].台北:文鹤出版有限公司,1997.

[4] 陈淑娟.桃园大牛栏方言的语音变化与语言转移[M].台北:台湾大学出版委员会,2004.

[5] 洪惟仁.高屏地区的语言分布[J].Language and Linguistics(第7卷第2期),2006.

[6] 黄淑玲.台湾新移民及其子女教育现状与未来发展[J].当代青年研究,2014(3).

[7] 黄宣范.语言、社会与族群意识——台湾语言社会学的研究[M].台北:文鹤出版有限公司,1993.

[8] 林忠正.经济机会与族群和谐[N].中国时报,1991a-03-22.

[9] 林忠正.你不能说外省人是经济上的弱者[J].商业月刊,1991b(176).

[10] 刘阿荣、谢淑玲.在台客籍"印度尼西亚(印度尼西亚)配偶"与"大陆配偶"之客家认同比较研究初探——以桃竹苗地区焦点团体访谈为例[R]."行政院"客家委员会奖助客家学术研究计划,2004.

[11] 吕美枝.妈妈不笨,小孩也不笨:新移民及其子女的自我概念与族群认同[A].新移民子女教育.台北:冠学文化,2007.

[12] 杨名暖.彰化、云林地区客家人的语言转化[D].辅仁大学语言学研究所硕

士学位论文,1989.
[13] 邹嘉彦、游汝杰.社会语言学教程[M].台北:五南图书出版公司,2007.
[14] Giles, H.; Bourhis, R.Y.; & Taylor, D.M. "Towards a theory of language in ethnic group relations", *Language, Ethnicity and Intergroup Relations*, London: Academic Press. In Giles H(ed.), 1977.

海峡两岸汉语词义知晓现状调查研究*

王 立

(江汉大学武汉语言文化研究中心)

【摘要】 本文运用社会语言学研究方法,通过问卷调查获得两岸调查对象关于汉语词义知晓现状的研究数据。调查结果显示,两岸词语互通基本呈不对称态势,即以由台湾向大陆的流通为主,并呈由东南向西北的流通方向,即:台湾→福建→湖北→甘肃。调查结果还显示,台湾调查对象对大陆词语的接受正处于由"不知晓"到"知晓"的中间状态,随着两岸持续互动,大陆词语将逐渐被台湾接受,两岸词语的些微差异不足以阻挡两岸词语的互通。

【关键词】 两岸词语研究;词语调查;词义知晓;词语互通;社会语言学

1. 引言

当前两岸现代汉语研究中关于公众词语应用现状的调查研究尚

---

* 本文为教育部哲学社会科学研究重大课题攻关项目"汉民族共同语在两岸的现状比较研究"的阶段性成果(项目编号:11JZD036)。

显不足,为此,本项目进行了"海峡两岸汉语词语应用现状"的专题调查研究。这是一项探索性研究,亦即今后深入研究的前期基础研究。

本研究运用社会语言学研究方法,由调查海峡两岸公众对源自两岸的 4 组被调查词语的来源辨识、意义知晓、口头和书面使用情况几方面切入研究主题。其中,被调查词语来源辨识的调查结果已在《海峡两岸汉语词语认知现状之探析》(王立 2014)一文中讨论,被调查词语口头及书面使用状况的调查结果将在《海峡两岸汉语词语使用现状之探析》中讨论,本文仅就调查问卷第二组词语调查的内容,即两岸调查对象对源自台湾和源自大陆的各 20 个被调查词语意义知晓的调查结果做一分析讨论。

客观地了解两岸公众对于两岸词义知晓现状,有助于我们把握两岸现代汉语词语互通的基本态势及其可能走向,思考制定切实可行的应对之举。

2. 调查概述

两岸汉语词语应用现状调查研究采用问卷调查法收集两岸公众关于词语来源认知、词语意义知晓、词语使用状况等方面的调查数据。调查问卷设计为甲、乙两卷,所有问题均为封闭性的。实际调查中绝大多数调查对象能够当场填写完成调查问卷的全部内容。

本次调查问卷的第二项内容是拟请调查对象就"您是否知道下列词语的含义"在给出的 3 个选项"①知道 ②大概知道 ③不知道"中进行选择。根据调查统计数据得出每一个被调查词语的词义知晓率,通过对两岸调查对象词义知晓率的比较分析,考察两岸词语流通的基本态势,预测两岸词语互通的可能走向。

本文考察的词义知晓率,是指调查对象对两岸指称同一事物或现象的不同词语的词义知晓率,以及两岸指称各自一方所具有的事物或现象的词语的词义知晓率,被调查词语便是根据这一考察目的选取的。被调查词语中,除个别两岸日常使用中明显存在差异的词语,如"欧巴马""奥巴马"等外,绝大多数选自《大陆和台湾词语差别词典》(邱质朴主编 1990)、《海峡两岸词语对释》(中国标准技术开发公司编著 1992)及《全球华语词典》(李宇明主编 2010)等 3 部词典。这 3 部词典的编撰及出版时间跨度 20 年,收录了两岸乃至全球华语地区使用的词语,且标明了每个词语的使用地区。问卷甲所调查的是台湾地区使用的 20 个词语(详见图 1),问卷乙所调查的是大陆地区使用的 20 个词语(详见图 2)。

作为一项探索性研究,考虑到调查实施的可行性,本次问卷调查仅选择以海峡两岸在校大中学生为调查对象。两岸共调查学校 78 所,其中高等院校 62 所,中学 16 所。所调查学校分布在台湾及大陆东南的福建省、华中的湖北省以及西北的甘肃省。

调查问卷甲卷在大陆的福建、湖北、甘肃三省以及台湾地区的学校实施调查,调查问卷乙卷在大陆的湖北、甘肃两省及台湾地区的学校实施调查。其中福建省的几所学校只进行了问卷甲卷的调查,计发放问卷 1200 份,回收的有效问卷 1119 份。台湾及湖北、甘肃两省的学校同时进行了甲乙两卷调查,即每一调查对象同时填写完成甲乙两份问卷。甲乙两卷在台湾各发放 650 份,回收的有效问卷各 610 份;在湖北省各发放 350 份,回收的有效问卷各 331 份;甘肃省各发放问卷 350 份,回收的有效问卷各 325 份。共计有效问卷甲卷 2385 份,乙卷 1266 份。

3. 统计叙述

两岸调查对象知晓率统计结果如图 1 和图 2 所示。图中的每条线段反映一个词语两岸调查对象之间的知晓率状况。线段的长短表示知晓率的集中或离散态势，即：线段越短，表明数据越集中，意味着两岸调查对象间的知晓率越接近；反之，线段越长，则数据越分散，表明两岸调查对象间知晓率越悬殊。

3.1 源自台湾的被调查词语词义知晓率

调查问卷甲卷所列 20 个被调查词语源自台湾。

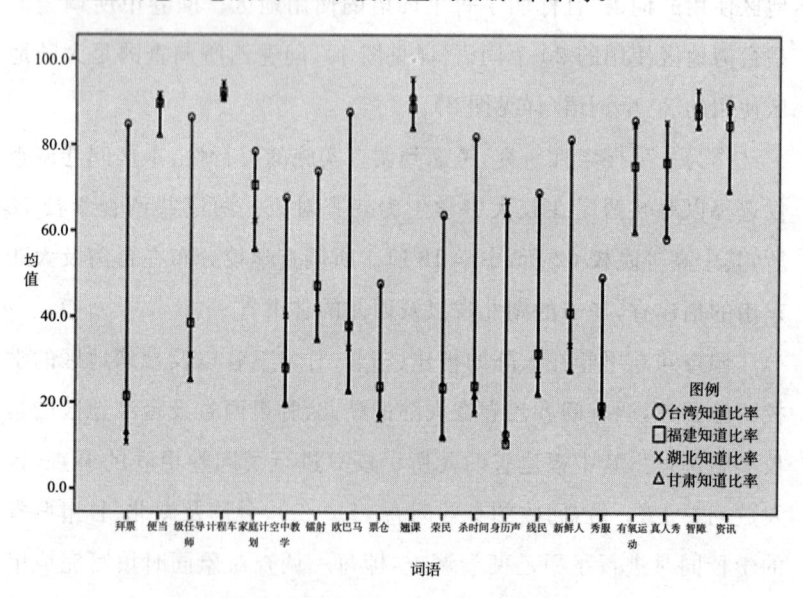

图 1 源自台湾的被调查词语（甲卷）词义知晓率

由图 1 可见，线段的顶端为高知晓率，带"○"的词语（代表台湾调查对象的知晓率）有 14 个（为被调查词语的 70%），带"×"的词语（代表湖北调查对象的知晓率）有 6 个（为被调查词语的 30%）。线段末端为低知晓率,除 1 个"○"外,其他 19 个词语分别为 13 个"△"(代表甘肃调查对象的知晓率)、5 个"×",1 个"□"(代表福建调查对象的知晓率)。可见,台湾调查对象的总体知晓率高于大陆调查对象。这本在情理之中,毕竟这些词语源自台湾,台湾调查对象在日常生活中经常接触这些词语。

观察图 1 中每条线段的长短,可知一小部分被调查词语两岸调查对象的知晓率相当一致,大部分被调查词语两岸调查对象的知晓率相差悬殊。

20 个被调查词语中,4 条最短的线段代表知晓率十分接近的"计程车、翘课、便当、智障"等 4 个词语,其中"计程车"一词的极差仅 4,足见两岸调查对象间的知晓率几近相当。且知晓率均处在 89%—95% 的高区间内,表明这 4 个词语两岸调查对象十分熟悉。类似的还有"资讯、真人秀、有氧运动、家庭计划"等词语。看得出这类词语已从台湾流通至大陆,"翘课、智障、资讯"等词语在校园中较为流行。

线段最长的要数"拜票"一词,其知晓率从 10.7%(湖北)、13.0%(甘肃)、21.4%(福建)至 84.7%(台湾),极差 74,反差如此之大,说明台湾调查对象十分熟悉这些词语,而大陆调查对象则很陌生。这样长线段的词语还有"级任导师、空中教学、欧巴马、荣民、杀时间、身历声、线民、新鲜人"以及"秀服、票仓"等。这类词语所指称的事物与现象,要么大陆不存在,如"拜票",要么大陆有另一词语指称,如"欧巴马、线民"等,大陆民众日常生活中一般不会遇见这些词语。

就 20 个源自台湾词语的整体知晓率来看,台湾调查对象的知晓率明显高于大陆调查对象,大陆三省调查对象间其知晓率也有差别,湖北和福建调查对象的知晓率高出甘肃调查对象。

3.2 源自大陆的被调查词语的词义知晓率

调查问卷乙卷所列20个被调查词语源自大陆。

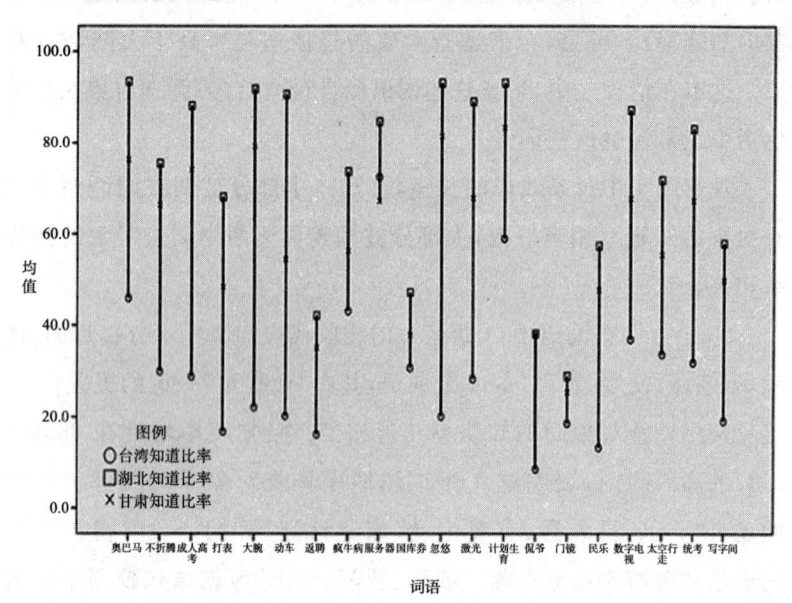

图 2　源自大陆的被调查词语（乙卷）词义知晓率

由图2可见,线段的顶端,清一色的符号"□"(代表湖北调查对象的知晓率),而线段的底端,除"服务器"外,均为符号"○"(代表台湾调查对象的知晓率)。同样,除"服务器"外,居于两者之间的均为符号"×"(代表甘肃调查对象的知晓率)。显然,大陆调查对象的总体知晓率高出台湾调查对象许多。这也在预料之中,毕竟这些词语源自大陆,大陆调查对象经常接触。

观察图2中每条线段的长短,可知个别被调查词语两岸调查对象的知晓率较为接近,大多数被调查词语两岸调查对象的知晓率相差悬殊。

20个被调查词语中,线段最短的是"门镜"一词,表明该词语两岸调查对象知晓程度比较接近,其知晓率处在低位区间,分别为18.6%(台湾)、25.4%(甘肃)和28.9%(湖北),极差10.3,即"门镜"为两岸调查对象都不熟悉的低频词语。

而线段最长的"忽悠"一词,极差达73,两岸调查对象的知晓率两极分化,可见大陆调查对象对其非常熟悉,而台湾调查对象对其十分陌生。类似的还有"大腕、动车、成人高考、打表、激光"等词语,这些词语所指称的事物与现象,有的在大陆就带有地域色彩,如"忽悠、大腕、侃爷"等词语;有的在台湾另有词语指称,如"奥巴马、激光、动车"等。

总的来看,对源自大陆的20个被调查词语,大陆调查对象的知晓率大大高出台湾调查对象,不过大陆调查对象其知晓率也有差别,湖北调查对象的知晓率高出甘肃调查对象许多。

4. 结果探析

调查对象对于源自对岸词语意义的知晓率是考察两岸词语流通方向的重要指标,通过对这一指标的比较,可以推论出两岸词语流通的基本态势,从而预测两岸词语互通的基本走向。

4.1 两岸词语流通的基本态势

由以上两岸调查对象知晓率统计结果略知,对于源自对岸词语的意义,大陆调查对象的知晓程度高于台湾调查对象。这一点,通过以下图3和图4的比较看得更为清晰。

图3是调查问卷甲卷的词义知晓调查结果,图中的3条曲线大致平行,台湾和大陆三省4组调查结果的数据排列形态基本一致,即:

台湾人—台湾词[①]:平均知晓率>平均不知晓率>平均大概知

---

① 台湾人—台湾词:表示台湾调查对象对源自台湾的被调查词语的知晓态势。

晓率 (1)

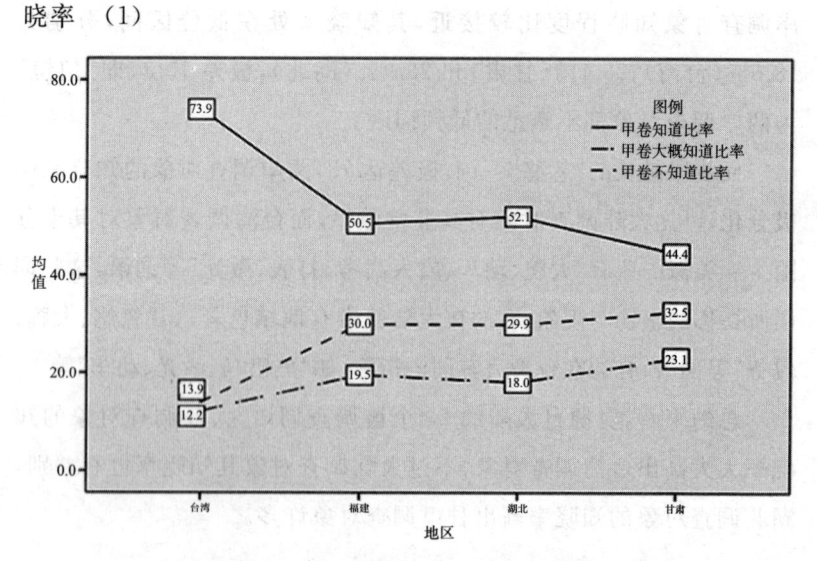

图3 调查问卷甲卷词义知晓统计结果

大陆人—台湾词[①]：平均知晓率＞平均不知晓率＞平均大概知晓率 (2)

图4是调查问卷乙卷的词义知晓调查结果，图中的3条曲线出现交叉，台湾和大陆两省调查结果的数据排列形态显现差异，即：

台湾人—大陆词[②]：平均不知晓率＞平均知晓率＞平均大概知晓率 (3)

大陆人—大陆词[③]：平均知晓率＞平均大概知晓率＞平均不知晓率 (4)

---

① 大陆人—台湾词：表示大陆调查对象对源自台湾的被调查词语的知晓态势。
② 台湾人—大陆词：表示台湾调查对象对源自大陆的被调查词语的知晓态势。
③ 大陆人—大陆词：表示大陆调查对象对源自大陆的被调查词语的知晓态势。

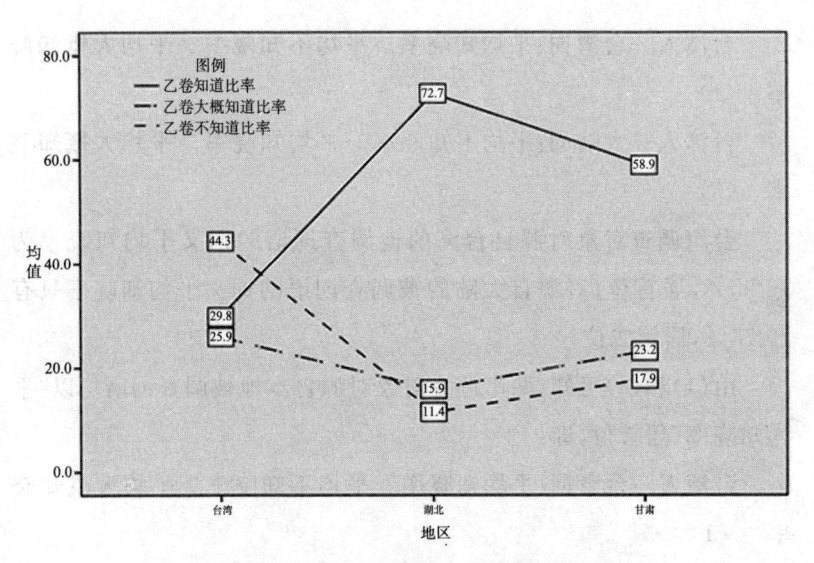

```
         图例
       ── 乙卷知道比率
       ─·─ 乙卷大概知道比率
       ---- 乙卷不知道比率
```

（图表数据：
台湾：29.8、25.9、44.3
湖北：72.7、15.9、11.4
甘肃：58.9、23.2、17.9）

图4 调查问卷乙卷词义知晓统计结果

以上甲乙两卷调查结果依稀呈现两岸词语互通不对称的基本态势。

由(4)和(2)可知，大陆调查对象不论是对源自本地还是对源自对岸词语的词义知晓调查结果其数据排列形态大致一致，即：

大陆人—大陆词：平均知晓率＞平均大概知晓率＞平均不知晓率 (4)

大陆人—台湾词：平均知晓率＞平均不知晓率＞平均大概知晓率 (2)

大陆调查对象（以湖北为代表）对源自大陆的被调查词语的平均知晓率为72.71％，居首位；对源自台湾的被调查词语词义平均知晓率为52.06％，也居首位。

由(1)和(3)可知，台湾调查对象对源自本地词语的词义知晓和对源自对岸词语的词义知晓结果的数据排列形态却相反，即：

台湾人—台湾词：平均知晓率＞平均不知晓率＞平均大概知晓率　（1）

台湾人—大陆词：平均不知晓率＞平均知晓率＞平均大概知晓率　（3）

台湾调查对象对源自台湾的被调查词语的词义平均知晓率为73.95％，居首位；对源自大陆的被调查词语的词义平均知晓率只有29.75％，居第二位。

由（1）和（4）可知，两岸调查对象对源自本地被调查词语均以"平均知晓率"居首位，即：

台湾人—台湾词：平均知晓率＞平均不知晓率＞平均大概知晓率　（1）

大陆人—大陆词：平均知晓率＞平均大概知晓率＞平均不知晓率　（4）

由（2）和（3）可知，大陆调查对象对源自对岸被调查词语以"平均知晓率"居首位，台湾调查对象对于源自对岸词语以"平均不知晓率"居首位，即：

大陆人—台湾词：平均知晓率＞平均不知晓率＞平均大概知晓率　（2）

台湾人—大陆词：平均不知晓率＞平均知晓率＞平均大概知晓率　（3）

于是可知，大陆调查对象对源自台湾词语的词义知晓率（52.06％）高于台湾调查对象对源自大陆词语的词义知晓率（29.75％），表明大陆调查对象对台湾被调查词语的了解要多些，从一个侧面反映台湾词语在大陆的流通相对广泛一些。而从被调查词语在大陆不同区域的知晓率看，被调查词语的流通态势与地理区位有着较为密切的关系。

调查结果同时显示,大陆不同区域调查对象对源自台湾和源自大陆词语的词义平均知晓率有所差异,即:

图3所示:福建(50.52%)/湖北(52.06%)＞甘肃(44.42%)

图4所示:湖北(72.71%)＞甘肃(58.94%)

福建与湖北调查对象的调查结果不仅排列形态相同,而且数据相当接近,即:

图3所示:平均知晓率: 福建(50.52%),湖北(52.06%)

平均不知晓率: 福建(29.96%),湖北(29.90%)

平均大概知晓率:福建(19.52%),湖北(18.03%)

从而推知,两岸词语基本呈不对称互通态势,即以由台湾向大陆的流通为主,并呈由东南向西北的流通方向,即:台湾→福建→湖北→甘肃。

至于湖北与福建调查对象对源自台湾词语的词义平均知晓程度基本一致,甚至有些词语的知晓率湖北调查对象高于福建调查对象,这大概由于湖北地处南北与东西交汇的华中地区,且是高校云集之地,而我们的调查对象又都是大中学生的缘故。

4.2 两岸词语互通的可能走向

两岸词语互通以由台湾流向大陆较为强势,但台湾调查对象对大陆词语意义29.75%的平均知晓率,说明台湾调查对象在一定程度上接触并接受大陆词语,而台湾调查对象平均25.92%的大概知晓率则是我们观察两岸词语未来走向的一个重要窗口。两岸调查对象"大概知道"源自对岸被调查词语意义的数据分布显示,两岸调查对象对源自对岸词语的知晓,有一部分处于"大概知道"这一中间状态,即"准知晓"的状态之中。比较而言,台湾调查对象对大陆被调查词语的知晓处在这一状态居多。

图 5"台湾调查对象对源自大陆的被调查词语(乙卷)的词义知晓结果数据分布"中,线段短的那些词语的"知晓率/大概知晓率/不知晓率"三者的分布较为均衡,其间"不折腾、成人高考、疯牛病、国库券、数字电视、太空行走、统考"等 7 个被调查词语(为被调查词语的 35%)的"大概知晓率"均超过 30%,且这些词语的"知道、大概知道、不知道"的数据分布约各为 1/3。因而可以这样理解,大陆的部分词语正处在被台湾调查对象逐渐知晓之中。

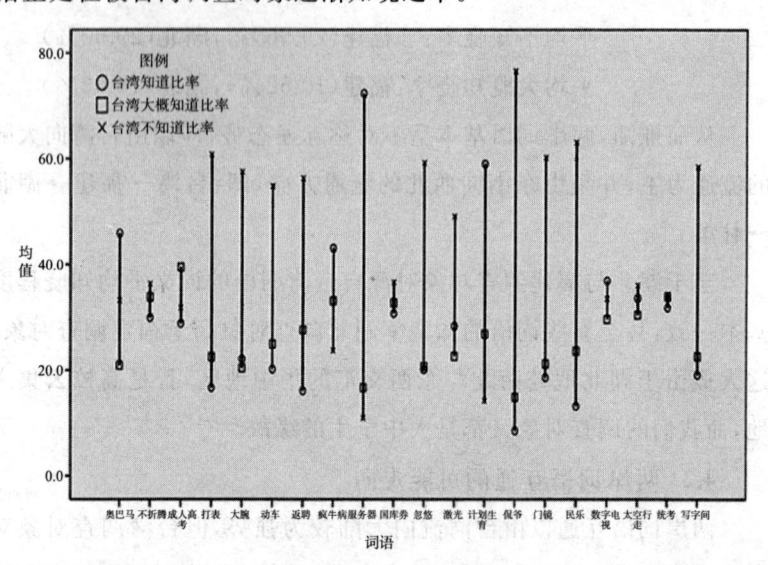

图 5　台湾调查对象对源自大陆的被调查词语(乙卷)的词义知晓结果数据分布

另据统计,对于源自大陆的被调查词语,台湾调查对象的"准知晓率"在 20%—29% 的有"返聘、动车"等 11 个词语(为被调查词语的 55%),在 30%—39% 的有"成人高考"等 7 个词语(为被调查词语的 35%),也就是说,90% 的大陆被调查词语的意义,台湾调查对象"知道但不太确定",或者说这些大陆词语在台湾调查对象中处于"准知晓"状态之中。同样,部分源自台湾的被调查词语的意义,大陆调查对象也处在"大概知道"的状态之中。"大概知道"是人们对词义由"不知晓"到"知晓"的中间过渡阶段,昭示着大陆词语将逐渐被台湾调查对象接受。

5. 余论

两岸词语意义知晓调查结果初步显示,大陆调查对象对台湾词语的知晓率高于台湾调查对象对大陆词语的知晓率,两岸词语互通呈不对称流通态势,即以由台湾向大陆的流通为主,并呈由东南向西北的流通方向。而台湾调查对象对大陆词语的接受正处于由"不知晓"到"知晓"的中间状态。随着两岸持续互动,大陆词语将逐渐被台湾知晓,两岸词语的些微差异不足以阻挡两岸汉语互通。

本文的研究仅依据海峡两岸汉语词语使用情况问卷调查的统计数据,由于这只是一次探索性调查,在被调查词语的选择、调查样本的结构等诸多方面尚存不足,因而统计数据也会有所偏颇。且本文仅就其中的一项调查内容,即词义知晓的调查结果进行了讨论,许多需要研究的问题尚未涉及,涉及的问题也未深入讨论,不过窥一斑而知全豹,希望我们的调查研究能够比较贴近两岸汉语词语应用的实际状况。

参考文献
[1] 李宇明主编.全球华语词典[M].北京:商务印书馆,2010.
[2] 邱质朴主编.大陆和台湾词语差别词典[M].南京:南京大学出版社,1990.
[3] 王立.海峡两岸汉语词语认知现状之探析[J].武陵学刊,2014(16).
[4] 中国标准技术开发公司编著.海峡两岸词语对释[M].北京:中国标准出版社,1992.

论两岸同形词的色彩意义

竺家宁

（台湾政治大学中文系）

【摘要】 两岸词汇的比较研究提供了词汇学样本,让我们了解汉民族共同语中的词汇是如何在不同的环境之下产生怎样的变迁,这些变迁又如何在相互的交往中互动与融合。两岸词汇的差别,在核心意义或基本意义方面,比较容易观察,但彼此之间的次要意义,也就是色彩意义,往往须要进入对方的社会,体察对方的语感,才能够捕捉得到。所谓色彩意义,包含了两岸同形义异词之间,基本意义虽相同,但所指涉的语义有广狭、轻重、褒贬、雅俗等等的差异,论文对于这类现象,做了进一步的分析和讨论。

【关键词】 两岸词汇的比较;同形异义;色彩意义

1. 前言

台湾的社会,具有多元化特色,对外接触也比较频繁,因而新词滋生与演化就呈现了多彩多姿的面貌。小学生用的口语词汇和初中生未必相同;初中生和高中生也未必相同,同样的道理,有许多新词,大学生经常使用,博硕士生也未必能够了解。一个人离开台湾几年后再回来,可能报纸上的一些用词,已无法全部了解。这种新词的演化速度,是十分惊人的。因此,在两岸开放来往之后,也同时兴起了两岸词汇的比较研究。这些比较研究提供了词汇学很好的一个样本,让我们了解汉民族共同语中的词汇是如何在不同的环境之下产生怎样的变迁,这些变迁又如何在相互的交往中互动与融合。由于词汇是语言中最活泼的成分,它既容易分途发展,也很容易在接触中相互吸收,在语言接触当中相互激荡,而使我们的词汇内涵更加丰富起来。

两岸词汇的差别,在核心意义或基本意义方面,比较容易观察,但彼此之间的次要意义,也就是色彩意义,往往需要进入对方的社会,体察对方的语感,才能够捕捉得到。在"同形异义"的词汇研究上,这方面的进展比较迟缓,研究的论著很少,主要归因于大陆学者不容易来台湾做比较长期的田野调查工作,入境和居留都有比较多的限制,所以大陆学者很难有效地进行两岸词汇色彩词义的观察、比较和分析,只能从报章杂志、网络用词、文献数据获取语料。反之,台湾学者,在这方面的研究,就方便得多,进入大陆各地进行较长时间的田野调查、社会语言学调查,都比较方便,所以"同形异义"和"色彩意义"的研究,更须依赖台湾学者的努力。所谓色彩意义,包含了两岸同形义异词之间,基本意义虽相同,但所指涉的语义有广狭、轻重、褒贬、雅俗等等的差异,本文对于这类现象,做了进一步的分析和讨论。

2. 两岸同形异义的类型

两岸同形异义的状况呈现了繁杂的多样性,我们把现有的数据分成下面几个类型分别加以讨论。

2.1 制度不同造成的同形异义

两岸制度上的不同,风俗习惯的差异,往往造成同一个词却呈现了不同的内涵。例如:

"工读生"

两岸的"工读生"的含义也相去甚远。在大陆,未成年犯罪或常有劣迹的少年,被集中起来进行劳动学习的地方叫"工读学校",与台湾的"少年感化院"意义近似。"工读学校"中的学生就叫"工读生",与台湾校园中边打零工边读书的"工读生",是两个不同的概念。台湾"工读生"通常指的是"使用自己劳动所得,供自己读书的学费所需;通常是利用课余时间打工赚取学费的学生"。例如:为了减轻父母的金钱压力,他一边上课,一边在餐厅当～以负担学费｜由于薪水低,很多商店都喜欢用～。在台湾,"工读生"含有勤工俭学之义,具有正面的意涵。

"高考"

大陆指的是"高等学校招生考试"的简称。台湾指的是"一种任命公职人员的考试制度"。凡是大学毕业,都有资格报名。录取后,赋予公务人员资格或特定类科的执业资格。例如:王先生以最高分荣登今年律师～榜首。

"公寓"

大陆指的是"分户居住的多层或高层建筑"。台湾指的是"早期旧式三到五层的居民住宅"。一般为收入较低的民众居住。如果是七八层以上,或一二十层,具有电梯的现代化住宅,台湾称为"大厦"。例如:陈小姐升了经理,所以从～搬到了大厦。

"家政"

大陆指的是"家庭事务的管理工作"。例如:～阿姨｜～公司｜～

中心。台湾指的是学校设置的一门课程名称。主要学习内容有食物、衣饰、家居和家庭管理等方面。在台湾，中学生每个礼拜都要上两节家政课。大学也设有"家政系"。

"签单"

大陆指的是"购物、用餐、娱乐等消费后不付现款，在单据上签名，待日后结账报销的一种制度"。台湾没有这样的报销制度，通常指的是"签注赌博的单据"，是负面的含义。例如：警方持搜索票，连续破获两起六合彩签赌站，当场起出账本、～等证物，依赌博罪嫌移送法办。

2.2 比喻不同造成的同形异义

同一个词，两岸语言习惯上做了不同的思考与比喻，于是又形成了同形异义的现象。例如：

"处理"

本来指的是"执行一件事情"。大陆还有一个用法指的是"廉价抛售的商品"，通常出现在店铺里打折廉价出售的摊位上。台湾的民众看到这样的用词，可能会从相反的方向去理解，因为台湾"处理"二字的含义带有"加工精选"的意思，是经过"特别处理"的精品，价格应会更昂贵一些。

"水"

"水"字除了一般指"液体"的名词用法之外，大陆的特殊用法，常指"轻松混过、却没有学到什么内容的课"。例如：这堂课很～|一堂～课|到课堂上～一～（混这堂课）|这堂课可以～过。台湾没有这样的用法。轻松的课，台湾称为"凉课""甜课"，用来指教师给的分数非常高的课程。至于"雷课"则指很糟糕的课程（老师教得很烂、课程内容很难、作业又很多）。"水"字台湾的特殊用法，常指"漂亮"的意思。

通常用重叠式,称"水水"。例如:各位~~|亲爱的~~们。(属于正面与肯定的称谓用语)

"黄牛"

指牛的品种,又引申为"非法贩卖有价证券或有其他投机行为的人",这一点,两岸相同。"黄牛"在台湾用语中有作为动词的,指"变卦"或"食言",这是大陆所没有的。例如:他每次约会都~,太没品了!

"暴走族"

大陆指"喜欢到处游走旅行的人"。台湾指"驾驶摩托车成群结队高速行驶的人(多是年轻人)"。通常带负面意义。例如:最近常有大量~飙车,并冲撞警员的新闻报导。

"白板"

通常指"白色的金属板或塑料板,以专用的笔在上面书写"。在台湾也指"一种迷幻药,属于违禁的毒品"。例如:海巡署近日破获一起~走私案。

"背书"

一般指持有票据的人转让票据时,在票据背面签名盖章。经过背书的票据,付款人不能付款时,背书人负付款责任。台湾另外又指"确认;肯定;支持"。例如:银行出面为稳定金融~|他的发言慷慨激昂,很多人为他鼓掌~。

"草地"

除了指生长杂草的大片土地之外,台湾也指乡下;农村。例如:他是个纯朴的~人。

"插花"

除了指花卉的一种装饰手艺,把花卉插入花瓶或花篮,作为装饰之外,台湾又可比喻在赌局或其他活动进行中临时让局外人加入。多带贬义。例如:大家在玩扑克牌的时候,他总是喜欢跑过来~。

"大姐大"

一般指在某一领域内资格最老、成就最大的女性。台湾常指黑社会中的头号女首领,意为大姐中的大姐。例如:当年的~已退隐江湖,现在成了不折不扣的宅女。

"教父"

通常指某一领域最权威的人士。例如:国际金融~。台湾又指黑社会的首领。例如:黑帮~在警匪枪战中遭格毙。

"牵手"

除了一般手拉手的意思外,台湾通常是丈夫对人称自己的妻子为"牵手"。

"下海"

除了字面意义之外,大陆可以指钟情于京剧艺术。例如:他最后终于~,投身国家京剧院,成了一名专业演员。大陆又可指放弃原来的工作去经商,也称为下海。台湾比较常用的义项是"到声色场所去谋生(特指女性)"。例如:她为了维持生计,不得不~陪酒|警方在宾馆里逮捕了嫖客与~卖淫的未成年少女。

"转台"

通常指观看节目时,从一个电视台或广播电台转到另一个电视台或广播电台。台湾的一般用法,义同"跳槽"。例如:他总是不安于现况,常常换工作,动不动就~。

2.3 称谓词的同形异义现象

称谓用语是中国文化最具特色的一类词语,中文当中具有比别的语言更丰富多样的称谓词,而这些复杂的称谓词,在不同的方言

中,或不同的历史阶段中,既会形成同一内涵的各种异称,也会造成同形异义的现象,两岸的情况也是如此。例如:

"小姐"

在台湾,女性喜欢被称为"小姐"或"女士",是一种尊称;是比较礼貌而高雅的用词,其来源应是中国传统的"小姐""丫鬟(小婢、婢女)"的对称,属于显赫家族、书香门第中有教养的女子,地位也比较崇高。在大陆,"女士"也是尊称,"小姐"则是指在特种行业工作的女子。色彩意义正好相反,在大陆一般都会避免用"小姐"来称呼女性,其原因在于大陆的语感来自于民初,把沦落烟花或在酒廊陪客的女子称为"小姐"。与台湾"小姐"用法的来源显然不同。

"同志"

在大陆指志同道合的人,为共同理想、事业奋斗。台湾则指同性恋者。

"爱人"

"爱人"在大陆指自己的妻子或丈夫,但在台湾"爱人"一词仅限于"恋人、情人",不能指已婚的配偶。

"服务员"

在台湾,"服务员"一词只能出现在书面用词当中,表示一种工作的职位,不能用于当面的直接召唤。一般会认为称呼工作人员为"服务员"是极不礼貌的行为,带有歧视的意味,会让人很不舒服,所以一般都会使用比较尊敬的"小姐"或者"先生"。而在大陆,"服务员"一词可作为餐厅、旅馆等服务行业工作人员的称呼,通常用于当面的召唤,并无不礼貌的意味。

2.4 基本意义不同造成的同形异义

两岸用词当中,有一些是外形相同,基本意义(核心意义)全然不同的状况。例如：

"窝心"

台湾说很"窝心"，指的是对方很体贴、让人心里感觉到温暖；在大陆"窝心"正好相反，指的是"让人感到不愉快"，很"委屈"，心中"苦闷而不得发泄"。大陆可以说:吃了哑巴亏,你说有多~|大过年的碰上这档子倒霉事,真~|本该赢的球却输了,这个结果令球迷们十分~。台湾人听了这样的句子，会一头雾水，直冒问号。台湾会说：子女一句感恩的话,妈妈都会感到无限~|圣诞节她收到好友的贺卡,让她感到分外~。

"公车"

在大陆"公车"与"私车"相对,是"公家用车"的缩称,报章上经常可以看到禁止动用公车来办理私事的用语。例如：政府严禁~私用|驾驶~违反交通法规,全部由司机自己"买单"。而台湾经常出现的常用词"公车"是"公共汽车"的缩称,义同大陆的"公交车"。但台湾人听了"公交车",会认为是"公务交通车"的简称。如果你说你刚才是坐"公交车"来的,台湾的语感会认为你一定是一位高级长官,坐着黑色的大轿车,有司机为你驾驶的公务用车。

"货柜"

大陆一直沿用原意——"摆货的柜台"；而台港澳地区则把"Container"称为"货柜",并由此派生出一连串的词语,例如：~轮|~码头|~车。而大陆则把"Container"另译为"集装箱"。

"土豆"

台湾的"土豆"通常指的是"花生"。大陆的"土豆"台湾叫作马铃薯。

"餐点"

大陆指"餐饮业的网点"。例如:沿湖一带～集中。台湾指的是"饭食和点心"。例如:港式～|这次郊游的～请大家自行准备。

"黑油"

大陆指非法生产的劣质柴油。例如:地方政府对贩卖～管制比较严格。在台湾是"机油"的俗称。例如:自己给机车换～其实是一件超简单的事。

"影印"

大陆指用照相的方法制版印刷,多用于翻印书籍。例如:～古籍。台湾则义同大陆的"复印"。例如:学校福利社有～服务|请帮忙把我这份笔记拿去～一下。

"摘牌"

大陆一般指某单位被撤销或停止营业,也指职业体育运动中,体育组织(如体育俱乐部)吸收挂牌转会的运动员。例如:转会期间,那位著名球星因价位太高没被～,最终没有转会。台湾指的是竞赛得奖后,因某种缘故被主办单位取消名次或头衔,收回奖牌。例如:他因赛前服用禁药被～|那位金牌选手因被发现谎报年龄而遭到～。

"桌球"

大陆指的是"台球"(台湾称撞球)。"桌球"在台湾指的是"乒乓球"。

"博弈"

本义为下围棋,也比喻竞争的意思。例如:市场～|手机业市场竞争已从初级的价格战拼杀转向高层次的标准～。大陆沿用这个义项。台湾除了上述义项,另外也指赌博,包含电玩、六合彩等,都是博弈的行为。

"地主"

大陆特指昔日占有土地,自己不劳动,靠出租土地剥削农民的人。例如:恶霸～。也指住在本地的人。例如:略尽～之谊。这个用法两岸都有。台湾还有一个义项,指土地的所有权人,这是大陆所无的。例如:这块地的～宣称要廉价出售所有权。

"黑手"

两岸都可以比喻暗中策划、操纵阴谋活动的势力。例如:这次的恐怖袭击,到底谁是真正的幕后～?台湾常用词中,往往指手上或身上沾满油渍的工人,如车工、钳工、汽车修理工等。例如:他大半辈子都是做～的工作,赚辛苦钱。

"护盘"

两岸都有采取措施,控制股市大盘持续下跌的意思。例如:央行立刻进场～,全力捍卫三十元的底线。台湾另外也指"巩固既有的势力"。例如:有议员宣称要为这次选举～。

"站台"

大陆指车站内为方便乘客上下或货物装卸而设的高于路面的平台。台湾称为月台。台湾另外有一个动词的用法,指挺身而出,站在台上,对某人公开表示支持。例如:地区议员选举时,常希望知名人物来～|选前大型造势晚会候选人总会请来一些明星～,希望能拉抬声势。

2.5 意义广狭不同造成的同形异义

两岸同形异义词当中,还有一些是基本意义(核心意义)相同,然而色彩意义(次要意义)不同的状况,也就是所指涉的范围广狭不同、情感色彩不同、用语轻重不同、褒贬不同、雅俗不同,都是色彩意义的差别。例如:

"师傅"

台湾称人"师傅"多半指的是厨师、工匠等有专门技能的人。在大陆,"师傅"除指工、商、戏剧等行业中传授技艺的人外,还可以是对有技艺者的尊称,或对一般男士的称呼。

"晚安"

"晚安"大陆只用在告别的场合,或睡前互道晚安。台湾则是一般性的晚间问候语,相对于早安、午安使用在不同的时段,所以台湾的"晚安"相当于大陆的"晚上好!"。两岸的指涉范围不尽相同。

2.6 感情色彩不同造成的同形异义

这一类也是基本意义(核心意义)相同,而色彩意义有别的状况,差异点在感情表现上,两岸的用法稍有落差。例如:

"检讨"

大陆指找出缺点和错误,并做自我批评。例如:这个任务没完成,要做书面～。在大陆,"检讨"带有严重指责的意思,比较倾向负面。台湾则是一般常用语,对任何事的反思,想一想能否做得尽善尽美,都叫作"检讨",也就是思考利弊得失,作为改进的依据,通常是正面的意思,带有回顾反思、分析总结的意味。例如:学校成立"华文课程与教学法～委员会",全面～华文课程的相关问题。台湾通常带正面意义,表示精益求精。

"挂钩"

大陆可以指单位与单位之间或某几件事情之间建立某种联系。例如:工资水平与企业经济效益～|"厂校～"是建教合一的好事。而"挂钩"在台湾通常表示彼此勾结之意,通常带有贬义。例如:黑白两道利益～,受害的是全体人民。大陆称之为"勾结"。

"坦白"

台湾指的是"坦然、率直",表示这个人个性开朗,有什么说什么,反映一个人的德行美好、无所隐蔽,属于正面的意义。大陆则含有"老实说出自己罪状"之义。在指涉的方向上略有不同,大陆多用于触犯法律或行为错误的人。例如:～从宽,抗拒从严。

"酒店"

在台湾的语感中,"酒店"一词比较带有贬义,应是受到"酒家"一词的影响,是卖酒作乐的地方,会和酒家女、卖猾卖笑联想在一起,所以是一个不登大雅之堂的用词。大陆则把 HOTEL 命名为"酒店",十分普遍,其来源为香港的用法,很多香港投资的大旅馆多半名为"酒店",显示比较气派、高档。可是在台湾,比较高级的五星级饭店,都会叫作"某某大饭店",用"饭店"而不用"酒店"。又如"宾馆"一词,在台湾,通常用于比较普通的旅社,一般规模较小、价格低廉,而且也常用于男女间幽会之所,因此不是一种高雅的用语。但大陆也常把HOTEL 命名为"宾馆",则不带贬义。

2.7 词素意义不同造成的同形异义

词素也就是"构词元素",汉语双音节词或者多音节词,往往是由单音节词素组合而成。例如:

"劳保"

"劳保"在大陆是"劳动保险"和"劳动保护"两个不同概念的缩称,"劳保用品"指的是后者。台湾的"劳保"是"劳工保险"的缩称,是一种社会福利制度,保险的对象比较倾向于劳动阶级,和公保(公教人员保险)相对。

"肉弹"

大陆指"人体炸弹"。例如:多人遭受～袭击,死伤严重|恐怖分子利用智障妇女制造～爆炸,扰乱社会治安。台湾称胸部丰满、很性感的女人,含低俗意。例如:～名模。

"条子"

大陆指写有字的纸条。多指上级或官员写的有请托或具体要求的纸条。例如:一到录取新生的时候,重点学校的校长手里会接到许多~,很难办。台湾是一般青少年对警察的通俗称呼。例如:黑道帮派见到~来了,拔腿就跑。年轻的孩子把女朋友叫"马子",含有"女性"的意义,加上条子,可以构成新词"马条"。例如:中学生在一起偷偷抽烟,看到女教官来了,会说"快闪,~来了"。

2.8 词汇结构不同造成的同形异义

还有一类差异,是双音节词或者多音节词,其中的内部结构不同,也就是构词类型不同,因而形成了两岸同形异义的现象。例如:

"黑金"

大陆指来源不正当的金钱、用于行贿的金钱。属于偏正结构。例如:~收入|不法商人的~交易。两岸都可以指石油、煤炭,称为"黑金"。台湾最常用的义项是"黑道与金融财团",属于并列结构。例如:台湾九零年代间兴起了~政治|地方上的~势力。

"大专"

大陆指高一级的专科学校,和"中专"相对。属于偏正结构。台湾是"大学"和"专科"两类学校的合称。属于并列结构。

2.9 大陆特有的义项

有些词语,两岸有部分义项完全相同,但大陆的用法当中,还带有一个义项是台湾所不用的。或者,某一词为大陆特有,台湾完全不用。例如:

"保安"

大陆指保卫治安。例如:~公司|加强~工作。台湾不用这个词,类似的工作,台湾称为"保全"。

"插队"

两岸都可以指不守秩序,插进排好的队伍中。大陆还可以指20世纪六七十年代城市知识青年或干部下到农村生产队劳动和生活。例如:下乡～的知识青年。台湾则没有这个义项。

"触电"

大陆用于比喻参加影视片剧本的编写或影视片的拍摄(多指初次)。例如:这位电视台主持人,转型为演员,～歌舞片|时下很多大腕千方百计通过"～"而成了明星。台湾没有这个义项。但两岸都可以比喻男女瞬间产生爱意的感觉。

"恶补"

两岸都可以指短期内拼命补习(某种知识)。例如:考前～|我们马上要去欧美出差了,赶紧～一下英文。但台湾比较倾向负面的用法,例如:该校为了提高升学率,打知名度,经常违规～,遭到教育局查办|校长三令五申,要求严格禁止～。至于另一个义项,指"过度服用补药"。例如:幼儿秋季～易伤脾胃。这是台湾所无的用法。

"火"

大陆指兴旺、兴盛。例如:生意～|他最近打球～得不得了。台湾没有这个义项,台湾通常用来比喻生气。例如:他最近很～(可能是生意失败、考试当掉、女友分手),这句话两岸的理解很不一样。

"座机"

两岸都指"供专人乘坐的飞机"。例如:国王～|总统～。大陆又指固定在某个地方的电话机。与"手机"相对。台湾没有这个义项。

"人流"

两岸都指"来往的人潮",大陆又作为"人工流产"的简称。台湾没有这个义项。

2.10 台湾特有的义项

这一类情况正好跟上一类相反,也就是某一词两岸都使用,但在这个词的几个义项当中,有一个义项是台湾专有的。例如:

"补妆"

两岸都指化好的妆,因吃饭、出汗等原因会有残损,加以修补称为"补妆"。台湾又是"女子上洗手间"的委婉用词。

"车牌"

两岸都指车辆前部和尾部的金属牌照,上面有登记注册的编号。台湾的另外一个义项是"驾照"。例如:他醉酒驾驶,被吊销~。

3. 结论

从以上的例子观察,我们可以做几个方面的思考。

3.1 两岸的差异,其实不到词汇总量的十分之一

自从两岸开放来往之后,最引起人们注意的一个现象,是汉语共同语在两岸形成的一些差异,于是,应运而生的大量研究著作,使人们了解了许多两岸用词的不同,然而,在关注这些差异性的时候,我们也很容易误导,以为汉语共同语一个叫"普通话",一个叫"国语",已演化成两个不同的语言。事实上并非如此。在两岸交往、接触的过程中,互相对谈,并没有感受到多大的阻碍,如果不去刻意注意,这种差异性,并不十分明显。长久以来,我们谈了很多两岸用词的不同,只不过是把关注的焦点集中在这些差异性上;汉语的词汇,至少有四十万到六十万之多,而我们能够列出的两岸差异,恐怕连一万都不到。这些差异,完全无碍于两岸的交际、沟通,我们可以在电视上看到大陆的节目,也可以在计算机里看到大陆的网络数据,完全可以了解,不会产生理解上的困难。反过来,大陆有许多的年轻人,喜欢

听蔡依林、周杰伦的歌唱表演,大陆的中年人,也曾经风靡于琼瑶的电视连续剧、金庸的武侠小说,并不曾产生语言上的障碍问题。说明两岸语言的比较研究,我们只是扩大了关注的焦点,集中在"差异性"这个问题上,并不表示,两岸的语言有任何殊途发展的迹象。

3.2 研究重点应从同物异名,进而探索同形异义,以及色彩意义的差别

二十多年来,两岸词汇的比较研究工作,累积了大量的成果。这项工作,大致可以分成两个阶段。

第一个阶段是开放初期,在接触过程中立即可以发现的"一物异名"现象,例如:台湾用"幼稚园",大陆用"幼儿园";台湾说"游标",大陆用"鼠标";台湾说"凉面",大陆用"冷面";台湾说"泡面",大陆用"方便面";台湾说"邮差",大陆用"邮递员";台湾说"箱型车",大陆用"面包车";台湾说"空大",大陆用"电大"。这种现象,在接触之初很容易发现,于是学者们针对这些差别写了很多论文,也编了很多两岸对照词典。

第二个阶段是"同形异义"的现象,也就是两岸用词相同,但表达的内涵意义有别,这一部分比较不容易立即发现,必须进一步交往之后,才浮现出来。这一类词语的差异,更具有研究意义和价值,因为,表面上大家说的是同一个词,如果表达的意义不同,很容易产生理解上的落差。这方面的研究,目前还不算很成熟,正是本文专注的核心课题。

第三个阶段是"色彩意义"的差异,也就是同一个词两岸所使用的核心意义(基本意义)相同,而次要意义有别,包含了这个词所指涉的范围大小、用语的轻重程度、褒贬的不同、雅俗的差异等,都是色彩意义的差异。这一方面的研究,难度更高一些,必须切身体会双方的

语感,在彼此的社会语境中获取切身的体验,才能感觉出来,光是依赖文献数据、字典、词典、书籍、报章,都无法有效地呈现出这种色彩意义的差别。这方面的研究,目前十分缺乏,也是本文专注的另外一个核心课题。

3.3 应注意两岸用语的融合现象

长久以来,人们注意较多的是两岸用语的差异性,但经过二十多年的开放、往来,我们也发现两岸彼此吸收各种词汇用法,互相模仿、融合。本来是两岸各自发展的用词,到现在有很多不容易分出来到底是大陆用词还是台湾用词。例如"研讨会""计算机""提升""女生"(指女性)原本都是台湾用词,现在大陆也十分普遍了。而台湾的"幼稚园",现在几乎都改称"幼儿园"了。台湾的年轻人,也很流行"神马""淡定""小资""立马""很牛""山寨""给力"这些来自大陆的用语。这种融合现象,总是在不知不觉当中互相感染、互相吸收、互相学习,逐渐形成的。这个现象,在语言学上也具有研究的意义和价值,由此,我们可以观察到,一个语言分隔一段时日之后,会产生什么变化?恢复来往之后,又会产生怎样的融合?这就是在语用上的一个动态研究。这方面的研究,还待积极展开。

3.4 两岸词典的编纂,应共同合作,精确把握双方语感。多做田野调查,不过于依赖纸上资料

二十多年来,有关两岸语言比较的词典很多,但多半偏于某一方的语感,从自己的角度去理解,造成有失精确的现象。大陆的很多两岸对照词典,或者相关的论文研究,依据的大部分都是台湾的报章杂志、小说、文艺作品等纸上的材料,并未在台湾的语言环境中去切身感受语言的具体使用状况,所以难免会产生相当的误差,特别是台湾的许多小说或文艺作品,在语言使用上有很多的个人独创性,代表的

是作家个人的造词、造句风格,并非广泛的社会用语,而报纸的刊头用语,往往也会因为记者一时的突发奇想,故作玄虚,而创造出一个临时的词语。这样的现象,在台湾社会十分普遍,使用这样的数据,自然就会产生误导。我们认为,未来,要编纂一部客观的、全面的、精确的两岸用语词典,必须要两岸语言学者的通力合作、共同参与,才能够编出一部高水平的两岸词典。同时,这样的词典,除了由学者归纳、描写词义之外,应还需做适度的田野调查,搜集大量的句例,这样才能够让读者在上下文的语境中,更确切地掌握词语的具体用法。例如,商务印书馆几年来在积极筹划编纂中的《全球华语大词典》,集合了大陆、台湾、香港、新加坡,以及其他华语使用地区的学者,分别成立编纂小组,就地进行调查研究,这样的方式,突破了过去各自为政的做法,也反映了未来词典编纂的趋势。

参考文献

[1] 李宇明主编.全球华语词典[M].北京:商务印书馆,2010.
[2] 苏金智.海峡两岸同形异义词研究[J].中国语文,1995(2).
[3] 竺家宁.近年来台湾新词与发展之特色——论"子"后缀[A].海峡两岸语言与语言生活研究[C].香港:商务印书馆,2008.
[4] 竺家宁.两岸新词比较研究[A].海峡两岸现代汉语研究[C].香港:文化教育出版社,2009.
[5] 竺家宁.海峡两岸新词同形异义的现象[J].the symposium on China's 100 years of language planning,University of Maryland,April 14-15,2011.
[6] 竺家宁.两岸同形异义词探索[A].繁简并用 相映成辉——两岸汉字使用情况学术研讨会论文集萃[C].北京:中华书局,2014.

试论两岸差异词

林玉山

(福建人民出版社)

【摘要】 海峡两岸同根同祖同源,用的都是共同的语言——汉语。但慢慢地两岸语言产生了些差异,在语音、词汇、语法上都有些变化,而最主要的变化还是在词汇方面。我们称之为两岸差异词。论文将重点探讨两岸差异词产生的原因、类型、特点和发展趋势以及两岸差异词典的编纂等。

【关键词】 两岸;差异词;原因;类型;特点;词典编纂

海峡两岸同根同祖同源,用的都是共同语言——汉语。但慢慢地两岸语言产生了些差异,在语音、词汇、语法上都有些变化,而最主要的变化还是在词汇方面。我们称之为两岸差异词。我们用"☆"表示大陆特有词,用"△"表示台湾特有词。所选词语来自两岸相关工具书。

1. 两岸差异词产生的原因

1.1 空间影响

台湾海峡将台湾和大陆隔离开来,这使得两岸在空间上有所隔

离。使得两岸人民的交往受到一定限制。由于地域不同,语言难免会产生些变异。如:

△阿山　是老一辈台湾人对外省人的称呼。

1.2 社会制度不同而产生的影响

1949年后,两岸社会制度不同,会对语言产生不同影响,两岸都有适应不同社会制度的一些词语,因此难免产生差异词。如:

☆八荣八耻　指以热爱祖国为荣,以危害祖国为耻;以服务人民为荣,以背离人民为耻;以崇尚科学为荣,以愚昧无知为耻;以辛勤劳动为荣,以好逸恶劳为耻;以团结互助为荣,以损人利己为耻;以诚实守信为荣,以见利忘义为耻;以遵纪守法为荣,以违法乱纪为耻;以艰苦奋斗为荣,以骄奢淫逸为耻。这是2006年3月4日,中共中央总书记胡锦涛在看望政协委员时提出这一说法,强调要引导广大干部群众特别是青少年树立社会主义荣辱观。

☆调研员　中国国家公务员非领导职务的一种。

☆家庭联产承包责任制　承包户根据承包合同规定的权限,独立地做出经营决策,并在完成国家和集体任务的前提下分享经营成果。这是中国农村经济体制改革的产物,是农业生产责任制的一种形式,农户以家庭为单位向集体承包土地等生产资料和生产任务。

△充员兵　义务役的服役士兵。台湾实行志愿役和义务役并用制。按照义务役服务役规定,年满18岁的男性青年必须到部队服役一年,成为充员兵。

△配票　一种选举策略。某个政党在选区投票中,将各候选人的票源加以调配安排,以增加或确保本党当选的席位。这是台湾实行的一种选举制度,所谓"配票",就是在支持自己的选民中把票源平均分配好,按照事先的安排把票投向分配给自己的候选人。这样,在

同样支持率下保证该党的每位候选人都能当选。

　　△替代役　台湾施行的一种服役方式,服役人员可在政府、学校等单位服务以代替军役。

　　△易科罚金　用罚款代替徒刑。台湾规定6个月以下刑役可以用罚款代替。

1.3 政治影响

　　国民党从大陆败退台湾后,从1949年到1986年,台湾国民党当局对大陆实行戒严政策,禁止台湾人民到大陆去,也不允许大陆民众到台湾来,两岸民众没有交往,在语言上难免有某种程度的隔绝,两岸语言也在各自的政治环境下发展,也就难免产生差异词。如:

　　☆安居工程　指由政府负责组织建设,以实际成本价向城市的中低收入住房困难户提供的、具有社会保障性质的住宅建设工程。

　　☆双开　指开除党籍,开除公职。

　　☆内退　未达到退休年龄的人员在单位办理非正式退休手续。"内退"是大陆体制改革的产物。

　　☆接访　领导或上级部门接待群众来访。

　　△拜票　选举前,候选人为拉选票而登门拜访,拜托选民给自己投票。

　　△跑票　指预期能得到的选票没有得到。

　　△十八趴　即百分之十八。指台湾施行的公务人员退休金优惠存款利率。趴:英语percent(百分比)的音译。

　　△指考　大学入学指定科目考试。每年7月举行,是针对考生的第二次能力测验(第一次为"学测")。

1.4 方言影响

　　台湾人口2300多万,其中闽南人占70%多,使用国语和闽南话

的人口也占70％以上。因此,闽南话会给国语以很大的影响,首先给国语带来大量闽南话方言借词。如:

△阿舍　旧时称有钱人;富家子弟;少爷。源自闽南话。

△阿里不达　形容吊儿郎当不正经的人。

△报马仔　妈祖绕境出行时在前面探路、通报的人;借指通风报信的人。源自闽南话。

△查某　女人。源自闽南话。

△冻蒜　当选。

△老厝　老房子。源自闽南话。

△牛肉场　色情歌舞表演场所。闽南话"牛肉"和"有肉"谐音,因此台湾有脱衣舞表演的演出场所被称为"牛肉场"。

△爽手　出手大方爽快。源自闽南话。

△抓猴　捉奸。源自闽南话。

1.5 生活方式差异

两岸在生活方式方面也有许多差异,不同的生活方式在语言中必然有所反映,这就难免产生差异词。如:

☆农民工　指到城市打工的农民。这是由于20世纪80年代初,中国农村实行家庭联产承包责任制,从土地上解放出来的农民开始进入城市务工。

☆新课标　指新的课程及教材标准。

☆双肩挑　比喻一个人在同一部门同时担任业务和管理两种领导职务。

△庙公　庙宇中的管理人。负责一些日常性的事务,如朝夕上香烛、整理寺庙的周围环境、帮助寺庙财产的掌管。

△安太岁　一项台湾民俗活动。人逢本命年,在家中或庙宇安奉

太岁星君,以求安康。也用来指人运气不好时,求神拜佛以期转运。

△八家将　台湾民间信仰中指神明身边的八位武将。神明出巡时,八家将在队伍前面开路。

1.6　外来语影响

台湾从 1895 年开始,割让给日本,直到 1945 年抗日战争胜利,台湾才回归祖国,在日本统治台湾 50 年间,以日语作为官方语言,也给台湾词语以很大的影响。在台湾回归祖国后,美国在政治上经济上都对台湾施加影响。所以在语言上,也受到英语的影响,而产生许多与大陆不同的词汇。如:

△欧巴桑　对中老年妇女的称呼。日语音译。

△欧吉桑　对中老年男子的称呼。日语音译。

△那卡西　一种流动式音乐演出。源自日语。

△万年笔　钢笔。源自日语。

△达令　对亲密伴侣的称呼;亲爱的。英语 darling 的音译。

△三温暖　一种利用蒸汽排汗的沐浴方式。芬兰语 sauna 的音译。

当然,大陆普通话语词也会受到外语影响,但其程度大大低于台湾。

2. 两岸差异词类型

两岸差异词的情况非常复杂,可大致分为以下几个大类:

2.1　一方特有差异词

一方特有就是某一方独有的,其"独有"的含义是指词语的形式来说的,双方都有这样的概念,但另一方没有与其语义等值的一个"唯一性"的对应词语。如:

☆黑户　①指没有当地户籍而长期居住的住户。②指没有经营证明的商户等。

☆傻帽　①形容人傻，没见过世面。②指因没见过世面而呆头呆脑的人。

☆老干部　年纪大、资格老的干部。

☆官本位　以职位高低来定位的社会价值观。

☆离休　符合规定的老干部离职休养，待遇优于退休。

△黑白讲　随便乱说。

△三不五时　经常。

△加缄　或多或少，多多少少。

2.2 同类异名差异词

一方的一个单位，另方肯定有一个等值的异名单位。如：

大陆叫电子计算机，台湾叫电算机；大陆叫物业税，台湾叫房捐；大陆叫广播电视大学，台湾叫空中大学；大陆叫冷舍，台湾叫寒舍；大陆叫检测，台湾叫侦测；大陆叫老幼病残孕专座，台湾叫博爱座；大陆叫连续剧，台湾叫剧集。

这是一对一，还有一对多。如大陆叫同案犯，台湾叫同犯、共犯等；大陆叫移动存储器，台湾叫抽取式磁盘、随身碟；台湾叫量贩店，大陆叫自选市场、自选商场；台湾叫坑人，大陆叫宰客、宰人、斩客；台湾叫邮递区号，大陆叫邮编、邮政编码；台湾叫压克力，大陆叫亚克力、有机玻璃；台湾叫网路购物，大陆叫网络购物、网上购物；台湾叫数位相机，大陆叫数码相机、数字相机。

还有多对多的。如大陆叫闪盘、闪存盘、优盘，台湾叫大拇哥、随身碟；大陆叫感光鼓、硒鼓，台湾叫墨水闸、碳粉闸；大陆叫反光堆、核反应堆，台湾叫反应炉、原子炉；大陆叫吊盐水、输液，台湾叫吊点滴、打吊针,还共同叫打点滴;大陆叫笔记本电脑、手提电脑,台湾叫笔记型电脑、笔电。

2.3 异实同名差异词

两岸名称一样,但所指不同。如"不归路",大陆指一去便不能回归的路,就是无路;台湾指无法回转的发展方向。"裁编",大陆指裁减编制,台湾指裁撤后重新编制。"长假",大陆指时间较长的假期,如春节、国庆放假7天,就是长假;台湾指离开工作岗位不再工作或退休。"车长",大陆指列车上的行政负责人,列车长;台湾指公共汽车、地铁、列车、电车的驾驶员。"公车",台湾指公交车;大陆指公家的车。"看门狗",大陆比喻不论是非,一味维护主子或上层的人;台湾比喻帮人监视管理的人或单位。"临检",大陆指临时检查和临床检验;台湾指警方突击式的检查活动。"存底",大陆指储存待售的货物;台湾指外汇储备。"底案",大陆指案件或档案的原有记录;台湾指预案、草案。"高职",大陆指高等职业技术学校的简称;台湾指高级职业中学的简称。"社教",大陆指社会主义教育运动,即1963年至1966年开展的以"四清"为主要内容的社会主义教育运动;台湾指社会教育。"脱产",大陆指脱离直接生产,专门从事行政管理等工作或专门学习;台湾指将财产转移到别人名下或出手。"窝心",大陆指受到委屈或侮辱却无法表白或发泄,心中苦闷;台湾指贴心,满意,感到温暖。"职称",大陆指专业技术职务的等级称号;台湾指职位或职务的名称。"放单",台湾指让人单独活动;大陆指将提贷单交给客户。"暴走族",台湾指成群结队地驾驶摩托车高速行驶的人;大陆指沿固定路线快步行走锻炼身体的人。

2.4 有同有异差异词

这类差异词往往是多义项词语,至少有一个义项,两岸是相同

的,其他义项有差异。如:

  本金　两岸都有存款或放款者拿出的钱(相对利息而言)。大陆还指经营工商业的本钱,台湾叫"底分"。

  布达　两岸都有书信用语的用法,表示陈述表达的意思。台湾还有宣布人事任免的意思。

  草地　两岸都有长草的大片土地的意思,台湾还有指农村的意思。

  插花　两岸都有把各种花卉按照设计造型插入花瓶或花篮里;也指花卉造型艺术的意思。大陆还有夹杂、交错的意思,台湾还有比喻在赌局或其他活动中让局外人加入的意思。

  超生　两岸都有佛教转世的意思。大陆还有超出计划生育的意思。

  大饼　两岸都有大张的面饼的意思。台湾还有台式喜饼,比喻好的商机的意思。

  说法　两岸都有陈述、解释的意思。大陆还有公道话、正当的理由的意思。

2.5　传承失衡的差异词

  "传承"指古语词一直沿用下来,"失衡"指传承词在两岸表现不同,活跃程度也不同。如:

  △ 查察　　调查,考察。大陆不用。

  △ 产制　　生产,制造。大陆不用。

  △ 得年　　死者活的年数。大陆今少用。

  △ 汲汲营营　急切追求(名利、效益)。大陆今少用。

  △ 理则学　逻辑学。大陆在 20 世纪 40 年代前也用"理则学",今不用。

△宣导　　宣传引导;倡导。大陆不用。

3. 两岸差异词特点

两岸差异词总体上是同大于异的,但在构词法、语源和语法搭配上也都有各自的特点,我们试加以分析。

3.1 构词法

两岸词语在构词法上大多相同,一般都有联合式,如☆拉帮结伙、☆假冒伪劣、☆蹲守、☆关停并转、△肩膀、△良窳、△大细、△防杜;主谓式:如☆地接、☆二人转、☆官倒、△歹戏拖棚、△寡占、△寒蝉效应;述宾式:如☆联姻、☆定损、☆打马虎眼、△摸鱼、△捐血、△减班;述补式:如☆搞定、☆打不住、△丢空、△赶及、△杀很大、△烧滚滚;偏正式:如☆凉菜、☆连轴转、☆闪亮登场、△二一退学、△口水歌、△苦窑、△概括承受;连动式:如☆取保候审、☆蛇行绕桩、△日新又新、△扫街拜票;兼语式:如☆以点带面、△放牛吃草、△扮猪吃老虎。

两岸差异词在构词法上有两个特点:

①动词、名词的联合式在台湾语词的构词中特别多,如:△判监、△判囚、△采计、△查察、△产制、△提报、△聘雇、△亲师、△情况、△情资。

②两岸差异词有不少是字面颠倒的,如:△贫赤—☆赤贫、△质素—☆素质、△误失—☆失误、△争纷—☆纷争、△抖颤—☆颤抖、△拐诱—☆诱拐、△问讯—☆讯问、△扰骚—☆骚扰、△窃盗—☆盗窃、△人客—☆客人、△日昨—☆昨日。

3.2 语源

两岸差异词在语源上也有不同的特点。台湾语词有两个重要特点。①源自闽南话的特别多。台湾居民绝大多数来自福建闽南,闽南话对台湾国语有明显的影响,许多闽南话词汇进入台湾国语词汇,这在上述差异词产生的原因"方言的影响"这一节有所阐述。②源自日语、英语的特别多。台湾从1895年到1945年被日本统治50年,1945年回归祖国后,国民党退据台湾70年,与美国交往密切,所以台湾语词也受日语、英语较多影响。这在上述差异词产生的原因"外来语的影响"一节中也有所阐述,这里不赘。

3.3 语法

两岸差异词在语法功能上也有不同。根据有关学者的研究,试举几例。①普通话中许多不及物动词,在台湾国语中都能比较自由地带上宾语。如:出走台北、前进澳门、提速建设进程、插班高雄中学。②动词性结构在台湾国语中也能带宾语,而在大陆普通话中是不能带宾语的。如:像极了处女座的美女、等不及星期六了、受不了味宝了。③成语等固定词组在大陆普通话中很难带宾语,而在台湾国语中可以带宾语。如:百思不解自己何以遭逢这番境遇、难以置信他会是如此滥情之人、心领神会文词运用的原则及巧妙。④形容词在大陆普通话不能带宾语,而在台湾国语中可以带宾语。如:恐慌偌大产业没有继承人、愧疚没陪你四处走走、惊异着对方的面无表情、烦我们的胃、慎重各级评审工作、便利电脑推广、懈怠你神圣的天职、凶我、好奇这个女人、冷淡我、不屑这些、刻薄自己同胞、谄媚洋总裁、瘫痪议事、活泼生字教学、厚实两岸交流的基础工程、松懈神经。

4. 两岸差异词的发展趋势

由于社会发展的变化,两岸产生了差异词。这些差异,妨碍了两岸的交流,但两岸同根同源,两岸差异词只占两岸共同使用的汉语的百分之五左右，差异本身不会阻碍两岸语言的沟通、理解。随着两岸人民交往的密切，两岸差异词必然会走从差异到化异为同的融合过程，两岸差异词的发展趋势是从差异到融合再到差异再到融合的螺旋式提升的过程。如：

黄丽丽、周澍民、钱莲琴编著的《港台语词词典》（以下简称《台》）是 20 世纪 80 年代编纂的，1990 年在黄山书社出版，收了 4000 条台港澳语词，但其中不少台湾词语已在大陆广泛使用，为大陆词典所收列。如：

些少（xiēshāo） 少量；一点儿。吴浊流《陈大人》："他因为曾经读过些少汉书，虽识字不多，就巡查补而论，总算比别的巡查补稍高一等。"（《台》P11）

买单（mǎidan） 开单；结账。朱秀娟《女强人》十一："'买单。'女服务生说：'叫以达的人付。'雷蒙目不转睛地看着欣华。"（《台》P17）

卑下（bēixià） 谦卑。王拓《台北，台北！》第五卷三："这个破旧的房屋里一切粗糙的、笨拙的、破败的设备，以及母亲过分卑下的态度不就是他自己吗？"（《台》P21）

上进（shàngjìn） 要强；向上。在台湾国语中前面可加程度副词。于梨华《考验》十九："他是最上进的工作者，他是系里到得最早、走得最晚的一个。"（《台》P30）

作秀（zuòxiù） 表演，演出。王拓《台北，台北！》第三卷十："一个性感的脱派电视女歌星不穿内裤在歌厅作秀时，被人拍了照片登在黄色杂志上作封面，因而引起官司的新闻，反倒占了好几家报纸三版的头条。"（《台》P45）

讲古（jiǎnggǔ） 讲故事。王拓《台北，台北！》第二卷五："这里，

很像是我们故乡的庙口,长条椅子是要给人听讲古坐的吗?"(《台》P84》)

抑或(yìhuo)　连词,表示选择。或是,还是。陈映真《云》:"他原不曾把他的话当真,因此,也就不去推敲是他父亲自己要弄一栋房子呢,抑或要他去弄一栋房子。"(《台》P146)

学养(xuéyǎng)　学识修养。王拓《台北,台北!》第三卷五:"前面有我们的长辈,我们要表现这一代青年应有的风度和学养。"(《台》P265)

这些台湾特有词语,在大陆21世纪初出版的词典如《现代汉语词典》《现代汉语规范词典》《中华多用成语大辞典》中都能够找到,说明经过十多年,也成为大陆常用的词语了。可看出差异走向融合的过程。

但差异总是伴随着两岸语言发展的全过程。而融合也伴随着两岸语言发展的全过程。在李宇明主编的《全球华语词典》里,就有标有台湾特有词语大陆也在用,大陆特有词语台湾也在用的情形,充分说明了差异、融合的快速性。如:"催泪瓦斯",释义为"催泪弹中的刺激性气体。也指催泪弹"。标明是台湾特有词,但根据刁晏斌调查,此词在祖国大陆也比较常见,《人民日报》有408例,人民网367例。同样,标有大陆特有词的"连续剧""恋人""两人世界""闪亮登场"等在台湾也都能找到他们的用例。如:

他预先看过《浪淘沙》连续剧已拍成的片段精华版,对该剧的制作、考证、编导手法、演员表现等都给予极高评价。(《自立晚报》2004年12月29日)

因为盛开的樱花除了美丽之外,在恋人眼里,更是幸福的代名词。(《自立晚报》2006年2月14日)

成双成对的情侣们在"风情海岸"散步,或是靠在蓝色波浪的亭子旁,欣赏夕阳美景,享受两人世界(《自立晚报》2006年3月8日)

Skoaa&Formosa 两大汽车品牌于第 29 届台塑企业运动会闪亮登场!(《自立晚报》2006年4月16日)

就是编纂于 21 世纪初而在 2014 年由商务印书馆出版的李行健主编的《两岸差异词词典》所收的台湾特有词语中,也可以在大陆找到其用例,可以看出两岸差异词融合速度之快,所以两岸差异词的发展方向是从差异走向融合。如:

△乌龙　在台湾产生,意指荒唐的、错得离谱的。源自粤方言。乌龙是英语 own goal 的粤方言音译。大陆今也见使用。如:预知当时小百姓对国民党政权的主要评价词,就是这个"乌龙":钞票贬值,是因为政府乌龙;征税不合理,是官员乌龙……(《羊城晚报》2014年5月28日"乌龙"应用自〈乌龙王〉)。

△劈腿　移情别恋,恋爱一方感情不专的行为。大陆今也多见使用。如:①演艺圈"劈腿事件"是家常便饭。(百度网)②陈姓女大学生,父母早亡,为挽回劈腿男友求助于黄文进,黄与妻子、女友同住,享齐人之福,仍不满足,迷奸陈姓女大学生后强迫她当"小四。"(《福州晚报》2014年10月9日29版)

△芭乐　番石榴。现在大陆也见使用。如:十年前,芭乐的价格不错,老爷子就跟风种芭乐,如今两年大丰收,芭乐贱价,卖不出钱来。(《海峡都市报》2014年9月21日21版番鸭子《外公生了七女二男》)

△失联　失去联系。大陆今也多见使用。如:19岁湖南少女失联10天。(《海峡都市报》2014年9月26日头版新闻标题)

这些台湾特有差异词不但见诸报纸、网络,有的还被收进大陆权

威词典,如:

乌龙 wūlóng 〈方〉形①糊涂:司机一时～,误把道路出口当作了入口。②出差错的:～球|～事件。(《现代汉语词典》第6版P1371,商务印书馆,2012)

劈腿 pītuǐ 动①体操上指两腿最大限度地叉开。②比喻同时跟两个或两个以上的人谈恋爱:因为他～,女友毅然离去。(同上P989)

而"吐槽""芭乐""失联",《现代汉语词典》也没有收。新出版的李行健主编的《现代汉语规范词典》第3版(外语教学与研究出版社、语文出版社,2014)全都没有收上述台湾特有词。

5. 两岸差异词词典的编纂

两岸语言词语的差异,引起人们对两岸差异词的研究,并着手编纂两岸差异词典。主要有如下几部:

5.1 《大陆和台湾词语差别词典》

邱质朴主编,南京大学出版社1990年5月出版。词典收录两岸有差别的常用词语5700多条。海峡两岸各约占一半,其中也包括了海峡两岸部分地名和人名的译名差别。

5.2 《港台语词词典》

黄丽丽、周澍民、钱莲琴编著,黄山书社1990年10月出版。词典收录台湾、香港、澳门地区语词近4000条,收录港澳台与普通话不同的语词。

5.3 《大陆与港澳台常用词对比词典》

魏励、盛玉麒主编,北京工业大学出版社2004年12月出版。词典收字3500个,收词语10万条左右。词典对两岸字词的形、音、义等差别进行了多方位的描写。

5.4 《普通话 VS 国语》

王翠华编著,台湾五南图书出版公司 2008 年 6 月出版。共收单字条目和语词计 5000 多条。除了 5000 余条语词的对照与解说外,另辟"聊天室"与"照相本子"两部分。若是三言两语说不清的,就在"聊天室"里闲侃,遇文字表达不如实物说明的,就在"照相本子"里附上图片说明。

5.5 《两岸差异词词典》

李行健主编,商务印书馆 2014 年 7 月出版。共收语词 4954 条,这是在福建省辞书编纂研究中心编纂的 2 万条词语的初稿上精选出来并加以精心修改的。其收词范围为:①两岸形式相同而意义、用法不同或不完全相同的词语,即所谓同名异实词语,如公车、站台等;②两岸意义相同而形式不同的词语,即所谓同实异名词语,如激光—雷射、泥石流—土石流;③两岸中为一方独有的词语,如大陆的房改、知青、奔小康,台湾方面的眷村、山胞、扫街、拜票;④本为两岸共有但在现行词汇系统中出现频率、使用习惯等不尽相同的词语,如"提升",台湾使用范围比大陆广,"充斥",大陆是贬义词,台湾是中性词;⑤进入台湾的方言词,主要是源自闽南话的词,如好康、白贼、中古等。词典还注意注出两岸不同的音,如企画,大陆读 qǐhuà,台湾读 qìhuà。词典还对一些词语注有背景说明,如在"残奥会"条后说明残奥会的基本情况,在"地砖"条后说明什么叫地砖等。

"语言癌"现象及其应对*

魏 晖

(教育部语言文字应用研究所)

【摘要】 本文对"语言癌"现象及其成因、危害、应对等进行了综述,分析了"语言癌"的性质,认为其本质是书面语或口语表达中违背汉语表达规则并已在一定范围内流行的一类语言不规范现象。从①阻止"语言癌细胞"扩散、泛滥,防止其蔓延;②对"语言癌"严重领域进行清除;③固本强基,提高免疫力,营造良好的语言学习使用环境三个方面提出了初步的应对之策。

【关键词】 语言癌;语言表达;语言规范

1. 引言

2014年12月19日,台湾《联合报》专题报道了"语言癌"问题,"语言癌"指在口语或书面语表达中使用无意义的冗词赘字(专题报道 2014)。这一报道立即引发台湾媒体和大众的关注,也引起台湾教育主管部门的重视。大陆不少媒体予以报道,有的发表分析文章,

---

* 本文得到教育部语言文字应用管理司"台湾语文政策跟踪研究"和教育部语言文字信息管理司"语言舆情扫描"项目资助。

"语言癌"短时间内迅速升温,成为两岸媒体、学者和大众共同关注、热议的语言现象。本文对"语言癌"现象及其成因、危害、应对等进行了综述,分析了"语言癌"的性质,提出了初步的应对之策。

2. "语言癌"现象及其性质

"语言癌"最先出现在服务行业,把"拥抱""接吻""按摩""点餐"转变为"做一个XX的动作"之类的冗词赘字,似乎长一点的句子听起来较为委婉、温顺、礼貌,这种啰唆、累赘、不合常规的病态表达,就像"癌细胞"不断增生,已"扩散到大众口中","入侵到标语、告示及媒体上",并"从口语内化为文字语法"。其最常见的就是用"做出""进行"这类"万能动词"加上"抽象名词"取代简单的动词,例如,"我们对国际贸易的问题已进行了详细的研究",其实可改成简单的"我们已详细研究国际贸易的问题"(专题报道 2014)。

《咬文嚼字》主编黄安靖先生(2015)认为,这种"语言癌"现象,大陆也有,整个华语圈,都在一定程度上存在,主要表现为,通俗的话晦涩地说,简单的道理复杂地讲,熟悉的知识陌生地介绍。

2015 年 5 月,台湾媒体开展票选"语言癌"现象,有媒体列举了一些"语言癌"类型:(1)其实、其实、其实;(2)然后、然后、然后;(3)内建的对;(4)进行一个 XX 的动作;(5) XX 的部分(小心语言癌 2015)。可见"语言癌"不是个别现象,不仅有一定普遍性,还存在不同类型。

笔者认为,"语言癌"指在口语或书面语表达中使用无意义的冗词赘字,本质是书面语或口语表达中违背汉语表达规则并已在一定范围内流行的一类语言不规范现象。汉语表达应符合正确、规范、得体、流畅、准确、简洁等规则。正确指符合公认的标准,语意正确无歧义。规范指语言表达合乎语法、合乎逻辑、合乎语言习惯和规范标准,没有语病。得体包括语体得体和语境得体。语体得体指注意口语与书面语、文言和白话的区别,不乱用;记叙性文体多用叙述、描写性语言,语言生动形象;议论性文体多用议论性语言,语言严密;说明性文体多用说明性语言,用语准确、简明。语境得体指表达适合时间、地点、对象、场合等语境。流畅指流利、通顺、通畅,表明语言文字使用的熟练程度。准确比正确更进了一步,指语言贴切,表情达意恰如其分,语意不但无歧义,还更精准。简洁指口头或书面表达简明扼要,没有多余内容。

"语言癌"违背了正确、规范、得体、流畅、准确、简洁这些表达规则中某一项或某几项,被一部分人所接受,在一定范围内流行,或"扩散到大众口中",或"入侵到标语、告示及媒体上",甚至"从口语内化为文字语法"。如果没能流行,就不能算作"语言癌",顶多是"癌细胞"。个体违背汉语表达规则的现象经常发生,但只要不扩散、不流行、不泛滥,也没什么大不了。

3. "语言癌"的成因

"语言癌"不是最近才出现,而是积弊已久。27年前,余光中先生就撰文细数这类语言病(专题报道 2014)。刘巽达先生(2015)也认为:现代人无法用精准的中文表达,已然不是一两天的事,而是积弊已久。当触摸手机屏幕点赞大面积代替词语表达,当音频和视频大范围代替文字表述,当非规范的网络语言吞噬规范中文,当"西语"未加消化地侵入汉语,"语言癌"就在这一片雾霾中渐渐生成。

"语言癌"的成因很复杂,也是多方面的,大致可归纳为以下几类:

3.1 恶性西化

余光中先生认为,"语言癌"现象和中文的"恶性西化"有很大关系。"大家只顾学英文、看翻译小说,不再看用字精简的中文经典,结果英文没学好,却把中文学坏了,加上电视、网络推波助澜,讲病态中文变成时尚,更雪上加霜"。(专题报道 2014)黄安靖先生(2015)也认为这种说法很有见地,英语中有 have、do 等助动词+动词不同形态的结构,把"吃饭"说成"有吃饭",把"看书"说成"做了一个看书的动作"等,可能就是英语类似结构的蹩脚模仿。

笔者赞同余光中先生、黄安靖先生的观点。社会上有些人有一定的"崇洋"心理,喜欢中西杂糅,在中文中套用西式表达方式,把"吃饭"说成"有吃饭",正在进行的动作用"-ing"表达等现象较为流行。

3.2 故弄玄虚

这是笔者取的名。黄安靖先生(2015)从心理角度分析导致"语言癌"的原因,认为有三种情况:一是想表现出自己的"不同",以期引起别人的注意。在语言表达上求"新"求"奇",说出与众不同的话,或运用"陌生化"的表述,都是出于同样的目的。二是想表现出自己的"专业",以期取得别人的信赖。想通过貌似严密的言语表达,给人传递一个操作规范、专业,提供的产品、服务是优质的信息。三是想表现出自己的"高深",以期达到糊弄别人的目的。选用或自创晦涩、难懂的表述,就是要让人看不懂,想以此来掩盖自己"虚弱"的本质,实现糊弄读者、获取读者"非法认同"的目的。

台湾学者朱家安先生的观点也类似。他认为一是说者想树立专业形象,学术界在社会中的形象是高深、正式,因此想要表现专业形象的人,就会无意识地模仿这种冗长的叙事方法;二是要以委婉态度示人,长一点的句子听起来较为委婉、温顺、礼貌、尊敬,这些都是服务业希望带给客人的感觉;三是争取思考时间,需要边观察边说话的人需要思考时间,因此在语句中加入冗言赘字,可以帮助他们争取时间(台湾热词 2015)。

黄安靖、朱家安先生的观点反映出一些社会现实。有一些个体或媒体或企业,出于某种目的,或为了吸引眼球,或显示自身的"专业""高深",在语言表达上喜欢求"新"、求"异"、求"奇",导致语言表达不符合汉语表达的基本规则。还有就是"标题党",标题与文章内容明显不符。余光中先生关于"学者"自作聪明的"创造"的观点也属于此类。

3.3 积非成是

台湾学者王年双先生认为,很多教师都没有错用病句的自觉,也未及时纠正学生,久了便积非成是(专题报道 2014)。在"积非成是"的过程中,媒体起了很大作用。台湾作家张晓风先生认为电视台记者常在现场连线时拉高音调,吐出长串累赘、不知所云的话语,电视影响力又很大,令语言错误用法逐渐感染到一般人(专题报道 2014)。台湾清华大学荣誉教授李家同先生认为,这种西化、累赘、啰唆的语法,透过电视记者或主播的散布,已变成一种时尚。因为大家都这么说,即使自己认为不对,也不敢说出正确的用语,让"语言癌"更加恶化(专题报道 2014)。

3.4 思考力弱化

台北市景美女中陈嘉英老师表示,每天花数小时滑手机阅读零碎的信息,脑袋就会充满网络用语,无法思考论述,话说不好、作文写不好,都和思考力弱化有关(专题报道 2014)。有专家认为"语言癌"的发生与大脑的思考不够周延、灵活有关,而导致这种脑袋"钝化"的原因,则在于欠缺"严肃阅读经验"。换言之,阅读随随便便,也懒得深度思考,说起话来自然乱七八糟(许又方 2014)。也有专家不同意这种观点,认为似乎略嫌草率,冗词赘语有时是欠缺自信的表现,未必只是单纯的思考肤浅。"表达方式"固然会影响"内容"的传递,却不能因方式有问题便武断地认定说话者一定没有思想深度(许又方 2014)。

3.5 表达机会减少,表达能力下降

台湾精神科医师杨聪财先生认为,时常可见人们坐在餐桌前不讲话,却会彼此在脸书上留言、用 LINE 对话,减少语言表达的机会与能力,也减少了语言表达方式的变化(侯俐安 2014)。

3.6 缺乏创意

有台湾学者认为,语言最严重的病灶不在"冗赘"或"语法错误",而是"缺乏创意"。缺乏创意使得语言变成"陈腔滥调",用它来传情达意根本引不起听者任何兴趣,就算再简洁、语法再正确,又有何用?该学者担心,若过于强调简洁,一味以固定化的语法为正确,并将之成为教导下一代语文表达的标准范式,那么会否成为另一个"八股文运动",完全扼杀了语文的创意?僵化、陈腐的语言,即使简洁无误,难道不也是一种"语言癌"(许又方 2014)?

总之,从多个角度分析"语言癌"的学者大有人在,也有一定道理。笔者认为,就像人体癌细胞一样,"语言癌细胞"的产生不可避免,也难以消除,关键是不能让它扩散、泛滥。导致"语言癌细胞"扩散、泛滥的因素则是"语言癌"成因的关键。"恶性西化""故弄玄虚"是产生"语言癌细胞"的重要因素,但导致"语言癌细胞"扩散、泛滥的因素主要是媒体的传播、"明星效应"以及"积非成是"等。"思考力弱化","表达机会减少,表达能力下降","缺乏创意"则表明"免疫力"下降,对"语言癌细胞"扩散、泛滥不能起到有效的阻止作用。

4. "语言癌"的危害

黄安靖先生(2015)认为:"语言癌"的破坏性,绝对不可低估。他认为"语言癌"的破坏性表现为对语言"肌体"的破坏和对社会"肌体"的破坏。(1)对语言"肌体"的破坏。汉语是世界上最美的语言。汉语之美,除了因四声而形成的"音乐美"之外,还在于它表情达意上的简练、顺畅。有许多"自以为是"的表述,根本就是一种错误表达,完全不符合汉语的运用规范。如果任"语言癌"肆意蔓延、扩散,美丽的汉语会遭到何种程度的破坏,是无法想象的。(2)对社会"肌体"的破坏。语言不仅反映社会生活,还会影响社会生活。纯朴的言语,有利于形成纯朴实干的社会风尚;浮夸的言语,会让社会刮起浮夸虚假的歪风。故作高深,用拗口、别扭、让人似懂非懂的言语说话、写文章,说到底是一种投机取巧的"蒙骗"行为,很难想象他会下苦功夫踏踏实实地做事情。如果任"语言癌"肆意蔓延、扩散,会给社会造成怎样的影响,也是难以想象的。

也有专家认为,对此现象不必如临大敌,过于紧张。汉语自身发展的历史,就是一个海纳百川、吐故纳新的过程。任何癌症,就像一粒种子,人的身体就是一片土壤。这粒种子冒芽不冒芽,长大不长大,完全取决于土壤,而不是取决于种子。以汉语言之灿烂悠久的文化土壤,现代人造一个新成语都如此之难,大可淡定笑看"语言癌""网络语言""零翻译"等语言现象,时间会证明,流行过后,最终被浪花拍上岸的仍将是经典(孟刚 2015)。

笔者认为,"语言癌细胞"并不可怕,可怕的是扩散、泛滥成"语言癌",尤其是恶性癌。"语言癌"已"扩散到大众口中","入侵到标语、告示及媒体上",并"从口语内化为文字语法",对语言本身、对社会、对国民个体都有危害,必须引起重视。

5. "语言癌"的应对

有很多学者提出了"语言癌"的应对之策,如建立"语言癌诊断记录""语言癌专区"(侯俐安 2014),列入考试范围,将沟通表达能力列为国民素养、核心素养(张锦弘 2014),打造健康环保的"绿色语言环境"等(刘巽达 2015)。

笔者认为,"语言癌细胞"的产生不可避免,也难以消除,关键是不能让它扩散、泛滥。"语言癌"之应对,首先要阻止"语言癌细胞"扩散,防止其肆意蔓延;其次是对"语言癌"重点领域、严重领域进行清除;最关键的是要固本强基,提高民众免疫力,营造良好的语言学习使用环境。

5.1 阻止"语言癌细胞"扩散、泛滥,防止其蔓延

5.1.1 媒体的自律

有学者认为:社会舆论乱象的背后,网络是推手。而社会舆论演绎成伤害社会公利、公序、公信的舆论事件,是传统媒体新闻伦理、职业操守乃至法律意识的缺失(赵书明 2012)。

现代流行语的扩散、流行一般发端于网络,但如果得不到平面媒体、有声媒体(主要是广播、电视)的推波助澜,往往流行不起来。"语言癌细胞"的扩散、泛滥主要也是平面媒体、有声媒体的传播。平面媒体、有声媒体在阻止"语言癌细胞"扩散,防止其蔓延方面责任重大。《中国青年报》社会调查中心通过民意中国网和问卷网调查显示(向楠、许锦妹 2015):64.2%的受访者认为当下网络流行语入侵汉语现象严重,46%的受访者担心会污染汉语。建议媒体尤其官方媒体将规范使用语言文字,抵制"语言癌"现象等纳入行业自律公约,严格

自律,养成朴实的话风、文风,正确、规范、优雅地使用汉语,自觉抵制"语言癌细胞"的侵入。

5.1.2 媒体的监督

媒体不但要自律,更要承担起监督的职责。当今社会,公民意识日益觉醒,要求社会更加透明公正,舆论监督的力度必然加大。社会需要更多的《咬文嚼字》,需要更多的媒体建立"语言癌诊断记录""语言癌专区",建议更多的媒体采取措施,发挥监督职责,有效地阻止"语言癌细胞"的扩散。

5.2 对"语言癌"严重领域进行清除

随着更多"语言癌诊断记录""语言癌专区"等的建立,将对"语言癌"发生在哪些领域、哪些人群有所了解、把握,可以针对不同领域、不同人群的情况采取不同的手段进行清除。对媒体严重的情况,需要加大政府对媒体的监管;对青少年严重的情况,需要运用考试等手段减少、清除。

5.2.1 政府对媒体的监管

如果媒体存在严重的"语言癌"现象,政府对媒体、出版物的监管就成为关键。建议政府对媒体传播、扩散"语言癌"的现象予以通报,对媒体违反法规的情况予以执法、追责。媒体尤其是平面媒体、有声媒体如果能够养成朴实的话风、文风,正确、规范、优雅地使用汉语,自觉抵制"语言癌",将对"语言癌"的减少、清除产生积极作用,将促进良好社会语言环境的形成。

5.2.2 运用考试等手段减少、清除"语言癌"

如果青少年中存在严重的"语言癌"现象,加强教育尤其运用考试等手段减少、清除"语言癌"就成为必要。台湾教育主管部门准备在会考中适时出一些"语言癌"的辨正题,引导教学,提升语文表达能力(张锦弘 2014)。考试是减少"语言癌"的利剑,不仅教育部门应将"语言癌"的辨析列为各级各类考试范围,其他部门如公务员考试、各类与语言相关性强的职业资格考试也应将"语言癌"的辨析列为考试范围,在作文写作中使用冗词赘字之类的应予以扣分。各类考生对"语言癌"形成警觉,自觉抵制"语言癌",将对"语言癌"的减少、清除产生积极作用。

5.3 固本强基,提高免疫力,营造良好的语言学习使用环境

5.3.1 增强汉语的自信与自觉

汉语的发展既有辉煌的时期,也有非常艰难的时期,但总的来说,对汉语,我们应有足够的自信。唐诗宋词,散文歌赋,言简意赅,流淌着中国古典文化的优美意境,影响着一代代华语圈的审美趣味,格调高雅,风华绝代(孟刚 2015)。我们还应有汉语自觉意识。借用费孝通文化自觉概念,所谓汉语自觉是指对汉语有"自知之明",明白它的来历、形成过程,所具的特色、地位和发展趋向。汉语自觉是一个长期的过程,只有在认识自身、理解多语言接触的基础上,才能明确汉语在国家、世界发展中的地位,对学习、使用汉语有自觉、规范、典雅意识。自信与自觉是相辅相成的,自信是建立在历史和现实基础上的,自觉既崇尚历史,也面对现实,更面向未来,既继承传统,也吸收、融合优秀外来文化,这才是汉语的未来。国人汉语自信、自觉意识的形成,是汉语健康发展、消除"语言癌"的根本出路,是固本强基之路。

5.3.2 倡导全民阅读,鼓励青少年阅读经典和纸质读物

据联合国教科文组织 2012 年的调查,扣除教科书,中国大陆阅读书籍人均不到 1 本,而俄罗斯是 55 本,美国 21 本,日本 17 本(王全书 2013)。2013 年中国新闻出版研究院发布的"第十次全国国民

阅读调查"显示,2012 年我国 18 岁至 70 岁国民人均阅读纸质图书的阅读量为 4.39 本(邹松、纪双城 2013)。据台湾地区 2013 年的调查,台湾每人每年平均只读两本书;最近几年,在以书店林立著称的台北市重庆南路,有 70％的书店都关门大吉了(威廉·布莱思 2013)。并且,现在国人更多在"浅层阅读",像养生、美容、烹饪等生活服务类书卖得很好,而文学类书籍越来越少人问津(邹松、纪双城 2013)。这不能不引起人们的忧思。"倡导全民阅读"已列入政府工作报告,需要有具体措施予以落实,改变国人阅读"困境"刻不容缓。对于青少年更应鼓励阅读经典,阅读纸质读物。提升阅读质量,加强语言修养是提高民众尤其是青少年免疫力、自觉抵制"语言癌"的根本途径。

5.3.3 榜样的力量

建议各领域精英人物甘当表率,促进社会形成说"雅语"的"雅风"。榜样的引领是形成良好社会语言环境的重要条件,是消除"语言癌"的重要方面。

参考文献

[1] 陈智华.国民素养内涵 将讨论"语言癌"[N].联合报,2014-12-22.转引自教育部语言文字应用研究所内刊《台湾语文要情》2014 年第 12 期(总第 60 期)第 15—16 页.

[2] 侯俐安.推"语言癌"诊断记录[N].联合报,2014-12-21 日.转引自教育部语言文字应用研究所内刊《台湾语文要情》2014 年第 12 期(总第 60 期)第 13—14 页.

[3] 黄安靖."语言癌"正侵入华语圈[N].北京日报,2015-02-09.

[4] 刘巽达.以优雅表达治疗"语言癌"[N].光明日报,2015-01-14.

[5] 孟刚."语言癌"让人更爱经典语言[Z].东南网.http://www.fjsen.com/r/2015-02/11/content_15676363.htm.2015-02-11.

[6] 台湾热词.语言癌[N].人民日报海外版,2015-01-09.

[7] 王全书.改变国人阅读"囧境"刻不容缓[N].环球时报,2013-03-08.

[8] 威廉·布莱思.为什么现在的台湾人不读书[Z].美国《大西洋》月刊网站,2013-04-15.转引自《参考消息》,2013-04-19.

[9] 向楠、许锦妹.64.2%受访者认为当下网络流行语入侵汉语现象严重[N].中国青年报,2015-02-05.

[10] 小心语言癌/最常见的赘字冗词 你中了几项?[N].联合报,2015-05-11.转引自教育部语言文字应用研究所内刊《台湾语文要情》2015年第5期(总第65期)第15—17页.

[11] 许又方.说说语言癌 语言最严重病灶不在冗赘[Z].思想论坛,2014-12-25.转引自教育部语言文字应用研究所内刊《台湾语文要情》2014年第12期(总第60期)第12—13页.

[12] 张锦弘."语言癌"专题获回响 教部开药方[N].联合报,2014-12-20.转引自教育部语言文字应用研究所内刊《台湾语文要情》2014年第12期(总第60期)第14—15页.

[13] 赵书明.社会舆论事件中的媒体自律[J].新闻战线,2012(2).

[14] 专题报道.进行一个XX的动作 你得语言癌了吗?[N].联合报,2014-12-19.转引自教育部语言文字应用研究所内刊《台湾语文要情》2014年第12期(总第60期)第10—12页.

[15] 邹松、纪双城.中国人为什么读书越来越少[N].环球时报,2013-07-26.

两岸小学教科书识字教学内容与教学方法比较研究

陈 鸿

(福建师范大学文学院)

【摘要】 海峡两岸同根同源,有着相同的文化传统。汉字教学是人们阅读和写作的基础。本文基于大陆和台湾课程改革的大背景,把大陆人民教育出版社出版的(小学)《语文》(1—6年级)和台湾翰林《国民小学国语》(1—6年级)作为比较研究的对象,关注两岸小学教科书识字教学内容与教学方法的比较研究。认为两岸教材识字目标、教学方法各有特色:台湾语文教学在传承母语文化和知识方面,仍保持着中国传统语文教学的诸多特征,大陆在方式方法上多有创新。在今后,可以互相取长补短,共同改进小学教材中识字部分的内容编写,进一步弘扬传统汉字文化。

【关键词】 两岸;汉字;识字教学;比较

1. 引言

海峡两岸同根同源,有着相同的文化传统。汉字是人们生活学习的重要工具,是中国文化传承的重要载体,是人们阅读和写作的基础。本文将大陆人民教育出版社出版的(小学)《语文》(1—6年级)和台湾翰林《国民小学国语》(1—6年级)作为比较研究对象,关注两岸小学教科书识字教学内容与教学方法的比较研究。

2. 两岸识字目标的不同

大陆《全日制义务教育语文课程标准》(下文简称《标准》)指出:"使他们具有实际需要的识字写字能力。"台湾《国民中小学国语文课程纲要》(下文简称《纲要》)提出:"培养学生具备识字及写字的基本能力。"台湾的语文课程分为两部分:小学称为国语科,中学称为国文科。国语教科书是小学生主要的识字来源。在识字能力指标中,明确规定了各学习阶段的识字量,并规定第二学习阶段应结合部首、简单的六书原则识别常用字汉字字形、理解其字义,并且能够了解其笔画、偏旁变化及结构原理。

大陆《标准》较注重语言积累,强调量的铺排,在"识字"方面,提出明确量化标准。如"累计认识常用汉字3500个,其中3000个左右会写"。台湾《纲要》规定不是特别明确,提出的要求是"能认识中国文字3500—4500字"。可见无论是《标准》还是《纲要》,所提出的要求都是留有余地的。

2.1 人教版(小学)《语文》识字内容安排

大陆小学生每年需认识的字数和六年内需认识的总字数都有明确规定。对识字数量要求略高于台湾地区,重视培养学生识字的兴趣和学习习惯。例如:2011年《小学语文新课堂标准》(修订版)规定:第一阶段(1—2年级),认识常用汉字1600—1800个。要求能借助汉语拼音认读生字,掌握汉字基本笔画和偏旁部首。到毕业时累计认识常用汉字3000个。人教版(小学)《语文》收字情况如下:1册

100字,2册250字,3册350字,4册300字,5册300字,6册300字,7册200字,8册200字,9册150字,10册150字,11册80字,12册80字。共收字数2460字。

在每册教材的附录中,有"生字表(一)""生字表(二)"。"生字表(一)"收录能够认识的汉字,例如第1册收录550字。"生字表(二)"收录本册必须掌握的汉字,例如第1册收录250字。1—4册每个单元设有"识字"部分,收录韵文、对子、三字经等帮助记忆字义。1—6册每个单元设有"语文园地"部分,收录部分与辨析字形、字音、字义有关的内容。

2.2 台湾翰林《国民小学国语》识字内容安排

台湾重视学生在识字方法上的积累,对每个阶段使用哪一种具体认字方法都做了明确的指导,同时在识字过程中,更倾向于培养学生对"字理"的理解和识字能力的培养。侧重在笔画和笔顺的正确性,缺乏对文字结构组成规律的整体认识。在识字数量上没有特别明确的规定。例如《国民中小学九年一贯课程纲要语文学习领域(国语文)修订草案》中规定:在1—2年级能认识常用汉字700—800字,能利用部首或简单造字原理,辅助识字。在小学5—6年级能认识常用汉字2200—2700字。

其中第一阶段(1—3年级)"能认识中国文字1000—1200字","能利用部首或简单造字原理,辅助识字","能掌握基本笔画的名称、笔形和笔顺","能正确认识楷书基本笔画的书写原则","能写出楷书的基本笔画",第一阶段教材正文全部注音;第二阶段(2—6年级)"能认识中国文字2200—2700字","能利用简易的六书原则,辅助识字,理解字义","能正确掌握笔画、笔顺、偏旁覆载和结构","能掌握楷书偏旁组合时变化的搭配要领","能掌握楷书组合时笔画的变化"。第二阶段仅对生字、多音字注音。

第一阶段教材收字建议：1册100字,2册180字,三册200字,四册200字,5册210字,6册210字;第二阶段(2—6年级)7—12册每册识字量上限为250字。翰林版《国语文》实际收字:1册75字,2册164字,3册207字,4册210字,5册224字,6册225字,收字共1105;第二阶段(2—6年级)7—12册,7册225字,8册211字,9册236字,10册228字,11册245字,12册154字,收字共1299。小学阶段收字总数为2404字。

在每册教材的附录中,有"本册生字表",收录习写字、认读字、歧音异义字(即多音字)三类字,分别用红色、蓝色、绿色表示。每课生字按音序排列。有"认识笔顺笔画",有"多音字分辨"。

台湾《纲要》除提出教材编纂的一般原则外,还对"写字教材"提出详细要求。即使是一般性教材编写原则,也都非常详细。如:"教材设计应就学生注音符号及文字应用、聆听、说话、阅读、作文、写字等能力作全程规划。第一、二阶段教材之单元设计,以阅读教材为核心,兼顾聆听、说话、作文、识字与写字等教材的联络教学,以符合混合教学的需要,并应在教材(含教学指引、习作)中,提示聆听、说话、作文、识字、写字联络教学及统整教学之活动要点。"

3. 两岸识字教学方法的不同

3.1 大陆地区识字教学的主要方法

大陆地区开展识字教学法的研究已有相当长时间,成果丰硕,方法多样。主要有:注音识字教学法、集中识字教学法、分散识字教学法、韵语识字教学法、字理识字教学法、部件识字教学法等20余种类。

教材1—6册设置了"语文园地",为了扩充识字数量,提高识字效率,编排了多种多样的识字形式,例如利用古诗、对子、《三字经》等,充分借鉴与发展我国传统语文的教育经验。主要是字形分析(主要形似字比较)、字音(同音字、多音字)、字义(一字多义比较)。人教版《语文》没有直接写出"六书"原则,没有把文字学专业知识直接放在教材中,但运用了"六书"的知识编排识字内容,将相同形旁或相同声旁的字排在一起,利用会意法分析出字义与字形的关系。如2册"语文园地三",列举了"取—趣、干—赶、方—仿、子—字、袋—代、活—舌、题—页、张—弓"等,把合成后的形声字与原来的字根做对比,其中一种情况是新字是在原字基础上添加形符,如"取—趣、干—赶、方—仿、子—字、袋—代、活—舌",第二种情况是在原字基础上添加声符,如"题—页、张—弓"。但教材没有分组不能不说是个缺憾。接下来列举了四个字"秋—禾+火""秒—禾+少""灯—火+丁""炒—火+少",这四个字,各自列出了构成的部件,突出了两层含义:"秋、秒"都是禾作为部首,"灯、炒"都是火作为部首。

3.2 台湾地区识字教学法

台湾吸取了大陆的注音识字教学法、提前读写等经验。也有自己设计的教学方法,但种类上不及大陆丰富,研究时限也相对较短。主要采用多媒体互动识字教学法、字词扩散思考识字教学法。字词扩散思考识字法包括同音字学习法、同部首学习法、字阵迷宫学习法等43种具体的操作方法。从课文中摘录句子,再由句子中摘出生词、生字,最后再教识字。利用儿童的联想力和创造思考潜能,通过游戏的形式学习汉字并巩固儿童对汉字形音义的了解。

台湾小学识字教学采用分散识字法。就是把要求掌握的生字,分散到12册课本的各篇课文中。从课文中摘出句子,再由句子中摘出词、生字,最后识字。提倡在词中、句子中、课文情景中进行生字教学,做到"字不离词,词不离句,句不离文"。优点是符合儿童从形象思维向抽象思维发展的规律,以识字为中心,把识字教学和培养听、说、读、写能力有机结合起来,互相促进,平衡发展,以求多方面的成效。缺点是新字累积识字速度慢,随文识字对没有具备辨字能力的低年级小学生来讲的确有一定难度,对老师的要求也比较高,尤其是字多的课,很难做到生字、课文都讲好。每遇一字才教该字字义,生字的出现是无序的,导致学生不易归纳整理出汉字的结构规律,而且识字过程长,识字量少,影响到其他科目的学习。

为了弥补分散识字教学法的不足,在每一课都有统整活动,主要是生字笔画顺序、字形分析(一是列有古今文字对比的字形演变,二是生动有趣的字谜,三是科学分析的文字结构,四是偏旁部首相关内容,五是形似字比较)、字音(同音字、多音字、形声字)、字义(2、3、5册以词语或句子的形式进行一字多义比较,4册有相似字比较与组词)、工具书的使用。另外,为了配合课本加强学习效果,出版了相关的习作(即练习本),内容包括生字综合练习、字形练习、字音练习、字义练习、工具书的使用。9册(五年级上)介绍六书原理,称为"国字的由来",介绍象形、指事、会意、形声的造字原理(有定义,有举例,并附有图片说明),不涉及假借、转注的内容。

翰林版教材比较注重直接传授汉字文化知识。小学低年级识字教学时,就开始教给学生一些浅显的文字知识,直接教给他们汉字知识的术语,比如"象形字""部首""形旁"等,这样做的好处是,一方面让学生初步懂得汉字的来源,借助文字图画,激发他们的想象力,另一方面有利于学生对汉字结构的了解和对意义的把握。例如,翰林版教材1册第一单元"我的家"统整活动学习中,教师就运用古文字字形,让儿童认识象形字,再按照字形的发展,逐步说明文字演变的过程。第二部是利用一些独体字例如"手""雨""门""子""月""女""日""刀"等,举例说明它们就是部首,并让学生以"手""雨""门""子""月""女""日""刀"作为基础,组合成新的合体字,这些新产生的合体字意义大都跟"手""雨""门""子""月""女""日""刀"有关。

3.3 传统教学方法的回归

集中识字是传统的识字教学方法,利用字的特点,按照字的结构、笔画笔顺等,利用看图识字、形声字带字和基本字带字等方法,通过联想记忆、字谜记忆、直观记忆等,把字集中起来有所归纳地学习。集中识字是小学语文教学的基础和重点,尤其对低年级学生,集中识字教学更为关键。集中识字有利于教师根据学生的实际,创造性地开展教学,拓展训练的形式,如辨字组词、一字多组、一词多填、部件构字、字词听写、改正错字、编字谜儿歌、开展游戏活动等。最大的优点是较易掌握规则,识字量迅速累积。缺点是:识字量大容易混淆遗忘。这种识字方法应如何在将来的教学中扬长避短,是可以进一步挖掘的。

传统"六书"理论的运用,在大陆是隐性的,在台湾是显性的,但都有不足或错误之处。学界关于古文字字形、汉字的发展等相关研究,取得了很多丰硕成果,如何利用这些成果,更好地编写教材中的识字内容,这些都是值得我们这些文字学专家和教育学家共同深思的。

4. 研究展望

总之,台湾语文教学在传承母语文化和知识方面,仍保持着中国传统语文教学的诸多特征,对大陆语文教学具有有益的参考价值。

两岸识字教学都是帮助儿童认识和应用汉字,传承汉字文化,为未来语文学习打下基础,但其各自的教学视野却存在差异性。通过对比研究,发现优劣,互相借鉴。作为汉语言文字学学者,还需要思考在识字教学中如何做到科学性、通俗性、趣味性相结合。需要思考在识字教学中如何考虑年龄特点、文字学理论的适当引导、传统童蒙识字教材的有益借鉴。

参考文献

[1] 柯明杰.国小国语教科书识字教材字研究[D].屏东大学中国语文系教学硕士班硕士学位论文,2010.
[2] 孙慧玲.识字方法对传统的借鉴与发展[N].中小学教材教学(小学版),2003(11).

2014 阅读素养评量分析与教学建议
——以高雄市某初中三年级学生施测结果为例

孙剑秋　丁美雪

（台北教育大学语文与创作学系；文藻外语大学应华系）

【摘要】　随着新式评量的兴起以及与国际评量概念接轨，"符合15岁国际评量规范之阅读素养学习与评量云端平台"计划以15岁学生为施测对象，分区进行评量。本文即以高雄市某初中三年级学生的作答反应与文本进行交叉分析，借由检测学生作答，探索学生成绩优缺点表现的背后原因，并提出教师教学与学生学习的建议。

【关键词】　PISA；国际阅读素养评量；教师教学策略；学生学习策略

1. PISA 国际阅读评量

国际学生能力评量计划（Program for International Student Assessment，简称 PISA）是由经济合作暨发展组织（Organization for Economic Cooperation and Development，简称 OECD）主办的跨国（地区）学生素养调查。所谓"素养"指的是学生在学科领域应用知识

与技能的能力,以及在不同情境中提出观点、解决问题和诠释推理时,能有效地分析、比较和推论的能力。

PISA 自 2000 年实施后,各国(地区)教育改革多同时参酌 PISA 结果。由于 PISA 创新而真实的评量设计、标准化的抽样和计分程序以及严谨地执行质量监控,让评量结果——跨国(地区)和跨时间比较,普遍受到重视。在科技主管部门与教育主管部门的支持下,台湾从 2006 年开始参与 PISA,2012 年为第 3 次参与,测验结果的统整分析,可提供学生素养变化的趋势信息[1]。

PISA 重点在评估接近完成基础教育的 15 岁学生,对于未来生活可能面对的问题情境,准备的程度以及他们习得多少必备的知识和技能,以让多数 OECD 国家(地区)评量参酌国家(地区)教育在技能及态度方面累积近十年的成果。而所谓的知识技能包括——沟通、适应性、学习策略、弹性、时间管理、自我信念、问题解决、信息技巧等。发展这些跨课程的技能需要一个广泛跨课程的评量。PISA 的调查,以教育质量和均等指针作为跨国(地区)比较的主轴。各国(地区)报告中,也多以学生社会经济背景及性别差异作为分析教育表现差异是否涉及机会均等议题的主要变项。由于 PISA 是持续进行的计划,长期下来可以发展出丰富的数据讯息,以监督各国(地区)学生知识与技能趋势,以及每个国家(地区)不同人口学次群体的发展[2]。

---

[1] PISA 每次评量都会从数学、科学及阅读三个领域中选定一个主要领域,赋予比较多的重要性,另外两个次领域较未深入评量。2000 年、2009 年、2018 年主要领域是阅读。2006 年台湾首次参加 PISA 测验,阅读领域的排名为第 16 名。2009 年第二次参与,成绩(495 分)与 2006 年(496 分)差不多,但排名下降至 23 名。至于 2012 年台湾学生在阅读素养方面的表现:平均数为 523 分,排名第 8 名,与 2009 年相较,分数进步 28 分,名次进步 15 名。(资料来源同注[2])

[2] 台湾 PISA 研究中心:http://PISA.nutn.edu.tw/。

台湾地区也希望透过评量来增加对国际教育环境的了解，并进一步调整教育政策的规划，提升台湾地区在国际上的竞争力。十二年来以落实教育均等、重视弱势扶助为起点，期待提供适性发展的教育，厚植学生基本能力，并以培养学生自身学习能力为目标，与 PISA 重视教育机会均等、终身学习面向的评量角度方向一致，二者都在教育机会均等的前提下，重视教育对于未来民众的意义。

2. 阅读素养涵义

阅读能力是世界各国义务教育阶段非常重视的基本能力，阅读不仅是个人终身学习的基石，也是国家竞争力的重要指标。根据 PISA 所定标准，水平 2 为阅读精熟基础水平，具备此水平人民才可以有效参与社会生活。因为阅读提供终身学习的能力，在知识经济社会中，更突显其重要性。尤其在全球化的国家竞争中，阅读能力除了是个人终身学习的基石，也是国家竞争力的重要指标，厚植阅读力政策更是各国提升国家软实力的重要政策之一。阅读素养为个体理解、运用及省思书面文本，以达成个人目标、发展个人知识和潜能、有效参与社会的能力。在此定义下，强调读者并非是被动的信息接受者，对所读的东西是不加思索、照单全收，而是积极主动的信息处理者，不仅能省思和批判阅读的内容，而且能与作者互动。

就现今语文教学，教师也非常重视学生的阅读能力。而学生如何"理解与建构意义"是教师关注的焦点。一直以来，关于阅读能力的研究主要为三方面：

（1）以认知心理学为主导，主要是从个人思维过程的角度探讨人们如何理解篇章的意义，分为字词认读和意义理解两个层次，在这个基础上再探索阅读所包含的不同能力或认知过程。

(2) 社会建构学派自 20 世纪 80 年代开始,将阅读能力的概念从认知学派着重个人思维的层面扩展至社会及文化的层面。社会学派视阅读为一项社会活动,认为个人对篇章意义的理解会受其身处的社会和文化环境所影响,而且个体往往是通过与其他个体互动的过程而建构出篇章的意义,因此,特别关注社会情境与社群互动对阅读能力发展的影响。

(3) 功能性语文能力的概念。随着社会发展的需要,在传统认知学派强调的基础认读和理解能力之外,很多学者因应现代社会的生活需要和不同工作所需具备的阅读能力,提出了新的阅读能力元素,例如,解决问题,应用、处理和筛选信息,创意思维,批判思维等能力,令阅读能力的涵义也更为丰富。(刘洁玲 2009)

因此,阅读能力除了须理解阅读的能力与认知过程外,个人的生活离不开社会,个人对篇章意义的理解与社会、文化的互动有关,加上因应生活需要,建构涵养自我——"解决问题,应用、处理和筛选信息,创意思维,批判思维"等能力,更加相形重要。

依据 OECD 公布,2006PISA 的阅读素养定义为:"理解、运用和反思书面文字的能力,旨在达至个人目的、发展个人知识及潜能,并能参与社会。"(OECD2006)2009 PISA 阅读素养定义转为:"理解、运用、省思及投入文本,以达成个人目标,发展个人知识和潜能,并有效参与社会。"(OECD2010)两者的差别从"反思书面文字的能力"到"省思及投入文本"[①]。邹慧英等(2011)曾对 2009 PISA 定义如此解说:"所谓理解系指读者能建构出文本的意义,从语词、句子到段落、篇

---

① PISA 2012 阅读定义与 2009 相同。见 http://www.PISA.ugent.be/en/about-PISA/what-PISA-assesses/reading-literacy。

章;运用则是指能应用所读文本的讯息,以解决当前作业或问题;省思则需联结文本内容与个人想法和经验,做出判断;至于投入,意指读者的阅读动机,对某些人而言,'阅读'可能是不得不为或为他人所迫,但对其他人,纯粹是出于个人的自由意志——享受'阅读'所带来的乐趣,因此投入程度的差异,彰显'阅读'于个人生活中扮演的角色。"

笔者认同邹慧英等对"投入"的看法为读者的阅读动机。除此之外,笔者以为"投入"也代表与文本的互动,是一种积极、有目的性、因应现代社会的生活需要和不同工作所需具备的功能性的阅读应用。因此,阅读素养的涵义应为:理解、运用、省思(个人阅读历程与能力)及投入文本(提升个人阅读动机与功能性阅读应用),以达成个人目标,发展个人知识和潜能,并有效参与社会。

PISA 和国人熟知的段考、基测等考试有差异,最大的落差处在于——PISA 主要焦点为 15 岁学生面对未来生活所需的知识、技能,检核学生是否能学以致用,有效参与学校或社会生活。因此,PISA 测量内涵以应用层面的比重较高;而段考、基测则在"考纲不考本"课纲的范畴下进行命题,着重的是课程的精熟度。

笔者尝试将过去"带得走的能力"与 PISA 阅读素养的差异关系以下图展现:

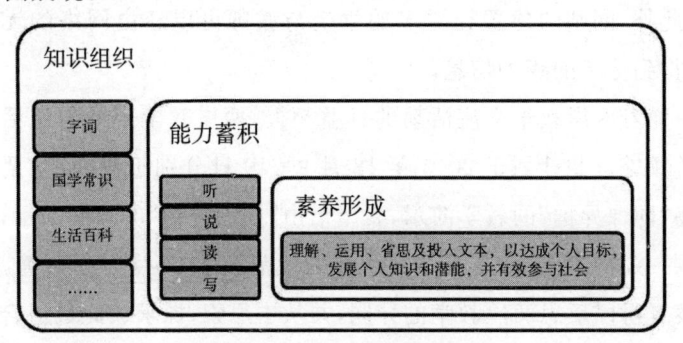

图 1　知识、能力、素养三者关系

学生在学吸收组织各项知识，并以此滋养其"听、说、读、写"能力，最后能将知识转化为能力，最终能有"理解、应用、思辨"各项能力以利未来有效参与社会。

3. 计划缘起与推动

随着新式评量的兴起以及与国际评量概念接轨，"符合 15 岁国际评量规范之阅读素养学习与评量云端平台"计划延续 PISA 命题概念，以新式阅读作为核心，希望借由活动的推广，达到增进阅读素养目的。

活动的推广以阅读、命题工作坊与教师教课与评课两线同时进行。阅读工作坊的研习倡导 PISA 国际检测的意义与目的，以期教师知晓国际教育趋势，并且重新省思其教学目标，培养教师 PISA 阅读相关能力与教学素养，展现教学专业；此外，命题工作坊的进行，除了借由参与工作坊的教师讨论设计文本外（连续文本与非连续文本），也经由实际出考题的经验让教师彼此讨论，借着出题让阅读历程概念更清楚，并将出题的概念转为课程进行的提问技巧，更关注到教学核心，使得教师对培养学生不同层次阅读能力的意识更清楚明确；此外，网站的建置让更多的学生与教师可以经由网络的无远弗届，得到更多的相关信息。

随着两岸教学交流活动的日益频繁，两岸教学观摩研讨活动也日益频繁。此计划于 2013 年 12 月 9—10 日分别于桃园、苗栗举办两场"同课异构"的教学演示，希望借由"同课异构"的教学演示，让同样的一篇文本，在两岸不同教学者的示范教学，产生教学碰撞，使得观察者得以反思两岸教学的异同，并从中思索、探求彼此最适合的教学模式。

大陆在 2009 年与 2012 年 PISA 的成绩都有优异表现。教学者所关注的是：使用同一种语言的教学，教学的差异性在哪里？可否借由教学演示的进行，了解两岸的不同，继而截长补短以增进教学效益，在两岸教师的范文教学示范，分享阅读素养融入文本之有效教学，进行有效教学实践与创新合作学习教学，借此增进教师教学效能。

4. 试题编制

整份试卷依据国际阅读素养评量架构，除了评量阅读的基本能力外，更包含阅读的理解、思考及解决问题的能力。正式施测卷含 10 组题组，共 38 题。每个题组涵盖"文本""历程""情境"。

表 1　文本特征

2014 阅读素养评量		
文本	媒介	纸本
	形式	连续文本：文学与资料阅读 非连续文本：生活化。含图表、表格、地图、广告
	试题	选择题 非选择题：封闭式、开放式
	类型	描述性、叙事性、说明性、议论性
历程		撷取与检索：从文本撷取关键的讯息材料 统整与解释：阅读内容细部与整体的关系 省思与评鉴：从文本考虑与联结个人经验
情境		个人：小说、书信、传记、散文 公共：官方文件或声明 教育：教科书、学习手册等 职业：手册或报告

每一题本建构方式如下：

表2 文本建构

题本	题组一：少年维特不烦恼									
文本	连续									
情境	公共									
历程	撷取讯息		形成广泛理解		发展解释		省思与评鉴文本内容		省思与评鉴文本形式	
题号	选	非选	选	非选	选	非选	选	非选	选	非选

试题设计强调问题解决能力、跨学科领域知识的整合、强调高层次思考、着重阅读理解并寻找有用的解题线索、重视表达和沟通的能力及与生活情境结合。（2014阅读评量正式施测卷）[①]

5. 施测结果：试卷分析效度

为了能够测得想要测量的语文知识与阅读理解和学生的学习结果，效度必须从出题的内容配合质的分析。因此，在搜罗各县市教师的命题之后，经过数次会议进行组题，再经过两个县市的预试后，再针对预试题目修题而完成正式施测卷。

5.1 信度

本卷信度：Cronbach α 信度 α 值为 0.94，高于临界值 0.7，测验可靠性高；试题内部项目 Cronbach α 值一致性高，本次施测之信度表现为优良。

[①] 此次阅卷方式，选择题委托新北市江翠国民小学吴昌期校长以SPSS进行统计分析；非选择题以阅读团队教师共同阅卷方式进行。为提高评分规准的客观一致性，避免因不同教师的批阅造成分数标准不一，由各区教师以题数为单位，分区负责批阅2—4题。

表3 信度分析

观察值处理摘要

		个数	%
观察值	有效	225	100.0
	排除 a	0	.0
	总数	225	100.0

a. 根据程序中的所有变量删除全部遗漏值。

可靠性统计量

Cronbach's Alpha 值	以标准化项目为准的 Cronbach's Alpha 值	项目的个数
.940	.969	10

Reliability

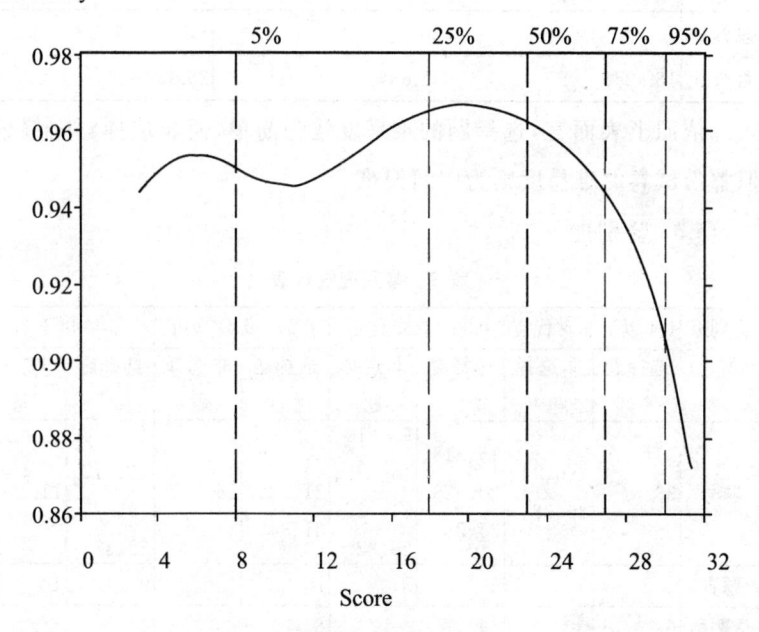

图 2 信度曲线

本卷信度:Cronbach α 系数为 0.94,试题内部项目 Cronbach α 值一致性高;而以临界值 0.7 为标准,不论哪个区段的学生皆高于 0.7,表示测验可靠性高,因此本次施测之信度表现为优良。

5.2 难易度

表 4　难易度统计表

难易度	0.8 以上易		0.4—0.8 适中		0.4 以下难	
	选择题	非选择题	选择题	非选择题	选择题	非选择题
题号	7、17、18、25、28、37	11	1、3、4、6、8、10、15、20、21、30、31、34、35、36	9、13、16、27、29、32	19、23、33	2、5、12、14、22、24、26、38
题数	6	1	14	6	3	8
总题数	7		20		11	
百分比	18.42%		52.63%		28.95%	

依照上表而言,选择题的难易度较为简单,而非选择题则偏难。但整份试卷的难易度则为中间偏难。

5.3 鉴别度

表 5　鉴别度统计表

鉴别度	0.4 以上非常优良		0.30—0.39 优良		0.20—0.29 尚可		0.19 以下劣	
	选择题	非选择题①	选择题	非选择题	选择题	非选择题	选择题	非选择题
题号	33	2、5、14、26、38	15、18、20、23、35、36	9、12、13、22、24、27、29、32	3、4、6、21、30、31、34	16	1、7、8、10、17、19、25、28、37	11
题数	1	5	6	8	7	1	9	1
总题数	6		14		8		10	
百分比	15.79%		36.82%		21.05%		26.32%	

① 非选择的鉴别度依照表 4 的分析,在此所列的鉴别度为完全答对者,意即该完全答对者,意即该题得分为 2 分者。

非选择题的鉴别度优于选择题。选择题的鉴别度偏向劣的原因可能为试题难易度为简单或是题目选项的诱答性不高。

高雄市学生分数表现

高雄市与其他县市高低分组落点分数表现

表6 各县市高低分组落点分数表现

	高分	中间	低分	总人数
A	3	6	12	21
B	10	15	6	31
高雄市	23	4	2	29
D	18	13	6	37
E	7	6	18	31
F	4	5	13	22
G	4	5	13	22
H	18	8	6	32
总人数	87	60	78	225

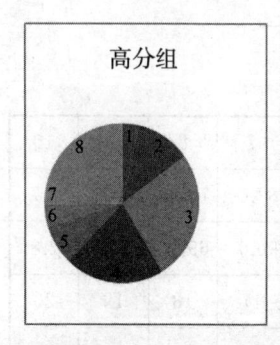

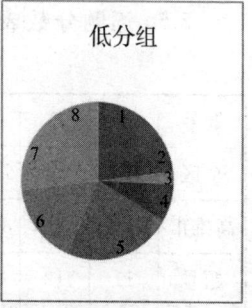

图3 各区高、中、低分布圆饼图

高雄市学生代号为3。

依照图3显示,高雄市学生整体的表现优于其他县市学生。

5.4 整体分数呈现

表 7 细部分数呈现

	满分	最小值	最大值	平均数	标准偏差	答对率
选择分数	22	9.00	22.00	17.7586	3.16967	81％
非选分数	31	14.00	27.00	21.3448	3.00328	69％
总分	53	25.00	45.00	39.1034	4.99532	74％
连续文本	26	12.00	24.00	19.4138	3.40711	75％
非连续文本	27	13.00	24.00	19.6897	2.52280	73％
撷取讯息	15	8.00	15.00	13.0345	1.63626	87％
形成广泛理解	6	3.00	6.00	4.7931	0.81851	80％
发展解释	11	4.00	11.00	8.2069	1.85894	75％
省思文本形式	6	4.00	6.00	5.0690	0.75266	84％
省思文本内容	15	3.00	12.00	8.0000	2.08738	53％

高雄市学生在选择题的表现优于非选择题；连续与非连续文本的阅读则没有显著的差异；在阅读五个历程中，省思文本内容的答对率明显低于其他历程。

5.5 逐题分数表现

表 8 逐题分数表现

题号	1	2	3	4	5	6	7	8	9	10
全区	77.4	11.0	71.1	73.3	22.4	80.0	87.6	73.8	73.7	66.7
高雄市	89.7	19.2	82.8	86.2	17.9	89.7	96.6	69.0	92.9	82.8
题号	11	12	13	14	15	16	17	18	19	20
全区	81.7	8.8	55.8	30.3	71.1	68.4	85.3	59.6	27.1	57.3
高雄市	89.7	13.8	72.4	44.8	93.1	86.2	96.6	79.3	37.9	79.3
题号	21	22	23	24	25	26	27	28	29	30

(续表)

全区	79.1	30.2	34.7	12.8	82.7	33.8	72.8	84.0	66.7	76.0
高雄市	86.2	27.6	65.5	6.9	86.2	62.1	93.1	96.6	89.7	93.1
题号	31	32	33	34	35	36	37	37		
全区	53.5	42.2	38.7	59.6	68.4	63.1	82.2	12.7		
高雄市	65.5	58.6	44.8	82.8	89.7	75.9	93.1	34.5		

优于全区表现

此次施测成果,高雄市学生在全区当中表现优秀。高雄市优于全区表现的题数,除了几题之外,其余的表现皆高于全区。尤其在15、20、29、34的表现更优于全区百分之二十左右。推究原因可能是高雄市推动阅读不遗余力,如"最爱阅读·就在高雄"活动动员全市各科教师选优良书籍,类别不限(含文学、科普、综合类),包含各个科目(台湾文学、英文领域、数学领域、自然领域),以 PISA 概念命题,并建置网站,提供并奖励学生自读;除了学校图书馆的藏书外,高雄市市立图书馆并与物流公司合作将市图的书籍,以班级为单位借阅,宅配到教室,让全班可以共阅。因此,即使大高雄市幅员狭长,偏乡与市区学生一样,享有借阅高雄市图书馆书籍的权利,充分沉浸在书香中。此外,高雄市学生对自我要求与荣誉心,展现在作答表现上,高雄市学生作答几乎少有空白比率。

低于全区表现

相对于表现优于全区,高雄市的表现也有低于平均值之下,为第5、8、22、24、25题,分析之后结果大略如此:连续文本与非连续文本的比重大略相同,文本情境大略分散,无关乎本次结果,选择与非选择的比例亦相同,唯一对高雄区 15 岁学生影响教大的为阅读历程认知中的——发展解释、省思文本内容,这两项能力亦要加强。

6. 教学建议

由上述成绩表现，笔者试着以上述结论进行教师教学策略的因应。

6.1 多元文本

PISA 国际阅读评量对于阅读架构的建立不再以文学鉴赏为唯一的指标，阅读素养——"理解、运用、省思及投入文本，以达成个人目标，发展个人知识和潜能，并有效参与社会"（PISA 2009），是学生未来参与社会所需具备的能力。因此，学生除了阅读文学类读本外，尚要有科普类及其他综合类的能力与技能。

以此次正式卷《寻百工.四个年轻孩子与一百种市井职人相遇的故事——纸雕》第 5 题为例：北港地区的文化观光业可能遭遇怎样的困境？从大部分学生的作答反应都落在——纸艺无法传承，造成北港文化产业没落。意即：学生在没有相关知识背景之下，很容易误认为北港只有纸艺文化。以上题可知，学生除了文本的阅读外，尚需要背后广大的背景知识支撑，广泛阅读不同领域、不同文化的文本文学类、科普类与综合性生活化的书籍。透过多元化选材与跨领域教学，扩大阅读视野，增加阅读的广度，让学生能辨识并掌握答题的关键信息。

目前各项大型国际评量对阅读素养或语文素养的定义除文本的理解与运用外，省思与功能性语文能力的重要性日渐显著，文本的用途范畴从个人、公共、教育到职业情境。欲使学生能掌握答题的关键信息，首先要让学生熟悉这类文本材料，由于本地区国语文教育的选材多倾向文学性，少有功能性文本的出现，例如《向日葵》这类偏向生活题材的非连续文本图表判读，选入国语文教材的概率微乎其微。

建议教师运用各种策略,如晨读时间的共读,或是直接将各种新型测验题目随意地布置于教室空间以引起学生的好奇心,提供学生讨论阅读的话题,达成阅读目的。

据此而言,欲扩大台湾地区学生的阅读视野,除语文教材的选材多元化,增加功能性文本、科普素材外,另一个可行的教学策略是将阅读视为跨领域的教学活动,阅读教学并非专属国语文教师的职责,而是所有学习领域教师的共同责任,只有各学习领域都重视阅读,方能有效丰富学生的阅读视野,更能透过不同领域题材的学习,同时提升学生的阅读与写作能力。

6.2 文本教学

依据文本与学生作答反应分析得知学生答题困难大部分在于:无法推衍文章脉络,以致答题错误,如第 14 题;没有针对文本内容提出自己的看法,如第 22 题;未能掌握文本核心,被外在讯息干扰,如第 24 题;无法统整前后概念,只能说出单一概念,如第 32 题。因此,笔者认为透过文本教学让学生学得阅读技巧是关键点。而教学是否成功,教师是关键。笔者尝试以学生的学习历程与教师的教学历程对应,寻求两者间的相通性。

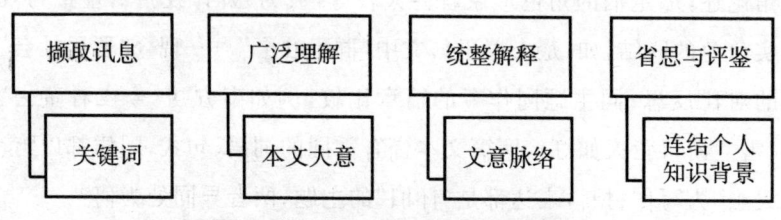

撷取讯息	广泛理解	统整解释	省思与评鉴
关键词	本文大意	文意脉络	连结个人知识背景

图 4 学生学习过程与教师文本教学

就教学现场观察,大部分老师的教学程序为:概览全文,逐节分析,先深究内容,说明各个修辞技巧,篇章结构(大部分归类为起、承、转、合),最后内容特色……此种教学方式大体上是由小而大,是以知识的传递作为主要教学法,忽略了学生的自主表达性。因此,上课时经常是老师单一地解说,学生被动地吸收。

因此,对应学生的学习历程,教师的文本教学或许可以转为关键词的撷取→本篇大意为何→文意脉络的推展→联结比较先备经验或是给予新的联结以促发思考学习。透过这样的文本教学,让学生学会"自觉性地阅读",过去是被动的知识接收者,现在则在教师的教导与引导下,完成阅读篇章的方法与技巧。而这种阅读技巧方式可以应用在评量与日后的阅读。

因此,教学上必须重新审视阅读教学。如何找到关键词?再如:就发展解释而言,文本各部分的关联为何?如何将文本以外的知识、个人的想法、背景知识与价值对应文本做出省思与评鉴?这都是教学者需要深思熟虑之处。笔者认为教学者应以重视高层次思考能力为新的阅读教学取向,激发奖励学生养成"省思与评鉴"的习惯,鼓励学生勇于挑战权威。从读者的立场去质疑作者的论述,或是从不同角度或观点理解文本,如《定伯卖鬼》,传统论述教法都是以定伯为主要论述对象,得到定伯"机智镇定,临危不乱"的论述,如果以鬼为主角论述,那定伯的角色形象就会大转弯,成为"奸诈狡猾";虚拟与现实角色的联结,如《楚人养狙》,文中"群狙社会"——现今"群居社会"的对比反思;同主题同作者的篇章比较,例如南方朔《今夜看萤去》《雪兰河口萤火如灯》,两篇文本皆有雷同的词语、句式,同样都以"萤火虫"为写作材料,表达都是"怀旧"的主题,两者异同处为何?

让文本不再只是文字面上的阅读,而是可以跟文中内容互动,提出想法与见解,那时学生对于阅读的热情才会被激发。

7. 结论

本文借由"符合 15 岁国际评量规范之阅读素养学习与评量・云端平台",以 PISA 阅读评量为架构,针对台湾某八区县市 15 岁学生进行施测。施测结果以高雄市某初中三年级作答反应进行分析,从中探索高雄市学生成绩表现优良与不良表现的可能原因,并提出教师教学策略。

从分析中得知:高雄市学生在非选择题的作答表现明显劣于选择题,尤其作答表现无法掌握关键讯息,表达笼统、不具体,无法统整两者以上讯息,无法厘清文本脉络……显示高雄市学生无法掌握阅读的五个认知历程。为突破此困境,笔者尝试提出教学建议:为增加学生的阅读广度,多元文本的阅读是必须的,透过多元文本的阅读,丰富学生视野,联结拓展学生生活经验,使学生在判读事物时,更能依据其生活背景知识做省思与评鉴;而增强学生阅读深度则必须由教师协助,透过平日的文本教学,导入阅读认知历程,引导其深入探索文章的深层意涵,了解文本段落间的文意衔接与脉络,最终链接学生之前的学习知识,学生予以反思之后,将新旧知识概念统整与链接。

阅读,如前文所说:先是以认知心理学为主导,从个人思维过程的角度探讨人们如何理解篇章的意义;社会建构学派又将阅读能力的概念从着重个人思维的层面扩展至社会及文化的层面;随着社会发展的需要,因应现代社会的生活需要和不同工作所需具备的阅读能力,提出了新的阅读能力元素,例如,解决问题、应用、处理和筛选信息,创意思维,批判思维等能力,即所谓的"功能性阅读"。但语文课程只有"功能性阅读"吗?

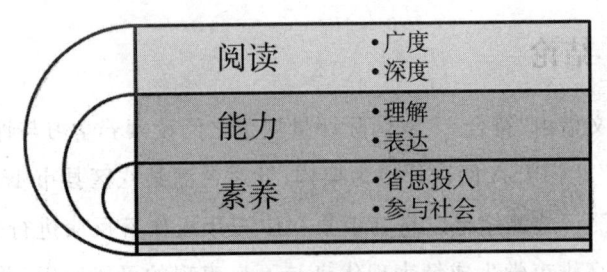

```
┌─────────────────────────┐
│  阅读    • 广度          │
│          • 深度          │
│  能力    • 理解          │
│          • 表达          │
│  素养    • 省思投入      │
│          • 参与社会      │
└─────────────────────────┘
```

图 5　从阅读到素养

笔者认为阅读首先是工具性的阅读,从阅读中汲取知识与技能,接着才是人文性的欣赏与情意的抒发。阅读首先必须被规范,需要学习与按部就班,能力具备之后然后才能享受阅读带来的乐趣。

参考文献

[1] 洪碧霞、林素微、吴裕益.台湾九年级学生阅读乐趣与策略对 PISA 阅读素养解释力之探讨[J].课程与教学季刊,2011.14(4).

[2] 刘洁玲.香港中学生在国际学生评估计划的阅读表现对语文课程改革的启示[J].教育科学研究期刊,2009.54(2).

[3] 潘涌.阅读教育的革命——论 PISA 阅读素养观的内涵扩展和升华[J].首都师范大学学报(社会科学版),2012(6).

[4] 张贵林、黄秀霜、邹慧英.从国际比较观点探讨台湾学生 PISA 2006 阅读素养表现特征[J].课程与教学季刊,2010.13(1).

[5] 邹慧英、黄秀霜、陈昌明.从 PISA 2009 建构反应剖析台湾学生的阅读问题[J].课程与教学季刊,2011.14(4).

中文检测命题趋势
——以阅读理解题组与写作命题为例

汪中文

(嘉南药理大学儒学所)

【摘要】 本人自 2012 年起与中文能力测验中心合作大型语文测验的题库扩充,而 CWT 的中文检测绩效,也多受台湾地区欢迎。本文摘录这些年的工作成果,分从命题方向的掌握、成效的提升与质量的呈现三方面叙述,希望能对建构一合宜的中文能力检测,提供绵薄之见。

【关键词】 中文检测;阅读理解;写作命题

1. 前言

从华语能力检定的兴起,以至国人对于孩子语文能力质疑的需求,近十几年来,中文能力检定受到大家的重视,许多企业更将其作为聘用的考虑之一,也由此衍生出许多语文测验的研发。以大专院校为例,自大一语文的课程改革开始,各校莫不着手进行大一新生的中文能力检测,以期能提升学生的语文能力,然而却也产生检测可能代表性不足的疑虑。

同时,台湾自 2006 年参与 PISA 的阅读能力评量获得第 16 名,与邻近地区的差异成为焦点，引起大众对于学生语文能力不佳的焦虑，当然这并非台湾单独发生的现象，而是呈现出各国对于读写教育的重视，显然，读写能力的提升早已成为各国教育改革的重要目标。

哈佛大学教授 Jeanne Chall 曾在 1983 年提出，儿童学习阅读的历程共可分为六个阶段，而在这六个阶段中，又可区分成两大部分，分别是："学习如何读"（learn to read）和"透过阅读学习知识"（read to learn, learn from reading）（柯华葳 2006）。因此，读写能力的具备与否也显著影响学生自我进行学习的能力。

本人自 2012 年起与中文能力测验中心合作大型语文测验的题库扩充，期能提供更优质的命题，检视学生的阅读理解与写作能力，建构一合宜的中文能力检测，协助学生取得证照，并对自我能力产生肯定，以作为自我成长的指标。

2. 命题方向的掌握

在分享中文能力检测的命题取向前，必须先探讨现今与过往的命题差异。现今大型语文测验无论在取材、设计还是在题目呈现上，都与过往有着相当大的不同，以下从设计题目强调读写结合、避免题目仅需记忆了解和尝试题目运用多元题材三方面进行论述。

2.1 设计题目强调读写结合

以往阅读与写作命题设计都直接论述测验内容，但近年来重视读写结合，强调阅读与写作一体的呈现。以写作命题而言，自限制式写作、引导式写作等新式命题兴起，相较于过往仅呈现单一题目的传统命题，题目具有更多的信息，因此作答题目，不仅需要写作能力，更要有阅读理解的能力。

例1：

2009年8月,莫拉克台风所带来的惊人雨量,在水土保持不良的山区造成严重灾情,土石流毁坏了桥梁,掩埋了村庄,甚至将山上许多树木,一路冲到了海边,成为漂流木。

请想象自己是一株躺在海边的漂流木,以"漂流木的独白"为题,用第一人称"我"的观点写一篇文章,述说你的遭遇与感想,文长不限。

例1为2010学年度大学入学考试题目,其并非仅有"漂流木的独白"这个题目,更含括了写作思考的引导,并有需以第一人称写作的要求,因此学生要作答此题,便需要阅读约130个字,理解后并予以执行。

2.2 避免题目仅需记忆了解

Bloom等人的认知领域目标在课程、教学、评量等方面产生了广泛的影响,其认知历程向度分为"记忆""了解""应用""分析""评鉴""创造"六项主要类目(叶连祺、林淑萍2003)。在语文测验中,也被运用在双项细目表的拟定上,检视命题的取向。

表1 Bloom认知领域教育目标分类表

知识向度	认知历程向度					
	1.记忆	2.了解	3.应用	4.分析	5.评鉴	6.创造
A. 事实知识						
B. 概念知识						
C. 程序知识						
D. 后设认知知识						

数据源:修改自 Anderson, L. W., & Krathwohl, D. R.(Eds.)(2001). *A taxonomy for learning, teaching, and assessing: A revision of Blooms' taxonomy of educational objectives*. New York:Longman.

在语文测验的命题上,"记忆""了解"取向的命题是最常见,也最容易设计的题型,但鉴别度却不高,因此,应避免命题集中在"记忆""了解"部分,要能提升到"应用""分析""评鉴""创造"等层次。

例2:

文学作品中,常采用"由大而小"及"由远而近"的手法,逐渐聚焦到所要描写的重点对象。下列同时使用此两种手法的选项是:

(A)平林漠漠烟如织,寒山一带伤心碧。暝色入高楼,有人楼上愁

(B)枯藤老树昏鸦,小桥流水人家,古道西风瘦马,夕阳西下,断肠人在天涯

(C)寸寸柔肠,盈盈粉泪,楼高莫近危阑倚。平芜尽处是春山,行人更在春山外

(D)画阁魂销,高楼目断,斜阳只送平波远。无穷无尽是离愁,天涯地角寻思遍

(E)青青河畔草,郁郁园中柳。盈盈楼上女,皎皎当窗牖,娥娥红粉妆,纤纤出素手

以例2来看,本题为2012学年度大学入学考试试题,本题测试作答者对于"由大而小"及"由远而近"两种描写手法的认识,但要回答本题,除对于两种手法的了解,还要能分析出选项作品,因此是属于"分析"的题型。

2.3 尝试题目运用多元题材

近年来广为大众讨论的PISA(国际学生能力评量计划)、PIRLS(国际阅读素养评比),甚至指考、学测在题目的设计、取材上,相较于以往都十分不同,为了解学生是否具备在生活情境中运用的语文能力,题目的题材方面,开始广泛从生活中取材。

例3：

　　为了去掉墙上的涂鸦，这次已是第四次清洗学校墙壁，这真的使我气极了。创作本来是值得欣赏的，但创作的方式不应为社会带来额外的开支。为什么要在禁止涂鸦的地方乱画东西，损坏年轻人的声誉？专业的艺术家不会把自己的作品挂在大街上，对吗？相反的，他们会透过合法的展览来赚取收入和名声。我认为楼房、篱笆和公园的长椅本身就是艺术品了，在它们上面涂鸦只会破坏其风格，而且，这样做更会破坏臭氧层。我真不明白这些可耻的艺术家为什么在其"艺术品"被一次又一次的清理后，还要不断地乱涂乱画。

嘉嘉

　　品味是无法言喻的。社会上充满了各种各样的沟通方式和广告宣传，如公司的标志、店名，还有矗立在大街两旁各种扰人的大型广告牌。它们是否获得大众接受？没错，大多数是。而涂鸦是否获得大众接受？有些人会接受，但有些人则不接受。谁负责涂鸦所引起的费用？谁最后负担广告的费用？对，就是消费者。那些树立起广告牌的人有没有事先向你请示？当然没有。那么，涂鸦者应要事先请示吗？你的名字、组织的名字，和街上的大型艺术品，这些不都只是沟通的方式吗？试想想数年前在商店里出现的条纹和格子花服装，还有滑雪服饰。这些服饰的图案和颜色就是直接从多姿多彩的墙上偷来的。可笑的是，这些图案和颜色竟然被欣然接受，但那些有同样特色的涂鸦却被认为是讨人厌的。现在要做艺术真的不容易。

小雅

　　问题：你同意哪一封信的论点？请参照两封信件内容，并用自己的文字解释答案。

例 3 为 PISA 2011 试题,以书信的方式,探讨对于生活中随处可见的涂鸦的看法,并以此为题材,分别自阅读理解与写作设计问题,让作答者回答。其在题材主题的取材上,便是生活中的话题,因此,作答者自然能依此发表自己的意见与想法。

同时不再只是单纯的阅读测验,而强调的是阅读素养的部分,素养(literacy),原意指个人读写能力,现在广义解释为个人应有的教养与文化,能响应特定情境的基本能力。教育主管部门认为即是基本学科知识运用在生活及工作的能力与态度(李源顺等 2014)。因此,与过往的测验相比,更着重于文化的培养与真实情境的应对。

3. 命题成效的提升

一个好的语文能力测验需仰赖各方协助,方能有效成功。本所与中文能力测验中心进行产学合作,执行题库扩充计划,为求能有效并完善进行命题,邀请命题委员依分级区别进行题目拟定,妥善协调命题委员的命题数量,并举办命题委员说明会,以说明每次命题的需求,厘清命题委员对命题的疑问与细节。同时,借由中文能力测验中心设计的命题手册,向命题委员说明各测验命题需求,以期能有最佳成效。

因不同的受测对象、测验级别的要求,在难度与鉴别度上的掌控,自然有所差异,因此在命题前,必须厘清与掌握。同时,测验目的的不同,题型设计的方式亦会有所差异。中文能力测验中心举办中文能力检定,从初等至优等,在难度、材料上也有其差异,从表 2 可以看到依受测对象的能力程度与需求,命题题材和难易的区别,适合大三至职前训练的优等测验,在题材上便较其他级等,更着重于就业需求与社会情境。

表 2　中文能力检定分级区别

级等	初等	中等	中高等	高等	优等
对象	小学五六年级	初中一二年级	初中三年级 高中一年级	大专院校生	大三—职前训练
字数	200—350 字	250—400 字	300—450 字	450—800 字	500—800 字
题材 范围	阅读：段义辨析、篇章辨析 写作：引导式作文			艺文创作 生活知识 应用文书	基础素养 艺文创作 企业实务 图表认知

同时，为求提升命题质量，亦邀请命题专家指导。以 2014 年度研究高等题库扩充计划为例，邀请辅仁大学李添富教授进行命题指导。李教授曾担任各大语文测验命题与批阅委员，命题经验丰富，借由其对于命题委员的分享，更能提升命题委员的命题素质。

另外，促成审查委员与命题委员交流，让命题委员能针对审查委员提出的问题直接回复，并可以提出自己在命题上的问题，以期获得解决。因此，借由有效的行政事务推行，协助命题者提升命题成效与质量，有其实质的必要性。

4. 命题质量的呈现

本所自执行此项计划，从初等、中等、中高等、高等、优等一路的进行，配合现今大型语文测验的趋势，以及中文能力检测的性质与方向，在命题上，主要针对呈现多元文体、配合真实情境、重视读写结合和符应教育需求四个命题方向进行。

4.1 呈现多元文体

多元文体的取材已是现今语文测验的趋势，因此在题目材料的选择上，便要朝向更实用化、更生活化的方向进行，例如网络数据。

在现今网络发达的年代,网络数据提供很多信息,许多政府部门也会借由网络,提供很多人们想要或需要知道的数据,因此,能读懂与回复相关数据,是现代人必备的读写能力。

例4:

2014年1月来台旅客为66万7,234人次,与去(2013)年同期相较,成长26.59%。其中"观光"目的旅客47万2,163人次,成长38.72%;"业务"目的旅客5万5,514人次,负成长31.68%。

1月份主要客源市场人次及成长率分别为:日本11万3,301人次(4.07%)、中国港澳7万3,629人次(29.97%)、韩国5万9,401人次(90.82%)、中国大陆26万8,861人次(37.60%)、美国3万4,803人次(17.17%)、新加坡2万32人次(-2.97%)、马来西亚2万1,277人次(24.92%)、欧洲1万8,802人次(21.34%)、纽澳9,577人次(27.44%)。

分析各市场目前的概况,以日本市场而言,本局为提高日人来台观光旅游意愿,除持续与航空公司及旅行社合作促销来台观光,并积极协助各旅游业办理来台团体旅游,加上日人来台受双方对飞航班增加、台湾观光四大主轴(美食、购物、乐活及浪漫)等强力宣传推广作为影响下,本月来台旅客稳定成长。

而港澳市场由于1月底春节连续假期效应,港人出境旅游人数大幅增加,本局趁势加强营销宣传来台旅游优惠措施,使本月来台观光旅客大幅度成长,1月来台人次为历年单月新高。

韩国市场方面,由于近期韩币升值有利韩人出境旅游,本局持续与旅游业者及媒体合作宣传来台旅游优惠,积极推广好礼相送旅游促销活动,韩国已有旅行新闻等4家媒体将台湾列入2013最热门旅游地,本月来台观光旅客大幅成长超过1倍。

美国市场在本局长期文宣推广努力下,美国 OSSN 网络已有 8,000 家旅游业者及供货商使用此平台刊登台湾广告,加上持续协助旅游业者包装优惠来台行程,并拓展旅游通路与提升台湾观光知名度,自去(2013)年 8 月起已呈现成长趋势,今年 1 月来台观光旅游人次更有 19.86％的大幅成长。

针对欧洲市场,本月欧洲由于德国、法国及英国等主要市场来台人次皆为正成长,带动来台旅客稳定成长。本局持续与欧洲各旅游业者合作,巩固市场贩卖通路,并借媒体宣传台湾旅游新品牌标志,增加台湾观光形象曝光度。(摘录自"交通部观光局"网站)

根据上文,分析"观光局"推广台湾观光的策略,下列何者最正确?

(A) 强调台湾旅游主要在美食和购物的方便性
(B) 塑造台湾成为旅游的新品牌,以增加曝光
(C) 与饭店业者合作,设计台湾小吃飞机餐点
(D) 与各国传播媒体合作,赞助各国旅游节目

以例 4 而言,为阅读题组的题型,是"交通部观光局"针对各国(地区)来台人数与来台目的进行调查统计,公布在"观光局"网站供民众参考,该文章为说明文体,不若以往语文测验常出现的文学体裁形式,以数据的呈现为主。

例 5:
想说却还没说的　还很多　攒着是因为想写成歌
让人轻轻地唱着　淡淡地记着　就算终于忘了　也值了
说不定我一生涓滴意念　侥幸汇成河
然后我俩各自一端　望着大河弯弯
终于敢放胆　嬉皮笑脸　面对　人生的难

也许我们从未成熟　还没能晓得　就快要老了
尽管心里活着的还是那个年轻人
因为不安而频频回首　无知地索求　羞耻于求救
不知疲倦地翻越　每一个山丘
越过山丘　虽已白了头　喋喋不休　时不我予的哀愁
还未如愿见着不朽　就把自己先搞丢
越过山丘　才发现无人等候　喋喋不休　再也唤不回温柔
为何记不得上一次是谁给的拥抱　在什么时候
我没有刻意隐藏　也无意让你感伤　多少次我们无醉不欢
咒骂人生太短　唏嘘相见恨晚　让女人把妆哭花了　也不管
遗憾我们从未成熟　还没能晓得　就已老了
尽力却仍不明白　身边的年轻人
给自己随便找个理由　向情爱的挑逗　命运的左右
不自量力地还手　直至死方休(选自李宗盛《山丘》)

《山丘》一曲获得第二十五届金曲奖最佳作词与最佳年度歌曲的奖项,该曲以《山丘》为题,阐述自我对人生的看法,请阅读该歌词,回答下列问题:

(1)你认为歌词中的"山丘"所指为何?(请20字说明理由)

而以例5的写作题型为例,其取材便以流行歌曲作为来源,歌曲是日常生活中常见的文本,因此自然是学生应要能理解的对象,同时作为写作题型,学生要能理解歌词意思,方能针对其中的隐喻提出自己的看法。也因此不论是在阅读题组,抑或写作命题,其题材的来源与文体应要能有更多变化,而不要墨守于文学材料。

4.2 配合真实情境

PISA 研究 15 岁学生在真实情境中,应用习得知能的程度,主要是因为其为了探讨未来社会人类应具备哪些能力，才能达到成功的人生（李源顺等 2014）。这也反映出语文能力的应用，本应以真实生活为基础，这也是国际语文教育的趋势。

例 6：

暑假到来，为维护儿童游戏安全及健康，"经济部标准检验局"与"消费者文教基金会"合作，于 4 月底至五金百货、特卖商场及玩具批发店等地，针对产品质量及标示有疑虑之充气玩具商品购买 14 件样品进行检测。

经检测后发现：9 件商品"塑化剂含量"超过有关标准，其中有 1 件"重金属含量"不符合有关标准规定；另有 9 件"标示检查"不符合规定，其中有 6 件没有"商品检验标识"。

分析检测结果，特别在"邻苯二甲酸酯类塑化剂含量"检测方面，计有 9 件不符合有关标准，相关机构强调，"邻苯二甲酸酯类塑化剂"已被认为会干扰生物体内分泌，属环境荷尔蒙的一种，因此儿童一旦过度接触，可能干扰到原有内分泌系统的平衡及功能，会使男性雌性化及增加女性罹患乳腺癌几率；另重金属对人体的健康有非常大的影响，透过饮水、饮食、呼吸或是直接接触的路径进入人体，过量的铅会妨碍人体血液中红血素的合成，引起贫血症状，对于人体许多器官都具有毒性，过量的铬则会刺激呼吸道及消化道，对皮肤会引起慢性溃疡；因此儿童玩具商品是否含"塑化剂"及"重金属"是历年来市场监督查核的重点项目之一。

相关机构提醒家长于选购及使用充气玩具时应注意下列事项：

（1）认明有"商品检验标识"之商品再行购买。

（2）注意是否贴附详细中文标示，并应详细阅读商品适用年龄、注意事项、主要成分或材质、警语及使用方法等标示内容。

(3)戏水用充气玩具系供儿童游戏玩耍,非属水上救生设备,儿童使用时须有成年人陪同,以确保儿童游戏安全。

(4)选择适合儿童年龄之玩具,勿将非适用年龄玩具给幼童玩耍,以避免不必要之伤害。

(5)选购玩具时,首重产品之质量,勿贪图便宜选购廉价劣质品而导致儿童游戏时之危害。

(6)勿让婴幼儿将玩具等物品放入口中或啃咬,以免摄入可能含"塑化剂"之有害物质,危害儿童健康。

(7)玩具使用前家长应详细了解使用方法,并教导儿童依使用方法于适当之场所使用,避免不当使用造成儿童伤害。(摘录自"财团法人消费者文教基金会"网站)

本文的主题内容下列何者最正确?

(A)关于充气玩具的抽检与选购

(B)关于塑化剂的检测以及预防

(C)关于充气玩具的使用注意书

(D)关于重金属的影响以及现况

因此,以阅读题组命题来看,例6文章呈现消基会提供选购玩具的信息,即是从日常生活中的材料进行选材,除测试阅读理解的能力外,更让人对于家长挑选玩具该注意的事项有所了解。

例7:

台风警报单

警报种类:海上陆上台风警报。
台风强度及编号:中度台风,编号第10号(国际命名:MATMO,中文译名:麦德姆)

(续表)

中心气压:970百帕。
目前时间:2014年7月23日。
中心位置:北纬24.4度,东经120.0度,即在台中的西北西方约70公里之海面上。
暴风半径:7级风暴风半径200公里,10级风暴风半径80公里。
预测速度及方向:以每小时20公里速度,向北北西进行。
近中心最大风速:每秒33公尺(约每小时119公里),相当于12级风。
瞬间之最大阵风:每秒43公尺(约每小时155公里),相当于14级风。
预测时间:24日8时。
预测位置:北纬28.3度,东经118.2度,即在马祖的西北方约280公里之处。
台风动态:根据最新数据显示,第10号台风中心目前在台中西北西方近海,持续向北北西移动,其暴风圈仍笼罩台湾各地及澎湖、金门、马祖地区,各地风雨持续中。
警戒区域及事项: 1. 陆上警戒:台湾本岛各地(包含绿岛、兰屿)及澎湖、马祖、金门应严加戒备并防强风豪雨。 2. 海上警戒:巴士海峡、台湾东南部(含绿岛、兰屿)海面、台湾东北部海面、台湾北部海面及台湾海峡航行及作业船只应严加戒备。
*豪雨特报:第10号台风影响,今(23)日中南部地区及北部山区有局部大豪雨或超大豪雨,宜兰、花莲、台东山区及北部平地有豪雨或大豪雨,澎湖、金门、马祖地区及宜兰、花莲、台东平地有大雨或豪雨发生的几率。 *台风影响,各地风雨仍大,室外悬挂物、招牌、围篱及鹰架等应加强固牢,阳台之盆景等应妥善放置,排水沟渠应加强清理。山坡地区应严防坍方、落石、土石流及山洪暴发,低洼地区慎防淹水及海水倒灌、河川慎防溪水暴涨,民众应避免进入山区及河川活动。各沿海风浪大,请避免前往海边活动。

(摘录自台湾气象部门网页)

假想你是一位记者,请针对上述台湾气象部门的台风警报单撰写一篇报导,提供民众最新的信息。(时间信息请以上述文章为主)

(1) 请拟定该报导的标题。

(2) 请根据上述台风警报单信息,说明台风的最新情形。(请以约 70 字进行说明)

(3) 请根据上述台风警报单信息,提供民众防台相关建议。(请以约 60 字进行说明)

而在写作题型的例 7 中,以台湾气象部门提供的信息作为材料,测验作答者能否读懂里面的内容,并提出说明与建议。正因为这些材料都是社会中随手可得的文本,能否针对这些材料进行读写,更具有其意义,也符合语文能力要能运用于生活的重要价值。

4.3 重视读写结合

在命题时,为符应现今读写结合的命题趋势,可针对题型设计与题目内容特别留意,避免题型过度容易或困难,偏重于某一种形式,在题目的内容上也必须紧扣住文本材料。以下便以此进行分析:

4.3.1 题型设计需平均分配

在 Bloom 的认知领域目标中,共有"记忆""了解""应用""分析""评鉴""创造"等项目,因此在命题时,应平均进行命题,而不要偏重于某一项目之中,特别不要集中于"记忆""了解"项目。

例 8:

慧君已走了。约莫二〇一三年一月,她的字还在,那个广告牌挂在苗栗"薰衣草森林"明德店围墙外,粉蜡笔书写:"幸福往前五十大步。"

我最后一次在金瓜石见她,也是她一手装置创办的"缓慢宿舍"

顶层和她聊天。当时她已罹肺腺癌第四期,化疗之后,理了一个平头。……金瓜石的风依旧,风声很凶猛不是呜咽型的,来势汹汹。慧君的声音小,风一吹,声音一下就飘到空中。我始终没有听清楚太多她的话,只记得她平头下的笑脸。民宿入口、小书房、顶层阳台上……,到处涂鸦着她的绘笔,"人要慢慢地走,灵魂才会跟得上","幸福,就是跟你说:你很棒!"……聊天了一会儿后,我问她:"你幸福吗?"她挡住风,大声地说:"幸福啊!"然后掉了泪。

詹慧君的故事许多人已知道,她与学钢琴的林庭妃两个女生丢掉城市优渥工作,跑到台中新社山上胼手胝足,开始了"薰衣草森林"的传说。幸福已在她身上,靠的不是运气:她曾如此踏实、不怕吃苦、努力追寻。她哭的是:幸福即将离她而去;但更多的是哭她感谢自己生命虽短暂,却早预知了人生"最贫穷的事,莫过于怠慢错过了幸福",她多么谢谢自己及时于三十岁时已勇敢且努力寻梦抓住了幸福。

——节录自陈文茜《树,不在了。》(台北:时报文化,2014)

"她哭的是:幸福即将离她而去;但更多的是哭她感谢自己生命虽短暂,却早预知了人生'最贫穷的事,莫过于怠慢错过了幸福',她多么谢谢自己及时于三十岁时已勇敢且努力寻梦抓住了幸福。"这段话所表达的涵意,和以下郑愁予哪段诗句相似?

(A) 森林已在我脚下了,我底小屋仍在上头/那篱笆已见到,转弯却又隐去了/该有一个人倚门等我/等我带来新书,和修理好的琴/而我只带来一壶酒/因等我的人早已离去(《梦土》)

(B) 这次我离开你,是风,是雨,是夜晚/你笑了笑,我摆一摆手/一条寂寞的路便展向两头了(《赋别》)

(C) 我思念,晴朗的日子/小窗透描这画的美予我/以云的姿,以

高建筑的阴影/以整个阳光的立体和亮度(《港边吟》)

(D) 滑落过长空的下坡,我是熄了灯的流星/正乘夜雨的微凉,赶一程赴赌的路/待投掷的生命如雨点,在湖上激起一夜的迷雾/够了,生命如此的短,竟短得如此的华美(《生命》)

在例 8 中,在题目的要求中必须先了解其涵意,才能进一步分析四个选项中的诗句意思,选出合适的答案,因此,在 Bloom 的认知领域目标中是属于"分析"项目,相较于"记忆""了解"项目的题目,更能评量学生的阅读理解中评估诠释能力的展现,而不会只着重于重点撷取能力的呈现。

4.3.2 题目内容需源自文本

在题目设计时,命题的基础应为文本材料,如此才能真实考验其阅读理解与写作能力,因此,文本的选择便显得重要,命题者也必须明确掌握文本所欲表达的内涵,分析出文本的层次性与核心价值,以进行问题的拟定。

例 9:

这两年连续死了几头大象,先是台北动物园的马兰,又是林旺,这个星期天寿山动物园的安妮也走了。

媒体报导这些动物死亡的新闻,总带着浓浓的"人味"。像是马兰病危,记者就说林旺在一旁着急;可是他又非常三八,总不忘提马兰、林旺"夫妻不合"的往事。这次安妮的新闻里,也夹缠了一些"人伦"评论,例如说安妮"虽在去年结了婚,不过她的身体不好,一直无法传宗接代。……尽管她先生阿里脾气像火爆浪子,让安妮经常受苦,不过当安妮倒下时,阿里还是伤心不已……"云云。

动物有"传宗接代"这回事吗?

其实,生物的"生"与"上天有好生之德"的"生"同义,指的是"生殖",以"传宗接代"描述阿里、安妮的那档子事,似乎很有道理。但从生物遗传的机制来说,动物之间的交配活动,实在说不上"传宗接代"。因为有性生殖是个"稀释遗传"的生殖模式。每个父母只能遗传一半基因给子女,抱在手上的孙子,身体里只有四分之一的基因从自己来。至于曾孙、玄孙,继续以每代稀释百分之五十的定律遗传,要不了几代,自己与子孙的关系就淡如水了,光比较基因组,说不定比自己出门撞见的陌生人还要疏远。

难怪英国牛津大学"大众科学教育讲座教授"道金斯会提出"自利基因"观点,提醒大家:我们都只是基因操纵的臭皮囊。这个观点并不新奇,十九世纪作家巴特勒就一语道破了:母鸡只是鸡蛋制造另一个鸡蛋的方法。然而我们依旧慎终追远。面对红烛香烟,聆听长辈训诲,孺慕之情往往难以自已。这才是"传宗接代"的意义——超越生物学的人文意义。

到了二十世纪,都市化与流动的生活模式打破了乡党邻里在生活空间中布下的人文罗网,解放了传统的婚姻制度。然而,人类寿命增加之后,即使经由恋爱结合的夫妇都不免发现:维系婚姻的责任实在是难以承受之重。现代社会中,法律成了婚姻制度唯一的后盾。讽刺的是,法律只是消极手段;从来没有人诉请结婚的。判决结婚在过去倒是有的——乔太守乱点鸳鸯谱。

现代乔太守只能点马兰与林旺,安妮与阿里……(摘录自王道还《乔太守乱点鸳鸯谱》)

下列关于文中"传宗接代"的说明,何者最合适?

(A) 是人类与动物的共同处

(B) 是受到自利基因的影响

(C) 是稀释遗传的必然结果

(D) 是人类文化价值的呈现

＊下列关于"传宗接代"的定义,请问何者最合适?

(A) 后代受到当朝重视与重用

(B) 能接续与继承祖先的财产

(C) 世世代代都享有盛名光环

(D) 子孙世代相继,绵延不绝

在例 9 中,其问题的设计询问"传宗接代"一词在文章当中所代表的意义,因此要进行作答,必须阅读文章,将文章中的数据与选项进行比对,方能获得答案,但如果题目改为"下列关于'传宗接代'的定义,请问何者最合适?",读者不需阅读题目便可作答,即失去题目设计的意义,因此在题目设计时必须紧扣住文本,才不会有所偏误。

4.4 符应教育需求

在测验命题的部分,除作为学生能力的检测,更重要的是学生在完成此份测验后能有所收获,以达到教育的目的,因此,可以从以寻找正确答案为目标、应避免题目形式为线索两方面来看。

4.4.1 以寻找正确答案为目标

语文测验不只负担学生能力检测的任务,在学生完成测验后,更应有所获得,因此在文章材料的选择上应着重正向文章,命题时,也应让学生寻找正确答案,可以加强学生正确价值的巩固与学习。

例 10:

当我在夜里细读这本以饮食为主轴的《黄鱼听雷》,诸多难忘的生命经验,以四季分卷,时间与季节的本质就像被挑选出来的各种记忆食材——料理本身,刺激着味觉感官;美好或罪恶的人,徘徊在灵魂角落,迟迟不肯退场。因为咀嚼,我们的人生收割着难以言说的成长。

　　因此,《黄鱼听雷》看似写的是不同的料理与品尝,其实,真正透过味道被保留下来的,反而是琐碎生活的点滴细节。是那已在时间中泡沫般扬逝的崩毁年代,青春时不经意抛掷的笑语、脸庞及其相关,是生命中某些总是擦身遗憾而终究透过饮食得到满足或再度失去的这些那些。阖上书页之际,隐隐然,我竟在各种快炒慢蒸的殊异气味中,闻见某种懂得之人的慈悲。

　　——节录自孙梓评《饮食是写给时间的诗》,为《黄鱼听雷》作序

　　文中写到:"阖上书页之际,隐隐然,我竟在各种快炒慢蒸的殊异气味中,闻见某种懂得之人的慈悲。"下列选项,最符合这段话意思的是:

　　(A) 曾被拒绝的阴霾,终于因为某个人的慈悲而消散
　　(B) 通过味道,体悟了自己未成熟前做了许多的蠢事
　　(C) 明白了在成长过程中,曾经获得了许多人的体谅
　　(D) 没有勇气去正视自己的人生历程,只能寄情料理

　　在例10的问题中,其询问文章中话语所隐含的意涵,学生在借由阅读文章寻找答案的过程中,可以学习到我们在成长过程中,都获得了许多人的体谅,因此,测验不单纯仅是测验,亦负担了教育的价值。不过,在题目的询问上,应避免运用"何者为正确答案?",应改以"何者为最合适的答案?","以下答案何者最正确?"进行询问,亦即在这几个选项中,或许有文章中提到的元素,但要选择比较起来最好的选项,以避免争议。

4.4.2 应避免题目形式为线索

　　命题者在题目的失误设计,如特定选项过长、过短,都容易引起作答者的臆测,测验的进行应控制住任何影响测验的因素,而命题者

需要掌握的就是命题形式的设计,这亦是命题者专业能力的展现。

例11:

我们分析平剧的内容,也许会诧异,中国并不是尚武的国家,何以武戏占绝对多数?单只根据三国志演义的那一串,为数就可观了。最迅疾的变化是在战场上,因此在战争中我们最容易看得出一个人的个性与处事的态度。楚霸王与马谡的失败都是浅显的教训,台下的看客,不拘是做官,做生意,做媳妇,都是这么一回事罢了。

不知道人家看了"空城计"是否也像我似的只想掉眼泪。为老军们绝对信仰着的诸葛亮是古今中外罕见的一个完人。在这里,他已将胡子忙白了。抛下卧龙冈的自在生涯出来干大事,为了"先帝爷"一点知己之恩的回忆,便舍命忘身地替阿斗争天下,他也背地里觉得不值得么?锣鼓喧天中,略有点凄寂的况味。

历代传下来的老戏给我们许多感情的公式。把我们实际生活里复杂的情绪排入公式里,许多细节不能不被剔去,然而结果还是令人满意的。感情简单化之后,比较更为坚强,确定,添上了几千年的经验的分量。个人与环境感到和谐,是最愉快的一件事。而所谓环境,一大部分倒是群众的习惯。

京戏里的世界既不是目前的中国,也不是古中国在它的过程中的任何一阶段。它的美,它的狭小整洁的道德系统,都是离现实很远的,然而它绝不是罗曼蒂克的逃避——从某一观点引渡到另一观点上,往往被误认为逃避。切身的现实,因为距离太近的缘故,必得与另一个较明澈的现实联系起来方才看得清楚。(摘录自张爱玲《洋人看京戏及其他》)

＊在文章中,张爱玲提到"京戏里的世界既不是目前的中国,也不是古中国在它的过程中的任何一阶段。它的美,它的狭小整洁的

道德系统,都是离现实很远的",其所表示的意义,下列何者最合适?

(A) 它是现实世界的理想价值展现

(B) 艺术表演仅能够传承善的价值

(C) 它是艺术家所不能完成的梦想

(D) 京戏表演是中华文化中的模范

以本题为例,在四个选项中,可以发现选项 A 与其他选项有所差异,便容易成为作答者参考的线索,特别此题的答案便是选项 A,因此,审查委员便建议进行修正,命题委员便修正为"(A)现实世界理想价值展现的风范",符合其他选项的句型,减少以题目形式为线索进行猜测的机会。

另外,一个题目命题的优劣,格局亦是重要因素,如果命题者刻意设下陷阱,以期影响作答者判断,都会显得题目的格局狭隘,因此,命题者应避免找好答案,再设计其他诱答选项,而落入窘境。另外,亦应避免"以上皆是""以上皆非"的选项。

例 12:

狂犬病防范须知

(1) 谨记"二不一要"原则,全民一起做防疫:

① 不弃养家中宠物:家中宠物只要每年施打一次疫苗即可免于罹患狂犬病,不需要弃养家中的一分子,造成流浪犬猫在街头流窜。

② 不接触、捕捉及饲养野生动物:不饲养来源不明的野生动物;于发现死亡食肉目野生动物时,协助通报所辖动物防疫机关或乡镇公所派员处理。

③ 要每年主动为家中饲养犬猫施打动物用狂犬病疫苗:家中饲养之犬、猫于三至六月龄时,应注射第一剂狂犬病疫苗,以后每年定

期补强注射,自疫区输入之犬、猫一定要严格执行隔离检疫与狂犬病预防注射,以保障动物健康。

(2) 出国前往狂犬病疫区的旅行者,避免接触高危险群动物:如吸血蝙蝠及可能带病毒的野生动物,如臭鼬、狐狸、浣熊等。

(3) 建立崇法务实之防疫观念:勿贪图近利,自疫区走私动物(例如中国大陆、东南亚等狂犬病疫区国家或地区),造成狂犬病入侵。

(4) 发现疑似病例时请立即通报当地动物防疫机关。(摘录自《"行政院农业委员会"动植物防疫检疫局防疫须知》)

＊关于家中犬猫的防疫事项,下列何者最合适？
(A) 发现死亡动物,皆须要通报所辖动物防疫机关
(B) 不可自疫区输入犬、猫,避免狂犬病大举入侵
(C) 发现疑似病例,应立即通报当地动物防疫机关
(D) 犬猫只要施打过一次疫苗即可免于罹患狂犬病

以例 12 来说,选项 A 错误于仅有食肉目需要通报,选项 B 则为可输入,但要隔离检疫与预防注射,选项 D 则需每年注射。本题选项设计让人感觉过于刁钻,特别是选项 A 有设计陷阱进行引导的疑虑,都较为不适宜。

5. 结语

大型语文测验的命题需要各方协助,除命题委员、审题委员的用心,更要有明确的资源提供,有效的行政协助,才能解决命题过程的种种难题。本校与中文能力测验中心合作中文检定题库的扩充,以呈现多元文体、配合真实情境、重视读写结合和符应教育需求四个命题方向,进行测验题目的设计,期能设计出合宜且优质的题目,以协

助学生读写能力检测的建构,让学生能以此作为目标努力迈进。

参考文献

[1] 柯华葳.教出阅读力[J].台北:天下杂志,2006(1).
[2] 李源顺、吴正新、林吟霞、李哲迪.认识PISA与培养我们的素养[C].台北:五南文化事业机构,2014.
[3] 叶连祺、林淑萍.布鲁姆认知领域教育目标分类修订版之探讨[J].教育研究月刊,2003(1).
[4] Anderson, L. W. & Krathwohl, D. R. (Eds.). *A taxonomy for learning, teaching, and assessing: A revision of Blooms' taxonomy of educational objectives*. New York: Longman, 2001.

国际华语教师面临的多元华人文化语言使用问题

曾金金

（台湾师范大学华语文教学系暨研究所）

【摘要】 本文主要是探讨有关国际华语教师在教学上所面临的语言使用问题。由于国际华语教师来自不同语言文化背景，教师本身的语言文化以及华语学习者所接触过的华人语言文化，都可能成为影响国际华语教学的因素。本文初步观察国际华语教师面临的语言使用问题，可以包括大华语地区各地的生活用语差异、节庆差异、书信的开头敬语和信末的祝词、人名地名翻译和描述、计算机字体大小及字形用语的差异。以往对于两岸语言文字调查研究多集中于静态的词典式文字字体、字音对比以及词语列表的研究模式，但若是将研究与实际生活结合，就必须扩大研究范围及改变研究方法。由于笔者所从事的研究主要是跟国际华语教学有关，因此，结合国际华语教学的实际语言使用，将研究范围扩大到大华语地区，研究方法也纳入语言使用的沟通情境，并把多元华人语言文化使用的差异纳入国际华语教师培训的内容。

【关键词】 大华语地区；语言使用差异；国际华语师培；国际华语推广

1. 研究动机与缘起

近年来由于国际华语教师需求增加,本研究利用在线分享软件、社群网站收集大华语地区的语言使用差异,并利用视频会议平台作为训练国际华语教师的在线工具,运用资料收集以及田野调查(实体及在线)的研究方法,结合体验学习的师培模式,亦接受来自大陆的交换生来台学习。在华语教师的养成过程中,不断碰到肇因于多元华人文化及语言文字使用所造成的教学困扰和学习问题,因此觉得应系统性启动大华语地区的语言使用调查研究,不仅有利于国际华语教师的养成,也有利于国际华语推广。

2. 国际华语的理论依据

国际华语是指包括中国大陆、台湾、港澳以及世界各地华人和非华人所使用的汉语的总和;也就是说"国际汉语"是将汉语作为母语、将汉语作为外语、将汉语作为小区或者家庭语言、将汉语作为第二语言、第三语言乃至第 N 种语言的各种汉语的总和。这同目前中国大陆广泛应用的"汉语国际推广"、台湾地区的"华语文"概念,既有相同之处,又有不同之处(洪历建 2011)。

语言和谐与国际华语推广:文化不应只有一个中心,语言也不应只有一种标准,国际华语推广要避免以自我为中心,去进行语言与文化的评价。大华语地区的不同变体,既有其普遍性也有其独特性,为了达到跨区域的沟通,应要特别注意不同之处。语言差异应得到人们的理解与尊重。

跨文化沟通:大华语地区存在同义异形词以及同形异义词。如台湾的马铃薯就是大陆的土豆(同义异形词),台湾的土豆和大陆的土豆所指不同,台湾的土豆是大陆的花生(同形异义词)。台湾称美国前总统 Bush 为布什,大陆称布什,香港称布殊。由于翻译的不同,同一人在不同地区因为译名的不同,可能会不知道是同一个人。国际知名的已故歌星邓丽君,在日本大家熟悉的名字是 Teresa Teng。两岸的翻译名称有从意译的角度和音译的角度切入而造成差异。例如:新西兰黄油(大陆)=纽西兰奶油(台湾)(新西兰偏重意译/纽西兰偏重音译;黄油表达颜色/奶油表达成分);澳大利亚(大陆)=澳洲(台湾)(澳大利亚偏重音译/澳洲偏重意译);(洗)桑拿/三温暖(桑拿偏重音译/三温暖偏重意译)。这些翻译词语都可能因为不熟悉,而在初次接触时产生不理解或误解的情况。

    语言是异质有序的系统。陈晓锦、张双庆(2009)提到,当英语随着英国殖民主义漂洋过海,进入其他地区和国家时,在数百年与本地语言文化的接触和交流过程中,逐渐形成了"美国英语""澳洲英语""南非英语""印度英语""马来西亚英语""新加坡英语""香港英语"等。尽管这些语言仍属于英语,但无论从语言的角度看,还是从文化的角度看,它们同英国的英语之间的差别却是显而易见的。而汉语在海外的形成与发展和英语成为国际性语言的历程,虽是移民和殖民的不同,但借用陈晓锦等对海外汉语方言的研究,我们称这种与其他语言和文化接触后所产生的海外汉语为汉语的"洋方言"大概也不为过(洪历建 2011)。

2.1 国际华语的自然语言资源

    学习者的语言资源、教师的语言资源以及课室所在地的语言资源都是国际华语的自然语言资源。国际华语教师需要熟悉以上这三种自然语言资源。大华语地区因为多语社会及移民和语言接触产生语言变异,包括:语音、词汇(形式、语义)、语法的变异,以及语言使用功能的差异。以大陆普通话、台湾中文和马来西亚华语之差异为例，https://www.youtube.com/watch? v=IQ09su9ZGTk 影片中提到：菠萝（大陆）＝菠萝（台湾）＝黄梨（马）、出租车（大陆）＝出租车（台湾）＝的士（马）、弄堂（大陆）＝巷子（台湾）＝罗弄（马）、蜂蜜（大陆）＝蜂蜜（台湾）＝蜜糖（马）、三明治（大陆）＝三明治（台湾）＝三文治（马）、方便面（大陆）＝泡面（台湾）＝快熟面（马）等，若教师不熟悉这些差异，可能会误将学生之回答归类为错误的华语。

2.2 国际华语的衍生语言资源

衍生语言资源，是对自然语言进行研究和加工处理而形成的。华语教材就是常见的衍生语言资源。在国际华语教学的课室中，学习者的主要华语输入来自教师、教材和当地华语。因此，教师的语言使用如果跟教材所述不同，或是教材所述与当地华语使用情形不同，常会造成华语学习者的困惑。如果学习者是处于非华语普遍使用环境，则常面临语言使用环境缺乏，及文化知识不足的窘境，如果国际华语教学平台能充分利用所有的自然语言资源，不仅可以以真实材料进行华语学习，更能提供学习者可理解输入的学习材料。

2.3 语言教学资源

ChineseVid 为一影片中文学习平台，搭配学习者感兴趣的主题，选择合适的影片，进行语言与文化多媒体学习，可以增加学习的趣味性。学习者可透过此平台选择不同的汉字字体进行阅读，该平台也加注不同标音系统辅助汉字阅读。此外，学习者也可以不同的播放速度训练听力，该平台也提供中英文字幕切换、逐句反复播放、点击欲学习词语，可以听取如何发音，并具有在线实时跳出词典的功能，学习者还可建立个人化学习词库。口说部分可进行逐句录音并与影片模板音进行比对,学习者还可依据华语文能力测验和汉语水平考试词汇等级,进行适性化的词汇学习。

平时利用在线分享软件、社群网站收集大华语地区的语言使用差异,并分析视频会议平台所录制之国际华语教师在线互动影片,进行国际华语教师学习内容与单元设计。

3. 学习内容与单元设计

将搜集到的语料分类后,我们做了以下共十六单元之比较:节庆、读音、声调、字音、简繁字体、译名、用字、词序/语序、词语使用、称谓及祝颂语、敬语及祝颂语、句法、使用时机、双音节词缩略、近义成分词组、词义色彩。详细内容如下:

3.1 节庆

关于节庆的部分,在海峡两岸和香港有名称和日期的差异存在,如教师节,台湾的教师节是9月28日,又称孔子诞辰纪念日,大陆的教师节在9月10日,香港则称敬师节;台湾的儿童节是4月4日,而大陆的则是在6月1日。

为了加强与其他文化连结,使学生了解跨语言的文化差异,教师于教学时亦可带入节庆之比较。例如:华人的教师节,学生会送卡片或是礼物给老师,感谢老师辛勤的教诲。世界教科文组织以10月5日为国际教师节。韩国教师节是5月15日[①],为世宗大王阳历生日。在这天,学生们会送给老师们康乃馨,并和学生一起度过欢愉的一天。新加坡教师节为9月的第一个星期五,这天新加坡所有的学

[①] 韩国及以下各国的教师节讯息取自 https://zh.wikipedia.org/wiki/%E6%95%99%E5%B8%88%E8%8A%82。

校放假一天。马来西亚教师节为5月16日。在马来西亚,这一天被称为"哈日宗师",也是马来西亚的一个正常工作日[①]。但华文独立中学有些则于每年的9月28日庆祝教师节。在土耳其,教师节是11月24日。土耳其第一任总统凯末尔专用11月24日来表彰教师和他们的职业,这一天不放假[②]。越南教师节是每年11月20日。这日越南的所有学校都放一天假,学生们向老师献花。印度教师节是9月5日,同时还纪念印度第二位总统萨瓦帕利·拉达克里希南爵士,他也是一位教育家。在传统上,印度教师节的这天,学校教书的工作是交给较高年级的学生负责,让老师们能够休假。泰国教师节在1月16日,这一天是泰国政府公布教师法正式实施的日子。阿尔巴尼亚教师节是每年的3月7日,正好在母亲节的前一天。在教师节这天,阿尔巴尼亚放假一天。捷克教师节是一个假日,定于3月28日,这一天是约翰·阿摩司·夸美纽斯的生日。学童们会在教师节这天送花给他们的老师。俄罗斯教师节是10月5日。按照传统,这一天许多中学、职业院校及高等院校的学生们将以各种形式向老师们祝贺节日:赠送鲜花、组织晚会、表演戏剧等。此外俄罗斯主要的电视频道还将播放献给老师的电影和节日晚会。拉丁美洲教师节一般为9月11日。巴西教师节是每年的10月15日。墨西哥的教师节始于1917年的9月,由国家议会颁布5月15日为教师节,并于1918年首次庆祝。危地马拉的教师节为每年的6月25日,纪念一位名为玛利亚·金吉拉(Maria Chinchilla)的老师于对抗政府的冲突中逝世。洪都拉斯的教师节为每年的9月17日,纪念何塞·特立尼达·雷耶斯

[①] 资料来源:http://big5.cri.cn/gate/big5/gb.cri.cn/33160/2011/08/29/5671s3353406.htm。

[②] 同注[①]。

(José Trinidad Reyes)。萨尔瓦多的教师节为每年的 6 月 22 日。

3.2 读音

曾金金（2008)对大陆和台湾各六位广播电台播音员进行两岸介音初步的对比分析，比较两岸播音员的"加、光、薛"三字的[i]、[u]、[y]介音长度①与其韵母的比值发现,大陆播音员介音所占比例较长,台湾所占的比例较短。210 个零声母接[u]音的字,如：新闻的闻,声母发[w]的比例：台湾播音员占 98％,大陆占 62％。发[v]的比例：大陆占 32％,台湾仅 1％。两岸的四声音长与平均音高也有差异。

四声音长比值台湾：1＝2＞3＞4

四声音长比值大陆：3＞2＞4＞1

四声平均音高比值台湾：1＞4＞2＞3

四声平均音高比值大陆：1＞2＞4＞3

3.3 声调

研究所：jiū（大陆）＝jiù（台湾）

体质：zhì（大陆）＝zhí（台湾）

拥抱：yōng（大陆）＝yǒng（台湾）

微小：wēi（大陆）＝wéi（台湾）

两吨：dūn（大陆）＝dùn（台湾）

细菌：jūn（大陆）＝jùn（台湾）

3.4 字音

两岸的读音除了有声母和声调的差异外，还有一些是完全不同的读音，没听过的话可能会无法理解或误解，如：垃圾台湾读作

---

① 以第二道共振峰开始出现至其开始转向主要元音为介音时长。

(lèsè),大陆读作(lājī);携带(xīdài)大陆读作(xiédài),台湾学生可能误解成是鞋带。

3.5 简繁字体

国际华语所用之汉字同属汉字系统,差异并不大。若教师能将之做有系统的教学,告知学生简繁之间的系统转换规则,强调其系统转换和相似性,就不至于造成国际汉语推广的障碍。尤其在计算机上之字体转换更是相对容易。

多笔删减留形似,如:"壽"作"寿"。

采用固有草书体,如:"東"作"东"。

只写部分,如:"聲"作"声"。

减笔,如:"觀"作"观"。

采用古体,如:"禮"作"礼"。

声符简化,如:"燈"作"灯"。

依造字规则新创,如:"響"作"响"。

假借他字,如:"義"作"义"。

3.6 译名

译名之不同,易因各地之差异而造成误解,产生明明讲的是同一个人却因不同名称而误认为是不同人之情事。如:台湾称美国前总统布什,大陆称美国前总统布什,香港称美国前总统布殊。

新西兰黄油(大陆)=纽西兰奶油(台湾)

澳大利亚(大陆)=澳洲(重音或重义)(台湾)

(洗)桑拿(大陆)=三温暖(重音或重义)(台湾)

3.7 用字

惯用字的不同偶尔会令人产生误解,如:"牛肉麵"写成"牛肉面",习惯看繁体字的人可能会觉得学生写错了,但可能是由于学生之前学的是简体字。数字"三"的大写字形跟参加的"参"相同,习惯看简体字的教师也有可能以为学生把"叁"写成参加的"参",是错的,但可能学生用的是大写字形"叁",与参加的"参"字形相同。还有台湾惯用的是"主人翁",而大陆是用"主人公"等。

面（大陆）＝麵（台湾）

（数字三）叁（大陆）＝參（台湾）

头发（大陆）＝頭髮（台湾）

3.8 词序/语序

词序及语序的相反也常造成老师误以为学生写反了的错误认知,如下：

夜宵（大陆）＝宵夜（台湾）

地道（大陆）＝道地（台湾）

积累（大陆）＝累积（台湾）

女士们,先生们（大陆）＝各位先生,各位女士（台湾）

大一点儿声（大陆）＝大声一点儿（台湾）

冰的茶（台湾）＝茶冰（teh-冰）（新加坡）

黑咖啡（台湾）＝咖啡乌（kopi-O）（新加坡）

3.9 词语使用

以下则是实际发生容易令人误解之情事或沟通障碍的例子：

在新加坡买水的意思就是买饮料。在餐厅常会听到有服务生问说要不要喝水,意思是要不要喝饮料。以下是利用社群网站、分享软件或 e-mail 收集到的实例。

（新加坡）刚开始我不知道,所以服务员问我"要不要水",我说"要",她问我"要喝什么",我说"水",她就说"什么水",我说

"一般的水",她就会继续问"什么一般的水"……会陷入像这样的循环当中,后来我才知道,如果她问你要不要喝水,可以直接回答"可乐"等。

在香港水也解作水龙头流出的水,俗语里也有钱的意思。

付钱(台湾、香港)=还钱(新加坡)

在新加坡"还钱"的意思是"付钱",这个用法我很不习惯,因为去餐厅点餐时,服务生点完餐以后跟我说:"来,先还钱",我第一次听到时愣住,下意识就想说我欠你钱吗?经过朋友讲解才知道原来意思是付钱。

没事儿(大陆)=不会(台湾)

黑咖啡(大陆)=斋啡(香港)

咖啡少糖(台湾)=咖啡少甜(香港)

上班(台湾)=做工(香港);下班(台湾)=放工(香港)

U盘(大陆)=随身碟(台湾)

短信(大陆)=简讯(台湾)

智能手机(大陆)=智能型手机(台湾)

数码相机(大陆)=数字相机(台湾)

鼠标(大陆)=滑鼠(台湾)

台球(大陆)=撞球(台湾)=桌球(香港)

乒乓球(大陆)=桌球/乒乓球(台湾)

二手车(大陆)=中古车/二手车(台湾)

3.10 称谓及祝颂语

台湾较少对女性使用"小+姓"的亲近称呼,一般用于男性,大陆则是男女皆可。

3.11 敬语及祝颂语

台湾较少使用"尊敬的"指称教授,而是使用"亲爱的"或"敬爱的"。文件末的"此致敬礼"也是大陆的用法,台湾一般用"敬祝教安"。以下是大陆敬语与祝颂语的实例:

> 尊敬的曾教授:附件中是福州两岸会议正式邀请函和回执单,请您查收。欢迎您4月份来福州参加会议!回执请于3月20号前告知,以便准备。谢谢!
> 此致
> 敬礼

3.12 句法

"有+动词"的用法在大华语地区和外籍华语教师的在线互动语料中均出现,显示这个用法的接受度高,应不能视为不合规范的用法。以下是在线互动语料实例。

有字句

• 西班牙籍华语实习教师

你们读过这个文章之前,有学过(有+VC)这个文章

这些革命你是觉得有带来(有+VC)人类的进步吗?

三十八岁四十岁,那自己有考虑(有+V)这个问题吗?

• 台湾用法

有去看过(有+V+VC)

• 台湾华语文教学系研究生

所以你们看了文本之后你们有发现(有+V)苏小姐在工作时候的穿着、打扮跟在约会时候的穿着打扮就是有一些不一样。

• 大陆来台交换生

刚才你知道"活着"这部电影,"活着"这部电影我也有看过(有

+VC)，那你刚才讲的那个女生在生孩子的时候因为难产，她死了对吗？

3.13 使用时机

大陆的晚安一般用于睡觉之前或节目结束，主持人与观众互道晚安，是一种礼貌用语。台湾除了上述用法，晚安也可用于晚间节目开场，作为问候语。

3.14 双音节词缩略

双音节词在不同地区以缩略形式出现时，会出现各地所取近义字不一样的情形。如：

限制：限水（台湾）＝制水（马来西亚）

简短：短信（大陆）＝简讯（台湾）

恐惧：恐高症（大陆）＝惧高症（台湾）

房屋：交房（大陆）＝交屋（台湾）

3.15 近义成分词组

近义成分词组指的是所欲表达词义相同者，各地所取用字不一样的情形：

录音棚（大陆）＝录音室（台湾）

3.16 词义色彩

由于各地词义色彩之不同，易使对话双方产生误解或得罪对方：

小姐（负面意涵）（大陆）＝小姐（对陌生女性的敬称）（台湾）

搞（中性意涵）（大陆）＝搞（负面意涵）（台湾）

下海（中性意涵）（大陆）＝下海（负面意涵）（台湾）

窝心（负面意涵）（大陆）＝窝心（正面意涵）（台湾）

还好（正面意涵）（大陆）＝还好（中性偏负面意涵）（台湾）

4. 结论及后续规划

国际华语教师的培养应加入不同地区的华语变体系统性研究，并加入可能不理解或误解的语言使用说明，如：语音、词汇、句法接受度和词义色彩等，以回答学生提出的问题，并帮助学生建立多语及多元文化之概念，以因应现今国际华语教学所面临的挑战。

参考文献

［1］陈晓锦、张双庆.首届海外汉语方言国际研讨会论文集［C］.上海：暨南大学出版社，2009.

［2］洪历建.汉语的国际化和地方化［A］.全球语境下的汉语教学［C］.上海：学林出版社，2011.

［3］李向玉.澳门语言文化研究［C］.澳门：澳门理工学院，2011.

［4］王培光.语言规划与中西思想［A］.澳门语言文化研究［C］.澳门：澳门理工学院，2011.

［5］徐杰.语言规划与双语教育：新加坡的经验与教训［A］.澳门语言文化研究［C］.澳门：澳门理工学院，2011.

［6］曾金金.华语语音数据库及数字学习应用［C］.台北：新学林出版社，2008.

［7］张和生.对外汉语教师素质与培训研究的回顾与展望［J］.北京师范大学学报(社会科学版)，2006.195(3).

［8］郑锦全、曾金金.二十一世纪初叶两岸四地汉语变异［C］.台北：新学林，2011.

［9］Allen Edward David, Rebecca M. Valette. *Classroom Techniques*：*Foreign Languages and English as a Second Language*. San Diego：Harcourt Brace Jovanovich, Publishers, 1972.

［10］Brown, Douglas, H.(3rd Ed.). *Teaching by Principles*：*An Interactive Approach to Language Pedagogy*. New York：Pearson Education, Inc, 2007.

［11］Fantini, Alvino E.(Ed.). *New Ways in Teaching Culture*. Alexandria, VA：TESOL, 1997.

[12] Fisiak, Jacek.(Ed.). *Contrastive Linguistics and the Language Teacher*. New York: Pergamon Press, 1981.

[13] Hibbard, K.M.&Michael, K., et al. *A Teacher's Guide to Performance-Based Learning and Assessment*.Alexandria, USA: Association for Supervision and Curriculum, 1996.

[14] Kolb, David A. *Experiential Learning: Experience as the Source of Learning and Development*.Prentice-Hall, Inc., Englewood Cliffs, N.J, 1984.

[15] Larimer Ruth E. and Leigh Schleicher.(Eds.).*New Ways in Using Authentic Materials in the Classroom*.Alexandria, VA: TESOL, 1999.

[16] Reijo Miettinen. The concept of experiential learning and John Dewey's theory of reflective thought and action. *International Journal of Lifelong Education*, 19:1, 54-72, DOI: 10.1080/026013700293458, 2000.

[17] Robb, Laura. *Whole Language Whole Learners: Creating a Literature-Centered Classroom*. New York: William Morrow and Company, Inc, 1994.

[18] Swan, Michael. Legislation by Hypothesis: The Case of Task-Based Instruction. Applied Linguistics 2005, 26 (3).

[19] Willis, Jane. *A Framework for Task-Based Learning*. New York: Longman. Leaver; Betty Lou and Jane Rosemary Willis.(2004). *Task-based Instruction in Foreign Language Education: Practices and Programs*. Washington, D.C.: Georgetown University Press, 1996.

识字与构词
——汉语词汇教学的选择与实践

许学仁

（台湾东华大学中国语文学系）

【摘要】 汉字的"字",指的是由"独体"生成的"合体";而汉语的"字"指的是"独体"(单音节),它是生成复音节语汇和句子的单位。汉字教学的课程规划,多将部首辨识设定为入门初阶,部首之基本形义探源、基本笔形说明、部首偏旁形变,借以明白独字的本形本义,及理解书写过程中,基本笔形产生之变化,犹能切实建立字形字义间之语言链,结合形、音、义三者,相互验证。汉字对汉语的重要性,不只在于它是一个形、音、义的有机结合体,而在它是生成其他语言单位的基本要素。汉语的字词教学,有"词本位"与"字本位"两种学习门径,它们既相对独立,又相互补充。

【关键词】 识字;构词;"词本位";"字本位"

1. 汉语教学中字词教学的结构本位

汉字是一个字读成一个音节,一个字写成一个方块字,所以它是语音单位,也是书写单位。"词"和"字"不同,它是意义单位。一般而

识字与构词

言,古代汉语中每一个字都有意义,所以一个字经常是一个词。当我们回到三千年前,检视殷商甲骨文字,可以辨识的总字数大约在2 300字左右①,多半用单字表单纯词,但也可以看到组"字(单纯词)"成"词(合成词)",用以表词义的蛛丝马迹,如"求年""宁风""登人""幽牛""有祟"。在表示纪数、纪月、先公、先王、配偶、姓氏、地名、职官等用语时,除用"字"记录单纯词的构词方式,也见到以"合文"形式的合成词形式,如"上甲""匚(报)乙""小甲",它们可以分开书写,也可以"合文"书写。甚至像"文武帝""高且(祖)乙""四且(祖)丁""伯索尹""小臣墙"等三字词,只用一个方块字的位置,来记录双音节或三音节的"词",在语言上读成复音词、三音词。另外像"立中""牝牡""疾身""黍年""三匚(报)"这些固定熟语之词组,并从"词"的特性思考,采"合文"形式,些微露出以"词"表义的一线曙光。到了战国文字,简帛、玺印、货币、盟书等出土文献中,除了纪数、纪月、姓氏、职官、地名赓续沿用"合文"形式,出现了更多以固定熟语为核心的双音节合成词,而且经常共享笔画,如"上下""小人""圣人""先人""寡人""孔子""兄弟""颜色""教学""牵牛""婴女""营宫(室)""备(佩)玉""甘丹(邯郸)""树木""暴虎""驷马""忐(慎)冬(终)"等,可见古人以"字"表义为主,不废以"词"表义的双轨发展,而这种发展形式,是和文字的构形相关,这和现代汉字无法单独切割的用一个字来表达意义的双音节联绵词,重在记录语言中的语源,其实同工而异趣。譬如,《诗·豳风·七月》:"蟋蟀入我床下",和唐人王翰的《凉州词》:"葡萄美酒夜光杯,欲饮琵琶马上催",这里的"蟋""蟀""葡""萄""琵"

---

① 孙海波编纂《甲骨文编》正编收录字头数为1723。今采刘钊等编纂《新甲骨文编》(增订本)的统计结果,正编收录字头数为2350。其中与《说文》合者1170,约占12.5%(福建人民出版社,2014)。

"琶"六个字,单说任何一个字,都不能表达它的意义,只能是一个字,却不能说它是一个词。在古代汉语里,虽有多音词,但单音词是普遍的现象,《左传·僖公二十三年》记载文嬴侍候公子重耳盥洗,只用"奉匜沃盥"四个字,描写具体而明确。如果想得到正解,必须理解成"(文嬴)奉匜,沃,(重耳)盥",要把古代汉语转译成白话,译文会比原文长了许多。主要是除了省略主语,更因为古代汉语的词汇以单音词为主,而现代汉语的词汇则多以复音词为主。王力在周士琦《实用解字组词词典》前写的序文里说:"汉语基本上是以字为单位的,不是以词为单位的。要了解一个合成词的意义,单从这整个词的整体去理解它还不够,还必须把这个词的构成部分(一般是两个字)拆开来分别解释,然后合起来解释其整体,才算是真正彻底理解这个词的意义。"[1]

汉语教学的历程,多半依循"字""词""句""段""篇"的教学步骤,由"字"组"词",由"词"造"句"。在教材的编辑时,也多半会在教材当页,标注该课应加识读的生字;同时在教材后面,附录生字表,方便统整学习。然而检视香港地区语文教材,后多附有"词汇表",着眼于词汇的扩充,而海峡两岸的语文教材,则目前还没有看到附录"词汇表",着眼于识字量的积累,两者在能力导向容有显著的落差。教师自来习以为常,不曾稍加措意,亦不曾听闻教师的课堂教学与学生的学习中有何滞碍难行。然而从汉语学习来说,字不能离开词而独立,词则能离开字而独立运用;词能独立运用,也能组成词组、句子等语义单位或语法单位;字则不能独立运用,既不能组成语义单位,也不能组成语法单位。字只存在书面上,而词既可以书面方式存在,也经常存在口语中。字和词之间,虽有密切关联,却是完全不同的概念。

---

[1] 参周士琦《实用解字组词词典·序》,上海辞书出版社,1986。

"字"是记录语言的符号,不是语言的构成要素,与思维没有直接关联;而"词"是语言的材料,是语言的构成要素,与思维直接联系。要理解汉字,必须由字(视觉符号)转换成词(音意结合)。尽管在文字学家眼中,文和字不可混为一谈,但从语言研究的角度来看,文或字都是记录语言的符号,是语言的辅助工具,而它本身不是语言。每一个独体的文或每一个合体的字,各有各的读音,构形也是形貌各异,语义有别,这些都是文字学研究的课题。其实,中国传统语言文字研究,字即是词,无须应加区隔,导致字和词的界线模糊,这正好说明了汉语中"字"与"词"之间,确实难以区隔,书面语言和口头语言,自有其特殊之处。

同时汉语的"字"和汉字的"字",也是两个不尽相同的概念,二者彼此间既有联系,又各有天地。二者并不属于同一层面。汉字的"字",指的是由"独体"生成的"合体";而汉语的"字"指的是"独体"(单音节),它是生成复音节语汇和句子的单位。汉语的基本结构单位,在先秦时期"名""字"二字同义对举,《老子》二十五章:"吾不知其名,字之曰道。"而且用"名"的频率远远高过于"字",如《管子·君臣上》:"书同名,车同轨。"《仪礼·聘礼》也说:"百名以上书于册,不及百名书于方。"郑玄注:"名,书文也,今谓之字。"[①]偶尔也用"字",二者的认知途径有别。《说文·口部》:"名,自命也。从口、从夕。夕者,冥也;冥不相见,故以口自名。"从人类语言发展角度来看,对某一个对象的命名,都意味着赋予它一个语音形式,称呼某个对象的名称,即发出某个特定的声音。换言之,所谓"名",是指称某个对象时

[①] 郑玄以"名""字"为古今异称,又见于《周礼·春官·外史》:"掌达书名于四方"郑玄注:"古曰名,今曰字。使四方知书之文字得能读之。"及《论语·子路》:"必也正名乎?"皇侃义疏引郑玄注:"古者曰名,今世曰字。"

所发出来的某个特定的声音;用某个特定的声音,来称呼某个言说对象,徐通锵曾指出:"名"就是借助于以此喻彼的联想。"名"是音义结合,用来记录事物的语音符号,着眼于"听觉";而"字"的结构重形,偏重于"视觉"。到了汉代,由于重视觉的"字"代替重听觉得"名",在音、义二位一体的基础上增加了形,形成形、音、义融为一体的汉语基本结构单位。

平常我们称汉语为单音节语言,是因为多数汉字都能独立成词,也就是都可以成为是一个单音节词(单词),如:"牛""马""人""你""我""大""小"等。但有些字,所代表的音节却不能单独成词,如"澎湃""颠顶""窈窕"①"逍遥""邂逅""琵琶""蝙蝠""窸窣",所以字固然不一定能成词,无法单独表意;而词也不见得都是用一个字来表示。即便是单词,在语法研究上,仍不称为"字"而称为"词",所以从现代西方语言学观点来看,"字"和"词"并不相等。严格来说,在语言研究上,不是以文字为单位,而是以语言使用上可以表达意义的最小单位"词"为研究对象。《说文·八部》解释"介"为:"介,画也。从八,从人。"甲骨文"介"字构形作 等形,象人身披甲衣。中间像侧立的人形,两侧分列之 ,像铠甲的甲片;金文中间的人形变;铠甲变成线条,小篆将人形托起;而楷书将人形与铠甲分离,致使"介"字形成如今的上下结构。介的本义是护身的"铠甲"②,如:"介胄之士"

---

① 十三经注疏《毛诗正义·国风·周南·关雎》:"毛云:'窈窕,幽闲也。'王肃云:'善心曰窈,善容曰窕。'"毛传视为复合词,王肃将复合词"窈窕"分别以单词解释。

② 鲁实先《文字析义》:"介于卜辞作 ,象人被甲,乃从人之合体象形,而以铠甲为本义。……《说文》释介为画者,盖据田境之界,推类为训"(页399,341),1993年6月,鲁实先全集编纂委员会。十三经注疏《毛诗正义·大雅·荡之什·瞻卬》:"舍尔介狄,维予胥忌。"郑笺:"介,甲也。"

"介者不拜"。引申为甲壳,如:"介虫""介壳"。引申为界线、间隔,意即两者之间的媒介。又《说文·糸部》"绍"字下:"绍,继也。从糸,召声。"又甲骨文的"绍"作 $\mathscr{y}$、$\mathscr{y}$ 等形,左边从糸,表细丝;右边从刀,近人以字从刀断索(丝)会意,释读为"割"①。李孝定则释读为"绍"字,以为"象以刀断丝之形",初谊为"绝",而《说文》训继者,亦犹治之训乱也。与《说文》重文字形近②。"绝"字的本义由"断丝"转为"接续断丝"。因而,"介绍"用来表述是两者之间,经由媒介而得以接续。依照《周礼》的记载,贵族相见设有专人"介"③,负责传达宾主之言,意犹今日"介绍"之义。

2. 汉字教学的字本位研究体系

段玉裁《王怀祖〈广雅注〉序》:"小学有形、有音、有义,三者互相求,举一可得其二。有古形、有今形、有古音、有今音、有古义、有今义,六者互相求,举一可得其五。古今者不定之名也。……圣人之制字,有义而后有音,有音而后有形。学者之考字,因形以得其音,因音而得其义。"④精辟说明汉字形、音、义三位一体,进而阐述汉语以字为本位之研究体系,既包括字形研究,也有语音和语义的研究;既有共时的研究,也有历时的研究。审慎推敲三位一体的基础,实际上奠基于"形义结合"和"音义结合"的理据衬托。后者突显刘熙《释名·序》:"百姓日称而不知其所以之意。"

---

① 参李孝定《甲骨文字集释》卷十三。刘钊等编纂《新甲骨文编》卷十三将诸字形纳入"绝"字(福建人民出版社,2009,第713页)。唯增订本改列卷四刀部"割"下(福建人民出版社,2014,第273页)。
② 《说文·糸部》"绍"字与"继""续""䌛"语义相承,同属接续意涵。
③ 十三经注疏《周礼注疏·夏官·旅贲氏》:"军旅则介而趋"郑注:"介,被甲。"
④ 段玉裁《经韵楼集》卷八。

潘文国模拟英、汉文字学相关学科之分类体系,认为汉语研究体系可分析为:

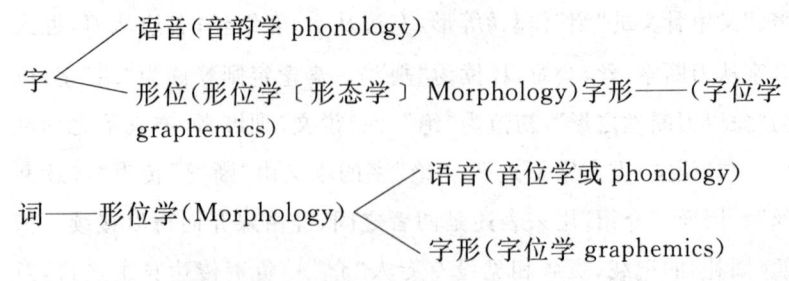

```
        ┌─ 语音(音韵学 phonology)
字 ─────┤
        └─ 形位(形位学〔形态学〕Morphology)字形——(字位学 graphemics)

                         ┌─ 语音(音位学或 phonology)
词——形位学(Morphology)────┤
                         └─ 字形(字位学 graphemics)
```

林语堂在《英文学习法》中①也曾对比英、汉与结构异同,论述汉语语汇语法语音之区隔,谓:英语的语汇 Vocabulary,为语言的内容实质;语法 Gramma,为某种语言表是意念关系的各种方法,语音 Phonetics 就是读音。并说明三者与中国小学家划分形音义三种学科相仿佛。说文等于文法,音韵等于发音学,训诂等于语汇。"所不同者中国小学是以文字为主,学英语者却须以语言为主。故如在中国,《说文》及金石之学只讲文字的变化与构造,而在文法,却须讲语言字句的变化与构造。然其同属于一类的研究,注重构造化合的原则,则两者实处于相等的地位。"其中潘文国所谓"形位学"(Morphology),林语堂称为"形态学",认为一部分专讲形的演变,与字形之义尤近。

汉字的分析,现代汉字学多采四级分析法:首先是整字,其次是偏旁部首,其次是构字部件,最底层是笔画。从字到词分析形位,都是有意义的,只有从形位再往下分析,英语是字形或音位分析,汉字则为字形分析。前者音位与字位处在同一层面,而汉语音韵系从

---

① 林语堂《英文学习法》,《林语堂选集:读书·作文》,台湾读书出版社,1969。

"字"开始分析,与字位分析不属同一层面,字只有分析到汉字的"形位"后,才进入纯粹字形部分。汉字结构的分析,存在"汉字字位学"和"汉字形位学"两个体系。"字位学"从字开始,通过一层层分析汉字构成部件,分析汉字到最小单位的笔画,即为"字位"(参见下表)。这种汉字分析法,关心的是笔形(笔画形态)、笔顺(方向)、组成部件的名称(部件)、汉字部件的结构部位(偏旁)、整字结构方式等。基本上只讲分析字形,不讲意义;形位学在讲字形分析的同时,也讲意义,这种汉字分析法,以汉字为基本单位,分析其"形位"(即形、义结合或音、义结合的最小结构单位),关心的是汉字的语言内部形、音、义的组合关系,传统汉语研究的"六书"理论,即属形位学研究。汉语分析,基本以语义为核心,必须掌握形位。汉字的构成成分,可采用"字源分析法"和"字素分析法",后者分析汉字,多用于现代汉字教学约有下列步骤:(一)分析到笔画——笔画系统分析法:独体字、难以分解之合体;(二)分析到偏旁——偏旁系统分析法;(三)分析到部件——部件分析法;(四)分析到部首——部首系统分析法:汉字之检索概念。汉字的"偏旁",对汉字的基本结构方式和书写形式,有其特殊性,对汉字构形定性和汉字教学,都有其重要性。"部件"就形式而言,系独立之书写单位,非仅是任意之笔画组合。就功能而言,系构成合体字之最小笔画结构单位,下限必须大于基本笔画,上限则小于复合偏旁。

整字	部首	偏旁	部件		笔画	出处*
整字		偏旁	部件/字根/字符		笔画	F(1993)
整字		部件			笔画	G(1993)
		偏旁	部件	组件		

（续表）

整字	部件/字根/字符/字素		笔画	S(1994)
整字	偏旁/构件	形位（形素）	笔画	W(1995)
整字	字位（字素）		笔画	L1(1993)
整字	偏旁（偏旁分析法）	部件（部件分析法）	笔画	L2(1998)
Character	Morpheme	Co-component	Morpheme	笔画	A(1982)
Character	Side component	Component part	Stroke	Y&R(1994)
字 Sinigram	偏旁 Bi-component	形位（形素） Morpheme	笔画/字位（字素） Stroke/Grapheme	P(2002)

＊F(傅永和)　G(高家莺)　S(苏培成)　W(王宁)　L1(李圃)　L2(李大遂)　A(安子介)　P(潘文国)①

"部首"为汉字构形与构造之枢纽，它不仅是汉字构形的基本部件，更是汉字系统工程的根源；既反映汉字的构形规律，也反映汉字文化的基本认知结构，以部首作为汉字学习的切入点，可以揭开汉字构形的规律，以及汉字形义思维系统的发展规律。从汉字部首的来源、认知功能的溯源、部首与汉字形体构造之间的潜在规律，可以做出更充分的解释。汉字分析既以语义为核心，则"部首"正为汉字教学的枢纽。王玉新(2009)研究指出，汉字部首具有"功能兼类"与"部首偏旁兼类"两种认知。"功能兼类"又可区分为"标识符号""类化符号"和"区别符号"三种功能。如部首"木"，甲骨文、金文等古文字作

---

① 本表参考潘文国《字本位与汉语研究》第六章，华东师范大学出版社，2002。

朩、屮，造字时取象树枝、树干、树根之形。结构变体作木，在"休"字中作为标识符号，充当形符，与"亻"构成会意字；在"林""森"中，亦作为标识符号，构成重体字（同体会意字）；在"本""末""朱"中，作为标识符号，构成指事字。而在"沐""蚞"中，则"木"字充当声符，作为区别符号，构成形声字。而部首"木"在"松""柏""杨""柳"中为功能变体，作为类化符号，①表示树木和树木相关之事物，如"桃""李""杏""权""枯"；②表示木头或和木头相关的事物，如木柴之"柴"、薄木片之"楄"、盖房子之"构"；③表示木质或木制品，如"案""橱""杵""杖"等。其中"午"字在甲骨文作 𠂉、丨，是"杵"字的初文，在文字发展过程，为了区别用作地支的字形，在"午"字上添加"木"，起区别"甲午"的"午"和"杵臼"的"杵"二字的作用。汉字教学的课程规划，多将部首辨识设定为入门初阶，部首之基本形义探源、基本笔形说明、部首偏旁形变，借以明白造字的本形本义，及理解书写过程中，基本笔形产生之变化，犹能切实建立字形字义间之语言链，结合形、音、义 三者，相互验证。

3. 汉字教学的从字到词的生成机制

文字并不只是代表语言的结构单位概念，更牵涉到语言生成的重要机制。《说文解字》概述汉字的生成方式，将汉字的构造方式，依序分成"文"和"字"两个阶段。《说文解字·叙》说："仓颉之初作书，盖依类象形，故谓之文；其后形声相益，即谓之字。字者，言孳乳而寖多也。""文"是参照实物临摹的造字方法，其中"象形"并非孳乳式的生成，却是其他孳乳造字的基础。讲求"形声相益"的规律形式和生成能力，其规律即所谓的"六书"。换言之，汉字对汉语的重要性，不只在于它是一个形、音、义的有机结合体,而在它是生成其他语言单位的基本要素。

汉语的"词",不仅仅是通过字形而得以记录,而且汉语单纯词的词义,原本就是借助字形才得以显现。如果我们参考赵诚《甲骨文简明词典——卜辞分类读本》,观察三千年前的词汇分布,2150 词条中,单纯词 1589 个,约占 77.51%,复合词语有 461 个,约占 22.49%。知殷商时期基本以单纯词为主,可以推定古代汉语为单音节语。如:一"燕"(󰀀)字活灵活现的描写出"籋口""展翅""歧尾"的燕子。一"饮"(󰀀)字而象一人踞坐、俯身、低头、张口、吐舌,捧尊就饮之状,如在眼前,令人欲醺。又现代汉语单纯词"鱼"和"渔"分用。用"渔"记录捕鱼,甲骨文字形作󰀀、󰀀、󰀀、󰀀、󰀀,从水从鱼,象水中游鱼,为《说文》籀文和小篆所本,构形有的从又(手)执钓具,象用钓线垂钓;有的从网从鱼,或再增添廾形,象手张网罟捕鱼,或直接以手捕鱼,组合部件随着造字者的心理取向,各有选择,用来记录其汉语词义,容有细微差异,现在"捕鱼"的意涵,不计细节,用一单纯词"渔"字,概括记录丰富多彩的"捕鱼"形式。

甲骨文中埋牲字作󰀀、󰀀等形,罗振玉释读为"薶(埋)"字,《甲骨文编》从其说,归入"埋"字,衡之文义,看似合理;然则仔细推敲它的文字构形,似有未安。《说文·凵部》:"凵,张口也,象形。"这个字由"凵"和牛、羊、马等牺牲组成。杨树达先生认为:"凵象坎陷之形,乃'坎'之初文。"裘锡圭先生撰《释"坎"》一文,据杨说谓甲骨文󰀀、󰀀等字所从之"凵"系"坎"之初文,并谓"古汉语名动相因","坎"字除名词用法外,还有动词用法。掘地为坎或掘地而埋物于其中都可以叫"坎"。《左传·僖公二十五年》载:"宵坎血加书,伪与子仪、子边盟者。"杜注:"掘地为坎以埋盟之余血,加盟书其上。"《周礼·秋官·司盟》郑玄注:"盟者书其辞于策,杀牲取血,坎其牲,加书于上而埋之。"《左传》亦有"坎用牲"(昭公六年)、"坫用牲"(襄公二十六年)之记载,可为"坎牲"之史征。甲骨文ꕕ、ꕖ等字从"凵(坎)",象埋牲于坎之形,当即"坎血""坎牲"之专字。初则"埋"可以代表"坎牛""坎羊"两个词,随一字一音节之原则与规律,遂成为"坎"字用于"坎牲"一义之异体字(裘锡圭 1999)。换言之,用一"凵(坎)"字字形,在汉语中兼可记录"坎牛""坎羊"两个词。

王念孙《〈广雅疏证〉·序》:"窃以训诂之旨,本于声音,固有声同字异,声近义同,虽或类聚群分,时亦同条共贯。譬如振裘必提其领,举网必执其纲。……此之不悟,则有字别为音,或望文虚造而违古义,或墨守成训而少会通,易剪枝理既失而大道多其矣。今则以就古音求古义,引申触类,不限形体。"严学宭(1979)曾指出在同义并列结构的双声或叠韵关系的复音词,保留了联绵词痕迹,"在起首辅音相同的条件下,通过元音交替伴随辅音韵尾的变换,又产生大量平列结构骈词"。如下列以双声为基础的同义词,这些词语每组前后两字并皆同义,韵母虽有差异,却存有交替规律:

奔波 坎坷 估计 堆垛 琐碎 切磋 咀嚼 拘谨 引诱
奠定 真挚 淫佚 倔强 委婉 祈求 偏僻 货贿 松散 零落
浩瀚 喧嚣 闪烁 蓬勃 供给 蒙昧 凶险 嘲哳 习俗 冒昧
犹豫 流连 啰唆 黾勉 委蛇 芍药 栖迟 仓庚 唠叨 从容
灿烂 彷徨 仿佛 荒唐

在汉语发展中,由单音节的两个字组合成单一词素,两字由于意义相同,语音又有双声、叠韵之联系,形成紧密结合的复音词,为"合二为一"的语义结构单位,自有其生成的优势。原来表达不同概念的"文",逐步转为概念结构单位的"词"。并列关系是语汇化的前驱。

继而当语音关系逐渐宽松,不再受到双声、叠韵的限制,语义相同或相近的两个字,可以相互解释,也可相互组合,并列结构的组词方式有了更为宽广的道路。所以古代单音节的同义词,后世往往结合为并列式的同义复词,如:

亲戚　朋友①　子女　田野　土地　社稷　声音　言语②　规矩　模范　名誉　面目　眉目　身体　皮肤　肌肤　牙齿　唇齿　手掌　颜色　精神　捕捉　永久　增加　减少　迅速　障碍　熟悉　温暖　足够　丰富　寿考　房屋　宫室　衣裳　罗网　囊橐③　晓悟　纠缠　波澜④　切磋⑤　雕琢　美好　忧患　门户　恭敬　满足　辛苦　游泳　离别⑥

这类复合词有时可组合为交错式的熟语,如"亲朋好友""三言两语""沽名钓誉""唇亡齿寒""循规蹈矩""和颜悦色""慈眉善目""精雕细琢""门当户对""心满意足""茹苦含辛""生离死别"。

又《说文》中收录之互训词约有 350 对,如加上《段注》校改,则约有 400 对的材料,并皆可组成并列关系复合词。如:

更改　珍宝　玩弄　甘美　捐弃　疾病　谨慎　束缚　歌咏　炊爨　警戒　减损　完全　抵触　猒饱　髁括　截断　蝗螽　照明　创伤　儋何　征召　底下　杀戮　缠绕　惭愧　逃亡　种艺　宫室　耻辱　问讯　耕犁　寄托　技巧　缯帛　奔走　宵夜　奉承　共同　将帅　泛滥　洒涤　意志　庖厨　容貌　崇高　疾病　詈骂　意志

---

① 《论语·学而》:"有朋自远方来。"郑玄注:"同门曰朋,同志曰友。"
② 《诗·大雅·公刘》:"于时言言。"毛传:"直言曰言,论难曰语。"
③ 《诗·大雅·公刘》:"于橐于囊。"毛传:"小曰橐,大曰囊。"
④ 《尔雅·释水》:"大波为澜,小波为沦。"
⑤ 《尔雅·释器》:"骨谓之切,象谓之磋,玉谓之琢,石谓之磨。"
⑥ 《楚辞·离骚》:"余既不难夫离别兮,伤灵修之数化。"王逸注:"近曰离,远曰别。"

缠绵　酝酿　险阻　涕泣　煎熬　更改

　　这些凝固的词语,前后两字的字义,原本就是从不同角度,去表达同一个概念,自然容易合成表达这一概念的字组,或为同义复合词组合之基石。如《说文·辵部》"追""逐"二字互训,古籍亦明显区别。杨树达先生在《积微居甲文说》中辨析卜辞"追""逐"二字,发现"追"之对象必定为"人",如"追羌""追龙"("羌""龙"均为方国名),而"逐"之对象必定为"兽",如"逐鹿""逐豕""逐兕"。从字形观察,甲骨文"逐"字作 ,像追豕之形;"追"字作 ,在甲骨文里经常当"师"字用,"追"字从 ,或取其声,兼取其意,字形正像追逐师众之意。字形与卜辞用法一致,可见"追"字本义是追人,而"逐"自本义为追兽,后来方混而不分。今则用"追逐"表"追"义。汉语中"追""逐"与"追逐"的对象,不再受到对象为人、兽词素的限制,扩大到:"追星""追风","逐臭""逐日""逐浪","追逐名利"。传统训诂学家则以"散言则通"与"对文则别","统言(浑言)不分"与"析言有别",来表述同义词的意义关系,如"对文故别耳,散则言语通也","析言如此,浑言则不拘"。(冯蒸 1995,钟明立 2002)

　　汉语中前后语义相反或相对的单音词,如建立在同一意义范畴的基础上,往往也可以复合成词,如:

天地　内外　左右　上下　出入　往来　得失　呼吸　高低
雌雄　方圆　修短　俯仰　厚薄　赏罚　升降　颉颃　阴阳　晦明
荣辱　褒贬　祸福　哀乐　安危　进退　存亡　是非　成败　沉浮
古今　中外　乾坤　否泰　鬼神　神祇　黑白　兴亡　治乱　夫妇
公婆　深浅　清浊　轻重　多少　买卖　籴粜　死活　冷热

　　这类复合词一如并列式同义副词,有时可灵活组合为交错式的熟语,如"天长地久""左顾右盼""内忧外患""鉴往知来""患得患失"

"眼高手低""方枘圆凿""厚彼薄此""阳奉阴违""深入浅出""死去活来""冷嘲热讽""僧多粥少""否极泰来""夫唱妇随"。

4. 汉字教学的字本位与词本位的抉择

汉语的字词教学,有"词本位"与"字本位"两种学习门径,杨自俭辨别字本位(图1)和词本位(图2)在教学中的区别和优劣,两者的区别在于:

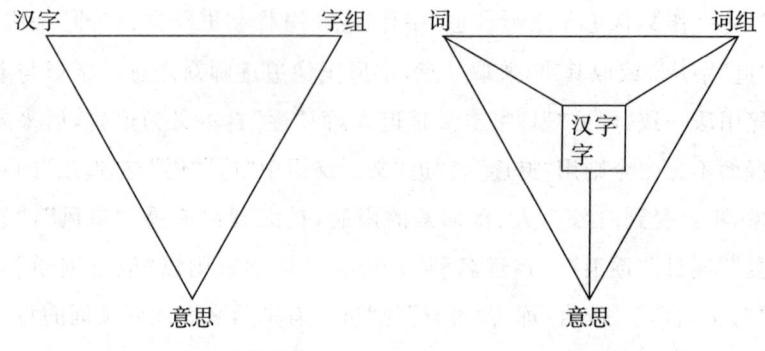

```
汉字         字组        词          词组
  \         /            \         /
   \       /              \  汉字 /
    \     /                \  字 /
     \   /                  \   /
      \ /                    \ /
      意思                   意思

   图1 字本位教学         图2 词本位教学
```

字本位教学:以"字"为基本教学单位,直接学习汉字的形、音、义;由汉字到字组,主要字义和字组义的联系。多数汉字有一定程度的表示音、义的功能,字本位教学有一定理据可供遵循。汉字造字的理据,有助于对汉字的理解和记忆。字组由汉字组合而成,也有其组合规律和理据。汉字造字的理据和字组的组合规律,不但有助于对字组的理解和记忆,而且这种以"字"为教学核心,进行组合教学,在学习历程中,让学习者能举一反三,迅速扩大字组量,符合认知规律。

词本位教学:以"词"为基本教学单位,将汉字视为单纯之书写符号。学习双音词和多音词,主要是建立词形、词音和词义的联系;由词到词组,主要是建立词义和片语义的关系。不专门介绍双音词和多音词中汉字的形、音、义关系。跟双音词和多音词中汉字的形、音、义脱节。如想掌握双音词和多音词中的汉字,还需要单独建立字音与字义、字义与词义、字义与片语义间的联系。缺少理据可供遵循,只能靠死记硬背来建立字音和词义的联系。(杨自俭2008)

以上两种进程,实际上牵涉口头语言与书面语言教学系统。书面语言载体为文字,必须通过文字和视觉系统,传递和接受信息,主要承担汉字教学、阅读教学与写作教学。口头语言载体为语音,必须通过语音和听觉系统,传递和接受信息,主要承担语音教学、听力教学与说话教学。近年执"字本位"理论教学者,多主张以"字本位"教学代替"词本位"教学,以"语文分离"代替"语文一体"。实则这二种教学系统,两者既相对独立,又相互补充。打通书面语言和口头语言"任督二脉"的关键,正在"汉字教学",汉字从古到今,一路走来,自有其语言的生成机制和反应语言环境的功能。"汉字"不但与时俱进,更在不增加文字数量的情况下,适时适地灵活组合"词汇",反映汉语的特质,丰富汉语的内涵。如原古代汉语里用以指称急暴之风的"飙"字,本已渐次削弱使用频率,孰料在现代汉语中异军突起,焕发新采,繁衍出"飙升""发飙""飙车""飙舟""飙舞""飙网(网上冲浪)""飙涨"等"飙"字家族。

又如古代典籍多有"通假现象",在现代汉语中重新分配文字原有的表述功能,不着痕迹地无缝接轨,如"楚"的本义为带刺的树木,如"荆楚"(楚1);而"酸楚""衣冠楚楚"的"楚",分别记录了表示"醋吃多了倒牙"那种感觉的"齼"(楚2)和"色彩鲜明"的"黼"(楚3)的词义,这三个原本毫不相干的词语,现代都用一个"楚"字来构词。又如古代汉语"雅"字(雅1)本是"鸦"的异体字,本义是"孝鸟(乌黑的孝鸟)",也就是"乌鸦",现代汉语有"典雅""雅座""雅量"等词语,分别记录了"接待宾客的客堂"的"庌"(雅 2)和表示酒杯和酒量"䍜"(雅 3)的词义,现代都共享一个"雅(乌鸦)"字来构词表义。这种文字字形体系与词义体系不对称的现象,现代汉语或可视为"别"字,却不需要泥古不化,回到从前的书写系统。书写系统错别字的纠正,为汉语教学重要课题之一,印欧语系语言的文字系统,只有错字,没有别字。汉字自成形声体系,"别字"抽离了形义结合和音义结合的理据,使形、音、义三者分离,汉语教学策略多在汉字字形体系上,开展出词义体系。汉字教学历程中,除了面对汉字字形形义结构的"错字"的订讹,更强调"别字"的厘正,正为达成"文(书面语言)"和"言(口头语言)"一致的要求(徐通锵 2002)。

参考文献

[1] 冯蒸.说文同义词研究[C].北京:首都师范大学出版社,1995.

[2] 裘锡圭.释"坎"[J].裘锡圭学术文化随笔[C].北京:中国青年出版社,1999.

[3] 王玉新.汉语部首认知研究[C].济南:山东大学出版社,2009.

[4] 徐通锵.《字本位与汉语言研究》·序[J].字本位与汉语言研究[C].上海:华东师范大学出版社,2002.

[5] 严学宭.论汉语同族词内部屈折的变换模式[J].中国语文,1979(2).

[6] 杨自俭.字本位理论与应用研究[C].济南:山东教育出版社,2008.

[7] 钟明立.段注同义词考论[C].北京:中国文联出版社,2002.

台湾小学学习字词析探

徐长安

(台北市立大学博士生)

【摘要】 台湾于 2001 年进行教育改革,推动中小学九年一贯新课程;2014 年又进一步公布十二年基本教育课程纲要。属于语文领域的国语文,主要在培养学生"听、说、读、写、作"的能力;就"读"而言,不论是讯息撷取、推论分析、诠释整合、比较评估,都与"字词"的学习息息相关。本文就小学生学习的主要来源——国语课本中之字词,以各校使用率较高的"康轩版""翰林版"与"南一版"国语教科书作为研究范围;从语言风格学之"音韵""词汇"视角,社会期望价值之"重大议题"视角,以及教育目标之"乡土情""国际观"视角,分别以例证法做探讨。除借以了解此一时空之社会文化轨迹,并期能作为改进教学及提升学生语文程度的参考。

【关键词】 音韵;随韵衍声;词汇;重大议题;乡土情;国际观

1. 前言

台湾于 2001 年推动中小学九年一贯新课程,2014 年又进一步公布十二年基本教育课程纲要,此系攸关教育长远发展之重大改革;

其中一项改变即是以"课程大纲"取代"课程标准",也就是不再把"部编本"当作统一教材,改由各校成立课程发展委员会,自行选择教科书,并发展各校不同的特色课程。

　　语文领域是课程的核心,包含了国语、乡土语与英语;在语文的学习方面,主要是培养学生"听、说、读、写、作"的能力。就"读"而言,在2011年国际阅读素养(PIRLS)评比中,台湾位居第九,尚有努力空间;居其关键的阅读历程,无论是讯息撷取、推论分析、诠释整合、比较评估,都与"字词"的学习息息相关。小学的学童识字量究竟有多少呢?依据王琼珠《一到九年级学生国字识字量发展》一文中显示,仅就小学一至六年级而言,学童平均识字量为700,1200,2100,2600,3100及3300字(2008:555);至于其学习来源则有:学校课本、课外读物、报章杂志、网络信息等。本文就其主要来源——国语课本中之字词,以各校使用率较高的"康轩版""翰林版"与"南一版"三种版本①作为研究范围。

　　国语教科书除具文学欣赏功能外,尚肩负"文以载道"的使命;至于其"学习"方式,有认知、情意和技能三个层面,此三者所欲达成之目标就是"文化素养"。所谓"文化素养",它是从生活中去表现,至少有五点内涵:一、能清晰而有效地运用语文表达个人的思想与感受。二、对文化资产与民族艺术的价值能加欣赏。三、对当前人类社会的重大问题有统观的了解。四、对其他民族或地区之文化特色懂得适度尊重。五、有圆熟的人生观与道德感。(郭为藩 1993:246—248)故本文对国语课本学习字词的析探,将从以下三个向度:语言风格学之"音韵"与"词汇"视角,社会期望价值之"重大议题"视角,以及教育

---

① 三种版本均采用2014年8月至2015年7月学年度最新版本。

目标之"乡土情"与"国际观"视角,分别以例证法彰明之。

2. 语言风格学之"音韵"与"词汇"视角

《文心雕龙·情采》认为立文之道有三:形文(词藻修饰)、声文(音律调协)、情文(内容情感)。前两者是语言风格学之所长,情文则应归之于文艺风格学(竺家宁 2008:15)。学生在学习字词时,其实亦在受作品风格之熏陶。现就语言风格学中音韵与词汇[①]的视角探讨如下:

2.1 音韵的学习

2.1.1 随韵衍声—助词"啊"字的连音变化

语言里有着"随韵衍声"的现象:前一个音节的音尾使后一个音节的音首改变它的发音,以致后音节音首跟前音节音尾发音相同或是相近。国语里的助词"啊"字,用在句子的末尾,表示惊讶或是感叹的口气,便常常受到前一个字音音尾的影响,原来的"·ㄚ"(a)就转变为"·丨ㄚ"(ia)、"·ㄨㄚ"(ua)、"·ㄋㄚ"(na)(国音学 2012:276)。在首册及一二年级的国语课本中特别强调"啊"字的连音变化。

2.1.1.1 呀(·丨ㄚ)音值[ia]

凡是接在单韵母丨、ㄩ、ㄝ或收丨的复韵母ㄞ、ㄟ之后的"啊"字,都转化为"·丨ㄚ"。例如:

(1) 多可爱呀!(康轩 1 下,页 76)

(2) 在天空里自在的飞呀飞。(翰林 2 下,页 73)

2.1.1.2 哇(·ㄨㄚ)音值是[ua]

凡是接在单韵母ㄨ跟收ㄨ的复韵母ㄠ、ㄡ之后的"啊"字,都转化

---

① 现代语言风格学包含了三个方面:音韵、词汇、句法。本文仅就音韵与词汇析探。

为以后高元音ㄨ为音首的"・ㄨㄚ"。例如：

(1) 真是幸福哇！（康轩2下，页26）

(2) 好热闹哇！（南一2上，页8）

2.1.1.3 哪（・ㄋㄚ）音值是[na]

接在收ㄋ[n]的声随韵母ㄢ、ㄣ之后的"啊"字，都转化为以舌尖鼻音ㄋ为音首的"・ㄋㄚ"。例如：

(1) 风车为什么会转哪转？（康轩1上，页35）

(2) 妹妹哭得好伤心哪！（康轩1下，页124）

2.1.2 押韵的迷思

绝句或律诗的构成要件之一即是"押韵"。长期以来台湾学生在学习诗词时，皆是以"注音符号"来标注"韵脚"，常会有"押韵"上的盲点，如杜甫《江村》："清江一曲抱村流，长夏江村事事幽。自去自来梁上燕，相亲相近水中鸥。老妻画纸为棋局，稚子敲针作钓钩。但有故人供禄米，微躯此外更何求？"押韵的字有流、幽、鸥、钩、求，押又韵（翰林6下，页25）。到了大学，除非你念的是中文系，否则多数人仍是以此"认知"来研读诗文；但若是碰到注音符号无法读出的"韵脚"，即不知所然，例如孟浩然《过故人庄》"青山郭外斜"与"还来就菊花"两句，"斜"与"花"不押韵，故必须标记"斜"古音念"ㄒㄧㄚˊ"（康轩6下，页7），于是成了押"ㄚ"韵；事实上唐诗用的是中古音，在《广韵》中"斜"与"花"皆是属于"麻"韵，故在唐代此二字是押韵的，但以注音符号学习古诗押韵时，若脱离了课本的标注，确实会造成困扰。

另苏轼《赠刘景文》："荷尽已无擎雨盖，菊残犹有傲霜枝。一年好景君须记，最是橙黄橘绿时。"在中古音"枝"属"支"韵"止"摄，"时"属"之"韵"止"摄，故"枝""时"亦是押韵的；但以注音符号学习"枝""时"二字押韵时，必须要了解在注音符号教学中几乎未学习到的"ㄭ"(空韵),否则甚难判断押韵与否。

2.1.3 容易误读的语音

学生因"发音部位"或"发音方法"的错误,往往无法发出正确的语音。常见误读的语音有:

2.1.3.1 舌尖后音ㄓ[tʂ]、ㄔ[tʂ']、ㄕ[ʂ],误读为舌尖前音ㄗ[ts]、ㄘ[ts']、ㄙ[s]。例如:"吃"饭→ㄔ[tʂ']变成ㄘ[ts']。

2.1.3.2 鼻音ㄋ[n],误读成为边音ㄌ[l]。例如:热"闹"→ㄋ[n]变成ㄌ[l]。

2.1.3.3 声随韵母ㄣ[ne]、ㄥ[əŋ]混淆。例如:乡"镇"→ㄣ[ne]变成ㄥ[əŋ]。

2.1.3.4 介音撮合呼ㄩ[y]误读为齐齿呼ㄧ[i]。例如:同"学"→ㄩ[y]发音成ㄧ[i]。

2.1.3.5 卷舌韵母儿[ɚ]误读为单韵母ㄜ[ɤ]。例如:"儿"子→儿[ɚ]发音成ㄜ[ɤ]。

其他如:台湾国语的语音把"发现"误读成"花现"等,亦时有所见。

2.2 词汇的学习

词汇的学习分"词汇运用"与"词语误用"两方面说明:

2.2.1 词汇的运用

2.2.1.1 拟声词

拟声词是模拟事物声音的一种词汇,运用拟声词可使人如闻其声,如入其境。自古至今,拟声词已频繁地出现在文学作品中,如欧阳修《秋声赋》:"童子莫对,垂头而睡。但闻四壁虫声唧唧……"其中的"唧唧"即为虫鸣声。

在一二年级的语文基本训练中,特别重视"拟声词"的学习,使用较多的有双音节、三音节、四音节结构的拟声词。例如：

（1）AA 式结构：小小火车追着风，ㄉㄨㄉㄨ！ㄉㄨㄉㄨ！过山洞。(翰林1上，页28)

（2）AABB 式结构：小鸟在林间ㄓㄓㄚㄓㄚ。(南一1下，页36)

（3）ABAB 式结构：ㄏㄨㄥㄌㄨㄥˊㄏㄨㄥˊㄌㄨㄥˊ天空突然乌云密布。(康轩2下，页58)

（4）ABCD 式结构：鞭炮声ㄆㄧㄌㄧㄆㄚㄌㄚ。(康轩1上，页62)

2.2.1.2 方言、谚语

方言分为社会方言与地域方言，本文以地域方言，即台湾闽南话为主：其书写并非采用拼音或方言字，而是用音译方式，以通俗的谐音来记录。国语课本中方言学习并不多，但却具象征意义。例如：

（1）"菜头粿"代表"好彩头"，"发粿"有着发财的意思。(康轩4下，页37)

※"粿"是闽南话"糕"的总称。

（2）这些汹涌的浪花迁漩不止，所以叫作"洄澜"，后来就以闽南话的谐音为依据，称为"花莲"。(翰林5下，页13)

（3）"手路菜"一道一道的上桌，令人一吃就忘不了。(康轩三上，页25)

※"手路菜"是闽南话"拿手菜"的意思。

所谓谚语是指一些约定俗成，广泛流于民间的口语。通常是指一些含有丰富知识、经验，有思想及教育意义的俗语。例如：

（1）良言一句三冬暖，恶语伤人六月寒。(翰林5下，页76)

（2）阿拉伯有一句俗谚："人类怕时间，时间怕金字塔。"(南一5

下,页 63)

2.2.1.3 成语、名言

成语是一个固定短语,大多由四个字组成,但也有三个字、五个字、甚至更多字的组合,它常带有历史故事及哲学意义。名言则多出自经典或诗句。如:

(1) 己所不欲,勿施于人。(翰林 3 上,页 43)语出《论语》。

(2) 鹬蚌相争。(南一 6 上,页 12)出自《战国策》。

2.2.1.4 外来语

由于国际化的影响,会引进许多外来的事物,故外来语的使用已越来越普遍。国语课本中采自英文的外来语,可以分为下列三类:

(1) 从读音翻译过来。如:

披萨(pizza)、起司(cheese)、巴士(bus)、可乐(cola)、巧克力(chocolate)、血拚(shopping)。(康轩 6 下,页 48)

(2) 根据外国语词的原意来翻译,如:

热狗(hot-dog)、软件(software)、超级市场(supermarket)。(南一 4 上,页 69)

(3) 除了译音之外,尚加入意义的连结。如:

卡片(card)、作秀(show)。(翰林 5 下,页 108)

2.2.2 词语的误用

小学学童在学习词语时,易犯不明词义、词性混淆、不合逻辑、语意矛盾、词语不适切等疏失。

2.2.2.1 不明词义。如:

冬至:冬至冬至冬至,跳针跳针跳针,叫我姊姊。(此为台湾电音歌手谢金燕的歌曲《姊姊》中的歌词。原歌词"咚吱咚吱咚吱……"是跳针的拟声词,与代表节气的"冬至"相去甚远)

2.2.2.2 词性混淆。如：

难过：我家门前有条水沟很难过。

2.2.2.3 不合逻辑。如：

又……又……：我的妈妈又高又矮又胖又瘦。（妈妈岂不成了变形金刚？）

2.2.2.4 语意矛盾。如：

三三两两：菜市场热闹非凡，只有几位摊贩和三三两两的行人。（"热闹非凡"与"三三两两"语意矛盾）

2.2.2.5 词语不适切。如：

在学习围棋之后，我改变了粗心大意的缺点。（"改变"是指"更改、变动"；而"改善"除了"更改、变动"外，还有"使其变好"之意，故更适用于此句）（翰林4下，页37）

2.2.2.6 生活常识贫乏。如：

喜欢：我最喜欢吃生鱼片，可惜鱼肉里面有很多刺。（生鱼片是没有刺的）

"涵泳功夫兴味长"，正确的语音学习与词汇运用，是语文造诣的表征，也是我们珍贵的文化资产。在学生学习字词的过程中，如何避免错误的学习，教师与家长皆应树立良好典范。

3. 社会期望价值之"重大议题"视角

九年一贯课程，将以往的"学科"改为"七大学习领域"（十二年基本教育增为"九大学习领域"），并就社会关注的焦点，设立七大议题：信息教育、环境教育、性别平等教育、人权教育、生涯教育、家政教育与海洋教育，反映出当前政治、文化与历史的意义。其中海洋教育一般以为应以乡土教育表述较合适，本文将其置入"乡土情"视角来探讨;信息教育除信息素养外,其知识内涵偏向功能性,多融于各领域教学中实施;人权教育与两性教育因部分观点歧异,有重叠及冲突之处[1],故本文将其重要精神——"尊重",并入"品德教育"中呈现;另就其较不具争议性的议题:知识论层面最为充分的"环境教育",社会生活价值性高的"生涯教育"与"家政教育"四项,分析如下。

3.1 环境教育

环境教育是当前最具危机意识的议题,其学习内容有环境知识概念,环境觉知与敏感度,环境伦理价值观及环境行动技能、经验等。例如:

(1) 台湾的山椒鱼原本就不多,近年来森林又受到人类的破坏,再加上全球暖化,牠们能够居住的地方也越来越少,眼看快要消失了。(康轩3下,页84)

(2) 做好资源回收的分类,使用再生产品,少用塑料产品。(翰林5上,页22)

3.2 生涯教育

生涯发展教育包括自我觉察、生涯觉察与生涯规划。除了培养自我应负的责任及正确的工作态度,尚须学习时间管理及如何解决问题。例如:

(1) 充分掌握并善用时间的人,不但可以如期达成工作目标,还可以有多余的时间安排运动与休闲生活,使生命更充实,更有意义,成为时间真正的主人。(康轩5下,页19)

(2) 我在寒假参加"小小记者研习营",心情既兴奋又紧张。希

---

[1] 中小学九年一贯课程纲要中列述"人权教育"的基本理念:"不论其种族、性别、社会阶级皆应享有的权利。"已包含"性别平等"之意。而人权价值常会与其他价值相冲突,如学生的人身自由与校园安全维护的利益如何调和等。

望在三天的课程中,学会当个会采访、会写稿、知道摄影技巧,还会编辑报纸的新闻人。(南一4上,页74)

3.3 家政教育

家政教育关心日常生活问题的解决,使得生活各领域不同层次的需求获得满足;学生必须学习基本生活知能、体验实际生活、增进生活情趣,所以它也是一种生活教育。小学学童学习有关家政教育的词语有:

(1) 我先用草莓果酱,在吐司上涂一个大大的爱心,这是妈妈的最爱,再拿吐司和起司,做出四四方方的小城堡,这是爸爸的早餐。(康轩2上,页17)

(2) 你是不计划、不讲条理的,你所靠的是"忽然想起";你是不准备、不安排的,你喜欢"到时候再说"。因为你全靠"忽然想起",所以一想起就紧张;你全靠"到时候再说",因此到了时候常常已来不及了。(康轩5下,页14)

3.4 品德教育

品德教育具有普世价值。自爱爱人、自尊尊人是社会和谐之钥,亦是教育关键之所,教导学生懂得感恩,帮助别人,并且容忍别人可以跟我不一样;词语的学习深具潜移默化效果。

(1) 孩子!当我们晚餐的盘中,有着鲜嫩的凉拌黄瓜时,请别忘记:谢谢种黄瓜的人,谢谢土地,谢谢篱墙,谢谢蜜蜂,谢谢牺牲自己、至死不懈的须蔓,也谢谢那棵曾被压弯的小树吧!(康轩5下,页97)

(2) 对她而言,我是她的贵人,但她何尝不是我的贵人呢?我想,世人多专注于钱财的追逐,但堆积起来的金钱并不是富有,有施有舍的才是真正的财富啊!(翰林5上,页97)

(3) 小学生也可以做公益,像是捡拾垃圾、作好垃圾分类、捐出

发票、救助弱势团体……只要是帮助人,对人有益的事,都是做公益。(南一5上,页77)

(4) 吴季刚从小就是个特别的孩子,爱玩洋娃娃,也爱看婚纱,从五岁开始,就对新娘礼服百看不厌,他会细细地看,并且画下礼服的样子。他喜欢玩洋娃娃,妈妈带着他到处去买,结账时店员常惊讶地说:"怎么是小男生要买的呀?"(南一4下,页131)

"文质彬彬,然后君子",透过环境教育、生涯教育、家政教育及品德教育的熏陶,期能造就气质优雅、幸福而有用的好国民。

4. 教育目标之"乡土情"与"国际观"视角

课程改革的目标在培养民众具有"乡土情"与"国际观"。"乡土情"是基础,是教育的"起点"(Starting point);"国际观"则要具备"全球化"的视野,是教育的完成阶段。它是由近及远,兼容并蓄的。

4.1 乡土情

台湾是我们安身立命的所在。认识台湾的风土民情,发扬传统美德,培养携手合作的社会团契感,是学生学习的重点。兹就山川、城镇、景物与文化来看学习的字词。

4.1.1 山川

(1) 红红的夕阳,照在淡水河上。(康轩3上,页71)

(2) 玉山之美——我们眺望高耸的峰顶,呼吸着沁凉的空气。(翰林5下,页7)

4.1.2 城镇

(1) 这座壮观的"光之穹顶"是聘请意大利水仙大师特别为高雄设计的,是世界最大的玻璃艺术呢!(康轩3下,页38)

(2) 我们从地名中,也可以发现祖先辛勤耕耘的痕迹。例如:台南有新营、柳营、下营等地名,是依据陈永华的规划,以军民屯田时的聚落来命名,"营"指的就是屯兵的所在。(翰林5下,页15)

4.1.3 景物

(1)一〇一多节式的摩天大楼,已成为台湾的新地标。它不仅展现了文化的特色,也提升台湾在国际间的知名度,更成为发展国际金融的据点。(翰林5下,页28)

(2)台湾栾树一直是个艺术家,展现四季不同的风采。(南一4上,页9)

4.1.4 文化

(1)居住在马太鞍湿地的阿美族人,有一种特别的捕鱼方式。他们不用到处找鱼,而是打造一个适合鱼生长的屋,让鱼自己住进来,用阿美族的话来说,就叫作"巴拉告"。(康轩3上,页54)

※原住民文化:今日台湾的原住民,已由早期的九族,重新认定为十六族[①]。对这些台湾的原住民,我们应排除汉族的霸凌文化,对他们有更多的了解、尊重与关怀。

(2)每次回去,阿公都会把茶叶、花生和芝麻放在大碗里研磨,用开水冲泡给我们喝。淡淡的茶香里散发出浓浓的花生芝麻味,这就是客家有名的擂茶,现在用来招待客人。(翰林3上,页112)

※客家文化:台湾的客家文化源自中原汉人南迁时所保留的唐宋时期的河洛文化和中原文化,并融合了原生在广东地区的岭南文化。其文化特色即为节俭、保守与稳重。

---

① 台湾原住民计有:泰雅族、赛夏族、布农族、邹族、邵族、排湾族、鲁凯族、卑南族、阿美族、雅美族、噶玛兰族及太鲁阁族、撒奇莱雅族、赛德克族、拉阿鲁哇族、卡那卡那富族十六大族。

（3）一路走来，由于杨丽花的坚持和努力，因而造就了她"歌仔戏第一小生"的崇高地位。（翰林6上，页15）

※歌仔戏：歌仔戏是台湾民间最兴盛的传统戏曲之一，是常民文化的代表。它掺杂了古典诗词、文言文及闽南话，演出内容多半是忠孝节义的故事。2009年颁订为台湾文化资产的重要传统艺术。

4.2 国际观

"态度决定高度，而知识决定视野。"历史上进步的国家是不会故步自封的，人民必须具备最基本的国际知识及国际关怀，进而能掌握世界脉动。一般人以为学会了外语，即具备了国际观，其实"外语"并不等同于"国际观"，它只是一项有利的工具，还要能了解其他国家的风土人情，对国际文化有认知，以及对国际局势有敏感度。现在人们越来越倾向于用"全球化"（globalization），而非国际化（internationalization），因为全球化比国际化有更宽广的关照面。国语课本配合当地全球化的脚步，在字词的学习上着墨甚多。如：

4.2.1 新住民文化

台湾随着各国新住民人数的不断增加，人口结构也逐渐产生变化。有关新住民子女的教育问题，成了学校教育的新兴议题；所衍生的"多元文化教育"，就是让所有学生认识不同的文化内涵及特色，以营造友善、包容、尊重的环境与社会氛围。举例如下：

（1）妈妈说："我的家乡（越南）到处是湖泊、池塘和水田，农民在空闲时，会以水上木偶戏作为娱乐，内容大多以农村生活、历史故事或神话传说为主，让人百看不厌。"（康轩2上，页128—129）

（2）我们的国家（泰国）还有另一个名字——"白象之国"，大象是我们最好的朋友，不但供人乘骑，还为我们搬运重物，有的时候还会表演跳舞或画画呢！（康轩4下，页54—55）

4.2.2 国家特色

（1）在饮食习惯方面，美国人讲究时间和效率，所以常吃热狗、汉堡和甜甜圈等快餐；法国人爱吃奶酪，所产的奶酪种类就超过五百种；韩国人则是三餐都离不开泡菜。（南一5下，页96）

（2）漫步在京都的街头巷尾，我随时都能感受到日本人对樱花的热爱。（翰林5下，页46）

4.2.3 杰出人物

（1）马可·波罗在中国生活了近二十年。他回到故乡后，口述在东方的经历，请他人撰写成《马可·波罗游记》。这本书介绍了中国和中亚的情况，打开了欧洲人的视野。（康轩6上，页35）

（2）珍·古德对黑猩猩所付出的关爱，让她得到各国人民的敬重。（南一3下，页40）

"士不可以不弘毅，任重而道远"，培养学生民胞物与的情怀及对世界宇宙的宏观视野，在字词的学习上应有更多元、更具感动力的思维。

5. 结语

探讨字词的学习，得以了解此一时空的社会文化轨迹。正确的字词学习，不但是一种知识，一种能力，也是一种素养；台湾的语文教育一直在努力提升中，有令人引以为傲的成果。学习语文的目的重在培养学生的表达力与鉴赏力，一个有文化素养的人，说起话来出口成章，用字遣词典雅不俗，懂得欣赏、品味与创造美的事物，这样的社会才能和乐安详。观之国语课本中美感教育的学习似显不足；且意识形态置入严重，所幸并无损于字词的学习；反而是授课时数缩减，生字量变少，阅读量不足，影响了学生的语文程度，这是我们应关注的课题。

参考文献

[1] 郭为藩.人文主义的教育信念[C].台北:五南图书出版公司,1993.
[2] 国音学[M].台北:正中书局股份有限公司,2012.
[3] 王琼珠.一到九年级学生国字识字量发展[J].台湾师范大学教育心理学报,2008.39(4).
[4] 竺家宁.语言风格与文学韵律[C].台北:五南图书出版社股份有限公司,2008.

浅谈两岸汉英语码转换的特点及发展趋势[*]

尤 远

（南京大学文学院）

【摘要】 语码转换是指在某一话语内出现两种不同语码交替使用的情况。大陆和台湾地区均存在汉英语码转换现象。本文主要对《扬子晚报》《联合报》以及网络用语进行了考察，将汉英语码转换划分为了八大类，着重描写了大陆及台湾地区在使用上的异同。本文指出台湾地区喜欢改造英语词、创造具有较强构词能力的新型汉语音译词，而大陆地区则更喜欢将某些汉语词语英语(拉丁)化。此外，本文对有无标记语码转换的书写符号互转现象也进行了一定程度的探索。

【关键词】 汉英语码转换；大陆；台湾；标记；书写符号互转

1. 引言

语言接触必然带来语言变化。作为"世界语"的英语已逐步渗透

---

[*] 本文的研究是2012年度国家社科基金重大项目"新时期语言文字规范化问题研究"（项目编号：12&ZD173）、2013年度国家语委重点项目"海峡两岸（含港澳台）语文现状和发展趋势比较研究"（项目号：ZDI125-20）的一部分。本文写作过程中得到我的导师沈阳教授的具体指导以及课题组成员的帮助，特此致谢。

到中国民众的日常生活中来,像"MVP、Top10、单身ing、High翻"等类型的汉英语码转换频繁见诸两岸的报纸杂志。本文以收集到的语料为基础,谈谈两岸汉英语码转换的特点及发展趋势。

人们用于交际的语言、言语、方言、俚语等都可称之为语码。语码转换是指在某一话语内(包括词、短语、小句和句子等层面)出现两种不同语码交替使用的情况。(姚明发 2007:149)它既包含句间转换(inter-sentential switching)又包含句内转换(intra-sentential switching)。本文考察的主要是报纸新闻这类书面语篇中出现的汉语语码与英语字母、单词、短语或句子等交替使用的汉英语码转换现象。因此,字母词以及一部分包含有汉英语码转换的新词新语均在研究范围之中。外来词"是指在词义与外族语中某词有源流关系或相关关系的前提下,语音形式上全部或部分借自相对应的外族语词、并在不同程度上汉化了的汉语词"。(史有为 2013:8)从这一狭义角度来定义的外来词即为我们常说的音译词。严格地讲像"德谟克拉西"(democracy)、"盘尼西林"(penicillin)这类词汇还不是借词,可以把它们归类为语码转换,因为它们在语音上没有被同化。(赵一农 2012:44)同在汉语中直接使用外语词的语码转换相比,音译词这种类型的语码转换只是用汉字而非外文字母来记录外语词的读音。本文把新型汉语音译词也纳入到汉英语码转换的研究范围中,试图通过语码转换概念,模糊对字母词、外语词及音译词的区分。本文要讨论的是不同程度不同方式的汉英语码转换。

2. 汉英语码转换类型

本文主要对2014年上半年《扬子晚报》和《联合报》标题中出现的汉英语码转换现象进行了收集,同时为了更全面地反映该语言现象,也会适当地引用网络中的语料。通过整理与归纳,我们得到八大类型。

汉英语码转换八大类型

类别	具体类型
1 类	以完整英语句子或短语形式出现在汉语中
2 类	以个别英语单词形式出现在汉语中
3 类	以英语单词缩略或改写形式出现在汉语中
4 类	传统意义上的字母词
5 类	英语的某种语法形式出现在汉语中
6 类	英语单词与汉语组合成新词语
7 类	新型汉语音译词
8 类	固有汉语词汇英语(拉丁)化

2.1 以完整英语句子或短语形式出现在汉语中

1 类汉英语码转换又可分为 4 个小类,分别是全句为英语句子或短语、英语句子或短语与汉语相结合、英语在句中起解释说明的作用和汉语在句中起解释说明的作用。如:

(1) a. The "Black Friday" story(《扬子晚报》2014 年 1 月 4 日)

b. 日客来台 long stay,发感谢传单(《联合报》2014 年 3 月 3 日)

c. 第 15 届中食展(SIAL China 2014)将于沪上举行(《扬子晚报》2014 年 4 月 25 日)

d. The best time to exercise 最佳锻炼时间(《扬子晚报》2014 年 6 月 3 日)

2.2 以个别英语单词形式出现在汉语中

像名词、动词、形容词、副词、连词、感叹词和代词等词性的英语单词均能与汉语语码共同出现在书面语篇中。如：

(2) a. 严父教子 管制玩 GAME 时间（《联合报》2014 年 1 月 27 日）

b. 亲爱的朋友 别再 tag 我……做好隐私设定 不怕动向曝光（《联合报》2014 年 3 月 17 日）

c. 来 1912，玩转南京最 Young 的足球游戏（《扬子晚报》2014 年 6 月 13 日）

d. 里约大冒险 2 痞子鸟唱饶舌 音乐性 UP（《联合报》2014 年 3 月 30 日）

2.3 以英语单词缩略或改写形式出现在汉语中

该类型的汉英语码转换在台湾地区表现突出，"feel"（感觉）的改写形式"fu"，"post"（张贴）的缩略形式"po"以及"cute"（可爱）的改写形式"Q"使用得较为普遍。

关于"Fu"的用法如下：

(3) a. 政府行销 有 Fu 才动人（《联合报》2014 年 3 月 1 日）

b. 体验圆球跳港 有海水净身 fu（《联合报》2014 年 2 月 9 日）

c. 贾西亚指叉球 有蝴蝶球 Fu（《联合报》2014 年 4 月 26 日）

d. 英文地图布置 教室有国外 fu（《联合报》2014 年 4 月 21 日）

"Fu"是"feel"的改写形式，取它的名词"感觉"义。"Fu"除了直接用于"有 Fu、没 Fu"这类判断结构中，还能前加修饰语组成"XX＋Fu"，如"高贵 fu""诚品 fu"等。再来看看"PO"的用法：

(4) a. 露琵塔 PO 自拍合照紧贴杰瑞李托（《联合报》2014 年 3 月 12 日）

b. 儿持酒 PO 网 娜姐挨轰（《联合报》2014 年 1 月 7 日）

c. 澳洲前锋 PO 饭店有蜘蛛 眉批"今晚别睡了"地主国光火（《联合报》2014 年 6 月 12 日）

d. 拖行 300 米 被 PO 上网 粗心妇开车拖狗 恐遭罚（《联合报》2014 年 4 月 4 日）

对这类用法进行语义分析后发现"PO"除了用于"PO 文、PO 照、PO 图"这类"PO＋受事"的句法结构外，还可用于"PO＋处所"，如"PO 网"即为"PO 到网上"，且这个用法逐渐固定。此外，"PO"还可用于被动句式"被 PO"中。

最后，再来看看"Q"的用法：

（5）a. 六福村"兄弟"妈咪背当溜滑梯 爱舔爱爬爱翻滚 Q 到破表（《联合报》2014 年 1 月 30 日）

b. 嫌脸丑 取绰号"我跟猫熊一样 Q"（《联合报》2014 年 5 月 3 日）

c. 迎城隍 杨肃伟 Q 版公仔吸睛（《联合报》2014 年 4 月 3 日）

d. 愈热愈卖 超商凉面拼 Q 弹（《联合报》2014 年 6 月 17 日）

前三例的"Q"都表示"可爱"的意思，而当"Q"用来形容面食时，则表示有韧度、有"嚼头"的意思，如（5d）所示。此外，像"互 fo、can 掉"等在台湾年轻人当中也使用得较多。"互 fo"表示"互相关注"，"fo"为"follow"的缩略；而"can 掉"表示"取消掉"的意思，"can"为"cancel"的缩略。大陆地区也开始逐渐使用"以英语单词缩略或改写形式出现在汉语中"这类汉英语码转换，但这类型在网络新闻以及自媒体当中使用较多，如：

（6）a. 杨幂爸爸公开征集 BB 名字（《扬子晚报》2014 年 1 月 21 日）

b. 就是这个 fu，倍儿爽！（新浪微博）

c. 张馨予微博 PO 爆笑舞蹈 女神一秒变女神经（腾讯娱乐）

d. Q 萌手游大作《魔力宝贝》特色 PVP 玩法一览（996 游戏）

由此可见，像报纸杂志这类传统媒介，其接受新兴汉英语码转换的速度远没有网络媒体快。

2.4 传统意义上的字母词

按字母词是否纯粹，可将其大致划分为三个大类：纯字母词、带数字的字母词以及带汉字的字母词。如：

(7) a. 智慧新百 APP 今天上线（《扬子晚报》2014 年 3 月 28 日）

b. 苏宁引领年货购买新趋势 O2O 购年货成潮流（《扬子晚报》2014 年 1 月 10 日）

c. 刘雪华唱歌变了调 3C 不敢碰（《联合报》2014 年 1 月 3 日）

d. 肺癌诊断不能只靠 X 光（《联合报》2014 年 1 月 8 日）

2.5 英语的某种语法形式出现在汉语中

(8) a. 刚需置业梦想铸造者——翠屏城火爆认筹 ING（《扬子晚报》2014 年 3 月 21 日）

b. 台湾巨炮 交棒 ing（《联合报》2014 年 5 月 4 日）

c. 女友太黏？哈利王子单身 ing（《联合报》2014 年 5 月 1 日）

d. 孟子恋 ing 孟耿如认了（《联合报》2014 年 3 月 8 日）

如上例(8)所示，近年来，"-ing" 这一表示现在进行时的英语语法形式常与汉语词语相结合组合成 "XX＋ing" 结构，"XX" 除了是动词性短语 VP 外，如(8a/b/c)，还可以是 NP，如(8d)。

此外，在英语中指人名词后缀 "-er" 在网络生活中也经常使用，如 "北京大学 er、牛年最牛 er" 等；前缀 "ex-"（前-）的使用也较多，如 "ex 男朋友、ex 老板" 等。但这些用法还没有像 "-ing" 使用得那么广泛,因此在报刊上较为少见。

2.6 英语单词与汉语组合成新词语

近年来,像"high 翻"这类"英语单词＋汉语"的新词和"台湾 style"这类"汉语＋英语单词"的新词逐渐进入民众视野。这些词汇有的源于综艺节目;有的来自于流行歌曲;有的最先在网络上走红,之后逐渐流行开来。这类形式的新组合数量不多,但构词能力较强,大陆和港台地区都经常使用。从收集的语料来看,主要有"high 翻、hold 住/不住、XX＋style"这些形式。如:

（9）a. 励志儿童剧《丑小鸭》邀小朋友 high 翻六一（《扬子晚报》2014 年 5 月 21 日）

b.《花样 2》让孩子 hold 不住（《扬子晚报》2014 年 5 月 26 日）

c. 每天 30 分钟 HOLD 住线条美（《联合报》2014 年 4 月 20 日）

d. 赵又廷、彭于晏、张孝全 台湾 Style 吃香（《联合报》2014 年 2 月 17 日）

2.7 新型汉语音译词

"新型汉语音译词"是指汉语中原有表示相同或相似意思的汉语词汇,但汉语又从英语中以借音的方式借入而产生的新词。比如"嗨""夯""趴"和"咖"相应的原汉语形式表达分别为"热闹、兴奋""火、红、流行""派对、聚会"和"级别、等级"。但台湾却根据英语的相应单词通过音译或音译缩略的方式创造了一系列新词语。这类新词自产生后就具有极强的构词(组)能力,使用范围也逐渐扩大,有些词甚至已取代了原有词语,使用频率非常高。虽由于历史原因,两岸的汉语音译词在选词用字方面呈现出不同特点,但随着近年来海峡两岸和香港、澳门经贸文化往来的增多,语言交流也势必增加。在新时期,两岸的汉语音译词既互相影响又呈现出各自的地方特色。先来看台湾地区的新型汉语音译词。

(10) 嗨/嗨翻

a. 陈芳语唱到嗨 加码侧翻秀(《联合报》2014年1月5日)

b. 鲁尼终于破蛋 只嗨十分钟(《联合报》2014年6月21日)

c. 道具熊 超大安全帽 谢金燕嗨翻台北(《联合报》2014年1月1日)

d. 五月天重返春浪 邀flumpool嗨翻垦丁(《联合报》2014年1月23日)

"嗨"在词典中有三种解释：①表示伤感、惋惜、惊讶的语气。②表示亲切的招呼语。为英语hi的音译。③形容呼喝声。如："嗨唷"①。上述例子中的"嗨"都是"high"的音译。在传统媒体和新兴网络媒体中，"high"与"嗨""high翻"与"嗨翻"均在使用。

(11) 夯

a. 美消费性电子展 穿戴科技最夯(《联合报》2014年1月8日)

b. 周董配乐相挺 黄俊郎新书夯卖(《联合报》2014年2月13日)

c. 上网逛菜市 小红龟粿夯到加拿大(《联合报》2014年6月25日)

d. 五月天夯曲 编进王国(《联合报》2014年3月18日)

"夯"做名词是指"用来敲打地基,使其结实的工具"，做动词主要

---

① "嗨"的传统释义来自台湾的《重编国语辞典修订本(网络版)》。http://dict.revised2.moe.edu.tw/cgi-bin/newDict/dict.sh? cond=%B6%D9&pieceLen=50&fld=1&cat=&ukey=2035908656&serial=5&recNo=0&op=f&imgFont=1。

有三个含义:①胀满、鼓胀。②北方方言。指用力以肩扛物。③用夯砸地①。而新兴汉语音译词"夯"的含义与原义无关,而是"夯"的闽南话读音与英语单词"hot"的读音非常相似,因此用"夯"来音译"hot",负载了"hot"的词义。

(12) 趴

a. 邓养天唱进贵妇趴惹哭一堆人(《联合报》2014年1月17日)

b. 72 坪 IKEA 的家 免费入住开趴(《联合报》2014年4月23日)

c. 留意新课网 时事会算十八趴(《联合报》2014年1月2日)

d. 五月天劳碌命 健检全 ALL 趴(《联合报》2013年1月6日)

汉字"趴"的传统意义主要有两个:①身体向下倒伏。②身体向前弯曲靠在物体上②。新型汉语音译词"趴"主要有三个含义:一是表示派对义,为英语单词"party"的缩略音译,如(12a/b);二是表示百分比,是英语单词"percent"的缩略音译,如(12c);三是表示"通过",是英语单词"pass"的缩略音译,如(12d)。

(13) 咖("网咖"义除外,指"网吧")

a. 肉咖遇上 A 咖 人生即将翻转?(《联合报》2014年3月18日)

b. 小虫领军 NBA 怪咖北韩祝寿(《联合报》2014年1月8日)

c. 身缠金钟魔咒 朱芯仪变通告咖(《联合报》2014年5月9日)

d. 美抓肥咖 明起银行账户须自清(《联合报》2014年6月30日)

---

① "夯"的传统释义来自台湾的《重编国语辞典修订本(网络版)》。http://dict.revised2.moe.edu.tw/cgi-bin/newDict/dict.sh? cond = ％C9q&pieceLen = 50&fld = 1&cat = &ukey = 2035908656&serial = 1&recNo = 2&op = f&imgFont = 1。

② "趴"的传统释义来源同注①。

"咖"为译音用字。如:"咖啡""咖哩"①。而新型音译词"咖"为英语单词"class"的缩略音译词,"XX＋咖"目前在台湾地区广泛使用,造词能力极强。"XX"既可以是标示等级的英文字母"A、B、C"这类;也可以是形容词,如"新咖、怪咖、逊咖"等;也可以是名词,如"综艺咖、通告咖"等;还可以是动词,如"玩咖";甚至可以是字母词的汉语音译,如"肥咖"。"肥咖"是字母词"FATCA"(Foreign Account Tax Compliance Act,指《美国外国账户税收遵从法案》)的音译。

反观大陆地区这一类型的使用情况,我们发现《扬子晚报》只出现了"嗨""嗨翻"这一组相对来说出现时间较早的词语,而其他像"夯、趴、咖"这类后出现的新型汉语音译词则多见于网络自媒体中,如:

(14) a. 2015世界健身趋势报告 自重训练夯爆全球(新浪微博)

b. 这个东西很夯哎!(新浪微博)

c. 要赶两场生日趴好忙(新浪微博)

d. 真受不了你们这些文艺咖(新浪微博)

"夯、趴、咖"在大陆地区的使用频率和范围还远不及台湾。而根据笔者观察,大陆网络生活中也出现了用自造的新型汉语音译词来取代原有词汇的现象,这类词多出现在微博、人人网等自媒体中,如"屁屁踢"(PPT,意为"幻灯片")、"普兰"(plan,意为"计划")、"爱豆"(idol,意为"偶像")和"图样图森破"(too young too simple,意为"太年轻,很傻很天真")等。从这类新用法可知,英语在大陆的普及程度

---

① "咖"的传统释义来自台湾的《重编国语辞典修订本(网络版)》。http://dict.revised2. moe. edu. tw/cgi-bin/newDict/dict. sh? cond =％ A9％ 40&pieceLen = 50&fld=1&cat=&ukey=2035908656&serial=3&recNo=2&op=f&imgFont =1。

较高,且民众乐于接受这类新型音译词来代替相关汉语表达。这类汉英语码转换现象目前仅在网络中流行,使用范围能否扩大还有待观察。

2.8 固有汉语词汇英语(拉丁)化

最近在大陆地区非常流行的"no zuo no die"意为"不作不死"。这类词和"people mountain people sea"(人山人海)、"day day up"(天天向上)相同,属于中式英语。据统计,英语的新兴词汇中很大一部分就来源于中式英语,如已被英语社会接受的问候语"long time no see"就是汉语"好久不见"的硬译。

汉语词汇英语(拉丁)化的使用多是出于某种语用功能。具体如下例所示:

(15) a. 小 P 孩求学记(《扬子晚报》2014 年 3 月 25 日)

b. 乐龄 4 路线 银发族 Fun 心玩(《联合报》2014 年 1 月 11 日)

c. "i 要辣油"首次试吃 玩的就是饕餮范儿(《扬子晚报》2014 年 3 月 30 日)

d. 美丽说达人女星推荐 陈德容代言 奇亚米子市场夯 你今天 Chia 了吗?(《联合报》2014 年 5 月 2 日)

(15a)中的"小 P 孩"意为"小屁孩"。英文字母"P"的发音与汉字"屁"的发音相同,使用"小 P 孩"给人一种幽默、新鲜、简洁的感觉。(15b)中的"Fun"意为"娱乐、乐趣",与汉字"放"的读音相似,"Fun 心玩"具有双关的效果。"阿要辣油"是南京话,意为"要不要辣油",多为餐馆服务员问顾客是否需要在所点食物中放辣油。而英语中的"i"意为"我",是行为主体,"阿要辣油"在(15c)中变为读音相近的"i 要辣油"不仅保存了方言特色,还暗含了"我"要试吃的活动主题。(15d)中的"Chia"是台湾华语罗马拼音,是闽南话"吃"的意思。

此外,"Chia Seed"表示"奇亚米子",使用"Chia"达到"双关"效果。

除了上述例子,最近在大陆的自媒体当中出现了"XX+die"和"XX+cry"这样的新用法。如"笑 die、美 die、蠢 die",其对应的汉语表达分别为"笑死、美死、蠢死",而"笑 cry、萌 cry、虐 cry"则分别对应"笑哭、萌哭、虐哭"。"die"和"cry"均是形容状态达到了某种程度,相比于汉语固有语素"死"和"哭",这类"汉语词汇英语(拉丁)化"的新用法具有标新立异的语用效果。具体例子如下:

(16) a. 超强的控场能力,反应能力,语言组织能力!涵哥,真牛 cry!(新浪微博)

b. 你可不可以不要这么帅啊,帅 cry 的节奏啊(新浪微博)

c. 我微博被你的赞吓 die 了(新浪微博)

d. 侧脸简直苏 die(新浪微博)

3. 两岸汉英语码转换对比分析

从收集到的语料可看出,八大类型的汉英语码转换在两岸均有出现,且第 4 类"传统意义上的字母词"所占比重最大。其他类型的比例相对较小,且所占的具体比重也不尽相同。

第 3 类"以英语单词缩略或改写形式出现在汉语中"和第 7 类"新型汉语音译词"体现出了很强的台湾特色。"XX+Fu""XX+趴""XX+咖"等已形成了词族,具有极强的构词能力。而像"夯"这类新型汉语音译词,深得台湾民众的喜爱。而大陆地区在第 8 类"固有汉语词汇英语(拉丁)化"上表现出了自己的特色。以"XX+die""XX+cry"结构为代表的新词族在自媒体中具有很强的生命力。此外,大陆地区具有极强的包容性。近年来,大陆深受台湾影视文化的影响,吸收借鉴了台湾地区很多新兴表达。可见,两岸语言具有相互交流、相互融合,同时又各具特色的发展趋势。

4. 汉英语码转换的有无标记

标记理论原是结构主义语言学中的一个概念,美国语言学家Myers-Scotton 把它应用到了语码转换中来。能被社会准则预测到的选择为无标记,社会准则所预测不到的选择是有标记。(赵一农 2012:228)而判断语言的有无标记通常是根据频率假设(frequency hypothesis)来的。一个语言变体、结构形式或话语形式的出现频率高于其他语言变体和话语形式,那么它就是无标记选择(unmarked choice)。(赵一农 2012:231)此后 Myers-Scotton 又发展出理性选择模式理论(Rational Choice Models)。每一个说话者/写作者都是精通"算计"之道的,当说话者/写作者有意采取有标记选择时,这种提高成本的做法必然会带来"言外之意"。

汉英语码转换也存在有无标记。无标记汉英语码转换多是为了填补字词的空缺或是出于经济原则,如 4G、3D、APP 等字母词。有标记汉英语码转换多是说话者/写作者为了附加某种语用功能而采用的,如表达委婉、增强语言表现力以及加强说话人某种情感等。本文归纳出的八大汉英语码转换,除了"传统意义上的字母词"这一类外,其余都可归入到有标记语码转换中来。

5. 有无标记语码转换间的书写符号互转现象

所谓书写符号互转,一方面指原本用英文来书写的语码在使用过程中转变为了汉字,且形成了一定的使用规模;另一方面又指原本是用汉字书写的固有词汇却出现了用英文书写的新变体,而且还可能再次转化为用其他汉字书写的新词。

下面通过具体实例来谈谈这类现象。

5.1 "XX+ing"与"XX+进行时";"high"与"嗨"

"XX+ing"已有了汉化的趋势,正朝着"XX+进行时"转变。"XX+进行时"现在在网络上已使用得较为频繁。虽在 2014 年上半年尚未收集到相关语料,但笔者发现这类用法其实已被传统报刊媒体所采用,举例如下:

(17) a. 麒麟新城,全新宜居板块崛起进行时(《扬子晚报》2014 年 7 月 18 日)

b. 扬子大学生记者招新进行时(《扬子晚报》2012 年 12 月 12 日)

如果是用传统汉语来表达相同的意思,那么(17a)和(17b)应分别使用"正在崛起""正在招新"这类短语。可见,例句中的"崛起进行时""招新进行时"当为"崛起 ing""招新 ing"的汉化。原本是"XX+ing"的有标记汉英语码转换出现了用汉字书写的新变体。

此外,"high"可表示"受周遭热烈氛围的影响或食用酒精饮料等带来的兴奋与快乐"。"high"既可以单独使用,又可以与"翻""爆"这类汉语语素搭配后,组成新词语再使用。在汉语言语社区,用汉字"嗨"来代替"high"的情况也很常见。

"XX+进行时"以及"嗨"的出现都可以看作有标记语码转换用汉字书写符号来代替原有英文书写符号的现象。

5.2 PARTY 在海峡两岸和香港、澳门的演变

PARTY 可表示"中小型的社交或娱乐性的聚会"这一概念[①],汉语沪方言最初用"派对"将其音译过来,而后"派对"作为西方舶来品

---

① 释义参看《现代汉语词典》(第 6 版)。

为汉语母语者所熟知。如今在海峡两岸和香港、澳门 PARTY 已发展到"party、P、趴地、趴体、怕踢、趴"等多种表达方式共存的局面(尤远 2015)。"派对"转为直接用英文单词"party"或者拉丁字母"P"来表示,属于原本是用汉字书写的无标记语码转换变为使用英文字母书写的有标记语码转换现象。而"趴体、趴"则应是在新兴用法"party"的基础上,再次用新的汉字来记音的新变体,这一变化是用英文字母书写的有标记语码转换变为了用汉字书写的新变体。台湾地区使用"XX+趴"这类新兴词族较多,而大陆除了受台湾影响外,自创的"趴体、怕踢"等也在网络中使用。

关于 PARTY 的一些新兴用法,可参看以下例句:

(18) a. 明天周六有毛毛虫庆生化妆 party(《联合报》2014 年 3 月 28 日)

b. 梅开二度取嫩妻 江中博婚宴如名嘴趴(《联合报》2014 年 1 月 12 日)

c. 一年一度的整人狂欢大趴体愚人节来啦,整蛊达人们都准备好了吗?(新浪微博)

d. 记一次疯狂的生日怕踢……(新浪微博)

5.3 "火""红""热"与"hot""夯"

汉语中的"火""红""热"在做形容词时,常表示"兴隆""受欢迎""气氛浓烈"和"吸引很多人的"这类含义[①]。这类汉语固有词汇在汉语言语社区中是无标记的。但两岸却发展出了相应的有标记语码转换。通过观察发现,"hot"和"夯"常在网络媒体和报纸杂志中代替"火""红""热"。

---

① 参看《现代汉语词典》(第 6 版)对"火""红""热"的释义。

(19) a. 小伙儿最近很 hot 啊（新浪微博）

b. 大翻领的羊羔毛外套是最近两季非常 hot 的款式（新浪微博）

c. 食安商机夯 食材有认证（《联合报》2014 年 1 月 15 日）

d. 林佳龙若搞定派系 人气持续夯（《联合报》2014 年 6 月 15 日）

"夯"的闽南话读音与英语单词"hot"的读音非常相似，因此在台湾"夯"常用来表示"hot"义，被作为形容词或副词来使用，已有取代"火""红""热"这些传统汉语词汇的趋势。从最初的"火""红""热"到现在常使用的"hot"属于用有标记语码转换来取代无标记汉语固有词汇的转变，而"hot"再发展成为"夯"则是有标记语码转换间书写符号的转变现象。整个发展记录了汉英语码转换的书写符号相互间转变的过程。

6. 小结

两岸的汉英语码转换虽在类型方面大致相同，但在具体使用上各具特色，相互影响。汉英语码转换的一大发展趋势——书写符号互转现象，在两岸均有出现。我们认为这可能是汉民族倾向于使用汉字书写符号系统和大众追求新奇时髦的表达效果这一对势力此消彼长的结果。汉英语码转换不可避免，我们应让其在民众日常生活中发挥积极作用。

参考文献

[1] 刘涌泉.关于汉语字母词的问题[J].语言文字应用,2002(1).
[2] 史有为.汉语外来词[M].北京:商务印书馆,2013.

[3] 姚明发.50年来语码转换理论研究的发展与反思[J].广西社会科学,2007(3).
[4] 尤远.浅谈新时期大陆及港台地区PARTY的相关表达[J].内江师范学院学报,2015(1).
[5] 赵一农.语码转换[C].上海:上海外语教育出版社,2012.
[6] Myers-Scotton Carol, Agnes Bolonyai.Calculating speakers: Codeswitching in a rational choice model [J]. *Language in Society*, 2001(1).

两岸繁简汉字发展回顾与展望

卢国屏

（台湾淡江大学中文系；福建师范大学文学院客座）

【摘要】 台湾使用繁体字，大陆使用简化字，虽都属于同一汉字系统，但随着两岸交流的扩大，文字的差异带来了一些交流障碍，也引起两岸社会"坚持繁体""坚持简化""学繁识简""调整部分简化字"等热议。繁简对立使用，对于汉语言文字的学术界而言，并不是大问题，学界有清楚与完整的理解与认知。但对于其他的社会广大层面，就可能造成各种不成熟、不专业的意见产生，必须予以重视。两岸同为中华民族子孙，语言相同但汉字形体却有繁简差异，此差异如何产生？长久以来是否造成沟通隔阂？未来如何相融发展？便是本文关注之项目。

【关键词】 繁体字；正体字；简化字；简体字；汉字历史；社会属性

1. 前言

海峡两岸人民同为中华民族子孙，语言文化相同，但汉字形体却有差异，大陆使用简化字、台湾使用繁体字，如此差异如何产生？两岸沟通是否造成隔阂？未来如何相融发展？值得当代两岸各界共同深思。

汉字之简化,其实又为历史与社会发展的文字常态,自古文字时期已然,并非特殊异例;而近代的汉字简化则起于清末时期的太平天国,尔后学者继起呼应,遂有汉字简化以利国民教育、国家发展之呼声与实际研拟。民国时期积极制定汉字简化方案,1935年已颁布《第一批简体字表》,后因战争等事而停止推行。中华人民共和国则从1956年开始制定与推行简化字,并沿用至今。尔后两岸因为各种发展差异与隔阂,汉字的繁简对立也就并行至今。

　　过去两岸隔阂使繁简汉字不产生实际交流,今日则两岸互动频繁热烈,但因为汉字的差异,致使沟通方面时而有碍。汉字之本身应如何往下发展、两岸文字差异应如何拉近距离甚至融合,以促进双方良性互动,现在都需要两岸智慧地加以研究与协调,短期以消弭隔阂为目标,长期则以融合统一为目标,创造和谐与双赢。

　　本文基于上述前提与理想,整理目前汉字差异观点、历史由来、双边歧见等,以供思考汉字未来发展的立论基础。

2. 区域观点与名称差异

　　当代汉字有两大系统,从区域来分,台湾与香港、澳门使用的叫"繁体字",大陆使用的叫"简化字"。从书写笔画多寡的角度说,"繁体"相对于"简化";从汉字简化的历史角度说,"正体"相对于"简体""简化";从官方角度说,台湾的"正体"相对于大陆的"规范汉字"。我们整理如下:

观点	台湾	大陆
从汉字简化历史与发展论	正体	简体、简化
从书写笔画多寡论	繁体	简体
从官方观点论	正体	规范汉字

台湾与大陆两地社会从1949年起分隔至今,导致汉字的书写也长期分途,鲜少交集,于是两区域汉字差异,成了很重要的政治与社会区隔的代表性图腾。在台湾早期书写中,若出现大陆版的简化字,很可能会引起轩然大波,官方则绝对不可能有这种现象。字形的分化与社会的分化,在此成了相应的路线:字形的分化,是一种社会现象;社会的分化,则展现在字形的差异中,时至今日仍是此种状态。

不过,当代汉字的差异现象,在汉字历史发展中其实很平常。社会各自独立分隔促使文字产生异形,战国时期的"六国文字"早已如此;唐代的俗体字中,简化或异体也是常态,所以官方有了标准文字的订定,即所谓"字样",学者研究文字而有了"字样学"。再从书写角度来看,弃繁从简是一般使用者为了便利与速度的必然选择,民间是不一定会紧随官方的。也就是说,在当代讨论汉字差异问题时,它不是单一思考方向即可,必须统一观点与确定论述角度,才能产生具有交集的正向思考。

这些当代文字的对立现象,目前随着两岸开放交流以及网络科技普及而趋于流通。现在在两岸已可以很平常地看到对方的汉字,双方出版品也很普遍地直接进口,有些网站有两种字体可供选择,就算只有单一字体,两岸民众也已普遍可以识读。这些现象对于两种字体的未来发展与应用,已是具有正面意义的发展基础。

3. 正体字和繁体字

"正体字"是台湾官方法定字体名称,又称"国字""繁体字",是中国自东汉以下,一直使用的标准楷书书写形式,相对于"简化字"。台湾当局以及一些华人所称"正体字",是台湾当局明令使用的一套有明确准则的"繁体中文"文字,制定有明确的书写规范以及选字原则,分列为《常用国字标准字体表》《次常用国字标准字体表》和《罕用字体表》。过去在香港亦有类似的准则,以《常用字字形表》为标准,选字的准则和结果与台湾的相近。在这个意义上,"正体字"指符合这些准则下,所选定的标准字形的汉字。而俗字、简化字等则为非正体字。

中国大陆于1956年开始制定和推行简化字,简化字在中国大陆取得了正体字的地位,繁体字就是相对于被简化的汉字。除此之外,很多汉字没有被简化,如"工欲善其事,必先利其器"。这些字被叫作"传承字",既不是繁体字,也不是简化字。所以,并不是现在在中国大陆使用的汉字都是从繁体字简化而来的。

没有使用简化字的中文经常被称为繁体中文,某些认为繁体中文是正统的人,也会称之为"正体中文",台湾当局的一套汉字取字方案所取的字叫"正体字",使用这套"正体字"方案的中文也叫"正体中文"。其中的文字,在很多时候就会被笼统地称为"繁体字"。由于这些汉字未经简化而与古相同,所以有人认为比简化字美观,更是传统中华文化的精髓,应将其称为"正体字"。尤其台湾、港澳地区的人,认为这是繁简大战中繁体中文的优势。

4. 简化字和简体字

"简化字"是中华人民共和国官方在大陆地区推行的标准汉字,台、港、澳有部分人士称为大陆字,是繁体字的对称。同一个汉字,简化字通常比繁体字笔画为少。简化字是大陆在简体字的基础上经整理改进,由政府主管部门公布的法定简体字,具有唯一性。在中国大陆,现行的简化字是以1956年《汉字简化方案》为基础,而后于1964年发展成"简化字总表"中的简化字,并且定有"语言文字法"保障其法定地位。

　有趣的是,中华人民共和国的"简化字",其实是在当初国民政府"简体字"政策规划下的持续与完成。1935年8月21日,国民政府教育部颁布了《第一批简体字表》,开始要推行研议已久的汉字简体政策,不过1936年2月因日本侵华与各项内政考虑,例如考试院院长戴季陶的反对,故而通令暂缓推行。之后因为战争的持续,于是文字整理工作均被延缓。1949年中华人民共和国成立,1956年1月28日中华人民共和国国务院审订通过了《汉字简化方案》。其后又公布了《第二批汉字简化方案》,但因为字形过于简单且混乱,试用了约八年便宣布废除。1965年10月10日重新发表《简化字总表》,共收2235个简化字,政策法规于焉完成。由于"简化字"是在"简体字"的基础上经整理改进的,因此官方的"简化字"常被俗称为"简体字"。

5. 汉字历史发展中的简化与繁化

　一般人以为"正体""繁体"、"简化""简体"这些文字差异,是一种起因于近代政治对立、区域分隔而产生的书写差异。事实不然,当代的两岸政治对立、社会区隔,在整体汉字繁简化的历史中,其实根本不是什么关键因素更不是起因,大家都有所误会了。

　汉字字形从甲骨文开始就不断演化,甚至在甲骨书写的商代,同一个字就已有了繁简差异。汉字的发展演变,就其形体来说,一般认为有两种基本的趋势,有"繁化"也有"简化",这两种演化趋势,是由文字的功能性来决定的。繁化的原因,是要求加强汉字的表音、表意功能,遂在字形上有所繁化;又或者为了意义的分工而进行分化,而使字形繁化;简化的原因,则是要求形体便于书写,遂将原先较为复杂的字加以简化。这两方面的要求有时会产生矛盾,而文字系统一般会通过自身的调节,或是牺牲一些表音、表意功能以实现简化,或者是为维护表音、表意功能,允许字形上有所繁化,但最终都达到便于使用的目的。

西周金文之后,春秋战国时代诸侯割据,除秦国的"大篆"规范性较强之外,其余六国的文字彼此之间均存在一定的分歧,俗体广为流行,而俗体中有简化的,也有繁化的。但当时的俗体,根据现代的文字学家研究,绝大多数都符合六书原理。之后的小篆又是在大篆的基础上发展出来的,字体逐渐变为以线条符号为主,字形也逐渐固定。

汉代"隶书"源自于战国时秦国,起初它是为了书写简便之目的,对正体字进行破坏和改造所产生的俗体字,和小篆相比,是书写简便的应急字体。隶书到了汉代发展成熟,奠定了目前方块汉字的基础。隶书之后,产生了"楷书""草书""行书"等各种字体。以笔画书写来说,这些书体较为方便、易写。有人认为,这代表汉字进入简化为主的时期,汉字的笔画总体说来比过去简单了。不过,除了笔画较简单外,这时期的汉字,还存在着目的在于增进汉字的表音、表意功能的繁化现象,增加形符或声符,或者将原先相同的字分成两个,各自表达的意义更加明确。因此就文字演化而言,繁简两方向其实也还并存着,目的与功能不同而已。

6. 近代的汉字简化

近代的汉字简化,始于清末太平天国。在太平天国控制的地区内,实行了简体字政策,以一批简化的汉字取代原来的汉字。这批简化的汉字部分是传统沿袭下来,部分则由太平天国新造出来。1909年鼓吹俗体字的《教育杂志》创刊,陆费逵在创刊号上发表《普通教育应当采用俗体字》,这是近代中国的汉字发展和变迁中,首次有人公开提倡使用简体字。1920年2月1日,钱玄同在《新青年》杂志上发表《减省汉字笔划的提议》一文;又于1922年在"减省现行汉字笔画案"中提出了七种简化方法:

(1) 采用笔画简单的古文字。如"从""众""礼""无""尘""云"等,这些字都见于《说文解字》,比繁体字更符合"六书",有的繁体字反而是写错了的。

(2) 草书楷化。如"专""东""汤""乐""当""买""农""孙""为"等。

(3) 用简单的符号代替复杂的偏旁。如"鸡""观""戏""邓""难""欢""区""岁""罗""刘""齐"等。

(4) 仅保留原字的有特征的部份。如"声""习""县""医""务""广""条""凿"等。

(5) 原来的形声字改换简单的声旁。如"辽""迁""邮""阶""运""远""扰""犹""惊""护"等。

(6) 保留原字轮廓。比如"龟""虑""爱"等。

(7) 在不引起混淆的情况下,同音字合并为简单的那个字。比如"里程"的"里"和"里面"(裏)的"里"合并,"面孔"的"面"和"面条"(麵)的"面"合并,"皇后"的"后"和"以后"(後)的"后"合并,"浓郁"的"郁"和"郁郁葱葱"的"鬱"合并。

这项方案当时并未得以推广,一直处于搁置状态。1935年,蔡元培、邵力子、陶行知、郭沫若、巴金、老舍等200余位文化教育界知名人士以及一些杂志社,共同发起了"手头字(即简体字)运动",上海《申报》等各大报纸纷纷响应。同年,钱玄同主编的《简体字谱》部分被国民政府采纳,公布为《第一批简体字表》,准备次年开始编入小学课本。

由此看来，国民政府在 1949 年以前，其实一直规划着简体字，教育部也在 1935 年颁布《第一批简体字表》。不过大陆持续着文字简化政策，面对大陆的简化政策与强力执行，台湾因着政治的对立以及内部的百废待举，也就没有继续汉字简化的工作。两岸汉字政策分别发展 60 年至今，其实双边的成效都很成功，汉字教育也都完成当初政策的规划，但文字的"政治图腾"色彩却也因此产生对立。

由于文字是文献的主要书写工具，所以文字之研究在中国历代，一直都投入许多心力，所以古文字里像甲骨文、金文这么早的文字，它的繁化与简化字形，当代学者都仍可以以六书为主的汉字造字系统来解释；换句话说，文字的书写应用，一般人有一般人的便利目的即可，但另外得靠着文字的专家来保存其体系上的理论认知，只要二者是平衡的，那么繁化、简化其实没有这么恐怖与紧张。从汉字历史来看，文字系统本身会有一种具生命力的自我调整，但若因为是社会差异所导致的文字分途，恐怕就只有等待其社会自然变化才有转圜了。古代汉字如此，现代汉字也一样如此。

7. 繁简汉字的支持歧见

"正体""繁体"之于"简化""简体"的讨论与评价，在两岸及华人圈中早已有之。学者积极讨论、一般民众也时常街谈巷语、道听途说。整理正反意见大致如下：

赞成简化、反对繁体	赞成繁体、反对简化
加快书写速度，减少认读困难。	与古籍文字不同，不利阅读与中华文化的传承。
降低学习难度，有利普及教育。	不利于大陆、台湾、港澳的文化交流。

(续表)

普及民众教育,可以促进文化传播。	违反六书造字原则,减弱表意功能。
汉字简化是历史发展之自然现象。	系统性不足,使汉字更复杂,增加学习负担。
简化字来自民间已流传的写法,若干简化字其实是古文字。	汉字发展不只简化,许多繁化是为了辨义的实际需要。
大陆书法家写出大量简化字书法,并没有不美观。	无法达到书法美感的要求,尤其篆书、隶书的美感。
简化字在当代 3C 产品中,简省空间显示清楚。	缺乏音义结构,造成阅读困难。
电脑输入简化字比较容易快速。	媒体、网站同时有繁简版本,浪费人力物力。
台湾民众书写时也有自然简化情况。	简化字的电脑输入,并没有比繁体快。
在中国周边区域新加坡、马来西亚、日本也使用简化字。	台港澳的文盲比例,远低于大陆,简化无法扫盲。
简化字已逐渐被港澳台民众在非正式场合使用。	简化字任意更改声音符号,阻断古音与方言的研究。
反对者将简化视为妖魔,忽略汉字的延续发展。	简化字只消除了笔画,却混淆了字义,像"隻"改为"只"。
虽简化但阅读繁体,或是理解古文时,并没有明显困难。	繁体大量保存在古建筑上,无可取代,简化字反增加汉字数量。
实施以来民众文化水平并没有比台湾低落。	汉字阅读,通常辨识轮廓而已,简化字并无优势。
国际间简化汉字已是标准汉字。	大量形似的简化字,反而造成辨读不易。
外国人学汉字几乎学习简化字。	将原本统一的文字,变成不统一,不利交流。

以上所有正反意见,似乎像矛与盾的关系,目前还很难有一个平衡点。大陆认为因为简化使教育普及,台湾认为大陆文盲仍多;大陆认为繁体输入耗时,台湾认为一样快也不认输;大陆认为简化辨识容易,台湾则认为多数混淆意义;台湾认为简化与文化脱节,大陆认为

传承依旧。所有意见似乎完全对立了,而一般社会也难有系统性、理论性的讨论基础。就如 2015 年 3 月 20 日,《中国文化报》的报道《汉字繁简之争不是孤零零的语言学事件》:

> 日前,全国政协委员冯小刚、张国立联合提了一份提案,建议中小学恢复部分繁体字。在政协会议分组讨论中,冯小刚举例说,"亲爱"二字,繁体字是"親愛","亲要相见,爱要有心,当孩子学习这些字的时候,心中就埋下了美好的种子,可现在'亲不见''爱无心'"。还有繁体的"國"字,带有疆域的含义;"華"字的形融合了中国传统建筑的斗拱,很气派。张国立从文字之美的角度赞成恢复部分繁体字,"漂亮的书法,大部分是繁体写就,学校给孩子们教一教繁体字,也可以提升下一代对书法的兴趣"。他们建议,选择 50 个或更多有含义的繁体字增加到小学的课本。
>
> 冯骥才当场表示赞同,他说,文字是文化的基因,文字的形式跟传播速度有关,传播速度要求越快的时候文字越简单,"但我们追求速度的时候不能丢掉文化意义。可以选出一部分繁体字,起码让孩子看见认得,知道我们文字的传统和内涵"。也有委员表达了不同意见。姜昆说:"我想提醒一下,其实现在我们使用的 90% 简体字,在古代就有了,也是非常具有文化传承的。"郁钧剑则表示,自己以前也提出过关于繁体汉字的建议,但教育部一个函就给打回来了,因为我国有《汉字简化方案》,简单说,恢复繁体字是违规的。他还说:"写好字是对每个人的基本要求,用不着上升为一种艺术!"这番话随后引起一场轩然大波。

从上述各种意见观点看来,当前汉字是否变革牵涉了诸多问题,例如文字本身的设计、教育系统的选项、日常生活的应用、政治与法规的限制、纯粹工具与文化艺术的目的等。就此些意见纷乱现象而言,未来我学术界对此问题的系统研究、观点提供与意见协调更显得重要无比。

8. 结语:回归文字的社会属性

语言是一种社会产物,虽语言本身有灵活的伸缩机制,但那仍是因应社会的变化而变化的。两岸文字的差异发展,与历史相同正是社会分歧所造成。大陆使用简化字是否阻断文化传承？台湾使用正体字是否就保存了中华文化？这恐怕不是一个文字本身的问题,而是一个社会问题,毕竟汉字也的确一直存在繁简两种大趋势,而中华文化也并没有就此中断过。

反倒是历史上的某些社会,由于战乱、天灾、人祸等问题影响,使得文化的精致与传承度降低。例如,元代雕版印刷的字体不求工整,不具美感,跟外族统治的文化水准可能有关;"明人刻书而书亡"之现象,跟校对所必须有的整体考据学术水准有关。大陆20世纪60年代的"文化大革命",使许多人成为文盲,民众的文化素质出现断层,至今影响仍在,而这些问题的症结,不在于文字本身与使用文字的种类,而在于政治措施与教育系统。

我们认为,文化传承的重心在教育,而文化教育的重心在学术界。学术界对于文化菁华的文献、思想的研究,只要是学养与理论够深厚而且用心面对,则不论使用何种文字,理论上应都有一样的成果。于是当前汉字的差异问题,可以暂时让它回归到社会属性的本质中来等待。对立社会的问题没有解决,文字就让其各自发挥,各有生命;对立社会有了整合,那时汉字系统的分歧,也自然会有了相应的调整。这就是语言的社会属性,多数时候倒不用过度杞人忧天的。

海峡两岸"书同文"研究

许长安

(厦门大学人文学院)

【摘要】 为了构建和谐海峡,促进祖国统一,有必要对两岸的"书同文"进行研究。论文首先分析了台湾的政策动向,具体包括四个方面:民进党执政时期拟议制定"俗体字表";马英九关于汉字问题的政策主张;学者发起申请正体字列为世界文化遗产联署;台湾对待简化字有两种态度:一种是持疑虑反对态度,一种是持认同接受态度。其次提出两点建议:进行海峡两岸"书同文"的研讨;正面回应两岸合作申请汉字为世界文化遗产。相信通过长期的交流和充分的讨论,两岸的"书同文"是一定能够实现的。

【关键词】 海峡两岸;"书同文";"俗体字表";正体字;简化字

海峡两岸的用字有同有异,同的是都使用汉字,异的是大陆使用简化字,台湾使用繁体字。为了构建和谐海峡,促进祖国统一,有必要对两岸的"书同文"进行研究。

1. 台湾的政策动向

近年来,台湾对大陆的简化字出现一些新的动向。

1.1 民进党执政时期拟议制定"俗体字表"

2003年1月27日,台湾陆委会通过新闻主管部门所提的"大陆地区出版品、电影片、录影节目、广播电视节目进入台湾地区发行、销售、制作、播映、展览观摩许可办法修正草案",原则同意开放大陆简化字书籍在台销售。随着大陆简化字图书进入台湾,大陆的简化字也在台湾传播开来,受到台湾民众的欢迎,也引起一些人的不满,不断引发争议。

2006年3月,大陆报道联合国决定自2008年起中文文件一律使用简化字,停用繁体字,引起台湾惊愕。台多位"立委"炮轰台教育主管部门,质询其负责人杜正胜将如何因应,是否会在学校教授简体字。对此,杜正胜表示,当局坚持用正体字,不会在学校教简体字。初中基测(即初中基本学力测验)写作测验不能使用大陆通行的简体字书写,但考生如果使用约定俗成的"俗体字"将被认可。他说一般通行的一些约定俗成"俗体字",在生活中极为普遍,为避免学生考试时不小心写出俗体字,当局将于年底前确定俗体字表,作为写作测验阅卷老师参考,学生写作时可以使用这些俗体字。

2006年4月11日,台湾教育主管部门宣布将制定"俗体字表"。行政机构负责人苏贞昌也表示,他赞成教育主管部门让大家清楚知道,什么是台湾常用的俗体字,考试用这些字可以不扣分,但他强调,大陆简化字和台湾惯用的不同,"我们不认同、不赞成"。

但根据统计,台湾的俗体字和大陆的简化字大约有70%是相同或相近的,其结果还是要承认大陆的大部分简化字。

1.2 马英九关于汉字问题的政策主张

2006年7月19日,国民党举行中常会,邀请台湾师大教授李鍌发表"从学术观点看正体字与简化字"专题演讲。马英九在会上表示,他个人关心"正体字"与"简化字"的问题很多年,目前所用"繁体字"与"简体字"的说法不正确,应是"正体字"与"简化字"。他呼吁印刷、出版时应采用"正体字",手写的时候可以采用"简化字"。对于两岸字体差异,他说,国共两党已成立沟通平台,办理过两次经贸论坛,未来应办理文教论坛,希望达到两岸"书同文"的目标。

2007年7月18日,马英九应邀到高雄县辅英科技大学演讲时说,他打算把汉字向联合国教科文组织申请为世界遗产。

2009年1月1日,马英九出席"第五届汉字文化节"活动,他在致词时提出"识正书简"概念,他说,希望大家都得到一个"识正书简"的共识,也就是说,你认识正体字,但你要写简体字或什么样的字体,只要是汉字都可以,用这样的方式逐渐来缩短两岸的差距。

2009年6月19日,马英九出席"第六届全球华文网路教育研讨会"开幕典礼时说,他提出的"识正书简"是对大陆说的。他还主张两岸民间合编中华大辞典,把正体、简体的字汇语汇比较陈列,以利两岸互动。

2009年6月23日,马英九发表了《大陆"识正书简"的文化意涵》,全面阐述他关于"识正书简"的观点。

此后,马英九又多次反复强调"识正书简"的原则,其核心观点就是,如果不保存正体汉字,就会跟过去断层,出现空窗现象,大陆年轻人不认识正体字,与过去的文化已出现脱节。

1.3 学者发起申请正体字列为世界文化遗产联署

2006年4月21日,台湾师范大学举行"文字学家谈汉字座谈会",会后发表"抢救正体字"共同宣言,强调正体汉字是形音义契合的优质文字,正体字记录的汉文化悠久博大,是人类重要文化资产,世界各国都有责任予以维护发扬,因此希望向联合国登记汉字为世界文化遗产,呼吁大陆地区尽早恢复固有的正体汉字,以发扬中国五千年的优美文化。

2006年7月13日,"抢救国文教育联盟"举办"必也正名乎"座谈会,正式发起请把正体字列为世界文化遗产的联署。但受限于台湾不是联合国会员,向联合国提出这项申请,需要大陆的合作,因此联署书建议,把中文、正体字、繁体字统称为"汉字",识繁写简,各随其用。

1.4 台湾对简化字的两种态度

台湾对待简化字有两种态度:一种是持疑虑反对态度,一种是持认同接受态度。

1.4.1 疑虑反对态度

持疑虑反对态度的有以下几种情况:

一是偏见,认为简化字是破坏汉字。他们说,中共称正体字为繁体字,是污名化,用行政力推行简体字,造成对汉字辨识的模糊,扰乱汉字的使用,破坏汉字的学理,损坏汉字的美感,轻则导致文化上的错乱,重则使古韵从此中断,对日后研究者造成不便。

二是疑虑,认为简化字造成历史文化的断层。他们说,简体字进不去过去五千年的中国世界,无论是历史、文化、艺术各领域,都面对了繁体中文的"进入障碍"。

三是误解,误以为凡是没有简化的字都是繁体字。他们说,大陆只用二千多个简化字,但简化字不敷使用,仍须常常用到正体字,显示繁体汉字的重要性即使在看似满是简体字的大陆地区仍有其必要性,所以呼吁大陆地区恢复中国传统的正体字。

四是否定,认为简化字无助扫除文盲。他们说,当年中共以方便教育广大农工阶级为理由简化了中国字,但50年过去了,大陆却还是有不少文盲。

五是异议,认为简化字比繁体不易辨识。他们说,简体字许多外形极为接近而易于混淆,辨识率远低于正体字。又说,只有三、五画的简化字并不容易学习,反而要靠强记,才能认识。

六是指摘,列举简化得不好的字。例如:"船只(隻)";"吃面(麵)";同一个"盧"有两个简体:户(庐庐)、卢(垆垆)等。

1.4.2 认同接受态度

持认同接受态度的有以下几种观点:

一是认为简化字和繁体字差异不大,容易掌握。有的学生说,学校虽没教简体字,大家通过网络学,还好差异不是很大,很好学,不难认,学生接受程度也高。有的学者说,其实我们要了解简化字不出两个钟头就可明白;看惯繁体字者乍看简体字时有稍觉不适之感,但不必一个礼拜吧,就两者可互通了。

二是认为简化字和繁体字系出同源,简化字是对繁体字的传承。他们说,正像小篆具有传承甲骨文、籀文的作用,隶书具有传承小篆的作用,楷书具有传承隶书的作用,简体字也具有传承繁体字的功能。

三是认为简化字和繁体字都承载着丰富的文化意涵,应兼容并蓄。他们说,文字的使用,既有承袭文化传统的使命,也有约定俗成的必然趋势。台湾保留了中文正体字的使用,另方面也免不了受到简体中文在国际流行的影响,本来并不是没有兼容并蓄的空间,也无须搞"汉贼不两立"的角力斗争。又说,台湾以中国文化遗产的最终捍卫者自居,我们执着于繁体字,大可坦然尊重繁体字与简体字并存的事实,不必刻意排斥在全世界日渐风行的简体字。

四是认为简体字问题应摆脱意识形态,抛开政治对立,尤其不可出之以政治手段。

2. 对策建议

2.1 进行海峡两岸"书同文"的研讨

对于马英九提出的举办"文教论坛",讨论两岸"书同文",我们应当有所准备。但两岸的"书同文"问题,不是举办几次论坛就能解决的,而是要通过长期的交流和充分的讨论。可以相信,通过长期的交流和充分的讨论,两岸的"书同文"是一定能够实现的。

2.1.1 通过研讨消除台湾同胞的疑虑和误解

台湾同胞对大陆的简化字和繁体字有许多误解,例如认为"繁体字"的名称是对"正体字"的"污名化";以为凡是没有简化的字都是繁体字。实际上,大陆所称的"繁体字"是相对于"简化字"而言的,只是繁简之别,并无是非之分,也没有贬低繁体字的意思。台湾把繁体字叫作"正体字",因为繁体字是台湾的标准;而大陆的规范标准是简化字,所以把被简化的字叫作繁体字。这是规范标准不同,因而叫法有异,不存在"污名化"的问题。这种不同标准和不同名称,目前完全可以存异,无须为此而争论。另外,大陆所称的"繁体字"是专指已被简化的两千多字,并不包括未被简化的所有汉字,未被简化的字大陆叫作传承字。有的台湾同胞误以为大陆凡是没有简化的字都叫繁体字,都不用,只用两千多简化字,这实在是一个很大的误会。诸如此类的疑虑和误解,通过研讨,就能逐渐消除。

2.1.2 台湾终将接受大陆的简化字

理由有三:

(1) 交流消除误解:台湾对大陆的简化字存在偏见和误解,主要是两岸长期隔绝造成的。上面讲过,今后如果通过长期的交流和充分的讨论，就能逐渐消除偏见和误解，不断缩小意见分歧，取得共识。在这个过程中，大陆应当向台湾同胞多做解释、宣传，解释为什么要简化汉字，宣传简化字的优越性，让台湾同胞对简化字有个全面的了解，相信台湾同胞对大多数简化字都会认同和接受。

(2) 客观形势所迫：对于简化字，目前摆在台湾面前的有两个客观形势：一个是大陆简化字图书大量进入台湾，受到台湾同胞特别是年轻人的欢迎，已对台湾的用字习惯造成冲击；另一个是世界各国都认同了简化字，对外华语教学也要求教学简化字，台湾必须顺势因应。这种客观形势必将迫使台湾接受大陆的简化字。

(3) 历史经验证明：1999年之前，台湾对大陆的汉语拼音也很不满意，极力反对，还出台了一个"注音二式"，想与汉语拼音相抗衡。但由于汉语拼音是国际标准，世界各国都使用汉语拼音，迫于这种客观形势，台湾只好承认汉语拼音。这段不久之前才发生的历史，将在简化字上重现。

2.1.3 大陆应修改不合理的简化字

理由有二：

(1) 显示大陆对"书同文"的诚意：台湾同胞对简化字的疑虑有一条是指摘一些简化得不好的字，这方面有些是合理的意见。大陆应当倾听台湾同胞的意见，修改简化得不好的字。显示大陆对"书同文"的诚意。两岸应当平心静气地坐下来，发挥两岸同胞的智慧，通过充分讨论，寻求最好的修正方案。

(2) 是优化简化字的最好时机：大陆可以利用这个机会，修改长期以来为人诟病的不合理简化字，并通过反复讨论、宣传、试用，广泛征求意见，假以时日，使之成为新的约定俗成。简化字成果已巩固、稳定几十年了，研讨两岸"书同文"是修改不合理简化字的最好时机。

目前,单方面在大陆提出修改不合理简化字是不容易被认同的。而为了两岸的"书同文",为了祖国语言文字的统一,有了这一层政治意义,必将得到大陆广大群众的赞同。所以这种历史性的"书同文",不但不会发生动乱,而且会得到两岸同胞的热烈拥护和积极学习。这是 20 世纪 50 年代大规模简化汉字的历史证明了的。而像 1986 年那种个别几个字的改动,反而会产生个别字的混乱。

2.1.4 两岸"书同文"是个长期过程

原因有三:

(1) 消除台湾同胞对简化字的偏见和误解需要通过长期的交流:台湾同胞对简化字的偏见和误解是长期隔绝造成的,要消除这种偏见和误解,需要长期的交流,使台湾同胞全面了解简化字,感受简化字的优越性。这个过程,不可能是短期的。

(2) 取得对简化字的共识需要通过长期的讨论:两岸对简化字的认识有很多分歧意见,要缩小分歧,取得共识,必定需要经过长期的讨论。尤其是对某些简化字的修改,必定需要经过长期的充分研究和反复讨论。

(3) 两岸的用字规范需要通过长期的整合:大陆的用字规范是印简写简,马英九是主张印繁写简、"识正书简",这种分歧在短期内是无法取得一致意见的,需要经过长期的实践和整合。现在只能维持现状,不必为此而争论。

2.2 正面回应两岸合作申请汉字为世界文化遗产

对于马英九和台湾学者提出与大陆合作申请汉字列为世界文化遗产的建议,大陆应当正面回应。

2.2.1 表明大陆推行简化字并非废除繁体字

台湾学者之所以提出申请"正体字"(即大陆所称"繁体字")为世

界文化遗产是出于对大陆推行简化字的误解,误解推行简化字终将消灭繁体字。实际上,大陆推行简化字,并不是不用繁体字,"国家语言文字法"明文规定了一些情况下可以保留或使用繁体字。大陆从来没有废除繁体字,包括繁体字和简化字在内的所有汉字都得到保护,不要使台湾同胞一直误会大陆是要消灭繁体字。要使台湾同胞了解到,在大陆,简化字是社会用字的规范,一般情况下人们不需要认识和使用繁体字,但需要认识和使用繁体字时,人们也很快就能掌握,不存在阅读障碍。正面回应申遗可以消除台湾同胞对大陆推行简化字是要废除繁体字的误解。

2.2.2 表明大陆一向保护传统文化遗产

台湾学者之所以提出申请"正体字"为世界文化遗产的另一个原因是误解大陆推行简化字会造成历史文化的断层,丧失传统文化遗产。实际上,大陆推行简化字几十年来,并没有影响对传统文化的继承,相反的是更加普及。因为几十年来,大陆印行了大量的古代典籍,其中有的用简化字印行,以普及传统文化;有的用繁体字印行,供需要阅读的人学习和研究传统文化。中国几千年的文化遗产一直得到很好的传承,不存在文化断层。正面回应申遗可以表明大陆一向保护传统文化遗产,显示大陆传承传统文化的成就。

2.2.3 启动两岸合编中华大辞典

两岸合作编纂大辞典是多年来两岸学者的共同愿望,现在是启动的时候了。

(1) 有利于两岸当前的语文应用

由于长期的隔绝,两岸的语文应用,不但在读音、用字上有差异,而且在用词、用语上也有差异,虽不会造成太大的交流困难,但也会产生一些不便。编纂一部两岸读音、用字、用词、用语互相对照的大型工具书,可以为当前两岸人民的沟通和交流提供方便,也可以为世界各地华人以及外国人学习汉语提供方便。

(2) 有利于两岸今后的语文统合

两岸的语文统合也是两岸学者多年来的共同愿望,通过大辞典的编纂,全面摸清两岸语文的异同,可以为今后的语文统合提供翔实的研究资料,也可以为全球大华语圈的语文统合提供借鉴。

"大华文"视野下两岸语言文字稳态系统研究导言

盛玉麒

(山东大学文学与新闻传播学院)

【摘要】 "华文"作为中华民族的非物质文化遗产,承载着五千年的传统文化和文明瑰宝。从历时和共时、"人际"和"人机"、静态与动态的系统互动中,共同的构词语素、构词方式、句法结构……以及共同的文化心理,构成了全球华文超稳态系统结构的核心。因此,在"大华文"视野下,重新审视两岸汉语汉字本体和应用的源流与发展,揭示两岸语言文字稳态系统的结构要件和功能特征,对于探索多元文化背景下华语文的传统精华和现代价值,求同存异,共建民族"话语权"和文化复兴,具有重要的现实意义和深远的历史意义。

【关键词】 大华文;两岸语文;稳态系统;民族话语权

1. 解题

1.1 基本概念

华语、华文、汉语、中文以及汉文、中国话、普通话等,所指大同小异。所谓小异仅在于使用者的地域分布。"华语、华文"主要指海外华人使用的语文。

从权威语文工具书《现代汉语词典》和《两岸常用词典》的解释中,我们可看出小异反映的主要信息。

① "华文、华语、汉语"以及"国文、国语"和"普通话"均被收入《两岸常用词典》,说明是两岸的共识。

② 对"汉语"和"国语"的解释,《现代汉语词典》分别多了"现代汉语的标准是普通话""汉语普通话的旧称"。

③ 对"普通话"释义给出了等同于"国语"的说明。

"汉族""汉语""汉字"等所冠之以"汉",源自秦统一后第一个最强大的"汉"王朝(前202—220年)。但"汉人"所说的语言却源远流长,并非始于汉朝。在时间维度上,"华夏"之"华"比"汉朝"之"汉"更接近历史的真实。

1.2 大华文

"华语""华文"习用已久,从历史维度上冠之以"大",不仅名副其实且信而可征,同时也凸显当代华文华语的国际地位,并反映信息网络大数据时代,民族话语权意识。

1.3 稳态系统

为了说明"稳态系统"的概念,有必要提及"动态系统""静态系统"以及"常态系统"等相关术语。

1.3.1 动态系统

实际使用中的语言表现为言语行为的个性化、随机性、具有时空局限性的动态复杂性系统特点。不仅从宏观上看历时系统是演化的动态系统,共时系统本质上也是"动态系统"。

1.3.2 静态系统

语言学家们通过自己的观察、描写、分析、归纳,记录和整理各种言语事实材料,并将具有一定普遍性规律的现象用文字形式记录发表出来,如词典工具书,使之"固化"为突破有声语言时空限制的结论性知识。就属于语言的"静态系统"。

静态系统是相对于动态系统而言的,是历时系统语言知识的断代投射,必然受限于研究者的认知结构,具有不同背景特征局限性。

1.3.3 常态系统

共时系统中具有较高使用频度和较高流通度的语音、词汇和句法规则构成了语言的常态系统。

使用频度和流通度既是统计学的概念,也是具有社会心理现实性的事实。通常所说的"约定俗成"就是对常态性系统的经典表述。

1.3.4 稳态系统

稳态系统是由语言系统中具有较高历时稳定性和较高生成能力的基本语素、词根、根词以及短语句法模式所构成,是宏观语言系统本质属性和基本功能的核心,体现语言系统原型功能属性的历史继承性并决定动态语言系统的未来走向。语言系统内部方言之间以及方言与共同语之间严整的对应规律就是稳态系统存在和发挥作用的最好诠释。

1.4 民族话语权

在语言文化多元化的今天,特别是信息网络空间超越现实局限的话语环境中,人际系统和人机系统频繁互动、铺天盖地的多媒体与大数据、量身定做的微博、微信、微电影、自媒体……如雨后春笋,"两耳不闻'群'外事,一心只看朋友圈"的信息交换小众化趋势,在传统知识结构和话语体系碎片化的同时,社会结构、文化模态和观念形态的"碎片化",在不知不觉中暗流汹涌。因此,民族话语权这个概念就被赋予了特殊的时代意义。

2. 历时维度

稳态系统的两大功能属性之一是较高的历时稳定性。这种稳定性来自政府和民间的互动与共识。考察百年来社会动荡变迁中政府与民间对民族共同语的态度变化与价值取向，会发现稳态系统客观存在的功能价值。

2.1 辛亥革命前后的国语运动

"国语"一词蕴涵了国家、国民共同是构词语素，体现了国家意识和价值。也许政府和民间会有不同的解读，但在话语方式和信息载体上，却很容易达成共识。这是国语运动能够在国运艰难、社会动荡的境况下，引起政府与民间互动推进的主要原因，因此，也是语言稳态系统的重要构成要素。

2.1.1 末代皇帝的语文政策

周有光先生（1979：30）谈到，清末切音字运动中脱颖而出的《官话合声字母》（王照）顺应社情民意，引起了清政府语文政策的调整，推进了文字改革和拼音化研究的发展。

实际上，《官话合声字母》更直接的作用是推进了国语运动的兴起。

1909年，清政府资政院开会，把"官话"正名为"国语"，设立"国语编查委员会"，1911年（辛亥革命前夜）学部召开"中央教育会议"，通过《统一国语办法案》，并决定成立国语调查会，在全国开展语词、语法、音韵的调查，审定国语标准，编辑国语课本、国语辞典和方言对照表等，规定了确定国音，制定字母，统一国语的时间表，要在宣统八年（1916）普及国语。

这是中国最后一个封建专制政府被推翻前，在语文政策上留下

的一笔可圈可点的遗产。

2.1.2　民国政府的语文政策

辛亥革命后的民国政府在推动国语运动方面成了末代皇帝的遗嘱执行人。

1912年7月民国政府召开"临时教育会议",议定统一国语要从统一汉字读音做起。8月7日教育总长蔡元培主持通过了"采用注音字母案";12月,教育部公布"读音统一会章程",明确规定三大任务:

① 审定一切字音为法定国音;

② 将所有国音均析为单至纯之音素,审定所有音素总数;

③ 采定字母,每一音素均以一字母表之。

1913年2月25日蔡元培主持读音统一会,议定了制定注音字母、常用字读音、确定《国音推行方案》及提请教育部通令各省从速设立"国音字母传习所"等工作规划,并将会议文件编成《国音汇编》一书交教育部备案。

会议使"国语""国音""国文"等概念在定义、规范化方面形成了科学完备的术语体系,这一具有划时代意义的成果,成为后来两岸语文政策共识和共享的重要基础。

2.1.3　北洋政府的语文政策

袁世凯之后,国内政局动荡不安,但国语运动却仍在艰难中前行。

1916年,北京"中华民国国语研究会"提出了统一国语的五项任务:

① 调查各省方言;

② 选定标准语;

③ 编辑标准语的语法辞典；

④ 用标准语编辑国民学校教科书及参考书；

⑤ 编辑国语刊物。

北洋政府教育部 1918 年召开"全国高等师范校长会议"，决定在全国高等师范院校开设"国语讲习科"，专门教授注音字母及标准国语。这是继承国语运动遗产的实际行动。

2.1.4 国民政府的语文政策

1927 年 4 月南京国民政府建立后，继续做统一国语方面的工作。包括：

① 继续推行国音，将注音字母更名为"注音符号"(1930—4)；

② 公布以北平音为标准的《国音常用字汇》(1932—5)；

③ 公布吴稚晖创作的《注音符号歌》(1934—3)；

④ 拨款委托中华书局铸造"注音汉字"铜模(1935—1)；

⑤ 颁布《促进注音国字推行办法》(1935—10)；

⑥ 加强国语人才的培养。

由此可见，在语言政策方面与前任政府几乎毫无二致，不同的只是实践上的细化和落实程度。

2.2 人民政府的语文政策

1949 年 10 月中华人民共和国成立伊始，中央人民政府根据吴玉章的建议就成立了中国文字改革协会，1954 年 10 月，改为国务院直属的中国文字改革委员会。

在中国文字改革委员会成立大会上，吴玉章提出了三项主要工作：

① 制定《汉字简化方案》；

② 制定《汉语拼音方案》；

③ 研究和推行标准音的教学。

1958年1月10日周恩来在全国政协大会报告中,明确提出:"当前文字改革的任务是:简化汉字,推广普通话,制定和推行汉语拼音方案。"高度概括了人民政府的语文政策。

由此可看出,半个多世纪国语运动的理论成果和实践经验以及政府行为和民族意志强有力的推动和明显的成效。

2.3 台湾当局的语文政策

台湾光复以后,在推行国语方面坚持不懈、成绩斐然,可圈可点。

1946年台湾各县市成立国语推行所和"行政长官公署国语推行委员会"。

1948年2月,台湾各县市成立"国语推行委员会"。

1948年6月,设立"教育部国语推行委员会闽台区办事处",负责指导闽南话方言地区的国语推行工作。

1948年10月,将北平《国语小报》迁至台湾,更名为《国民日报》发行。

1952年4月,《中国语文》创刊,次年成立"中国语文学会",以"发扬民族文化,普及语文教育,促进语文统一运动,增进国民使用语文技能"为宗旨开展语文教育。

1959年7月,"台湾省国语推行委员会"并入"教育厅",改名"台湾省政府教育厅国语推行委员会",继续主持台湾推行国语的工作。

1963年12月,"教育厅国语推行委员会"在台中举行了"加强师范生国语文研讨会",会中决议请"台湾师范大学国文系"加强国语教学。

1979年4月成立"国语文教育促进委员会",负责督导学校国语文教学。

2.4 小结

历时维度考查发现,清末以来,历届政府的语文政策之间,具有极高的认知共识和一致性的思维定势。甚至在行政主管部门的职能角色、部门归属、任务重点、推行方式等方面,也都高度相似。这充分证明,历时稳定性与认知共识、思维定势、行为方式呈正相关,二者可以互证:即可以从认知、思维和行为的共性特征推断其背后存在的稳态系统。

3. 共时维度

共时维度的"大华文"包括海峡两岸和香港、澳门及海外所有华人华侨生活、工作和交往中所使用的华语华文。从共时维度看大华文的稳态系统,主要着眼于分析其系统结构和相关要素中是否存在着类似"最大公约数"或"最小公倍数"的成分,如果存在的话,存在多少,作用多大。

除了对静态系统的词典工具书类进行对比分析的同时,也注重调研分析海内外华人在对待华文内部差异的宽容度、文化心理的认同度以及行为取向上的兼容性。由此可以帮助我们判断大华文稳态系统的客观现实性及功能价值。

3.1 汉字简繁由之的共识

汉字简繁差异似乎一直成为两岸乃至全球华文内部差异的"壁垒鸿沟"。实际上却并非如人们想象的那么严重。

台湾行政主管马英九曾提出"识正写简"。有人从中解读出让大陆人学习繁体字,也有人从中解读出在岛内放开或提倡"写简体字"。

大陆一直推行简化字,各级各类学校从来不教繁体字。但并不限制繁体字的使用。通过对不同背景和年龄人士的问卷调查,对

100个繁体字是否认识一题,回答认识60个以上的答卷为1083份,占1558份有效问卷的69.51%。由此推断大陆将近70%的成年人认识繁体字并达到及格线以上。(盛玉麒2014)

大陆被试能够"无师自通"地认识繁体字,主要途径首先是"书籍"和"网络",其次是"字典"和"电视"。可见,网络、电视以及手机等大众媒体和新媒体的普及无形中成了简繁汉字交互普及的重要推手。

据田小琳(2014)等对香港对简体字认知及使用情况的抽样调查结果显示,对相同问卷中100个简体字是否认识一题,勾选"认识"的占比分别从61%到96%不等。

同样的100个简体字在澳门的调查结果显示,"有73个简体字超过50%以上受访者认识,占三分之二","其余27个简体字认识比例最低也超过40%。据此可以得悉澳门人对简体字有相当高的认同度"。(黄翊2014)

尽管海外华校目前仍存在大陆和台湾教材用字简繁分明的状态,但学生和家长们身处的华文语境并非那么单一。他们实际上处在简繁共存的环境中。加上网络华文媒体的无限制浏览,"简繁共存"已是汉字语境的"新常态"。

大陆简体图书在岛内的发售量与日俱增,据《人民日报》(2015)介绍,仅台北重庆路天龙书局一家,十年来已引进了大陆简体图书1398批次,共计312万余册。这从一个侧面反映了岛内读者对简体字的态度。

该文还谈到,岛内有高校举办简体字辨识比赛甚至开设简体字课程。台北大学的学生已使用大陆版的简体字书籍。政治大学东亚所和台湾大学国发所,研究生看的简体参考书甚至比繁体参考书还多。

在两岸语文政策走向方面,如果跳出"政治化"的思维定势审视汉字问题,程祥徽(1984)提出的"简繁由之"主张,应是大华文系统内对汉字简繁差异的态度和取向的共知与共识的最恰如其分的表述。

3.2 国语等于普通话的共识

台湾"国语"与大陆"普通话"之间在基本的词根语素、常用根词、构词法、短语结构与基本句法等高度一致。二者无本质的区别或差异,完全属于"同实异名"。篇首术语比较中已得到这个答案。对于差异要具体分析,是主流还是支流,是稳态系统的差异还是边缘系统的差异。

石定栩(2006)、田小琳(2009)、汤志祥(2011)等先生对海峡两岸和香港、澳门间词语的差异做了深入细致的研究。透过这些研究可以发现,形义关系上的差异与构词理据、语素相关性模式等方面,如主谓、述宾、述补、偏正、联合等结构模式的高度一致,是并存的。许多表面上的"差异",实际上都可以运用共有的句法语义知识模式解读,不会造成理解的障碍。有些曾经的差异词语现在几乎通行大陆,如巴士、冰柜、提升、透过、愿景等。

诚如王东杰(2012)所言,"官话""国语"与"普通话"在"语义"上虽有一些微妙差异,也都指向一个大致相似的内涵,基本可被视为同义词或近义词。实际上,台湾国语与大陆普通话之间的差异可以定位为"官话"内部地域分布差异,远比官话与非官话方言之间的差异小。如果从稳态系统的角度看待这些差异,就会发现具有历时稳定性的构词语素和生成模式是词汇共时系统的坚固基础,是能够以不变应万变的产能核心。

3.3 华文教育的文化共识

在华文教育大纲、课程设置、语言知识等方面的共识自不待言。值得注意的是在华文教育中对于传统文化方面的共识。

20世纪60年代大陆经历了"破四旧"、反对"封资修""批儒评法"等十年动乱。传统文化"礼崩乐坏",不堪回首。改革开放以来,在华文教育方面注重传统文化的传承,打出以"孔子学院"为品牌的汉语国际推广路线,华文教育领域,提倡文化寻根之旅等活动,取得了前所未有的成绩。弘扬传统道德、振兴民族文化成为深入改革开放的文化建设的主旋律。

台湾一直重视海外侨民社团的联络及华文教育。1951年,台湾行政管理机构就开始调查登记侨民文化社团机构,辅导其发展,据台"侨委会"统计,1998年已登记或建档的海外侨团(社)工9311个,经常联络保持密切来往的文教、区域性侨团或台商社团多达2588个。(李亚群2006)台湾对于海外华文教育发展的支持包括提供资金改善华校教学条件、编印和赠送教材及图书资料、培训师资、举办各种会议等方面,深受海外华人欢迎。(马宁1992,丘进1996)

台湾在复兴中华传统文化方面也做足了功课。1961年4月9日成立孔孟学会,提倡格物致知、修齐治平,重视实践笃行,学以致用,不事空谈。

1966年11月规定每年11月12日孙中山诞辰为"中华文化复兴节"。

1967年11月成立"中华文化复兴运动推行委员会",整理出版古籍及《国民生活需知》《国民礼仪范例》等普及性读物。

两岸之间在传统文化方面的高度共识,是时代相传的民族胎记,更是构成大华文稳态系统的底层"文化模因"。

4. 人机维度

大数据时代的最大特点是信息爆炸加速度、资源共享最大化、资讯来源立体化、价值取向个性化、文化模态多元化，世界在缩小、人心在扩大。世间壁垒逐渐消融的同时，人与人之间的认知包容空间日益增大。这是维持和巩固大华文稳态系统的强大助推器和最佳文化语境。

4.1 信息平台的共享

1992年国际标准化组织通过了国际标准信息处理通用多八位编码字符集《统一的中日韩汉字编码字符集》[①]为华文信息处理国际化搭建了超国界地域共享平台。从此开始了信息处理领域华文国际一体化新时代。

尽管中日韩三国有各自的汉字编码字符集标准，但都平等无障碍地兼容到这个国际化的大平台体系中。这不仅解决了汉字编码的技术瓶颈问题，也为物理空间汉字的兼容认同创出了全新理念和开放思路。

4.2 新媒体资源共享

"网络信息化"是人类社会发展和文明进步的最新形态，带来了生产方式、工作方式、思维方式乃至生存方式的变革与转型。大量新词、新语、新用法纷至沓来，目不暇接。尽管个性化的网言网语给主流语言文字传统规范带来了巨大的冲击与挑战，但却在约定俗成规律作用下，为两岸汉语稳态系统的发展提供了新规范和新模态。正如苏金智（1994）所言，两岸"从相互了解、相互沟通走向相对的统一，是差异发展的必然趋势。这种趋势符合汉语本身的发展趋势。"

[①] ISO/IEC 10646 Information Technology—Universal Multiple-Octec Coded Character Set (UCS) Unifield Ideographic CJK characters V2.0 国际标准通用多八位编码字符集《统一的中日韩汉字 V2.0》(香港星光出版社，1993)。

5. 结语

本文在"大华文"视野下,从历时、共时和人机三个维度审视两岸语文政策、本体和应用的源流与发展,主要结论有以下四点。

① 从官话到国语/普通话的发展演化脉络,深层次存在着具有历时稳定性和动态能产性的稳态系统。充分体现了语言系统功能属性的历史继承性并决定动态语言系统的未来走向。

② 具有历时稳定性的构词语素和生成模式是词汇共时系统的坚固基础,是能够以不变应万变的产能核心。

③ 从大华文稳态系统的视角看待台湾国语与大陆普通话之间的差异,可以将其定位为"官话"内部的地域分布差异,远比官话与非官话方言之间的差异小。

④ 中华传统文化是这个稳态系统赖以生存和发展的生态语境,也是使大华文系统能以不变应万变而生生不息原动力。

本文对两岸语言文字稳态系统的研究还只是一个尝试,希望为探究多元文化背景下华语文的传统精华和现代价值挖掘,共建网络大数据时代民族"话语权"和文化复兴,提供有益的参考。

谨以此文祝贺首届"两岸语言文字调查研究与语文生活"研讨会胜利召开,并就教于大方之家。文中不当之处,敬请专家学者不吝赐教。

参考文献

[1] 程祥徽.简繁由之[C].香港:三联书店,1984.
[2] 黄翊.两岸四地汉字认知及使用状况调查报告(澳门)[A].简繁并用 相映成辉——两岸汉字使用情况学术研讨会论文集萃[C].北京:中华书局,2014.

[3] 简体字图书在台湾走红[N].人民日报,2015-08-20.
[4] 李行健主编.两岸常用词典[M].北京:高等教育出版社,2012.
[5] 李亚群.台湾海外华文教育的特点及评价[J].八桂侨刊,2006(6).
[6] 马宁.台湾的侨务工作及我们应采取的对策[J].侨务工作研究论文集(二)[C].北京:国务院侨务办公室,1992.
[7] 丘进.海外华文教育概观及相关问题[J].侨务工作研究,1996(4).
[8] 盛玉麒.大陆简繁汉字认知和使用情况抽样调查报告[A].简繁并用 相映成辉——两岸汉字使用情况学术研讨会论文集萃[C].北京:中华书局,2014.
[9] 石定栩、邵敬敏、朱志瑜.港式中文与标准中文的比较[C].香港教育图书公司,2006.
[10] 苏金智.台港和大陆词语差异的原因、模式及其对策[J].语言文字应用,1994(4).
[11] 汤志祥.当代汉语词语的共时状况及其嬗变[C].上海:复旦大学出版社,2011.
[12] 田小琳.香港社区词词典[M].北京:商务印书馆,2009.
[13] 田小琳等.两岸四地汉字认知及使用状况调查问卷分析[A].简繁并用 相映成辉——两岸汉字使用情况学术研讨会论文集萃[C].北京:中华书局,2014.
[14] 王东杰.官话、国语、普通话:中国近代标准语的"正名"与政治[J].学术月刊,2012(2).
[15] 中国社科院语言研究所词典编辑室.现代汉语词典(第6版)[M].北京:商务印书馆,2012.
[16] 周有光.汉字改革概论[M].北京:文字改革出版社,1979.

大陆与台湾常用字字形比较*

沈 阳 刘依婷

(南京大学文学院)

【摘要】 大陆与台湾的常用汉字字形差异给两岸交流带来的影响越来越引起了人们的重视。本文在前人研究的基础上,在相同字形中区分出不同的部首,在相近字形中找出核心的相近部件,在不同字形中找出类推部件,进一步展示了两岸汉字字形的内部差别,并提出了研究两岸汉字字形差异的重点和难点。

【关键词】 部首;部件;汉字字形;两岸对比

1. 引言

由于政治和历史原因,两岸长期处于分离状态,两岸汉字呈现出不同的面貌。自从20世纪50年代以来,大陆开展了以推行简化字为标志的汉字规范工作,包括减少汉字笔画、整理并取消异体字、统一印刷字形等。目前汉字字形相对稳定,不再成批量地简化汉字;汉字的规范化、标准化和信息化是当前文字工作的主要任务。

---

* 本研究得到国家社科基金重大招标项目"新时期语言文字规范化问题动态研究"(项目编号:12&ZD173)的资助。

台湾现行文字规范的制定主要集中在国民党执政的20世纪七八十年代，主要内容包括汉字标准的制定和文体政策的改革。2000年民进党上台执政以后，推行了一系列"新政"，废除了国语推行办法，加大力度保护和推行方言和族语。语言文字管理也相对宽松，各家出版社的标准不尽相同，中小学的教材也未有统一标准。

不同的语文政策造成了两岸不同的语文现状，在这样的现实条件下，通过自觉地汉字规范整理减少差异，方便沟通是两岸文字工作者的共同心愿。随着政治环境逐渐宽松，两岸交往日益密切，厘清两岸汉字字形的差异，了解字形差异对方便两岸居民十分有意义。

2.《通用规范汉字表》《常用国字标准字体表》比较

2013年国家公布的《通用规范汉字表》是目前最权威的文字规范，一级字表为常用集，主要满足基础教育和文化普及的基本用字需要，收字3500个，以笔画序排列。台湾《常用国字标准字体表》收字4808个，分211部，先以部首序后附笔画序排列。

本文依照费锦昌(1993)将对比汉字分成三大类，即字形相同、字形相似和字形不同。字形相同的汉字又分为两类：一是部首相同，二是部首不同。字形相似的汉字也分为两类：一是字部首微别，二是非部首的部件微别。字形不同的汉字也分为两类：一是繁简字，一是异体字，将繁简字进一步分为含有类推简化部首的繁体字，不含类推简化部首的繁简字及一简对多繁三类。

大陆《通用规范汉字表》一级字表与台湾《常用国字标准字体表》对比结果如下，两表共有的汉字为3357字，见下表：

(1) 比较总数 3357 字	字形相同的共 1890 字,占 56.3%	部首相同,1577 字	
		部首不同,313 字	
	字形相似的共 307 字,占 9.1%	微别部首,173 字	
		微别部件,134 字	
	字形不同的共 1160 字,占 34.6%	繁简字,1081 组	含有类推简化部件,366 组
			不含类推简化的部件,621 组
			一简对多繁,94 组
		异体字,79 组	

2.1 两表相比字形相同的汉字

将两表字形相同的汉字分为两类。第一类是两表字形相同且部首也相同的字,共 1577 字,分属 147 部。如:

一部:一丁七三下丈上丐不丙世

丨部:中串

乙部:乙九也乞乳

丿部:乃久乍乎乒兵乖

人部:人仁什仆仇仍今介以付仔他仗代

殳部:段殷毁殿毅

羊部:羊美羔羚群羹

第二类是两表相比字形相同但部首不同的字,共 313 字。例如:

(2) 字	陆部首	台部首
二	一部	二部
丫	八部	丨部
凡	几部	、部
歪	一部	止部
拿	人部	手部
料	米部	斗部

两岸相同字形分属不同的部首,主要是因为大陆和台湾对部首进了不同的规范。

其一大陆对汉字部首的规范在形式上有更强的规律性,台湾在规范时则更加尊重字的本义。大陆2009年《GB13000.1字符集汉字部首归部规范》在据义归类的基础上进行据形归部。左右结构的汉字部首选左边,如:"鸡"取"又"部,"豚"取"月"部,"翔"取"羊"部;上下结构的汉字部首选上面,如:"昏"取"氏"部,"垄"取"龙"部;如有两个并列部件都不能成为部首,则选下部,如:"咒"取"几"部、"哭"取"犬"部,"楚"取"疋"部;如有几个部首叠合,则选最复杂的部首归部,如"章"从字形上看既可以取"亠"部,也可以取"立"部,也可以取"音"部,按此规则取"音"部,"赣"按此规则也取"音"部,"意"按此规则也在"音"部。

其二大陆将字形相似的部首进行了合并。完全合并的如:将"二"部合并入"一"部,将"匚"部合并入"匸"部,将"日"部合并入"曰"部,将"門"部和"门"部合并为"门"部。部分合并的如:将"人"部和"入"部合并为"人"部,保留"入"部的部分字,大陆将"肉"部和"月"部合并为"月"部,保留"肉"部的部分字。但是这些部首在台湾都严格地进行区分。

总的看来,台湾汉字的部首归部执行更加严格的按义归类,更加侧重符合字的本源;而大陆的部首在按义归类的基础上,加入了按形归类规则,规范性和工具性更强。大陆这种部首的改变在客观上削弱了部首跟字义本身的联系,是汉字在演化过程中的一个阶段。在汉字的变化过程中,为了尽量使偏旁成字,汉字在简化过程中在字形表意方面做了很多牺牲,甚至完全破坏字形的表意作用,如:"射"的左边像弓箭的部分后来改成形近的"身"字。

裘锡圭(1985)认为汉字是音意与符号相结合的文字形式,从造字之初至今,汉字字形的演变主要发生在三个方面:一是形声字比重逐渐上升,二是所使用的意符从形符变为以义符为主,三是记号字、半记号字逐渐增多。汉字象形程度的降低,是促使人们少造表意字、多造形声字的原因之一,而形声字成为主流又为汉字象形程度进一步降低创造了条件。这种文字形体的变化,常常破坏或改变文字的结构。记号字的大量出现就主要是汉字形体变化引起的,这从文字结构上看是一种倒退,然而却是为了简化字形、提高文字的使用效率必须付出的代价。裘锡圭(1985)同时也提出疑问,把象形文字改造成为隶、楷而破坏一部分文字的结构是迫不得已,也是值得的。但在是楷书早已成熟的情况下,仅仅为了减少笔画而去破坏某些字的结构,是不是有必要把它们都变成记号字是值得商榷的。

　　尽管由于汉字的楷化和简化,汉字字形的表意作用发生了改变,但汉字中仍有74％的形声字。我们可以把形声字做部首的意符看成该字的原型①,其与其他部分组成的汉字成为该原型的家族成员,家族成员都具有该原型所内含的意义,如:"土"做意符时多与泥土、土地、建筑物及人形有关,"艹(艸)"做意符时多与植物、菌类生物有关等。形声字围绕其部首构成家族使得形声字在造字时更有理据性。大陆对汉字部首的改变虽然从字形上看不出差别,但实际上削弱了意符的凝聚力,与台湾汉字相比较属于隐性差别,对于汉字的长期发展存在隐性影响。表意部件不再表示该类汉字的类属,将汉字

---

① 这里我们借用认知学上的原型理论(prototype),原型理论认为分类与"原型"(prototype)或者说是"中心成员"(central member)有关,且"中心成员"可能以"家族集合"的形式与另外的成员相关联。这里借用原型理论,并不强调"渐变",而只强调"相关"。

与其表部件割裂开来。

这种割裂主要是由于台湾据义定部,而大陆在据义定部的基础上据形定部造成的。对于应该就形定部还是就义定部的问题,陈燕(2005)认为据义定部是说文部首法的核心,兼据形义定部是康熙部首法的核心,据形定部法是现代部首法的核心。汉字的楷化、记号字的出现和简体字的出现使得完全据义定部不可能,很多字无法确定意符。从共时角度看,部首作为检索工具,没有必要去承担溯源这一任务。苏培成(2007)认为据义定部适合专业语文工作者使用,据形定部适合非语文工作者使用。两种查字法都应长期使用,对据义定部进行必要改进,对据形定部展开积极研究使其成熟。

改变部首的目的在于更加方便查找,但从两表的对比中,我们可以发现两个问题:一是过多的汉字部首从表意部件变为了首笔画,反而增加了查寻难度,令人费解,如"且、凸、凹、甲、申、由、史、央、冉"都在"丨"部;二是许多明显的表意部件被更换容易造成围绕某一部件构成了家庭成员体系的紊乱,如"未、末、本"原在"木"部改为"一"部,三字原本表意,跟木字关系密切,这样切断其中联系,对其意符表意功能的破坏十分明显,也隐形地从内部改变了汉字的结构。

2.2 两表相比字形相似的汉字

字形相似的字主要来源于笔形的改变,包括笔画的相连或相交的改变,笔画的增加或减少,本文将此类相似字形分为两类。

第一类是字形几乎完全相同,部首有细微的差别。字形完全一样,但笔画数不同的部首有7个;其中"邑"部和"阜"部都写作"阝",写法上相同;"辶"部和"艹"部成字时在台湾与大陆笔画数不同,列出如下:

（3）陆　　　台	陆　　　台
夂②——夂③	瓦④——瓦⑤
阝②——阝③	鬼⑨——鬼⑩
艹③——艸(艹)④	骨⑨——骨⑩
辶③——辵(辶)④	

除部首有细微差别之外，其他部件完全相同的汉字共有173字。例如：

（4）夂部——夂部	辶部——辶部	艹部——艹
廷⑥——廷⑦	迂⑥——迂⑦	芒⑥——芒⑦
延⑥——延⑧	迫⑧——迫⑨	芙⑦——芙⑧
建⑧——建⑨	送⑨——送⑩	苞⑧——苞⑨

第二类是字形几乎完全相同，含有除部首之外微别部件的汉字。字形几乎完全相同，但除部首以外部件有细微差别。我们可以首先找到这些有细微差别的部件，共35个。例如：

（5）陆　　　台	陆　　　台	陆　　　台
之③——之④	耒⑥——耒⑥	差⑨——差⑩
及③——及④	舌⑥——舌⑥	敖⑩——敖⑪
吴⑦——吴⑦	垂⑧——垂⑨	遥⑬——遥⑭

含有这些微别部件的汉字，共134字，例如：

（6）陆　　　台	陆　　　台	陆　　　台
泛⑦——泛⑧	炬⑨——炬⑩	流⑨——流⑧
吸⑥——吸⑦	拔⑧——拔⑧	录⑧——录⑧
似⑥——似⑦	唤⑩——唤⑫	娱⑩——娱⑩

大陆和台湾常用字形中出现的这种字形上的细微差别，主要是由于新旧字形的改变以及两岸制定字形标准时不同的原则。

台湾《国字标准字体表》的研订是对现有的字形加以挑选,而非另创新形;字体从古从俗,以符合六书的原理为原则;通行字体优先选取具有教育意义的,具有原字的构形者。具体到选取原则上,字之写法,无关笔画之繁省者,则力求符合造字之原理,例如:"吞"不作"呑","鬪"不作"鬭";凡字之偏旁者,古与今混者,则予以区别,例如:"朗""肋"(两"月"写法不同);凡字偏旁,因笔画近似而易混者,予以区别并加以说明,例如:"甜""活"("舌""舌"写法不同)、"任""呈"("壬""壬"写法不同)。

大陆《印刷通用汉字字形表》指出整理字形的标准是:"同一个宋体字有不同笔画或不同结构的,选择一个便于辨认、便于书写的形体;同一个字宋体和手写楷书笔画结构不同的,宋体尽可能接近手写楷书;不完全根据文字学的传统。"傅永和(1991)归纳《印刷通用汉字字形表》整理字形依据的原则有六点:一是宋体楷化;二是字形结构和笔势尽量服从横写的需要;三是折笔尽可能改成直笔;四是合并形似部件以减部件数量;五是按读音分化原有部件;六是断笔尽量变成连笔。

不同的字形标准造成两岸在笔形、笔画数和部件构成上有了一些细微的差别。两岸在中文信息处理中各自遵从了自己的规范标准,从而在 CJK 字符集 G 列和 T 列字形分别收录了大陆和台湾不同的字形,这些差异也就被确认了下来。这些差异与大陆新旧字形的差别不完全相同,也不仅仅是新旧字形的规范造成的,而是在不同的字形研订规则指引下的一系列差别。这些差别在阅读上不构成障碍,在两岸字形差异中也不占据主要地位,但对于弄清大陆与台湾汉字字形的真实情况是十分必要的工作。

2.3 两表相比字形不同的汉字

两表中字形不同的汉字主要是繁简字和异体字。

第一大类是繁简字。

本文将两岸繁简字分为三类，一一对应含有类推简化部首的汉字，一一对应不含类推简化部首的汉字和一简对多繁。

其一，一一对应且含有类推简化的繁体字。含有类推简化的部首，共有21个，例如：

(7) 陆 台	陆 台	陆 台
见——見	韦——韋	纟——糸
贝——貝	风——風	卤——鹵
讠——言	飞——飛	麦——麥

含类推简化部首且一一对应的繁体字共有351字，有含类推简化部首和微别部件的汉字15字，共366字，例如：

(8) 陆 台	陆 台	陆 台
缉——緝	财——財	饮——飲
编——編	贵——貴	饭——飯
缎——緞	赏——賞	馆——館

在部首是类推简化的繁体字中也包含了其他部件同时简化的汉字，这些汉字是这一部分汉字中差异较大的一部分，也是识认和学习的难点，共49字。列出如下：

    a. 见部：觉、览

       见部：覺、覽

    b. 言部：认、论、讳、讽、讲、识、讥、议、译、读、让

       言部：認、論、諱、諷、講、識、譏、議、譯、讀、讓

    c. 纟部：经、紧、纲、练、维、绩、缕、纵、织、绕、绎、绳、绘、缤、继、缠

糹部：經、緊、綱、練、維、績、縷、縱、織、繞、繹、繩、繪、繽、
   繼、纏
d. 贝部：贮、贤、购、赎
   貝部：貯、賢、購、贖
e. 门部：闯、闸
   門部：闖、閘
f. 页部：顾、顽、颊、颈
   頁部：顧、頑、頰、頸
g. 饣部：饶、馋
   食部：饒、饞
h. 马部：驱、骄、驴、验
   馬部：驅、驕、驢、驗
i. 鸟部：鸥、鹦
   鳥部：鷗、鸚

其二，一一对应不含类推简化部首的汉字。在不做部首的部件中也存在部件类推简化的规律，这些类推简化的部件构成了一一对应的繁简字的主体部分。通过对这些有规律的类推简化部件的学习，可以加深对两岸汉字字形的掌握程度。在两表中我们可以发现常用的类推简化部件共有 25 个，例如：

(9) 陆　台	陆　台	陆　台
队——隊	夹——夾	买——買
无——無	尧——堯	卖——賣
东——東	亚——亞	呙——咼

繁简一一对应，不含类推简化部首且部首不同的汉字共 201 字，这些字也是繁简对应中的识认难点，例如：

(10) 陆 台	陆 台
厂(厂部)——廠(广部)	厅(厂部)——廳(广部)
亏(一部)——虧(虍部)	艺(艹部)——藝(艸部)
与(一部)——與(臼部)	劝(又部)——勸(力部)
卫(⺄部)——衛(行部)	旧(丨部)——舊(臼部)

一一对应的繁简字中也出现了部首的改变,造成这种改变的原因多样。如繁体字"韓"从取"韋"部变为简化字"韩"取"卓"部,繁体字"賓"取"貝"部变为简化字"宾"取"宀"部",是由于部首规定的不同原则造成的;如繁体字"離"取"隹"部变为简化字"离"取"亠"部"部,是由于部件的省略造成的;如繁体字"營"取"火"部变为简化字"营"取"艹"部,则是由于部件的改写;如繁体字"釁"取"酉"部变为简化字"衅"取"血"部,繁体字"驚"取"馬"部变为"惊"取"心"部,是由于简化字形的完全改变。

其三,一简对多繁。两表中所涉及的一简对多繁,共有 94 对。例如:

(11) 简	繁
a. 卜(卜部)	卜(卜部)
	葡(艹部)
b. 几(几部)	几(几部)
	幾(幺部)
c. 干(干部)	干(干部)
	乾(乙部)
	幹(干部)
d. 叶(口部)	叶(口部)
	葉(艹部)

一简对多繁实际上增加了大陆《通用规范汉字表》的容量,但因其对应关系复杂,也将是两岸文字交流中的学习难点。一简对多繁很多简化字的本字就在《通用规范汉字表》中,但"丰、叶、冲、坝、卤、种、党、涂、据、淀、筑、篱"的本字没有出现在《国字标准字体表》中;也有一简对多繁,虽在《国字标准字体表》中有本字,但在大陆《通用规范汉字表》中并标出本字,如"只"。而且并不是大陆《通用规范汉字表》中所有对应的繁体字都在台湾使用,如"灶"的繁体字"竈"就未在台湾使用,台湾使用"灶","衔"的繁体字"銜"也未在台湾《国字标准字体表》中,而使用其异体字"啣"。

第二大类是异体字。

异体字指的是,不同时期或地域同一汉字的不同形态,主要体现在部件的更换、位置移动以及造字方法不同。两表共涉及异体字79对,例如:

(12) 陆	台	陆	台
册(丿部)	冊(冂部)	异(己部)	異(田部)
你(人部)	妳(女部)	携(手部)	攜(手部)
凉(冫部)	涼(水部)	栖(木部)	棲(木部)
叠(又部)	疊(田部)	尝(小部)	嚐(口部)

异体字主要来源于各个朝代对汉字的整理、规范和创造。在大陆的《通用规范汉字表》和台湾的《国字标准字体表》中,都收了异体字,但两地的收字原则不同:台湾采用多体兼收,大陆只收最通行的几个异体字。两表比较,大陆只收一标准字形,其余均为异体字,而台湾则视其使用频率多体并收。如:大陆《通用规范汉字表》收"凄"字,台湾《国字标准字体表》收了"棲、凄"两字,两字均为"凄"的异体字;大陆《通用规范汉字表》收"奸"字,台湾《国字标准字体表》中收

"奸、姦"两字,"姦"为"奸"的异体字。

3. 结语

从两岸常用字字表对比中,可看出两岸常用字字形的差异。相同字形占 56.3%,相似字形占 9.1%。两岸相似字形中仅包含微别部首和微别部件,相似程度极高,不会对阅读造成障碍。因此从应用角度上看,不对阅读造成障碍的文字占 65.4%。不同字形占 34.6%,其中繁简字 1080 组,异体字 79 组。繁简字中含有类推简化部首的汉字有 366 组,这类汉字仅仅是部首的繁简不同,对识认也不构成障碍。这一数据说明大陆与台湾的汉字字形相似程度很高。繁简字和异体字是两岸汉字字形差异的重点和难点,尤其是不含类推简化部件的繁体字,一简对多繁。本文厘清了两岸常用字字形差异。在相同字形中将不同的部首标出;在相近字形中总结出微别部首和不做部首的微别部件,详细说明这些细微差异;对不同字形中的繁简字和异体字的对应关系进一步说明,将异体字关系的一一对应及繁简字中的一简对多繁体和部分例外现象进行了说明。

汉字的简化和不同的文字规范是造成两岸汉字差异的最主要因素。简化是汉字字形的主流演变趋势,是顺应文字演变趋势的自然结果。近年来,不少人对汉字简化进行了批评,认为汉字简化改变了汉字字形,削弱了汉字的表意功能,也有不少人提出要恢复繁体字。通过本文的研究和调查,可以对这个问题做出一些回应。

首先必须明确,在《通用规范汉字表》一级字表的 3500 个汉字中,简化字的比重只占 35%(包含类推简化),而《简化字总表》也共收 2235 字,占《通用规范汉字表》的 30%。评价简化字的优劣,要看它是不是保证了汉字原来的表意性质,能不能从字形上有效地区别意义的类属和范畴,能不能保证汉字与汉语之间做到一字一词的简明对应关系。

其次,就两岸目前的汉字规范来看,除去一部分没有类推简化的繁体字和异体字,两岸常用汉字字形相似字高达65％,而且大部分的汉字都出现在具体语境里,这说明在日常生活的运用中,汉字差异很少造成使用障碍。真正在现实生活中造成使用障碍的是输入法等一些实用工具,如台湾注音字母和大陆汉语拼音输入法的差异。

再次,必须承认,汉字字形的改变确实削弱了其表意功能,使得很多汉字原本含义消失。但作为书写工具来说,它最重要的功能是记录和传播。简化字在保留了相当一部分汉字表意表音功能的基础上对汉字进行了笔画减省,使书写更加便捷是社会生产发展和计算机时代的要求。

最后,不在流通领域使用的汉字最终可能不会再被人们使用,这是汉字演化的正常轨迹。在计算机非常发达的今天,现有汉字是否还将发生变化不得而知,但计算机输入在一定程度上帮助固定了汉字形态。

参考文献

[1] 陈燕.现代部首法的建立[J].中国文字学会第三届学术年会论文集[C].保定:2015.
[2] 程荣.两岸三地汉字字形问题探讨[J].中国语文,2014(1).
[3] 邓章应、黄艳萍.台湾《手写行书范本》中的简体字研究[J].台湾研究,2012(4).
[4] 费锦昌.海峡两岸现行汉字字形对比研究[J].语言文字应用,1993(1).
[5] 冯寿忠."非对称繁简字"对照表[J].语言建设通讯,1997(53).
[6] 冯寿忠、李桐贤.关于非等同异体字[A].汉字书同文研究(第三辑)[C].香港:香港华夏出版有限公司,2002.

[7] 傅永和.谈规范汉字[J].语文建设,1991(10).
[8] 郭熙.试论海峡两岸汉语差异的起源[J].语言学通讯,1993(1—2).
[9] 胡双宝.海峡两岸用字异同议[J].汉字文化,1993(3).
[10] 李乐毅.80％的简化字是"古已有之"的[J].语文建设,1996(8).
[11] 李牧.两岸汉字字形的比较与分析[A].汉字书同文研究(第六辑)[C].香港:香港鹭达文化出版公司,2005.
[12] 李宇明.规范汉字和《规范汉字表》[J].中国语文,2004(1).
[13] 李宇明.国家通用文字政策论[J].世界汉语教学,2013(1).
[14] 林仲湘、李义琳.略论新旧字形的规范问题[J].语言文字应用,2008(1).
[15] 裘锡圭.文字学概要[M].北京:商务印书馆,1985.
[16] 苏培成.重新审视简化字[J].北京大学学报,2003(1).
[17] 苏培成.《规范汉字表》的研制[J].语言文字应用,2004(5).
[18] 苏培成.谈据形定部[J].辞书研究,2007(2).
[19] 许长安.海峡两岸用字比较[J].语文建设,1992(1).
[20] 许长安.台湾"标准字体"评介[J].语言文字应用,2003(4).
[21] 许长安.台湾的汉字标准化[J].中国文字研究(第六辑)[C].南宁:广西教育出版社,2005.
[22] 颜逸明.海峡两岸统一用字的思考[J].语文建设,1991(2).
[23] 游汝杰.台湾与大陆华语文书面语的差异[J].语言建设,1992(11).

计算机字符集ISO10646中大陆与台湾同编码汉字字形差异的特点*

张素格　陈双新

（河北科技大学外国语学院；北京语言大学语言科学院）

【摘要】　ISO 10646 字符集是国际标准化组织 1993 发布的国际编码标准的首个版本，它将中日韩(CJK)的20 902个表意字符放到一起，实现了计算机网络的无障碍传输。该字符集中海峡两岸同编码的18 368个汉字中有8943字在笔形、笔画、笔画交接方式、结构方式和部件五个方面存在或大或小的差异，这些差异大致具有这些特点：一、差异细微，规律明显；二、集中表现为笔形和笔画关系的差异；三、字形差异所造成的阅读障碍不大；四、台湾字形结体相对松散，大陆字形较为紧凑。

【关键词】　大陆；台湾；CJK 字符集；字形；差异；特点

1993年12月国际标准化组织发表ISO10646国际编码标准的

---

* 本文获得国家社科基金重大项目"《通用规范汉字表》8105 字形音义源流研究"（14ZDB099）、国家语委项目"现行汉字宋体、楷体字形现状及其规范规则研究"（YB125-123）和河北省社科项目"现行汉字宋体字形整理及其规范化研究"（HB14YY028）的支持。

首个版本,全名是 ISO/IEC 10646 第一部分(ISO/IEC 10646—1：1993),它收录了20 902个表意字符,是将中国大陆和台湾、日本及韩国的标准汉字放到一起,将抽象字形相同的字作为一个字划归为一个编码。同时编制了《中日韩统一汉字字符集》,又称为"CJK 统一汉字"。CJK 中的 G 列(中国大陆字形)包括了源自大陆的 GB2312[①]、GB12345[②]、《现代汉语通用字表》[③]等法定标准的汉字和符号;T 列(中国台湾字形)包括源自台湾的 CNS11643[④] 标准中的第 1、2 字面(基本等同于 BIG5 编码)和第 14 字面的汉字和符号。在 CJK 的核心部分20 902字中,大陆和台湾相同编码的汉字有 18 368个[⑤],大陆多出的 2534 字是 2235 个简化字和少数笔画和部首字。对比两岸有一一对应关系的18 368字,发现两岸字形完全相同的字共有 9425 字,占可对比的18 368字的 51.3%。其余有对应关系的 8943 字在笔形、笔画、笔画交接方式、结构方式和部件五个方面存

---

① 1980 年国家标准总局颁布了《信息交换用汉字编码字符集·基本集》(GB2312—80),它是中文信息处理的重要标准,是基础的规范汉字集,不收《简化字总表》已简化的繁体字和《第一批异体字整理表》废止的异体字。通行于大陆、新加坡等地也等同使用。

② 1990 年 6 月国家标准总局颁布了《信息交换用汉字编码字符集·辅助集》(GB12345—1990)。它是与《基本集》相对应的繁体字集。

③ 1988 年国家语委和新闻出版署在《印刷通用汉字字形表》的基础上制定了《现代汉语通用字表》,收 7000 字,包括了国家语委和国家教委 1988 年 3 月联合发布的《现代汉语常用字表》中的 3500 字。

④ CNS11643 是指 1986 年 10 月台湾几个主管部门合编的《通用汉字标准交换码》,以《常用国字标准字体表》和《次常用国字标准字体表》为依据,再加上现行中文系统中过滤选择使用频率较高的 1907 字合编而成。至 1992 年,共收汉字48 711 个。

⑤ 据国际标准化组织表意文字工作组(ISO IEC/JTC1/SC2/WG2/IRG)编辑王晓明告知,现在的 CJK 字符集20 902字,G 列(即大陆提交字形)已经做了内扩充,全部20 902字都有。未做扩充以前,G 列17 123个,T 列(即台湾提交字形)18 368个,二者占用相同码位的字是14 890个。

在或大或小的差异,占可对比的18 368字的48.7%。(陈双新、张素格 2010)通过对两岸差异字形的详细比较和分析,可以大致归纳两岸字形差异具有如下特点。

1. 差异细微,规律明显

两岸存在字形差异的8943字,其差异点分布在五个方面:笔形、笔画、笔画关系、部件、结构方式,每一类型又呈现出鲜明的特点。

笔形差异的特点是大陆字形多采用从俗从简易于书写的字形,学界称其为新字形,台湾字形多采用传统的宋体笔画,学界称其为旧字形。如:"壬、甪、反、舌"的首笔和"風"中间的首笔,大陆写为撇,以便于笔势上与下一笔的衔接,台湾则保持传统字形写为横,如 壬 壬、任 任、甪 甪、插 插、反 反、返 返、舌 舌、恬 恬、風 風、楓 楓(为了保证字形的准确性,对比字形皆以图片方式直接从计算机 CJK 字符集中截取,前者为大陆字形,后者为台湾字形。后同)等120字;"吴"做字的构件时,下部件"天"大陆用的是以横起笔的"吴",台湾用的是以竖折折起笔的"吳",如:误誤、鶂鶂等11字;"户"做字的构件时,大陆用的是以点起笔的"户",台湾用的是以撇起笔的"戶",如:护护、启启、扁扁、戾戾、扇扇、扈扈、肩肩等107字;"穴、冂、詹、交、幸"中间部件,大陆写为"八",台湾写为"ノㄟ",如:空空、突突、帘帘、邊邊、冋冋、商商、矞矞、詹詹、交交、夋夋、傻傻、嬰嬰、幸幸、埶埶、廛廛等334字。

楷书区别于隶书的一个特点是回笔出峰,是为追求书写的快捷,大陆字形多顺应这一书写习惯,而台湾字形则多保持隶书笔画的波磔之势,如"八"的右笔和"公、分"的上部右笔,大陆写为捺,台湾写为横折捺,如八八、穴穴、兮兮、公公、分分等130字;"七"及以其为构件的字,大陆带钩,台湾不带钩,如七七、皂皂、虍虍、虎虎、虚虛、虐虐等174字;"奄、宂"的末笔,大陆带钩,台湾不带钩,如:奄奄、宂宂、侃侃等53字;"示"下部的中竖,大陆带钩,台湾不带钩,如示示、奈奈、宗宗、禁禁等88字;"票、尉"中的"示"是"火"的变形,中竖大陆带钩,台湾不带钩,如票票、尉尉等50字;"亲、杂、茶、条、杀、术、余"下部,大陆写作带钩的"木",台湾写作不带钩的"木",如亲亲、新新、杂杂、雜雜、茶茶、條條、寨寨、刹刹、途途等46字①。笔形差异共涉及约4000字,以上差异涉及2000字。仅有少数笔形差异是台湾字形书写更快捷,如"火、刃"左部"点",大陆写为撇点,台湾写为顿点,两者方向不同,如火火、秋秋、劳劳、刃刃、办办、梁梁等共558字;"羽、甫、甬"做字的上部构件,横折竖笔大陆不带钩,台湾带钩,如:翠翠、翟翟、習習、翠翠、専専、勇勇、勇勇等共123字。这样的笔形差异涉及的汉字不到1000个。

笔画差异表现为笔画的断与连,突出的特点是大陆为求书写的快捷,常常将相类笔画合并或将相近笔画相连。如"艹",大陆将横连为一笔,台湾断为两笔,并且分为两种形式,一是形如两个并列的"十"字,如:苗苗、若若、英英;二是形如"卝"(kuàng)字,如蓳蓳、

---

① 《通用规范汉字表》2009年8月的公开征求意见稿中,对包括"亲、杂、条、杀"等《现代汉语通用字表》中与《印刷通用汉字字形表》的笔变异规则不一致的44个字做了字形微调,由于"大多数意见认为字形微调会改变长期以来形成的使用习惯,将给大众用字造成麻烦,担心影响学生学习、考试和增加社会成本,认为不宜轻易改动"(参阅教育部语言文字信息管理司组编《信息时代汉字规范的新发展——〈通用规范汉字表〉文献资料集》,商务印书馆,2015),在2013年6月国务院公布的《通用规范汉字表》中,字形调整问题暂不涉及。大众对字形微调的担心其实都不存在,因为字形调整是出于更好的保持汉字字形系统性的需要,学术理据很充分,且只针对宋体印刷字,不涉及楷体字形和个人手写。参阅卜师霞《汉字讨论需要理性回归——谈〈通用规范汉字表〉对44个字形的微调》(载教育部语用所编《语文信息》第164期)。

计算机字符集 ISO10646 中大陆与台湾同编码汉字字形差异的特点

穟穟、敬敬、蔑蔑、薔薔、寬寬①。两种共涉及 1308 字。又如"羞、差、羌、象"等上部的竖与下部撇,大陆连写为一笔,台湾断为两笔,如羌羌、差差、羞羞、養養、鬼鬼、象象等共 104 字;"冎"和"骨"上部中间笔画,大陆"横"向左,与竖连为一笔,台湾横笔向右,与竖分为两笔,如咼咼、骨骨等共 93 字;"瓦、印、以"左下部的竖和提,大陆是一笔,台湾是两笔,如瓦瓦、印印、以以等共 62 字;"及"的右部折笔,大陆是一笔,台湾是两笔,如及及②、极极等共 24 字;"者、吕、蚤"做字的构件时,台湾多一点,如猪猪、莒莒、蚤蚤等 38 字。只有少数字形大陆比台湾笔画多,如"充、育、流"上端部件,大陆首笔是点,四画,台湾首笔为横,将一横上面的点和下面的撇折连为一笔③,三画,如充充、育育、流流等共 43 字;"卸"左下部的竖与提,大陆写作两笔,台湾连为一笔,如:卸卸、御御、衕衕等 10 字。两者共 53 字。

笔画关系有六种形式的差异,字量比较多的有两种:一类大陆是相接关系,台湾是相交关系,如"女"的第二笔和第三笔,大陆是相接右出头,做左构件时右边也不出头;台湾是相交,上边和右边都出头,如女女、安安、婁婁、委委、妻妻、奴奴、如如等共 671 字;"文"的捺与左部的撇,大陆是相接不出头,写作"乂",台湾是相交出头,如䢒䢒、夋夋、墢墢、奰奰、愛愛、憂憂、復復、夔夔、麦麦等共 161 字。又如"丑"和"彐"中间的横与右竖,大陆是相接不出头,台湾是相交右出

---

① 后一种情况实际上与草字头毫无关系,而来源于今已不用的"丫"字(《说文》作丷),本义是羊角的象形,读 guǎi。但大陆字形已完全混同于草字头,故一并讨论。

② 台湾字形右下为表示手的"又"字,保留了字形理据,其甲骨文、金文、小篆字形分别为 ,字形义表示一只手抓住一人,即《说文》释为"逮也"之义。

③ 台湾字形将"充、育"等字上部写作三笔的"㐫",也是保留字形理据,因其是表示倒子形,义为"不顺忽出也"的小篆"㐭"演变而来。

头，如丑丑、浸浸、尋尋、帯帶、彗彗、慧慧、急急、雪雪、灵灵等共99字。

另一大类是大陆是相接关系，台湾是相离关系，如"辰、長、良、艮、襄、袁、衣、文、叉、展、表"中的捺与其上部的横，大陆是相接，台湾是相离，如辰辰、長長、良良、艮艮、畏畏、襄襄、罷罷、袁袁、依依、裘裘、文文、叉叉、展展、表表等共363字；"夂"即支字变形，俗称反文旁，捺与左上撇，大陆是相接，台湾是相离，如敝敝、敬敬、敢敢、敖敖、孜孜、敫敫、敦敦、攸攸等共330字。以上两类涉及汉字2872个，其余四种形式共涉及汉字399个。

部件差异表现为部件的分与合，大陆字形多把近似的偏旁加以合并，如壬、壬合并为壬，如廷廷、庭庭、淫淫等24字；舌、舌①合并为舌，如舌舌、恬恬、甜甜、舔舔等18字；艸、卄合并为艹，如：苗苗、若若、英英、蒙蒙、暮暮、葛葛、華華、垂垂、蓳蓳、穫穫、敬敬、蔑蔑、薈薈、寬寬等1308字；月、⺼（"肉"字的变形）合并为月，如肖肖、冐冐、育育、惰惰、胡胡、猷猷、骨骨、龍龍、祭祭、炙炙、瑤瑤等669字。台湾则都严加区分为两个部件。台湾注重字源，取其合于初形本义者；大陆注重简易，取其便于群众学习。

大陆和台湾字形结构方面的差异很小，在CJK字符集中只有53个字存在结构差异，其中49字是大陆采用左右结构或上下结构，台湾采用半包围结构，如：麩麩（同类17字）、魝魝（同类25字）、感感、

---

① 舌头的"舌"甲骨文和小篆字形作👅、👅，是舌头的象形，主要做意符，如甜、舔。表示塞口，音为kuò，小篆作👅的昏，隶变后与表示舌头的"舌"同形了（《说文》"昏"字，段注："凡昏声字，隶变皆为舌，如括、刮之类"），主要做声符，如活（𣴀）、话（𧪞）、括（𢬵）、刮（𠛟）、栝（𣓀）、銛（𨬰）、聒（䎹）、鸹（䴢）等（括号中的字形均为其前字的小篆字形）。

计算机字符集 ISO10646 中大陆与台湾同编码汉字字形差异的特点

感 感(同类 7 字);2 字大陆是半包围结构,台湾是上下结构:愿 愿、
廛 廛;"熙 熙"字的"冫"①大陆位于整字的左部,台湾是上左部;
"獅 獅"字的"艹",大陆是作为左中右结构的中上部件,台湾是作为
左右结构的右上部件。

2. 海峡两岸的字形差异集中表现为笔形和笔画关系的差异

通过粗略统计,海峡两岸存在差异的 8943 字,其差异点有一万个之多,因为有些字的差异点在两个或两个以上,如:"敬 敬"的差异点有"艹""攵"两处,统计两次,"敢 敢"的差异点有左上、左下、右侧三处,统计三次,多数字的差异点只有一个。这一万多个差异点分布在五个方面:笔形、笔画、笔画关系、部件、结构方式,其中笔形类差异共涉及汉字 4000 多个,占差异点的 40%。笔画关系的差异共涉及汉字 3000 多个(占差异点总数的 30%),笔画多少的差异涉及 2000 字(占差异点总数的 20%),部件差异涉及 1300 多字(占差异点总数的 13%),结构方式差异仅涉及 53 字(占差异点总数不到 1%)。前两者相加已达到 70% 之多。可见两岸字形差异的分布点比较集中,主要在笔形和笔画关系两方面。

3. 台湾字形结体相对松散,大陆字形较为紧凑

在 CJK 字符集中,大陆和台湾字形结构方面的差异很小,只有 53 个字存在结构差异,主要表现为大陆采用左右结构或上下结构,

---

① "凞、熙"字中的"冫"是笔画讹变而来,与冰冷意无关,杨宝忠老师曾面告:"熙、熙、凞"实为一字,"凞、熙、熙"是"熙"的俗讹字。《篇海类编·时令类·冫部》:"凞,和也。"《字汇·火部》:"熙,俗字,本作熙。"

301

台湾采用半包围结构,字例见上文。

但是绝大多数的台湾字形结体比较松散,而大陆字形相对比较紧凑。这从两岸字形存在笔画关系差异的 3000 多字中可见一斑,其中台湾字形有 1700 多字是相离关系。大陆是相接关系而台湾是相离关系的字有 1678 个,如辰辰、長長、良良、艮艮、畏畏、襄襄、晨晨、袁袁、依依、裘裘、文文、叉叉、展展、表表、敝敝、敬敬、敢敢、敖敖、孜孜、敞敞、敦敦、攸攸、匊匊、舜舜、氣氣、栗栗、傑傑、呆呆、柔柔、樂樂、秦秦、稟稟、录录、暴暴、康康、黍黍、系系、瓜瓜、爪爪、酉酉、酋酋、尊尊、無無、舞舞、黽黽、廣廣等;大陆是相交关系,台湾是相离关系的字有 32 个,如尨尨、叟叟等。而大陆是相离关系的字仅有 9 字:吮吮、琉琉、抗抗、犹犹、阮阮、駛駛、銃銃、鋭鋭、琉琉。

除此之外,台湾字形标准均采用大五码,字的长宽比例与大陆字形不同,即使是字形写法与大陆完全相同的字其结体也比较松散。如:兑兑、灰灰、身身、毁毁、晋晋,每组中后者明显比前者略宽,结体未及前者紧凑。大陆字形"从已经公布的汉字点阵字形国家标准和已经通过专家鉴定的汉字点阵字形研究成果看,其汉字点阵字形的设计符合字形设计的原则,即做到了:1.字形规范;2.字形结构端正、重心平稳;3.均匀足格,大小一致;4.部件组合的比例协调,上下对准,左右平衡;5.粗细、黑白度的处理得当;6.笔画舒展自然;7.部件套用合理。从而达到了五性,即字体的正确性、整幅字的一致性、实际字形的清晰性、笔形部件的规范性、实用效果的美观性"。(傅永和 1991)

本文所分析 CJK 字符集的字形差异主要是传承字和繁体字,不包括繁简字和异体字的差异。这些差异虽然数量很大,但对读者视读并不构成障碍,比如笔画的离合关系,一般的文字使用者根本觉察不到它们的区别。这些差异与费锦昌(1993)所指的大陆和台湾"字形近似"部分相当,他认为这类差异"可忽略不计。消除差异、统一字形也只是举手之劳"。但二十多年过去了,这些差异依然存在,在 CJK 字符集中所占比例反而加大[①]。可见,理论上的确是"举手之劳"的字形统一问题,真要做到"统一"也并非易事。

计算机的信息化,对文字符号的标准化、规范化提出了更高更严格的统一标准。对这些占有同一个计算机码位、功能完全相同的汉字,两岸字形若做到完全统一,将利于中小学识字教学和对外汉语教学,利于两岸乃至全球的文字交流。当然,这一点是否需要做到和能否做到,首先取决于两岸学者和广大使用者对字形问题的认识。

参考文献

[1] 陈双新、张素格.大陆与台湾 CJK 汉字字形比较与研究[A].中国文字学报(第三辑)[C].北京:商务印书馆,2010.
[2] 费锦昌.海峡两岸现行汉字字形的比较分析[J].语言文字应用,1993(1).
[3] 傅永和.汉字点阵系列标准的研制[J].语文建设,1991(1).

---

① 费锦昌先生将大陆的《现代汉语通用字表》和台湾的《常用国字标准字体表》进行对比,将用作比较的 4786 字分为三类:大陆和台湾字形相同(1947 字)、大陆和台湾字形近似(1170 字)、大陆和台湾字形不同(1669 字)。两岸不同的字形主要是繁简字和异体字,本文未做讨论,去除 1669 字,那么两岸近似字形 1170 字占对比总数 3117 字的 37.5%,而 CJK 字符集中这类差异字形占对比总数的 48.7%。

《新订异体字表》异体字在台湾留存情况考察

王立军 白 如

(北京师范大学民俗典籍文字研究中心)

【摘要】 异体字整理是汉字规范工作的一个重要组成部分,也是汉字应用研究领域的一个焦点课题。由于海峡两岸汉字规范整理的目标和原则不尽相同,双方对于异体字的处理结果也就存在着不少差异。本文试图从规范字表、权威辞书及实际应用三个层面,对大陆《新订异体字表》异体字在台湾地区的留存情况进行考察,力求真实反映《新订异体字表》异体字在台湾地区实际语言生活当中的使用情况。在此基础上从汉字系统优化的角度对这些现象进行分析评价,并为两岸异体字整理工作提出合理的建议。

【关键词】 异体字;《一异表》;《新订异体字表》;汉字规范

异体字整理是汉字规范过程中的重要工作,早在新中国成立初期,整理异体字就同简化汉字一道,成为规范汉字的核心任务。1955年颁布的《第一批异体字整理表》(简称《一异表》)是大陆汉字改革的第一个正式法定正字标准,共收录异体字组 810 组,合计 1055 个异体字。《一异表》正式颁布以来,对于精简汉字字数、减少冗余信息、提高使用效率等方面有诸多贡献。但由于当时研制背景和研制宗旨的影响，《一异表》也存在一些不尽科学的地方，有些不该归并的字也被作为异体字进行归并，从而影响了书面语言的准确表达，也不符合学理上科学认同的原则。因此，在2013年，大陆为配合《通用规范汉字表》的研制，又在此前历次对《一异表》进行调整的基础上，完成了《新订异体字整理表》。《新订异体字整理表》收异体字组数794组，异体字数1023个①，其中有42个异体字在特定意义上可以作为规范字使用。我们知道，台湾一直使用繁体字系统，那么，《新订异体字整理表》中的异体字在台湾的留存情况到底如何呢？这方面的考察可以为大陆异体字整理工作提供借鉴和启示。本文拟对大陆《新订异体字表》中的异体字在台湾相关字表、辞书和实际语料中的留存情况进行考察，借以探讨两岸异体字整理理念、处理原则的异同，反观大陆汉字规范工作的得失。

1.《新订异体字表》异体字在台湾规范字表中的留存情况

台湾汉字规范类字表的研制和颁布要稍晚于大陆。现在作为台湾标准字体的认定标准分别是《常用国字标准字体表》(1982年，简称甲表，收字4808字)、《次常用国字标准字体表》(1982年，简称乙表，收字6341字)和《罕用国字标准字体表》(1983年，简称丙表，收

---

① 上述字数实为字头数，《一异表》和《新订异体字表》异体字组当中均有一字两收的情况。1955年版《一异表》实际字数为1053字，因为"妳"字在"你""奶"组中两见，"杭"字在"糠""梗"组中两见。《新订异体字表》异体字组中实际字头数为1019字，除上述两例外，还有"雠"字在"仇"组和"雠"组中两见；"赿"字在"克"组和"剋"组中两见，特此说明。

字8480字）。而与标准字体配套的异体字整理成果主要是1984年3月正式出版《异体字国字字表》（简称丁表），共收8609字（内含补遗22字）。1995年，台湾教育主管部门国语推行委员会开始编纂《异体字字典》，2001年6月编纂完成，共收正字29 892字，异体字76 338字。该字典属历史性辞书，广罗历代字书文献字形，以正字系联音义相同的其他异体字，对有疑义的字组另加考证说明，是考察台湾用字正异关系的必要参考书目。

台湾异体字的整理以保存典籍用字为出发点，在历史文献当中有过通用现象，且在历代字书当中处理为同一字组的字即被认定有异体关系，所以其收字数量极为庞大。大陆异体字的规范主要从现代汉语使用现状出发，整理历史上留存至今的异体字，所以收字数量有限。两岸异体字整理原则以及出发点的不同，是导致两岸正异择选差异的主要原因。

谈及异体字就必须有其正字作为参照，所以对于异体字的考察我们也要放置在其所属的字际关系当中①。由于《新订异体字表》中一对多的字组在字际关系的判定上更为复杂，所以又分为一对一和一对多两大类。《新订异体字表》正字和异体字在台湾规范字表中所属字级情况也是我们考察的着眼点。为了简化表述方式，我们采用简单的表达式来表示大陆和台湾的正异对应关系，"→"左侧是大陆规范字表的正异关系，右侧是台湾规范字表的正异情况。如下面的

---

① 1955年颁布的《一异表》中与异体字相对应的字是繁体字，为了研究方便，我们暂将其称作"正异关系"，大陆的"正字"，应当是规范字，也即简化字。另外需要说明的是，在判定正异关系时需要将两岸属于异写层面、不影响字际关系判断的字形差异予以认同。如《新订异体字表》中"赖[賴]"字组的正字"赖"在台湾也被收为异体字，而台湾的正字为"賴"，二字仅为书写层面的笔画差异，应该予以认同。类似的字组还有禔[禔]，台湾正字为"禔"，也予以认同。

"正异→异正(共76组)",表示有76组大陆属"正异"关系的异体字组在台湾则是"异正"关系,以此类推。

1.1 一对一字组（共607组）①

1.1.1 正异→正异(共286组)

此类字组所占比例较大,因为汉字发展演变中对于字形有着自然的优化选择倾向,两岸汉字同出一脉,共同承袭前代汉字的流传情况与择选原则,如一些累加形符字造成汉字信息的冗余,在优选原则的调配下,其母字更为常用:桌[槕]、虻[䖝]。又如字形结构多选左右结构而不选上下结构或包围结构:胸[䐏]、儺[䜌]、娴[嬰]。再如形符选择上与字义关联紧密的形符更受青睐:婿[壻]、徇[狥]。所以两岸在正异字的选择上有着不少相通之处,两岸正异关系的主流也是同大于异的。

1.1.2 正异→异正(共76组)

此类字组表示《新订异体字表》中的正字在台湾为异体字,而异体字在台湾被设立为正字。导致两岸正异关系相反的原因与两岸正字择选理念的差异密切相关。台湾的正字多——"取其合于初形本义者",大陆则较多选择后代产生、书写较为方便的字形。如:鈎[鉤]、恒[恆]、届[屆]、删[刪]、衆[眾]、厢[廂]等。

1.1.3 正异→正正(共241组)

此类字组表示《新订异体字表》中的正字和异体字在台湾规范字表中均为正字。如:闲[閒]、占[佔]、阁[閤]等。因台湾规范字表有常用字、次常用字和罕用字之别,所以同一字组内正字所属的字级也

---

① 受到篇幅限制,本文在各类别分析中只标明属于该类的字组总数,并列举一小部分字组。

各有不同。我们将台湾的两个正字分别称为正字 A(与大陆正字相对应)和正字 B(与大陆异体字相对应),以两者所属字级的不同情况加以分类,所得结果为 AB 同为常用字的有 51 组,同为次常用字的有 20 组。AB 所属字级不同,且 A 较 B 更为常用者共 152 组。AB 所属字级不同,且 B 较 A 更为常用者共 18 组。

1.1.4 查无收字(共 4 组)

有几个字组所收字在台湾未找到对应字形,如嗽[嗽]中的"嗽"字;哗[哗]中的"哗"字;慨[嘅]中的"嘅"字;吟[唫]中的"唫"字。因无字形完全对应者,故上述正异字组在台湾不构成正异关系。

1.2 一对多字组(共 415 组)

《新订异体字表》中的一对多字组即一个正字对应两个或两个以上的异体字,因为每个异体字与正字的关系各不相同,为了研究方便,我们将 415 组一对多异体字拆分为 415 个一对一的字组分别进行讨论。

1.2.1 正异→正异(共 186 组)

如:幫[幇]、幫[鞷]、和[咊]等。

1.2.2 正异→异正(共 24 组)

如:缽[鉢]、贇[齎]、叙[敘]等。

1.2.3 正异→正正(共 145 组)

如:刨[鉋]、仿[倣]、剿[勦]等。这类字组中 AB 同为常用字或次常用字者共 41 组;AB 所属字级不同,且 A 较 B 更为常用者共 98 组;AB 所属字级不同,且 B 较 A 更为常用者共 6 组。

1.2.4 正异→异异

此类字组表示大陆的正字和异体字在台湾变为同一正字之异体。多数是由台湾正字的改变所引起的。如在缽[盋缽]字组中,

"缽"为台湾的正字,"鉢、盋"二字同为其异体。类似的字组还有(加黑字为台湾的正字,其他二字在台湾同为该正字的异体):缽[盋鉢]、贲[賁齎]、膻[羴羶]、叙[敍敘]、窑[窰窯]。

1.2.5 正异→无直接关系

无直接关系是指大陆的正字与异体字在台湾无正异关系,也并非同为正字,或同为某一个字的异体字的情况,此类字组多一个为正字,一个为他字异体。如楠[柟枏]字组中"楠"在台为常用字,"枏"为次常用字,"柟"为"枏"字异体,所以楠与"柟"无直接关系。同样类型的字组还有:凄[淒悽]、粳[秔稉粇]。上述第4类和第5类的字际关系比较复杂,共计60组,暂不予深入讨论。

我们以两岸正异关系的对应情况为纲,将一对一字组和一对多字组的分析情况加以整合(总数为1023个字组),统计结果如下:

表 1 《新订异体字表》异体字在台湾规范字表中的留存情况统计表

两岸正异对应关系 类型		一对一	一对多	总计	百分比(%)	
正异→正异		286	186	472	46.1	
正异→异正		76	24	100	9.8	
正异→正(A) 正(B)	同级	71	41	112		10.9
	A更常用	152	98	250	37.8	24.5
	B更常用	18	6	24		2.3
其他		4	60	64	6.2	
总计		607	415	1022	100	

2.《新订异体字表》异体字在台湾辞书领域的留存情况

考察大陆《新订异体字表》异体字在台湾辞书领域的留存情况

时,我们以台湾普及性辞书《国语小字典》和《国语辞典》(简编本)①作为依据。由于台湾普及性的辞书只收录官方认定的正字,异体字不会收入,所以因两岸正异字择选观念差异而产生的"正异→正异"字组和"正异→异正"字组不在讨论的范围之内。只有"正异→正正"字组才具备在辞书中考察的条件,共计 386 组。根据每组中两字义项的异同关系,分为以下几类。

2.1 两字义项基本相同(共180 组)

"义项的基本相同",是指两个字在现代汉语层面上的义项一致。其中个别字在古代字书或文献当中有其特定含义,但在现代汉语当中已基本不用。

如"晻"字在古代用于"晻世",表示昏暗的年代,或用于"晻晻"表示夕阳西下黯然无光的样子。但这两个词在现代汉语中极少使用,故将"晻"与"暗"视为义项基本相同。又如"飖"字,《说文》释为"马疾步也",另有"挂在船上的幔"的意思。同"帆"的义项,但在典籍和日常生活中均较少使用,故将"飖"与"帆"视为义项基本相同。

2.2 两字义项有包孕关系(共104 组)

此类字组表示两字在某一义项上相同,同时正字 A 可以涵盖正

---

① 《国语小字典》是由台湾教育主管部门国语推行委员会主编,专为小学生编写的一部小型字典。其收字范围依据国小课本内容及相关字频统计,共收 4305 字(不含异体字)。释义、注音方面均只收常用义、常用音。本字表中的《国语小字典》的相关资料参考台湾教育主管部门颁布的《国语小字典(第二版)》,网络电子版 地 址 为:http://dict. mini. moe. edu. tw/cgi-bin/gdic/gsweb. cgi? ccd = jAkLXC&o=wframe.htm。

《国语辞典》(简编本)是台湾教育主管部门针对中小学学生及外国人士学习中文的需求,在《重编国语辞典修订本》的基础上精简收字、收词、释义等各项条目编纂而成的。共收 6500 字,词目 45000 条。网络电子版地址为:http://dict.concised.moe.edu.tw/jdict/main/cover/main.htm。

字B。此类字组常为母字与分化字的关系,如戚[慼]中"慼"表示忧伤、悲伤,"戚"字也有此义项,同时另有表示"亲戚"的义项。此类字组还有周[週]、注[註]、沾[霑]、占[佔]、托[託]等。也有的字组中不存在同源关系,仅在某个义项上是同义词,且其中一字的义项范围更广,可以涵盖另一字。如"尠"字在表示"少"的义项上同"鲜",但"鲜"字另外还表示"新鲜、新奇"等含义。

2.3 两字义项有交叉关系（共62组）

此类字组表示两字在某一义项上相同,但正字A无法涵盖正字B。如"鉴"与"鑑"两字在"镜子;审查,细看"两个义项上相同,但"鉴"字还用在书信当中如"鈞鑒、大鑒、臺鑒"等,"鑑"字还用在"光可鑑人、水清可鑑"等词中表示"映照"。

2.4 两字义项各自独立（共40组）

此类字组表示两字互相之间没有相同的义项,分工较为明确。其中有一些有着同源关系,但在表义上各有分工,如"併"表示"合在一起,合併、併購、併攏","并"表示"一齊、同時;并列、兼容并蓄",还通"並"字用在否定词前加强否定语气。也有一些字各有本义,但因字形或字音近似而有借用的现象,这部分情况多出现在常用字与罕用字之间,如场[塲]字组中"塲"字本义为"蚍蜉、犁鼠等所堆垄之土堆",比较罕用,因与"场"形近,故为其异体。

我们将各种类型的字组数据整合,统计结果如下:

表2 《新订异体字表》异体字在台湾辞书领域的留存情况统计表

义项之间的关系	同级	正字A更常用	正字B更常用	总计
基本相同	31	131	18	180
包孕关系	41	58	5	104

(续表)

交叉关系	18	44	0	62
各自独立	21	18	1	40
总计	111	251	24	386

3.《新订异体字表》异体字在台湾实际语料中的留存情况

对于实际应用层面的考察,我们以厦门大学研制的"繁体汉语语料库"为基础。为排除用字过程中个体性、偶然性的因素,我们将出现次数在10次以上的字纳入统计范围。"正异→正异"字组、"正异→异正"字组和"正异→正正"字组为考察对象,共计958个字组。

3.1 "正异→正异"字组（共472组）

其中异体字在台湾语料库中仍使用,且出现次数在10例以上的有48组。台湾对于异体字的使用没有硬性废除的规定,只是加以引导和规范,这也就使得不少在台湾已被认定的异体字仍在实际运用层面通行,使用范围主要集中在一些人名、地名、企业名、商品名等特定领域中。

3.1.1 异体字在人名、企业名中使用(共25组)

括号中的字为常用在人名中的异体字,如：坤[堃]、哲[樑]、勋[勳]、群[羣]、耕[畊]、柏[栢]等。

例句：江國賓經紀人姚鳳韾下午受訪表示,江國賓昨晚知道歡歡死訊後,震驚不敢置信。

3.1.2 异体字使用范围较为固定,但为正字所包孕(共3组)

有个别异体字只在特定的某个词或某几个词中出现,但仍在正字的义项范围之内。如"粧"字常用在"化粧"一词中,而"化妆"一词的用例亦有不少。类似情况还有："蔴"字常用在"芝蔴""蔴油"等名词中，"鑚"多用在"鑚石""水鑚"等名词中。

例句：愛妮雅化粧公司允諾贊助屛東青山和台東樟原兩國小營養午餐和學雜費。

3.1.3 异体字与正字用法基本相同（共20组）

还有一些异体字与正字之间并无明显的记词差别，但异体字在使用数量和使用广度上不及正字。如：泯[冺]、鋪[舖]、查[査]、痴[癡]、果[菓]、梁[樑]、券[劵]、迴[廻]、粳[稉]、效[効]等。

3.2 "正异→异正"字组（共100组）

其中异体字用例不小于10例的字组有41组，其大致分类基本与上述"正异→正异"类字组相同。

3.2.1 异体字在人名或企业名中使用（共11组）

括号外的字为常用在人名中的异体字：恒[恆]、况[況]、珊[姍]、绣[繡]、锈[鏽]、异[異]、咏[詠]、韵[韻]、烟[煙]。另有綫[線]组中"綫"字常用在企业名中，栖[棲]组中的"栖"常出现在地名中。

例句：台南縣已遭砍除的綠色隧道，包括玉井鄉到楠栖鄉的台三線、玉井鄉到南化鄉的台三線。

3.2.2 异体字使用范围较为固定，但为正字所包孕（共3组）

糍[餈]字组中"糍"常使用在"麻糍""糯米糍"等词中。鈎[鉤]组中的"鈎"常使用在"脱鈎""掛鈎"等名词中。踪[蹤]组中的"踪"常使用在"追踪""失踪"等词中。

例句：匯銀人士指出，台北股匯市脱鈎，新台幣兑美元匯率與亞洲匯市連動。

3.2.3 异体字与正字用法基本相同（共27组）

如：唇[脣]、葱[蔥]、鶏[雞]等。

3.3 "正异→正正"字组（共386组）

其中两正字均出现在10例以上的字组有240组。根据两正字在语料库中的使用情况,我们可以分为以下几种类型加以讨论。

3.3.1 两正字分工明确,基本无混同现象(共108组)

(1) 两正字均在常用领域使用(共24组)

此类字组中大陆为异体字的字在台湾为常用正字,与另一个正字有着记词职能的分工明确,最需要引起重视。如阁[閤]字组中"阁"读为gé,常用在"内阁""太魯閣"等词中,"閤"读为hé,常用在"閤家""閤眼"等词中。

例1：業者推出買就送禮,各出奇招送東西,笑得民眾快樂的閤不攏嘴。

例2：日本首相安倍晉三的內閣支持率為百分之三十九。

又如咽[嚥]字组中"咽"读为yān/yè,常用在"咽喉""哽咽"等词中,"嚥"字读为yàn,常用在"嚥下""吞嚥"等词中。

例1：她在上台領獎時一開口就哽咽了。

例2：莫拉克颱風重創南台灣,被安置的災民陸續出現食不下嚥、發呆等症狀。

类似的字组还有：杠[槓]、捍[扞]、斤[觔]、厘[釐]等。

(2) 一正字为常用字,另一正字在特定领域使用(共84组)

特定领域除上文提到的人名、企业名、商品名外,还有用在特定名词当中,如"脩"字特用在"束脩"一词中,表示肉干,也多用在人名中。"蒟"字用在"蒟蒻"一词中,表示一种植物。"砦"字专用在"軌條砦"一词中表示一种筑海岸的堤坝。

3.3.2 一正字使用范围较为固定,但为另一正字所包孕(共75组)

此种类型的字组多各有固定的记词范围,但记词范围较大的字常常也会包孕记词范围较小的字的用法。如僵[殭]字组中"殭"字多在"殭屍"一词中使用,但也有"僵屍"的用法。又如"揹"字常用来表示动词"揹負"义,而"背"字也有此种用法:

例1:村民謔稱"白色僵屍",頗似台灣民間傳說的"白無常"。

例2:民主國家在這場全球人民思維之戰中所背負的任務極為嚴峻。

类似的字组还有:刨[鉋]、挂[罣]、喂[餵]等。

3.3.3 两正字使用范围基本相同(共57组)

此种类型的字组两个正字在历史上可能有所差异,但在现代汉语共时平面上使用基本范围没有差别。这样的字组有:瘠[瘠]、捶[搥]、锤[鎚]、废[癈]等。根据上述分类情况,我们将得到的数据统计如下:

表3 《新订异体字表》异体字在台湾实际运用中的留存情况统计表

两岸正异对应关系类型	分类类型		对应字组数	共计字组数/总字组数
正异→正异	异体字在特定领域使用		25	48/472
	异体字被正字所包孕		3	
	异体字和正字基本相同		20	
正异→异正	异体字在特定领域使用		11	41/100
	异体字被正字所包孕		3	
	异体字和正字基本相同		27	
正异→正正	两正字分工明确	均为常用字	24	240/386
		其中一个在特殊领域使用	84	
	其中一字被另一字包孕		75	
	两正字基本相同		57	

4. 相关统计数据的分析与思考

4.1 规范字表相关数据的分析与思考

从与台湾规范字表相比较得出的数据来看,两岸正异关系一致的字组所占比例最大,占全部字组的46%。而两岸正异关系相反的字组仅占9.9%。这说明两岸虽然在异体字整理原则上有着一些差异之处,但两岸正异关系是"同"远远大于"异"的。与此同时我们还应该注意到:处在"同"和"异"之间"灰色地带"的字组也占有不小的比例。在这一部分字组中,大陆的正字和异体字在台均被设定为正字,其中有一部分是两字确实存在有义项上的差异,故予以分立。还有一部分是出于台湾字表研制原则的考虑。所以两岸汉字正异关系是多致因、多层次的。不同类别应该看到其不同的影响,也应该采取不同的规范措施。

4.2 权威辞书相关数据的分析与思考

在386组"正异→正正"字组中,有180组字两正字的义项基本相同,而且这其中有131组字均属于正字A较正字B更为常用。这部分字组中的正字和异体字在台之所以同为正字,多数是出于保存典籍用字的需要,而并非表义分工存在现实差异。

两岸正字属于包孕关系的字组也占不小比例,此类字组多为母字与分化字的关系,或是为某字的其中一个义项后造的本字。从汉字优化发展的角度来看,在不影响表义准确性的情况下,使用义项范围较大的母字来代替义项较为单一的分化字,结合双音节造词的方式来表义,是值得肯定的处理方法,这也是《新订异体字表》在对正异关系进行判断时所遵循的原则。

4.3 实际语料相关数据的分析与思考

大陆异体字在台湾实际语料当中的留存情况主要呈现出以下四个特点。

（一）台湾语料留存的大陆异体字约有 36.4％在人名、地名、企业名、商品名等特殊领域使用，这也可反映出台湾在特殊领域内的用字较为随意，与台湾对于异体字较为宽容的政策有关。

（二）上述字组中的包孕现象也有不少，约占全部字组的 24.6％。被包孕的字多是另一字的分化字（如周[週]）或是在某个义项上有重合（如妆[粧]）的字。由此可以看出，在合成词占主导的现代汉语中，双音复合词能够胜任很大一部分词义别异的重任，将孳乳造字产生的分化字适当进行归并是合乎汉字发展总体趋势的。

（三）大陆异体字在台湾实际使用领域当中作为通行的常用字，且记词职能与字组中的另一字分工明确的情况并不很多，只有 24 组。但这种类型的字组启发我们应深入思考：大陆对于这部分字组归并力度是否过大，是否会影响到现代汉语层面的正常表达。在更进一步的研究中可对这部分字组的使用范围、频率进行细致考察，综合考量其通用程度，为异体字的进一步整理工作提供参照。

（四）约有 31.6％的大陆异体字在台湾语料中与其对应的正字没有明显差异，而且这些异体字在组词能力、使用范围上均不及其对应的正字。从现代汉语优化发展的角度来看，这部分异体字可以视为社会用字的冗余成分。大陆将这批字处理为异体字的做法，也是值得台湾借鉴的。

社会用字冗余成分过多，会增大用字过程中的讹误概率。在考察中发现，一些台湾的次常用字会被误用作同声符或字形相近的常用字。如恍[悦]中的"悦"字，在 50 个用例中有 45 例皆误用作"况"。

类似的字组还有欣[訢]中的"訢"字误用作"訴",拓[搨]中的"搨"误用作"榻",掏[搯]中的"搯"误用作"舀"或"掐",裸[臝]中的"臝"误用作"赢"等。这说明,在汉字规范工作中,历史眼光和现代视角均不可偏废,不仅要顾及传统典籍用字的保存问题,还要从汉字系统优化发展的现实需要出发,坚持与时俱进的科学态度。

参考文献

[1] (台湾)常用国字标准字体表[M].台北:正中书局,1983.
[2] (台湾)重编《国语辞典》修订本[Z].http://dict.revised.moe.edu.tw/,1994.
[3] (台湾)次常用国字标准字体表[M].台北:正中书局,1983.
[4] (台湾)国语辞典简编本[Z].http://dict.concised.moe.tw/jdict/main/cover/main.htm,2000.
[5] (台湾)国语小字典[Z].http://dict.mini.moe.edu.tw/cgi-bin/gdic/gsweb.cgi?ccd=jAkLXC&o=wframe.htm,2008.
[6] (台湾)异体字字典[Z].http://dict2.variants.moe.edu.tw/variants/,2012.
[7] 王宁.汉字的优化与简化[J].中国社会科学,1991(1).
[8] 王宁主编.通用规范汉字字典[M].北京:商务印书馆,2013.
[9] 王宁主编.《通用规范汉字表》解读[C].北京:商务印书馆,2013.
[10] 张书岩主编.异体字研究[C].北京:商务印书馆,2007.

香港与内地汉字
规范用字差异比较分析

汤志祥

(香港中文大学教育学院普通话教育研究及发展中心)

【摘要】 香港与内地同属于汉字文化圈,两地汉字同宗同源,但是由于众所周知的历史、社会等诸多原因,现在两地的汉字在教学与使用标准方面均存在着差异。这些差异除了简体和繁体两大体系性的差别外,就文字结构而言,在基本笔画、部件、偏旁乃至结构等多个层面上都明显存在着一些细微不同。两地汉字除简繁体差别以外的差异,从类型来说,可以分为"异体字"和"异形字"两大类。作为"异体字",国家语委已经发布的《异体字整理表》大体已经涵盖,如:撑(陆)/ 撐(港),村(陆)/ 邨(港),搜(陆)/ 蒐(港)等。然而还有一些在笔画、部件、或偏旁方面存在着细微差异的"异形字",如:届(陆)/ 屆(港),温(陆)/ 溫(港),潜(陆)/ 潛(港)等,常给中文教学和文字工作带来困惑。从差异程度上看,两地汉字差异大致可以分为"迥异"和"微殊"两类。所谓"迥异"指的是字形看上去明显不同,如:搜(陆)/ 蒐(港)、杯(陆)/ 盃(港)、踪(陆)/ 蹤(港)等。所谓"微殊",就是字形之间存有微小差别。如:凉(陆)/ 涼(港)、悦(陆)/ 悅(港)、叙(陆)/ 敘(港)等。本文尝试对两地"标准字"的差异做出比较与分析,尤其着重于"异形字"。并依此探讨一些相应对策。

【关键词】 香港与内地;汉字研究;差异研究;汉字教学

0. 导言

汉字在其发展史上产生了诸多差异,那些差异是多方面的,譬如,国际上有中、日、韩三国之间的差异,国内有陆、港、台三地之间的差异。就字形而言,首先有繁体和简体的差异。同一体系中还有印刷体和手写体的差异,艺术体和普通体的差异,出版界还有"新旧字形"的差别,等等①,不一而足。

香港 1997 年 7 月 1 日回归以后,特区政府明确奉行"两文三语"②的语言政策,开始推动标准中文的使用和教学。近二十年来,香港在中文汉字标准化研究和教学方面正式出版了八本有关书籍:

(1)《香港小学学习字词表》③;(2)《中英对照香港学校中文学习基础字》(Lexical Items with English Explanations for Fundamental Chinese Learning in Hong Kong Schools)④;(3)《香港地区普通话教学与测试词表》⑤;(4)《小学中文科常用字研究报告》(A Study of the Chinese Character Recommended for the Subject of Chinese Language in Primary Schools)⑥;(5)《香港初中学生中文词汇研

---

① 此外还有众多的各大方言字,以及俗字,此处不赘。
② "两文三语"的两文是指书面语的英文和中文,三语是指口语的英语、普通话(国语)和广东话(粤语)。
③ 香港特别行政区政府教育局课程发展处中国语文教育组编,香港特别行政区政府教育局,2007。收 9706 词,3171 汉字。
④ 香港特别行政区政府教育局课程发展处中国语文教育组编,2009 年。收词数、汉字数同注③。
⑤ 陈瑞端主编,商务印书馆(香港)有限公司,2005。
⑥ 潘慧如、康宝文主编,香港浸会大学文学院语文中心,2003。收 3000 汉字。

究》①；(6)《常用字字形表》②；(7)《常用字字形表(修订本)》③；(8)《常用字字形表》(*List of Graphemes of Commonly-used Chinese Characters*)(2000年修订版)④。

而国家公布的现行汉字标准比较有典型代表性著作是：(1)《新华字典》⑤；(2)《汉语大字典》⑥；(3)《现代汉语词典》(第6版)⑦；(4)《汉语水平词汇与汉字等级大纲》⑧；(5)《通用规范汉字表》⑨；(6)《现代汉语通用字表》⑩；(7)《现代汉语常用字表》⑪；(8)《第一批异体字整理表》⑫。

基于上述充分的语料，我们可以把内地和香港两地的标准汉字，从整体字形到基本笔画做一个大致的对比、分析。

---

① 香港教育署教育研究处中文词汇研究小组委员会编，萧炳基、范国、李励勉、黎同济主编，香港教育署，1986。收53 036词，4902汉字。
② 香港教育署语文教育学院中文系编，香港政府印务局，1986。收4721汉字。
③ 香港教育署语文教育学院中文系编，香港政府印务局，1993。收4759汉字。
④ 李学铭主编，香港教育学院出版，2000。收4759汉字。
⑤ 中国社会科学院语言研究所修订，商务印书馆，收8500个汉字。2011年7月第11版增加了2800多个字头，500多个繁体字和500多个异体字。
⑥ 汉语大字典编纂委员会编，徐中舒主编，全八卷，湖北辞书出版社和四川辞书出版社，1986年10月至1990年10月出版。收56 678个汉字。
⑦ 中国社会科学院语言研究所词典编辑室编，商务印书馆，2012。收13 000多个汉字。
⑧ 国家对外汉语教学领导小组办公室汉语水平考试部，北京语言学院出版社，1992。收2905个汉字。
⑨ 国家教育部、国家语言文字工作委员会联合组织研制，2013年6月正式颁布。收8105个汉字。
⑩ 国家语言文字工作委员会和新闻出版署1988年联合发布。收7000个汉字。
⑪ 国家语言文字工作委员会编，语文出版社，1988。收3500个汉字。
⑫ 国家文化部和中国文字改革委员会编，1955年发布。共收异体字810组，淘汰异体字1055个。

1. 香港与内地汉字标准用字差异

1.1 繁简体、正异体和异形字

香港与内地所用汉字的最大差异首先在于繁体和简体的层面。例如,繁体的"憂鬱的臺灣烏龜"相对应的简体是"忧郁的台湾乌龟"。很明显,两种字体在字形上相差很大。前者笔画多,达 118 笔,而后者仅 50 笔;再者,前者形体复杂,难写难认,后者形体简单,易写易认。就字形而言,六个字中"憂鬱"和"忧郁","臺灣"和"台湾","龜"和"龟"的外形完全不同,差别"迥异"。

除了"繁简"差异的概念之外,香港与内地所用汉字的有些差异唯有用"异形字"的差异的概念去定位比较合适。譬如香港的"起来"的"起"字和内地的"起"之间的差别一时较难看出。前者的右上部件是"巳",而后者是"己"。再如:香港的"沿着"的"沿"字,右上角部件是"儿",而内地的"沿"字"几";香港的"丢"字第一笔是"横",而内地是"左横撇"。这些"微殊"的差别有的属于"正异体"范畴,有的属于"异形字"的范畴。

有鉴于此,我们既要关注"繁简体"以及"正异体"的不同,更要关注"异形字"的不同。而这三类问题往往又是交叉的。以下我们从汉字的"笔画""部件""偏旁"三个层面入手去观察香港与内地两地所用汉字的差异。

1.2 香港与内地所用汉字笔画方面的微小差异

1.2.1 笔画"横"和"点"的微小差异

以下一组汉字,香港用笔画"横",内地用笔画"点",譬如:"今天"的"今"字的第三笔,香港为"横"画,内地为"点"划∗[①]。而由"今"字

[①] 凡是带 ∗ 号的写法被认为是"旧字形",见《汉字写法规范词典》505—510 页,或《汉字字形研究》112—117 页。后同。

作为部件的一批字都是如此,譬如:

内地	今	吟	矜	妗	衿	黔	含	念	贪	琴	岑	唫	陰
香港	今	吟	矜	妗	衿	黔	含	念	貪	琴	岑	唫	陰

"命令"的"令"字的第三笔,香港为"横"画,内地为"点"画。而由"令"字作为部件的一组字均是如此*,譬如:

内地	玲	岭	冷	伶	铃	泠	吟	领	翎	瓴	羚	龄	零
香港	玲	嶺	冷	伶	鈴	泠	呤	領	翎	瓴	羚	齡	零

"食物"的"食"字的第三笔,香港为"横"画,内地为"点"画。而由"食"字作为部件的一组字均是如此,譬如:

内地	食	餐	饭①	馄	饨	饮	馅	饿	饼	馒	饱	馊	馆
香港	食	餐	飯	餛	飩	飲	餡	餓	餅	饅	飽	餿	館

"氏"字的第五笔,香港为"横"画,内地为"点"画。而由"氏"字作为部件的一组字均是如此,譬如:

内地	氏	低	抵	砥	坻	祇	骶	舐	邸	底
香港	氏	低	抵	砥	坻	祇	骶	舐	邸	底

"监察"的"监"字的右上部件第三笔,香港为"横"画,内地为"点"画。而由"监"字作为部件的一组字均是如此,譬如:

内地	监	滥	蓝	篮	览	揽	缆	槛	尴	舰②
香港	監	濫	藍	籃	覽	攬	纜	檻	尷	艦

1.2.2 笔画"撇"和"点"的微小差异

以下一组汉字,香港用笔画"撇",内地用笔画"点",譬如:"扁平"

---

① 根据汉字简化规则,"食"字作为偏旁简化为"饣"。
② 根据汉字简化规则,"艦"字右偏旁简化为"见"。

的"扁"字第一笔就是如此*。而以"扁"字作为部件的一组字均是如此,譬如:

内地	扁	编	篇	蝙	骗	翩	遍	鹐	匾
香港	扁	編	篇	蝙	騙	翩	遍	鷉	匾

"门户"的"户"字的第一笔,香港为笔画"撇",内地则为笔画"点"。由"户"字作为部件的一组字均是如此,譬如:

内地	户	沪	妒	房	户	沪	妒	房	肩	扇	煽	骟
香港	戶	滬	妒	房	戶	滬	妒	房	肩	扇	煽	騸

1.2.3 笔画"撇"和"横"的微小差异

"比"字的右偏旁第一笔,香港为笔画"横",内地则为"横撇"。而由"比"字作为部件的一组字均是如此。连带"匕首"的"匕"字也如此。譬如:

内地	比	庇	吡	芘	批	毗	琵	屁	鹿	皆
香港	比	庇	吡	芘	批	毗	琵	屁	鹿	皆
内地	北	背	昆	混	棍	谐	匕	旨	指	脂
香港	北	背	昆	混	棍	諧	匕	旨	指	脂

同样,"此"字的右偏旁第一笔,香港为笔画"横",内地则为"横撇"。而由"此"字作为部件的一组字均是如此,譬如:

内地	此	疵	柴	紫	嘴	髭	訾	呲	龇	訾	些
香港	此	疵	柴	紫	嘴	髭	訾	呲	齜	訾	些

"反"字的第一笔,香港为笔画"横",内地则为"横撇"。而由"反"字作为部件的一组字均是如此*,譬如:

内地	反	饭	返	扳	板	仮	贩	版	畈	坂	阪	钣	舨
香港	反	飯	返	扳	板	仮	販	版	畈	坂	阪	鈑	舨

"壬"字的第一笔,香港为笔画"横",内地则为"横撇"。而由"壬"字作为部件的一组字均是如此,譬如:

内地	壬	任	妊	饪	荏	赁
香港	壬	任	姙	飪	荏	賃

"舌"字的第一笔,香港为笔画"横",内地则为"横撇"。而由"舌"字作为部件的一组字均是如此,譬如:

内地	舌	甜	憩	舔	舐	恬	聒
香港	舌	甜	憩	舔	舐	恬	聒

1.2.4 笔画"竖"的"穿"与"不穿"的微小差异

以下一组汉字,香港的"竖"笔穿过两个横笔,为部件"牛",而内地的笔画不穿,成为部件"土"。譬如:"告"字的第三竖笔,穿过第二横笔和第四横笔。

内地	告	造	浩	皓	酷	喏	诰	锆	焅	聕	郜	鹄	靠
香港	告	造	浩	皓	酷	喏	誥	鋯	焅	聕	郜	鵠	靠

同样,"周"字也是如此,"周"字的第五竖笔,穿过第三横笔和第四横笔。譬如:

内地	周	调	稠	绸	渦	碉	鲷	惆	婤	鵰	彫	雕	周
香港	周	調	稠	綢	渦	碉	鯛	惆	婤	鵰	彫	雕	週

1.2.5 笔画"右折"与"左折"的微小差异

香港的"骨"字,其第三笔和第四笔构成一个向左的"折"*,而内地的相应部分是一个向右的"折"。由"骨"字为部件的一组字对比如下:

内地	骨	滑	猾	髓	骯	骰	骷	骸	骼	髏	髒①	體
香港	骨	滑	猾	髓	骯	骰	骷	骸	骼	髏	髒	體

---

① 根据汉字简化规则,"髒"字简化为"脏"。"體"字简化为"体"。

同样:香港的"咼"字,其第三笔是一个向左的"折"*,而内地的相应部分是一个向右的"折"。由"咼"字为部件的一组字均对比如下:

内地	咼	猧	濄	鍋①	禍	蝸	渦	咼	窩	薖	塪	過	撾
香港	咼	猧	濄	鍋	禍	蝸	渦	咼	窩	薖	塪	過	撾

值得一提的还有香港"勇敢"的"敢"字,其左偏旁第一笔是一个"横",而内地的第一笔是一个向右的"折"*。譬如:

内地	敢	闞	瞰	橄	澉	嚴	儼	巖②
香港	敢	闞	瞰	橄	澉	嚴	儼	巖

1.2.6 笔画"右下折"的"捺"的微小差异

香港"麻"字,其右下部件"朮"的第四笔是一个向右的"右下折",而内地的相应部分是一个向右的"捺"。由"麻"字为部件的一组字对比如下:

内地	麻	嘛	嫲	蔴	痲	摩	磨	魔	麼	糜	靡	蘼	蘑
香港	麻	嘛	嫲	蔴	痲	摩	磨	魔	麼	糜	靡	蘼	蘑

同样的情况还有"白术"的"术"字,香港的"朮"字的第四笔是向右的"右下折",而内地的相应部分是一个向右的"捺"。由"术"字作为部件的一组字对比如下*:

内地	术③	術④	述	怵	沭	秫	絉	鉥	跊	态
香港	朮	術	述	怵	沭	秫	絉	鉥	跊	态

---

① 根据汉字简化规则,"鍋、禍、渦、咼、窩、薖、塪、過、撾"分别简化为"锅、祸、涡、呙、窝、莴、埚、过、挝"。
② 根据汉字简化规则,"嚴、儼、巖"分别简化为"严、俨、岩"。
③ 此"术"是"白术"的"术",音 zhú。
④ 此"术"是"技术"的"術"的简化字。

1.2.7 笔画"右下折"的"点"的微小差异

香港的"穴"字头,其第五笔是一个向右的"右下折",而内地的相应部分笔画是一个向右的"点"*。由"穴"字为部件的一组字对比如下:

内地	空	穿	究	窗	窝	突	窄	穷	窒	窟	窍	窃	窥
香港	空	穿	究	窗	窩	突	窄	窮	窒	窟	竅	竊	窺

1.2.8 笔画"竖折"的"横"的微小差异

香港的"吴"字,其下部件的第一笔是"竖折折"*,而内地的相应笔画是"横"。由"吴"字为部件的一组字对比如下:

内地	吴	误	蜈	娱	悮	俣	淏
香港	吳	誤	蜈	娛	悮	俁	淏

1.3 香港与内地所用汉字构成部件的中度差异

1.3.1 部件倒八头"丷"和正八头"八"的中度差异

香港"兑"字的上部件是正八头"八"*,而内地"兑"字的相应部件是倒八头"丷"。由"兑"字为部件的一组字对比如下:

内地	兑	说	税	悦	脱	锐	阅	涚	挩	帨	祱	倪
香港	兌	說	稅	悅	脫	銳	閱	涗	挩	帨	祱	俛

1.3.2 部件"廿"和"卄"的中度差异

香港"黃"字的上部件是"廿"下加上"一"*,而内地"黄"字的相应部件是"卄"。由"黄"字为部件的一组字对比如下:

内地	黄	璜	磺	墢	瞦	熿	横	癀	广①	獷	礦	曠
香港	黃	璜	磺	墢	瞦	熿	橫	癀	廣	獷	礦	曠

---

① 根据汉字简化规则,"廣、獷、礦、曠"字分别简化为"广、犷、矿、旷"。

1.3.3 部件"囚"和"日"的中度差异

香港"溫"字的右上部件是"囚"*，而内地的相应部件是"日"。由"囚"为部件的一组字对比如下*：

内地	温	瘟	蕴	搵	韫	蕰	塭	媪	殟	氲
香港	溫	瘟	蘊	搵	韞	蘊	塭	媼	殟	氲

1.3.4 部件爪字"爫"头和斜"月"的中度差异

香港"搖"字的右上部件是斜"月"*，而内地相应部件是爪字"爫"。由斜"月"字为部件的一组字对比如下*：

内地	摇	瑶	遥	谣	熎	鳐	媱	徭	傜	愮	鹞	繇
香港	搖	瑤	遙	謠	熎	鰩	嬈	徭	傜	愮	鷂	繇

1.3.5 部件土字头"土"和青字头"龶"的中度差异

香港"敖"字的左上部件是"土"，左下部件是"方"，而内地相应右上部件是青字头"龶"*。这一组字对比如下：

内地	敖	傲	嗷	懊	璈	遨	熬	骜	磬	螯	獒	鳌
香港	敖	傲	嗷	懊	璈	遨	熬	驁	磬	螯	獒	鼇

1.3.6 部件"㐬"和"𠫓"的中度差异

香港的"充"字上部件是三画构成，第一笔是"一"，第二笔是"撇折"，第三笔是"丶"；而内地的"充"字，第一笔是"丶"，第二笔是"一"，第三笔才是"撇折"。另外，"流"字右上部件的笔画构成也是如此，这两组字对比如下：

内地	充	育	弃	流	硫	琉	疏	梳	毓	蔬
香港	充	育	棄	流	硫	琉	疏	梳	毓	蔬

1.4 香港与内地所用汉字偏旁的较大差异

1.4.1 "肉"字旁和"月"字旁的较大差异

香港原来使用"肉"字旁的字，凡做左偏旁一律为"⺼"，而内地这个偏旁已经全部并入"月"字偏旁。譬如：

内地	肚	肠	肺	腰	腹	股	脑	膝	胸	肝	脾	脉
香港	肚	腸	肺	腰	腹	股	腦	膝	胸	肝	脾	脈
内地	脸	腕	脏	肠	肢	腔	胎	胞	膜	脂	肪	腊
香港	臉	腕	臟	腸	肢	腔	胎	胞	膜	脂	肪	臘
内地	胆	脚	膀	肥	胖	胶	肿	胀	脆	腥	膨	腻
香港	膽	腳	膀	肥	胖	膠	腫	脹	脆	腥	膨	膩

而凡是作为下偏旁的则全部并入"月"字偏旁。譬如：

| 香港 | 背 | 胃 | 肩 | 脊 | 臂 | 育 | 肯 | 膏 | 臀 | 肖 | 消 | 肴 |

1.4.2 "奂"字旁和"奐"字旁的较大差异

香港的"奐"字旁﹡在内地则是"奂"字旁﹡。譬如：

| 内地 | 奂 | 换 | 焕 | 唤 | 涣 | 痪 |
| 香港 | 奐 | 換 | 煥 | 喚 | 渙 | 瘓 |

1.4.3 "冊"字旁和"册"字旁的较大差异

香港的"冊"字旁在内地则是"册"字旁﹡。譬如：

| 内地 | 册 | 珊 | 删 | 姗 | 栅 | 跚 |
| 香港 | 冊 | 珊 | 刪 | 姍 | 柵 | 跚 |

1.4.4 三点水"氵"字旁和两点水"冫"字旁的较大差异

香港有的三点水"氵"字旁字在内地则是两点水"冫"字旁﹡。譬如：

| 内地 | 决 | 况 | 冲 | 凉 | 减 | 净 |
| 香港 | 決 | 況 | 沖 | 涼 | 減 | 淨 |

1.4.5 "入"字头和"人"字头的较大差异

香港"入"字头偏旁的字，内地相应的偏旁是"人"字头﹡。譬如：

内地	全	诠	铨	拴	栓	醛	筌	痊	荃	硂
香港	全	詮	銓	拴	栓	醛	筌	痊	荃	硂

还有几个相关的字,譬如"内"字,香港的第三笔和第四笔构成的"入"而内地却是"人"。譬如:

内地	内	呐	纳
香港	內	吶	納

还有是"两"字,及其相同的偏旁字也同样,譬如:

内地	两	俩	辆
香港	兩	倆	輛

1.4.6 "艹"字头和草字头"艹"的较大差异

香港"敬"字的字头是"艹",而内地"敬"字的相应偏旁是"艹"字头。由该字头为偏旁的一组字有:

内地	敬	撒	儆	警	擎	憕	蒇	罐	獾	镬
香港	敬	撒	儆	警	擎	憕	蒇	罐	獾	鑊
内地	宽①	梦	观	欢	权	护	获	袜	旧	惊
香港	寬	夢	觀	歡	權	護	獲	襪	舊	驚

1.4.7 冒字头"冃"和曰字头"曰"的较大差异

香港"最"字的上部件是冒字头"冃",而内地"最"字的相应部件是"曰"。由"冃"字为部件的一组字对比如下:

内地	最	慢	馒	漫	蔓	幔	鳗	曼	嫚	缦
香港	最	慢	饅	漫	蔓	幔	鰻	曼	嫚	縵

---

① 根据汉字简化规则,"寬、夢、觀、歡、權、護、獲、襪、舊、驚"字分别简化为"宽、梦、观、欢、权、护、获、袜、旧、惊"。

值得提的还有下面四个字:"冒、帽、瑁、冕"都是冃字头,不是曰字头。

2. 香港与内地汉字"正异体"字标准的差异

香港与内地都公布过汉字标准"正异体"字的字表。对比一下两地关于"正体字"和"异体字"的标准字表,不难发现两地标准不尽相同,有的甚至完全相反。

2.1 内地的"正异体"字部分字表

以下为内地颁布的部分"正异体"字[①]字表举例(按照汉语拼音音序排列,已做大幅筛选,[ ]内为异体字),目前常见于港澳地区。

杯[盃] 并[併並] 布[佈] 采[採] 册[冊] 厕[廁] 尝[嘗]
嘈[嘈] 场[塲] 耻[恥] 厨[廚] 床[牀] 唇[脣] 村[邨] 雕[彫鵰琱]
吊[弔] 叠[疊] 妒[妬] 朵[朶] 鳄[鱷] 峰[峯]
杆[桿] 杠[槓] 扛[摃] 亘[亙] 粳[粳秔] 够[夠] 馆[舘]
果[菓] 蚝[蠔] 恒[恆] 汇[滙] 鸡[雞] 迹[跡蹟] 鉴[鑑]
奸[姦] 减[減] 脚[腳] 届[屆] 晋[晉] 净[淨] 厩[廄] 巨[鉅]
决[決] 剋[尅] 扣[釦] 况[況] 昆[崑崐] 厘[釐] 裏[裡] 凉[涼] 略[畧] 俞[崳崊] 骂[罵] 麻[蔴] 脉[脈] 猫[貓] 面[麵] 炮[砲] 匹[疋] 凭[憑] 铺[舖] 凄[淒] 潜[濳] 强[強] 墙[牆] 却[卻] 群[羣] 删[刪] 姗[姍] 搜[蒐] 栅[柵] 珊[珊] 升[陞昇] 尸[屍] 笋[筍] 它[牠] 叹[嘆] 掏[搯] 挽[輓] 喂[餵] 污[汙洿] 席[蓆] 闲[閒] 綫[線] 厢[廂] 效[効] 蝎[蠍] 泄[洩] 携[擕攜攜] 幸[倖]

[①] 所举的例子均选自中华人民共和国文化部、中国文字改革委员会1955年12月22日公布的《第一批异体字整理字表》。

汹[洶] 绣[繡] 叙[敍敘] 烟[煙菸] 檐[簷] 岩[巖] 肴[餚] 咏[詠] 涌[湧] 游[遊] 岳[嶽] 韵[韻] 扎[紥紮] 沾[霑] 哲[喆] 侄[姪] 众[眾] 周[週] 注[註] 猪[豬] 妆[粧] 踪[蹤] 棕[椶] 粽[糉]

2.2 香港的"正异体"字表

以下为香港部分"正异体"字表举例①(按照汉语拼音音序排列，[ ]内为异体字)。

媪[媼] 缽[鉢] 插[挿] 唇[脣] 低[低] 丢[丟] 峯[峰] 拐[柺] 灌[灌] 櫃[柜] 跡[迹蹟] 姦[奸] 薦[荐] 今[今] 咎[咎] 均[均] 裏[裡] 令[令] 曼[曼] 捏[揑] 羣[群] 任[任] 抬[擡] 歎[嘆] 吞[吞] 瘟[瘟] 線[綫] 攜[携] 泄[洩] 繡[绣] 敍[敘敍] 勛[勳] 煙[烟] 韻[韵韻]

2.3 香港与内地汉字"正异体"字差异类型

2.3.1 香港与内地汉字"正异体"的相同和对立

通过对照，我们发现部分"正异体"字在香港和内地是相同的，譬如：朵[朶]、兑[兌]、凳[櫈]、裏[裡]、抬[擡]、粽[糉]等，量很少。但是有不少是互相对立的。譬如：

内地	迹[跡]	够[夠]	叹[歎]	绣[繡]	烟[煙]	韵[韻]	鸡[雞]
香港	跡[迹]	夠[够]	歎[叹]	繡[绣]	煙[烟]	韻[韵]	雞[鸡]
内地	晋[晉]	侄[姪]	床[牀]	咏[詠]	岩[巖]	妆[粧]	众[眾]
香港	晉[晋]	姪[侄]	牀[床]	詠[咏]	巖[岩]	粧[妆]	眾[众]
内地	骂[罵]	厨[廚]	踪[蹤]	猫[貓]	脚[腳]	却[卻]	麺[麵]
香港	罵[骂]	廚[厨]	蹤[踪]	貓[猫]	腳[脚]	卻[却]	麵[麺]

---

① 所举的例子均见于《香港小学学习字词表》中"常用字字形表异体字表"580—583 页。

2.3.2 香港与内地汉字"正异体"不同构造类型

香港和内地部分"正异体"字其构造类型是不同的。大致可分下列九种。

(1) 部位位置不同：内地：峰（左右结构），香港：峯（上下结构）

　　　　　　　　内地：群（左右结构），香港：羣（上下结构）

　　　　　　　　内地：够（左句右多），香港：夠（左多右句）

(2) 声符偏旁不同：内地：线（戋声），香港：線（泉声）

　　　　　　　　内地：绣（秀声），香港：繡（肃声）

(3) 形符偏旁不同：内地：注（三点水旁），香港：註（言字旁）

　　　　　　　　内地：咏（口字旁），香港：詠（言字旁）

(4) 形符及位置不同：内地：杯（木字旁、左右结构）

　　　　　　　　　香港：盃（皿字底、上下结构）

　　　　　　　　　内地：床（广字旁、半包围结构）

　　　　　　　　　香港：牀（爿字旁、左右结构）

(5) 形符及偏旁不同：内地：叹（口字旁），香港：歎（欠字旁）

　　　　　　　　　内地：鸡（鸟字旁），香港：雞（隹字旁）

(6) 部件部分不同：内地：撑（右下部件手），香港：撐（右下部件牙）

　　　　　　　　内地：耻（右部件止），香港：恥（右部件心）

(7) 部件结构不同：内地：村（木＋寸），香港：邨（屯＋右耳）

　　　　　　　　内地：搜（手＋叟），香港：蒐（艹＋鬼）

(8) 繁简字体不同：内地：周（简体），香港：週（繁体）

　　　　　　　　内地：荐（简体），香港：薦（繁体）

(9) 笔画形状不同：内地：令（第三笔点），香港：令（第三笔横）

　　　　　　　　内地：丢（第一笔撇），香港：丟（第一笔横）

2.3.3 香港特有的汉字"正异体"字

333

下列为香港特有正异体字①([ ]内为异体字)。

只[祇]　濕[溼]　潛[潜]　蛋[蜑]　菇[菰]　狸[貍]　冗[宂]
幺[么]　鄰[隣]　舉[擧]　呆[獃]　葱[蔥]　疏[疎]　饋[餽]
為[爲]　灶[竈]　痴[癡]　卧[臥]　訛[譌]　軟[輭]　靭[韌]

3. 对香港与内地汉字规范用字差异的对策

3.1 对策一：认真对待香港和内地汉字使用存在差异的事实

香港和内地在汉字使用上存在的差异是历史所形成的，无法立即消除。我们可以做的是：在认识和态度上正视之。应该明白，无论"简繁体"或是"正异体"都是汉字的有机组成部分。汉字过去、现在和将来一直是传承中华文化的平台，它的历史和现状都必须都得到尊重，因此，国人应该胸怀"用简识繁"或者"用繁识简"的心态，认真对待汉字现存的各种不同形态并承认其合理性。

3.2 对策二：认真对待简繁或正异汉字对应中存在的问题

由于过去在汉字简化的过程中，我们曾把一些形态不完全相同（甚至读音也不尽相同）繁体字归并在一起，从而产生了简繁对应中的一些问题。今后如何正确处理，尤其是在计算机里如何减少对应的差错率，这些必须给予重视并想办法切实解决。譬如：

（1）一个规范汉字对应两个繁体或异体字（一对二）

丑/丑醜　谷/谷穀　发/發髪　后/後后　松/松鬆
钟/鍾鐘　准/准準　复/復複　背/背揹　游/游遊

（2）一个规范汉字对应三个繁体或异体字（一对三）

---

① 所举的例子均见于《香港小学学习字词表》中"常用字字形表异体字表"580—583页。

系/系係繫　划/畫劃划　里/里裏裡　只/只隻祇

(3) 一个规范汉字对应四个繁体或异体字(一对四)

干/干乾幹榦　面/面麵麺麪

(4) 一个规范汉字对应五个繁体或异体字(一对五)

斗/斗門鬪鬧鬭　台/台臺檯枱颱

3.3 对策三：合理对待各地汉字差异的使用和汉字教学

对语言研究者、媒体工作者以及学校教师而言，必须首先要清晰了解各地汉字使用上的差异，并尊重这些差异。其次，在对待不同国别、不同地区、不同教育背景的读者和学生时，应该遵循"约定俗成"的原则和"到什么山唱什么歌"精神，做到既坚持汉字使用上的规范性和标准性，同时又用尊重彼此的方式进行交流和传播。

应该指出：文字标准化是一个庞大的复杂的系统性工程，其过程一定是漫长而艰辛的。汉字传的范围那么广，使用人口那么多，要达到统一和规范需要经历一个长久的、动态的、宽容的历史过程。不能操之过急，急于求成。尤其在传播和教学阶段不能颐指气使，或者强迫命令。不然的话必定会事倍功半，甚至适得其反。

3.4 对策四：着手解决各地汉字正异体之间存在的差异

这些年来，中、日、韩三国学者都在研讨现行汉字的使用状况，商讨统一的可能性；而陆、港、台三地都有研究汉字规范化和标准化的现成成果。所以我们可以做到广泛收集、记录、汇总各地汉字标准化成果，然后进行对比研究工作。

可是目前大中华范围内，大陆、港澳和台湾三地所使用的所谓"正异体"的术语还存在着概念、范畴、实例以及具体字体、字形等多方面差别。所以我们在探求汉字使用标准化、规范化、统一化的过程中，首先要承认各地汉字现状的合理性，包容其分歧和不确定性。进而以平等、细致的态度把各方情况全面收集、统计、罗列清楚,以便日后着手后继的鉴别、分类、归纳和分析工作。

参考文献

[1] 费锦昌、黄佑源、张静贤.汉字写法规范字典[M].上海:上海辞书出版社,1992.
[2] 傅永和.汉字属性字典[M].北京:语文出版社,1989.
[3] 国家语言文字工作委员会和新闻出版署.现代汉语通用字表[M].北京:语文出版社,1988.
[4] 胡双宝.异体字规范字应用辨析字典[M].北京:北京大学出版社,2012.
[5] 教育部、国家语言文字工作委员会.通用规范汉字表[M].北京:语文出版社,2013.
[6] 厉兵主编.汉字字形研究[C].北京:商务印书馆,2007.
[7] 潘慧如、康宝文.小学中文科常用字研究报告 A Study of the Chinese Character Recommended for the Subject of Chinese Language in Primary Schools [C].香港:香港浸会大学文学院语文中心,2003.
[8] 王凤阳.汉字学[M].长春:吉林文史出版社,1989.
[9] 香港特别行政区政府教育局.香港小学学习字词表[M].香港特别行政区政府教育局课程发展处中国语文教育组编.香港:2007.
[10] 张书岩主编.异体字研究[C].北京:商务印书馆,2007.
[11] 中国社会科学院语言研究所修订.新华字典(第11版)[M].北京:商务印书馆,2011.
[12] 中华人民共和国文化部和中国文字改革委员会.第一批异体字整理表[M].北京:1955.

汉字简繁文本智能转换系统中的语言学问题分析

戴红亮

(北京语言大学语言科学院)

【摘要】 两岸汉字虽属同一系统,但在两岸语言生活中,当前还存在不少差异,大陆使用规范字,台湾使用"标准字",也就是通常所说的"简繁汉字",这给两岸日常生活和文化深度交流带来了一定困难。论文重点从文字、词汇和标点符号等方面论述了国家语委 2012 年所启动的简繁文本智能转换系统研发工作中所存在的语言学问题。尽管当前的语言学分析已足够细致,统计模型也已很完善,转换准确性也极高。但实现 100% 的愿望是不可能的,还需要人工辨别和干涉。因此,在文字层面上怎样更好地利用规则,而在词汇层面上,怎样更好地利用统计模型,是今后进一步提高准确性的关键所在。

【关键词】 智能转换系统;汉字简繁文本;语言学问题

1. 引言

2009 年,第五届两岸经贸文化论坛共同建议中确认了"两岸使用的汉字属于同一系统",在此理念指导下,两岸达成了多项共识和规划,如

"鼓励两岸民间合作编纂中华语文工具书","推动异读词审音、计算机字库和词库、地名审音定字及繁简字体转换软件方面的合作"等。

两岸使用的汉字虽属同一系统,但在两岸语言生活中,当前还存在不少差异,大陆使用规范字,台湾使用"标准字",也就是通常所说的"简繁汉字",这给两岸日常生活和文化深度交流带来了一定困难。当前两岸"书同文"还处于倡导阶段,还未开展实质性协商,因此从技术层面上解决简繁文本问题是目前解决两岸文字差异最可行方式。国家语委于2012年启动了简繁文本智能转换系统研发工作。研发目标是:以当前两岸大规模语料库为基础,以两岸语言文字标准为依据,充分分析两岸文字、词汇、标点符号、专有名词术语等方面差异,在此基础上,利用现代统计技术和大数据,开发一款适合两岸文字转换的智能系统。

2. 汉字简繁文本转换系统研发中的语言学问题

简繁文本转换系统是一个综合转换系统,它不限于规范字和"标准字"之间转换,而且包括字形、异体字转换,两岸词汇层面转换和标点符号等方面的转换,主要解决可能给两岸文本理解带来的问题。但无论哪方面的转换,都要分析两岸用字用词等方面实际状况。两岸用字整体上来说:大陆以规范字为主,在某些特定领域和手写体可使用繁体字;台湾大多以繁体字为主,但"标准字"受近现代简化思潮影响,有些字简繁体都可以使用,台湾异体字使用较为自由,异体字形成的一对多更为普遍。两岸用词基本面基本一致,但日常词汇和专业术语也出现了一定数量的分歧,特别是专业术语和音译外来词差别较大;文学作品两岸词汇差异较小,科技文体两岸词汇差异稍大;台湾词汇文言色彩较浓,大陆白话色彩更浓;两岸常用词汇和常用专业术语经常出现融合现象。标点符号大多数基本相同,引号和括号用法差异较大。数字用法大陆较为规范,台湾使用相对自由,但总体一致。

2.1 文字问题分析

两岸汉字都经过了一定程度上的整理,近百年来社会用字习惯发生了一些变化,不能仅根据古籍中的汉字对应关系进行对应转换,而是要根据两岸汉字使用习惯进行对应。

2.1.1 简繁体字问题

(1) 台湾有些简繁字体都可以使用

台湾在进行汉字整理时,也在一定程度上受到近代汉字简化思潮影响,在汉字整理时,有些字采用了简化字形作为"标准字",如"荐"(或作"薦")、"灶"(或作"竈")、"才"(方才之"才"或作"纔")等,这些都是简体字形为"标准字",虽理论上繁体字可使用,但以前者作为"标准字",后者使用频率已很低,尤其是表示副词性的"纔""竈",台湾当代语言生活中实际上已不用了,无论哪种语料,它们出现的概率几乎都是零。因此这些字如再转换,反而有些多余了。再如使用频率极高的"台""臺",虽两字都极常用,但"台"使用频率远远高于"臺",各种文体语料显示,前者使用频率都是后者的 20 倍以上。此外,还有一些繁体字,虽仍为"标准字",但简体字形也是可以使用的,如"體"(或作"体")、"疊"(或作"叠")、"禮"(或作"礼")、"鹼"(或作"碱")、"膽"(或作"胆")等,台湾考试时无论写哪种字体都是可以的。所以简体字已作为"标准字"的,就可不用再转换,否则其对应的繁体字使用频率很低;简体字作为"异体字"出现的,转或不转都是可以的,可根据使用频率,优先选择频率高的。

(2) 一简对多繁字使用问题

一简对多繁是简繁汉字转换的难点和焦点,也是衡量一个软件精确度的重要参考项。据《通用规范汉字表》课题组梳理，在8000字范围内，严格意义的一简对多繁汉字有96对。因此这96对一简对多繁是我们重点处理的对象，我们从十多亿语料中抽取了96对一简对多繁字，进行重点统计和分析，抽取特征并提供给分析器。但这96对一简对多繁字是针对于古籍而言的，并不完全适用于台湾用字情况。如上文已说到的"才、纔""台、臺"，再如"壩、坝"，台湾已确认"壩"，而不再使用"坝"了。"襬、擺"虽是"摆"的繁体字，但台湾语料中"襬"字已基本不见，表示"裙摆、衣摆"时，也使用"擺"。我们分析了这96对情况，有些一简对多繁字已向某个繁体字靠近，如"才、摆"等，有些混同经过明显，如"盡、儘"等，在处理过程中，对于那些已靠近的，资料统计自然倾向于已常用的，对于那些混同明显的，我们以"标准字"作为依据。

一简对多繁字有很多都是词性不同，频率差异巨大，某些只能出现在词语中，因此处理起来较为容易，如"筑、築""表、錶""别、彆""板、闆""種、种""后、後""据、據""癥、症"等，比较难处理的是两个都是常用字，如"髮、发""麵、面""準、准""製、制""隻、只""衝、冲""範、范"等。我们重点分析这些字出现的语境，依据统计数据予以赋值。

一简对多繁字还有一个词层面的问题，如"制服""製服"，前者是动词，后者是名词；"臺风""颱风"前者表示人的"一种作风"，后者表示自然界的"一种风"；"儀表""儀錶"，前者表示人的风度，后者表示机器。"不准、不準"，前者表示"不允许"，后者表示"不准确"。这样的例子还有一些，类似于这样的词就需要更大语境进行处理了。

经过大数据统计并改善模型，总体来说，96对一简对多繁字准确率已非常高。

2.1.2 异体字问题

两岸简繁文本转换实际上更大的问题在异体字问题上，这不仅是因为异体字数量大，也在于两岸确定异体字标准不一、台湾异体字使用比较自由，某些异体字形成分工，异体字在某些词语上出现分化。

（1）两岸确定异体字标准不一

台湾在整理汉字时，确定的"标准字"有些跟大陆较为一致，如"乃"（或作"迺"）、"床"（或作"牀"）、"梁"（或作"樑"）、"痴"（或作"癡"）、"遍"（或作"徧"）、"逾"（或作"踰"）、"升"（或作"昇"）等，不过大陆后者已不用，台湾则只有频率上的差异。更为重要的是，有很多大陆确定为异体字的，台湾确定为"标准字"，如裡——裏、礙——碍、鼇——鳌、繃——绷、缽——钵、撐——撑、夠——够、為——为、閒——闲、繡——绣、鏽——锈、洩——泄、菸——烟等，这类字数量不少，台湾以前者为"标准字"，以后者或后者的繁体为异体字。

台湾在整理汉字时，尤其在确定异体字时，为显示其包容性，将大陆的简化字也当作异体字进行处理，如雞（鸡）、國（国）等。这就扩大了范围，经台湾方面整理，异体字达 7 万多，但绝大多数都是死字，常用的也就两三百对。

（2）有些异体字在相同义项上词频都很高

台湾在一简对多繁字上，除了合并和个别出现混用外，大多还是泾渭分明，但异体字使用，尤其是一些常见字使用上较为自由，如分布——分佈、宣布——宣佈、布置——佈置，占據——佔據、攻占——攻佔、占领——佔領、占有——佔有，治污——治汙、污染——汙染，振盪——振蕩、搖盪——搖蕩，卷入——捲入、卷心菜——捲心菜，采取——採取、采訪——採訪、采用——採用，哀嘆——哀歎、嘆氣——歎氣、欸氣、欸為觀止——嘆為觀止,週期——周期、週報——周报,註銷——注销、註定——注定等,虽前者使用频率更高,但后者也经常使用,有的词频不相上下。如欸為觀止——嘆為觀止以"欸"为多,嘆氣——欸氣却以"嘆"为多。这些异体字构成的词语非常多,而且使用频率也都很高。以"周——週"为例,在"周期、周年"等词中,"週"约占60%以上,在"周转率、周刊"中"周"占60%以上。在表"周一、周二到周日"意义时,两者总词频基本持平。针对这个问题,我们专门制定了一个互用词表,允许两者互用,但词频高者优先。

(3) 异体字大多界限相对分明,但有些形成分工,有些出现大面积混同

台湾常用异体字大多界限分明,如"杯——盃",表示"一般的杯子"时基本用"杯",表示"奖杯"时,基本使用"盃"。但在"酒杯"这个词,"盃"比例也在15%左右,而"奖杯"则"杯"在15%左右。"厘——釐",表示"厘清"义时,几乎使用"釐","厘米"一词,前者20%强,后者70%强,"公厘"一词,两者几乎各占一半,由于台湾度衡量制度,"公厘"一词词频相对较高。但在"无厘头"上,"厘"占90%强。"菸——煙",台湾表示"烟草"及其制品时,绝大多数使用"菸",在表示"燃烧不充分而产生的气体"义基本用"煙",但"抽烟""吸烟"等也可用"煙"。

有些异体字形成了一定的分工,如"恤——卹",在"抚恤"一词上,几乎只使用"卹",在"T恤、体恤、恤孤怜贫"等词中,几乎只用"恤",也就是说,两个词形成了一定的分工。再如"熏——燻",其他义项基本用"熏",但在表示"熏制食品",如"熏鸡、熏鱼"中几乎只用"燻"。"岩——巖",台湾一般使用"岩",但在"龙岩寺"一词上,几乎只使用"巖"。"焰——燄",表示"焰火"一词时,都是用"焰",表示"气

焰"时,基本使用"燄",偶尔使用"焰"。"游——遊",台湾这两个字都经常使用,在表示"游泳"和"河流的某段""姓氏"时,基本使用"游",而表示其他意义时,基本使用"遊",因此"遊"字频远高于"游"。"愿——願",表示"乡愿"一词时,使用"愿",其他基本都是用"願"。"欲——慾",表示名词性的"欲望"时,一般使用"慾",表示动词性的"希望、需要"及副词性的"将要"时,只使用"欲"。

台湾异体字有些出现了分工,这些分工都会通过词频进行显示;有些正异体相反,在转换时,需要将大陆的某字转为台湾的"标准字";有些异体字在相同义项中,词频使用都很高,这时可以采用互用词表,选择词频相对高的,选择词频低的也不算错。

2.1.3 字形及汉字编码问题

由于两岸字形及汉字编码问题,有些字在不同字体下字形存在着细微的差异,如鬮——鬮、褯——褯、襆——襆等,这些不同字形的汉字相对好办,在同一字体下它们显示相同,但由于编码原因,有些字却作为不同汉字了,如朮——术、兊——兑、內——内、丟——丢。这些两岸本相同的汉字,由于编码问题,即使在同一字体下,它们也显示不同。这些字短期的处理方式就是建立对应关系表,而最好的方式就是两岸协商编码。

2.2 词汇问题分析

词汇是语言中最活跃的成分,具有很强的开放性,也是数量最为庞大的部分。两岸词汇存在差异实在是稀松平常之事。但两岸词汇如任其发展,会给两岸交流带来一定困难,因此两岸在这件事上要开展合作,如编写词典、编写互联网版差异词等。这件工作前辈已做了很多,在简繁文本转换时,我们充分吸收前辈们的成果,并将之电子化,然后供给给统计模型。主要从以下几个方面开展工作。

(1) 搜集各种版本词典的常用差异词，并形成对照表。资源包括目前出版的大多数两岸词典。

(2) 收集并整理两岸常用异形词。如精英——菁英、计划——計畫、规划——規畫、意识形态——意识型态、分量——份量、精彩——精采等。

(3) 整理并汇集外国地名和人名。海峡两岸由于译写方式不同，很多外国地名和人名写法不同，有些差异甚至很大。我们收集了3500多条世界上国家名、河流名、知名城市名等。两岸在大多数国家名、城市名和河流名是一致的，只有部分不一致，如意大利——義大利、卡杜格利——卡杜格里、加纳——迦納、多米尼加——多明尼加、卡拉干达——加拉干達、沙没巴干——沙木普拉坎、基里巴斯——吉里巴斯、新西兰——紐西蘭、汤加——東加、瓦努阿图——萬那杜、帕劳——帛琉、博茨瓦纳——波札那等。音译人名两岸也存在不少差异，较为知名的如：

大 陆	台 湾	国 别
撒切尔	佘契爾	英国
科尔	柯爾	德国
篷比杜	龐比杜	法国
佩雷斯	裴瑞斯	以色列
瓦文萨	華勒沙	波兰
赖斯	萊斯	美国
里根	雷根	美国
奥尔特加	奥蒂嘉	尼加拉瓜
默克尔	梅克爾	德国
希拉克	希哈克	法国

(续表)

沙龙	夏隆	以色列
戴克拉克	德克勒克	南非
劳拉	蘿拉	美国
查韦斯	查維茲	委内瑞拉
阿米蒂奇	阿米塔吉	美国
阿罗约	阿羅育	菲律宾
他信	塔克辛	泰国
卡斯特罗	卡斯楚	古巴
希拉里	希拉蕊	美国
尼克松	尼克森	美国
普京	普丁/蒲亭	俄罗斯
奥巴马	歐巴馬	美国
本拉登	賓拉登	沙特阿拉伯
克林顿	柯林頓	美国
布什	布希	美国
肯尼迪	甘乃迪	美国

利用语料收集并整理这些差异词语，并将之供给给模型。

(4) 收集和汇总各学科专业术语。两岸专业术语领域自20世纪90年代以来就进行了很好的合作，积累了丰富成果。我们根据台湾官方成果，汇集了50多个专业的两岸对照专业术语表。

词语转换主要在于资源规模和建构对照词表，实际上是利用规则的方式进行加工。资源累积得越多，并能规定转换的条件，其效果越好。但词语是个开放的系统，词汇差异数以万计，很难穷尽。两岸大多数词语不会造成误解，只有极少数会产生麻烦。其中音译词最容易产生隔阂，也是最易处理的部分。短期来说，建立两岸音译词对照表是可行的办法,长期还是需要两岸在音译规则上进行合作。

2.3 标点符号问题分析

两岸标点符号总的来说大同小异,点号的名称和功能几乎没有差异,标号大多数名称和功能也差不多。但两岸的引号和书名号用法差异稍大,连接号、括号等标点符号也有一定的差异。这里简单分析一下引号和书名号的差异。

2.3.1 两岸引号用法差异

两岸引号的功能应该说大体也是一致的,都是用来表示"直接引用的内容或需要特别指出的成分",但使用单引号和双引号的情况基本相反,大陆一般使用双引号,如:

(1) 李白诗中就有"白发三千丈"这样极尽夸张的语句。

(2) 这里所谓的"文",并不是指文字,而是指文采。

台湾则基本使用单引号。如:

(3) 我问他:'你有什么意见?'他说:'我没什么意见。'

(4) '芦沟桥事变'发生于民国二十六年七月七日。

如果单引号、双引号同时使用时,大陆是单引号在内,双引号在外。如:

(5) 他问:"老师'七月流火'是什么意思?"

台湾则相反,单引号在外,双引号在内。如:

(6) 孔子曰:'求,周任有言曰:「陈力就列,不能则止。」危而不持,颠而不扶,则将焉用彼相矣?'(《论语·季氏》)

此外,需要说明的是,在台湾语言实际生活中,有很多书籍名称,台湾也可用单引号,这可能是台湾在日本殖民时期受日本标点符号影响,至今还难以改变,如:

(7) '论语''孟子''大学''中庸'是'中华文化基本教材'主要

来源。

2.3.2 两岸书名号用法差异

两岸书名号的功能也大致一样,都主要用来表示"行文中出现的各种作品的名称",但具体用法两者有一定的差异。大陆一般使用《》,只在书名号中还需要书名号时才使用〈〉。如:

(1)《红楼梦》(书名)　《勿忘我》(歌曲名)　《沁园春·雪》(诗词名)

台湾一般情况下,《》多用于书名、影剧名、杂志期刊、电子报名、图表和法律名。如:

(2)《礼记》(书名)　《四书集注》(书名)　《青少年文库·傲慢与偏见》(书名)　《国语日报》(报刊名)

而〈〉多用于篇名、歌曲名、词牌名、曲牌名、字画名等,如:

(3)〈礼运〉(篇名)　〈逍遥游〉(篇名)　〈项羽本纪〉(篇名)〈岳阳楼记〉(文章标题)　〈红河谷〉(歌曲名)　〈水调歌头〉(词牌名)〈兰亭帖〉(书画名)

以上从文字、词汇和标点符号各个方面论述了简繁文本中的语言学问题。文字层面的问题相对比较封闭,但却是简繁文本转换最为关键的问题。由于实际使用的汉字数量有限,可以丰富和完善统计模型,在此基础上,合理利用规则,就可以实现很高的转换准确率。两岸简繁文本转换文字层面的问题从理论上来说,只要语料足够大,即使是一简对多繁,也是可以利用统计模型进行很好的处理的。两岸的异体字问题远比一简对多繁问题复杂得多,但大多数也可以转换为一对多的问题,但在处理方式上,要比一简对多繁灵活,一简对多繁除了极少数出现混同的,基本上分工明确,而异体字只是使用习惯,同一个词可以使用不同字形来显示,这也就需要灵活处理,建立互用词表是一个灵活而符合实际的做法。词汇问题也要着眼于差异，但词汇问题目前不同于文字处理方式，当前主要还是基于规则的，主要是收集和建立词汇对照表，并供给给模型，基于统计的词汇差异处理由于缺少严格意义的平行语料还难以训练出来。而且词汇开放性极强，差异无所不在，完全处理好这个问题挑战极大。标点符号两岸差异不大，而且趋同性很强，只要处理差异大的就基本解决问题了。

3. 尚待解决的问题

尽管当前的语言学分析已足够细致，统计模型也已很完善，转换准确性也极高。但实现100％的愿望是不可能的，还需要人工辨别和干涉。今后，在字处理上，除了根据转换错误结果分析，分析和完善统计模型外，还可以重点对一简对多繁字进行适当提示，利用小工具帮助人来识别错误。在词汇层面上，在人工收集差异词汇基础上，利用统计模型来自动收集和识别差异词汇也是一项重要工作。总之，在文字层面上怎样更好地利用规则，而在词汇层面上，怎样更好地利用统计模型，是今后进一步提高准确性的关键所在。

参考文献
[1] 常用国字标准字体表[M].台北:正中书局,1978.
[2] 戴红亮.台湾语言文字政策[C].北京:九州出版社,2012.
[3] 黄翊主编.繁简并用　相映成辉——两岸汉字使用情况学术研讨会论文集萃[C].北京:中华书局,2014.
[4] 两岸合编《中华语文词典》大陆编写组.两岸生活常用词汇对照手册[M].福州:福建人民出版社,2014.

汉字简繁转换原则及其系统实现*

史晓东　陈毅东

（厦门大学智能科学与技术系）

【摘要】 近年来，随着两岸交流的发展，简繁汉字自动转换研究的重要性日益凸显。简繁汉字转换涉及汉字编码、字形或字体、正异字、古今差异、词汇、方言或区域用语、科技术语、标点等方面的研究，我们针对其中的一些主要问题提出了若干转换原则，并实现了一个通用的基于对数线性模型的转换框架。模型参数可从大规模语料库中训练得到，并采用统计和人工甄别相结合的方法构建了各种数据表。我们据此开发的面向台湾的汉字简繁转换系统实现了字转换、词转换(包括术语转换)、标点转换等功能，可对网页和网站全站进行全自动简繁转换。测试结果表明我们系统的转换质量远高于目前市场上的同类简繁转换系统。

【关键词】 简繁转换；简化字；繁体字；异体字；汉字编码

1. 引言

中华人民共和国成立以后，对一些笔画较多的传统汉字进行简

---

* 本文承教育部专项"简繁汉字智能转换系统"、国家科技支撑计划项目(2012BAH14F03)、国家自然科学基金(61303082，61005052)、教育部博士点基金(20130121110040)等资助。

化,形成了所谓的简化字(后来成为规范字)。而台湾(以及港、澳等地),仍然采用原来的繁体字。由于政治上的对立和分隔,海峡两岸的文化交流在 20 世纪 80 年代之前几乎完全停滞,致使两岸在语言文字的使用习惯上形成了一定的差异。这些差异给两岸民众的沟通交流带来了一定的障碍。

近年来,随着两岸交流的不断发展,越来越多的研究人员关注简繁汉字自动转换系统的研发,并且已有不少成果供两岸民众使用。但不同的系统得出的转换结果往往存在较大差别。这其中的一个原因是这些系统的转换质量良莠不齐,但更深层次的原因是汉字简繁转换中涉及的一些具体问题缺乏可行的明确的原则。本文第二节对简繁转换中涉及的这些问题进行了讨论,并根据我们的认识提出了若干转换原则;第三节中,我们进一步介绍了遵循这些原则的高质量汉字简繁转换系统的具体开发工作。

需要说明的是,汉字简繁转换包括简体到繁体和繁体到简体两个方向的转换,由于繁体到简体的转换相对简单且已经得到了较好的解决,而简体到繁体的转换因涉及"一简对多繁"等问题更为复杂,故本文所讨论的主要是简体到繁体的转换。

2. 汉字简繁转换的若干原则

简繁汉字转换看似简单,其实是一个比较复杂的任务,涉及汉字编码、字形或字体、正异字、古今差异、词汇、方言或区域用语、科技术语、标点等方面的研究。对这些问题的研究直接影响简繁转换的质量。

2.1 汉字简繁转换的分类

通常人们认为,所谓简体字就是大陆现行的汉字,繁体字就是古汉语中所使用并且在港澳台地区保留至今仍在使用的汉字。目前现有的大多数简繁转换系统也是基于这样的认识,认为只有一种简体字和一种繁体字。但事实上,港澳台地区现行的汉字与古汉语中的汉字并不尽相同。

例如,2013年大陆发布的《通用规范汉字表》中,"为"的繁体字是"爲",这与《说文解字》中记载的"爲,母猴也"是一致的。但在台湾的《重编国语辞典修订本》中,只收录"為",而未收录"爲"。在我们收集到的台湾新闻语料中也可以明显看出"爲"出现的频次明显少于"為"。

实际上,汉字和汉语是在不断演变发展的,上述"爲""為"都曾出现在不同时期的古文书籍中。如果进一步做更深入的对比,港澳台三地之间的用字习惯、古汉语中不同时期的用字习惯都存在一定的差异。如果进一步考虑汉语的不同使用地区的用词习惯,港澳台三地之间的差异会更大,甚至大陆简体文本和新加坡、马来西亚简体文本之间也存在相当多的不同。如南亚的地区名称"Tamil",大陆习惯译作"泰米尔",台湾为"坦米爾",港澳为"淡米爾",新马为"淡米尔"[①]。由于这些差异,可认为汉语这个大家族有不同的"子语言"。

因此,在汉字简繁转换中,首先必须明确转换任务是从何种简体文本到何种繁体文本的转换,否则可能出现转换结果不符合目标子语言的实际用字习惯问题。就现阶段的研究而言,我们认为从大陆现代简体文本到港澳台地区现代繁体文本的简繁转换是目前应解决的主要问题,并且可以取得实际应用,产生社会效益。

---

① 引自维基百科:字词转换(https://zh.wikipedia.org/wiki/Wikipedia:％E5％AD％97％E8％AF％8D％E8％BD％AC％E6％8D％A2)。

2.2 汉字简繁转换的层次

我们认为现代简繁文本间的差异是多方面的,简繁转换至少应当包括标点、字、词等多个层次的转换。

(1) 简繁转换系统中应提供标点转换功能。大多数现有的转换系统未提供标点转换功能。标点转换也不像表面上看来那么简单。比如,我们通过对比台湾繁体语料和大陆简体语料,发现大陆双引号("")的用法对应台湾的单引号(「」),而大陆单引号(' ')的用法对应台湾的双引号(『』)。

(2) 字转换和词转换之间应当有明确的区分。例如,在字层面的转换中,"反复"应转换为"反復",而非"反覆",尽管"复""覆"二字同音近义且"反覆"更符合台湾地区实际的使用习惯,但"覆"并非"复"的繁体,因此"反复"转换为"反復"应当是词层面的转换任务。

(3) 词转换应包括日常用语转换和专业术语转换。词层面的转换存在领域的问题,大陆简体文本中的一个词语在不同专业领域中可能对应不同的繁体词语。例如大陆的"程序"一词,在计算机领域中应当对应台湾的"程式"(如"应用程式"),而在法律领域中应当对应台湾的"程序"(如"诉讼程序")。对于特定领域文本的词转换不仅应进行日常用语(含常见外国人名和地名的译名)的转换,还应进行相应领域的专业术语的转换。

为了方便用户,我们认为,在简繁转换系统中,标点、字、词、专业术语的转换均应当提供相应的选项,以便由用户自行决定进行哪些层次的转换。

2.3 汉字简繁转换的标准

相同的文本在不同的汉字简繁转换系统中进行转换时常会得到不同的结果。造成这一现象的原因除了各个转换系统的性能不同外,更重要的是汉字简繁转换标准的阙如。通常认为规范的字典或官方发布的字表应当作为标准,但字典或字表是对过去一段时间人们用字习惯的一种总结和梳理,具有一定的滞后性,未必能如实反映当前人们实际的用字习惯。例如,在台湾,根据《常用国字标准字体表》《重编国语辞典修订本》和《异体字字典》,"晒"为正体,"曬"为异体,而基于台湾新闻语料的统计数据显示,"曬"的相对频率达到90%以上,远高于"晒"(王博立等 2015a:251)。同时,台湾民间实际的用字习惯和官方的书面用字标准(即"国字标准字体")之间存在很大的差异,一些与大陆简体字相同或相近的简笔俗字在民间广泛使用。例如,"台湾"的"台"字所对应的台湾繁体正字应为"臺",但是台湾新闻语料中,"台灣"的相对频率达到99%以上,远高于"臺灣"(王博立等 2015a:251)。

基于上述事实,我们认为汉字简繁转换不能仅仅以字典为标准,而应该同时考虑民间实际的用字习惯。同时,考虑到台湾民间用字比较灵活,正异字常可互换使用的情况,我们提出互用词的概念。互用词是指在某个语境下语义基本相同,因此可互换使用的词。每组词的字之间是广义的简繁关系,如"台灣/臺灣""發布/發佈"。所以,简繁转换系统将简体"台湾"一词转换为台湾繁体的"台灣"或者"臺灣"都是正确的。(但这并不意味着"台""臺"二字可完全互用,如"台州"一词中只能用"台"而不能用"臺")

2.4 汉字简繁转换中的编码问题

一些早期的汉字简繁转换方案将简繁汉字的关系视为同一编码不同字体来处理。这一做法混同了简繁关系和新旧字形关系,且无法处理"一简对多繁"的情况。实际上,新旧字形关系应当视为同一编码的同一个汉字在不同字体下表现出的差异,而简繁关系应当视为一组不同的汉字,对应不同的编码。

目前的汉字简繁转换系统主要针对数字化的网络文本,所以应该采用国际通用的 Unicode 编码。这不仅能在一定程度上解决早期采用 GBK 码或 BIG5 码所带来的不足,也能比较好地处理新旧字形的问题。在 Unicode 编码中,大陆和港澳台地区的用字差异包括以下几种情况。

(1) 两个汉字间存在简繁对应关系:简繁转换系统对于这一情况需要进行编码转换。

(2) 同一汉字的新旧字形对应同一 Unicode 编码:简繁转换系统对于这一情况无需进行编码转换,通过设置不同的字体即可解决。如图 1 所示,相同编码的汉字在大陆惯用的宋体下显示为大陆所使用的新字形,在台湾惯用的细明体下则显示为台湾所使用的旧字形。

今麻甚虎起均（宋体）

今麻甚虎起均（细明体）

图 1　Unicode 中同码汉字在不同字体下的显示效果

(3) 同一个汉字的新旧字形对应不同 Unicode 编码:这一情况比较少见,但仍然存在,如"丢—丟""内—內"等(王博立等 2015a:253)。这应当被认为是现阶段 Unicode 编码中存在的有待商榷之处,在目前的简繁转换系统应当对这些对应关系进行转换,以便适应实际用字情况。

需要特别注意的是,Unicode 编码在 F900 - FAFF[①]、2F800 - 2FA1F[②] 编码了一部分兼容性异体字(CJK Compatibility Ideo-

---

① CJK Compatibility Ideographs. (http://www.unicode.org/charts/PDF/UF900.pdf)。

② CJK Compatibility Ideographs Supplement. (http://www.unicode.org/charts/PDF/U2F800.pdf)。

graphs),导致出现一个汉字两个码位的情况(如图2所示)。对于简繁转换系统而言,在转换结果中应当使用正字,不能使用兼容性异体字。

豈 更 車 賈
8C48　66F4　8ECA　8CC8

豈 更 車 賈
F900　F901　F902　F903

图2　Unicode中同一汉字存在两个码位的情况

2.5 汉字简繁转换中的词转换问题

现代简繁文本在词汇的使用上存在不少差异。2012年出版的《两岸常用词典》收录了同中有异、同实异名、同名异实和一方特有四类两岸差异词[①]。我们认为,简繁转换系统应当提供对一方特有词汇和同名异实词汇的转换功能。同时,词转换是非对称转换,例如"土豆"一词在台湾指花生,而在大陆指马铃薯,属于同名异实词汇。因此在繁转简时应当将"土豆"转换为"花生",但在简转繁时则无须将"花生"转换为"土豆",因为台湾也使用"花生"一词。

3. 汉字简繁转换系统的实现

我们已经实现了一个面向台湾的汉字简繁转换系统,提供字、标点、词、专业术语等多种转换功能[②]。本节介绍该系统的主要开发工作。

---

① 引自中华语文知识库:两岸常用词典(http://www.zhonghuayuwen.org/PageInfo.aspx? Id=275)。

② 可通过访问http://jf.cloudtranslation.cc/使用该系统。

3.1 转换模型及其训练

如 2.3 节所述,简繁转换的结果需考虑实际的语言文字使用习惯,方可最大限度地达到消除阅读障碍的目的。因此,简繁转换系统必须采用统计方法,通过收集大规模语料,进行统计学习得出简繁转换模型所需的参数,从而保证转换结果符合语言实际使用状况。

如 2.1 节所述,简繁转换可以包括面向古汉语、面向台湾、面向香港等多种目标。从技术层面来讲,面向不同目标的简繁转换系统应该采用一个通用的技术框架,通过改变不同的技术参数得到不同的转换系统,从而满足不同的实际应用需要。

目前,我们已经实现了一个通用的基于统计方法的简繁转换框架(Chen 等 2011:4)。我们将一简对多繁的转换任务视为一个特殊的机器翻译任务,采用目前统计机器翻译中主流的基于对数线性模型的翻译框架,如公式(1)所示。其中,s 和 t 分别为简体和繁体文本句子,h_i 为定义在 s 和 t 之上的特征函数,λ_i 为权重,α 为正则化因子。在已知简体句子 s 的情况下,通过动态规划算法进行解码,求取概率得分最高的繁体句子 t 作为转换结果输出。

$$\log p(t|s) = \alpha \sum_i \lambda_i \log h_i(s,t) \qquad (1)$$

本系统所采用的特征主要包括语言模型和翻译模型(Shi 等 2013:288—289),翻译模型如公式(2)所示,其核心思想是采用朴素贝叶斯分类器来增强翻译概率。其中,$P_{nb}(t|s)$ 为决定简体文本 s 是否转换为繁体文本 t 的朴素贝叶斯分类器;W 为权重函数,当 $P_{nb}(t|s)$ 大于 0.5 时,W 大于 1;$P_{ml}(t|s)$ 为采用极大似然估计得到的候选繁体字的相对频率;α 为正则化因子。

$$h_{tm}(s,t) = \alpha P_{ml}(t|s) W(P_{nb}(t|s)) \qquad (2)$$

模型中所涉及的参数都可以通过机器学习的方法,从大规模语料库中训练得到。

3.2 语料库的建设

借助网络爬虫技术和 HTML 解析与正文提取技术,我们从网络上获得并提取了超过 10 亿字的台湾繁体中文语料,加上来源于 LDC 的中文 Gigaword 里的 cna 1991—2004 语料(7.6 亿字),总计有 18 亿字的台湾繁体现代汉语语料。语料来源广泛,内容涉及政府公文、新闻报道、博客等,时间跨度为 1991 年至 2014 年,且不断更新。各语料库基本信息如表 1 所示。

表 1 至善繁体语料库信息统计表

名称	规模(万字)	年代	类型
CNA 新闻	14 000	2007—2014	新闻
Gigaword CNA	76 000	1991—2004	新闻
台湾政教	4213	不详—2013	政府公文、新闻
苹果日报	4534	2011—2014	新闻
人间福报	16 000	2000—2014	新闻
台湾 msn	19 000	2011—2014	新闻
台湾 yahoo	19 000	2009—2014	新闻
无名小站部落格	33 000	不详—2013	博客

在整理台湾繁体语料的过程中,我们发现语料中存在大量错误。这些错误一部分来自于港澳台媒体的不规范用字(使用错别字或异体字,甚至是 Unicode 编码中的和制汉字和韩文汉字),另一部分则来自于低质量的简繁汉字自动转换系统(因为不少台湾繁体新闻转发自带有简繁汉字自动转换功能的简体中文网站)。针对这一问题,我们对台湾 msn 和台湾 yahoo 语料中的新闻来源进行了排查,去除了可能来自简繁自动转换的文本,有效降低了语料噪声。

3.3 数据表的构建

除了统计模型的参数外,简繁转换系统还需要用到字转换表、词转换表(包括科技术语转换表)、正异字转换表(包括异码同字转换表)、标点符号转换表等数据,这些数据需要在语料库统计数据的基础上,辅以人工甄别,从而保证系统构造的效率和简繁转换的质量。

3.3.1 字转换表

简繁对应字表是简繁转换最重要的数据表。但对于需要转换的汉字数量以及一简对多繁的数量众说纷纭。我们采用基于统计与规则相结合的方法收集了较为完整的简繁对应字表。

首先,我们采用基于语料库的统计方法得到一个较为粗糙的简繁对应字表:(1)将繁体语料转换为简体,将转换结果与原文不同的字收录到简繁对应字表中;(2)对于简繁对应字表中的简体字,如果在繁体语料中出现,则也将其列为其本身对应的繁体字形之一(Shi 等 2013:290)。

其次,我们对简繁对应字表进行进一步的人工校对:(1)参考语言学家整理的简繁汉字对应表、维基百科的简繁汉字对应表、大陆官方发布的《简化字总表》《通用规范汉字表》(及其附件)、台湾官方发布的《标准字与简化字对照手册》等,结合繁体语料库的字频统计信息对字表进行一定的增删调整;(2)根据 2.4 节所述之原则,我们剔除了所有的兼容性异体字,从而确保转换结果中不会出现兼容性异体字;(3)参考台湾《重编国语辞典修订本》《异体字字典》等,保证所收录的各组汉字确实属于简繁对应关系或正异关系,而非同音近义关系。

目前,我们建立的简繁对应字表中包括一简对一繁 2377 组,一简对多繁 528 组。

3.3.2 词转换表

如 2.5 节所述,简繁转换中的词转换是非对称转换。因此,我们在简到繁和繁到简两个方向的转换中使用不同的词转换表。目前已经完成了构建简到繁词转换表的主要工作。

我们利用语言学家整理的两岸对应词表,结合语料库的词频统计信息,并参考从网络获取的相关资源和词典释义,人工整合校对,从而建立相对较全面的两岸常用词汇转换表(包括常见外国人名和地名的译名)和两岸专业词汇转换表。目前,我们建立的两岸常用词汇转换表规模为 829 对;两岸专业词汇转换表覆盖 15 个领域,总规模为 20000 多对。

此外,我们还采用基于词向量的方法从两岸语料中自动抽取语义相近的词语,并辅之以人工筛选,从而获得更多的两岸对应词汇(王博立、史晓东 2015b:382—387)。这一工作能有效发现人工收集不易发现的以及新出现的两岸对应词语。

3.3.3 互用词表

如 2.3 节所述,互用词表并不用于转换,而用于对转换结果的评价,使评价更为科学准确。互用词表的制定必须既考虑到各规范词典,也要符合语言的实际使用状况。

目前我们采用基于语料库的方法建立互用词表:(1)选择一定量的台湾繁体语料,使用分词程序进行自动分词;(2)对已切分语料进行词频统计,排除低频词;(3)对词频表进行繁转简,将具有相同简体词形的各组繁体词标记为候选互用词;(4)根据词频、语料库中的具体出现情况以及规范词典(《重编国语辞典修订本》)的收录情况对候选互用词进行筛选,排除实际不可互用的词[①],最终形成互用词表。

[①] 例如,表示"不准确"的"不准"和表示"不允许"的"不准"虽然具有相同的简体词形"不准",但因词义存在明显差异不可互用。

目前，我们建立的互用词表收录了412组互用词。

3.4 系统实现

在前述工作的基础上，我们实现了一个具有字转换、词转换（包括术语转换）、标点转换的面向台湾的简繁转换系统，不但可处理普通文本，也可对网页（以及整个网站）进行全自动简繁转换。

由于采用了大规模语言模型，该系统运行时需要 8G 以上内存，这不便于普通用户使用。因此在发布单机版的同时，我们还提供了在线简繁转换的云服务接口，并发布了相应的 Word 插件，以方便不同需求的用户使用。

为解决汉字编码和显示问题，该系统对所有文本均采用 utf-8 编码，并建议用户安装"方正规范书宋"字体以支持《通用规范汉字表》中的所有规范汉字。

3.5 系统性能评价

我们从台湾繁体语料库中留存了一部分作为测试语料（主要取自台湾 MSN 语料），未参与模型训练。我们在这些测试语料上构造了四个测试集，如表2所示。

表 2　测试集基本情况

测试集	规模	备注
测试集 1	20 656 字	用于测试字级别转换
测试集 2	194 641 字	用于测试字级别转换及一简对多繁转换
测试集 3	1 066 275 字	用于测试字级别转换及一简对多繁转换
测试集 4	384 句	用于测试一简对多繁易错字转换

结合互用词以后，我们的系统（S2T）和其他三个国内外较有代表性的同类系统的转换准确率如表3所示。

表 3　测试结果

测试集	指标	准确率(%)			
		S2T	Word	Google	STGuru
测试集 1	字级别转换	99.98	99.83	99.85	99.91
测试集 2	字级别转换	99.989	99.811	99.864	99.889
	一简对多繁转换	99.764	96.057	97.161	97.675
测试集 3	字级别转换	99.991	—	—	—
	一简对多繁转换	99.832	—	—	—
测试集 4	一简对多繁易错字转换	97.7	87.5	88.5	91.4

测试结果表明，无论是字级别转换还是一简对多繁转换，我们系统的准确率都远高于目前市场上使用较多的 Word、Google 等简繁转换系统。

4. 结论

我们以大陆现代简体文本到台湾现代繁体文本的简繁转换为主要研究对象，提出了简繁转换的 5 项原则：

(1) 简繁转换应该区分不同的目标子语言，如面向台湾的转换和面向古籍的转换是不同的；

(2) 简繁转换至少应当包括标点、字、词等多个层次；

(3) 简繁转换不能仅仅以字典为标准，而应该同时考虑语言实际的用字习惯；

(4) 简繁转换中应当使用 Unicode 编码；Unicode 编码中重复编码的汉字需要进行转换；不可使用 Unicode 编码中的兼容性异体字；

(5) 简繁转换中的词转换应当是非对称转换，需支持一方特有词汇和同名异实词汇的转换。

据此,我们实现了一个基于统计模型的简繁汉字转换系统。测试结果表明我们系统的转换质量远高于目前市场上的同类简繁转换系统。

参考文献

[1] 李行健、仇志群.两岸词典中差异词的界定及其处理——两岸合编语文词典中的新问题[J].语言文字应用,2012(4).

[2] 王博立、史晓东、陈毅东、任文瑶、阎思瑶.语料库语言学视角下的台湾汉字简化研究[J].北京大学学报(自然科学版),2015a(2).

[3] 王博立、史晓东.基于语义相似度的两岸对应词语发现方法[A].第十六届汉语词汇语义学国际研讨会(CLSW2015)论文集[C].2015b.

[4] 王立军、王晓明、吴健.简繁对应关系与简繁转换[J].中文信息学报,2013(4).

[5] 王宁.基于简繁汉字转换的平行词语库建设原则[J].语言文字应用,2007(4).

[6] Xiaodong Shi, Yidong Chen and Xiuping Huang. *Key Problems in Conversion from Simplified to Traditional Chinese Characters*. MT Summit, Nice, France, 2013.

[7] Yidong Chen, Xiaodong Shi and Changle Zhou. A Simplified-Traditional Chinese Character Conversion Model Based on Log-Linear Models. International Conference on Asian Language Processing, Penang, Malaysia, 2011.

"汉听"在两岸的影响及对两岸文化融通的作用

张军民

(厦门理工学院)

【摘要】《中国汉字听写大会》("汉听")开播以来已历三届,其参与者之广和形式的持续创新,以及突破识字、写字的表面诉求而深入到汉字文化深层的教育、传播、文化启示等功能不断升级,这起国家级大型文化赛事,已在社会公众、各类媒体、文化学者面前树立起汉字文化教育类电视节目锐意创新并文化担当的形象;与祖国大陆文化"同根同源"的台湾,其公众不仅有缘组队直接参与比赛并表现突出,两岸媒体与学人对"汉听"持续关注并进行了深入的多维度文化研讨和评议,这对"汉听"两岸文化融通等认识方面,有着积极意义。

【关键词】 "汉听";两岸;文化融通

由中央电视台、国家语言文字工作委员会联合主办、中国社会科学院语言研究所协办,并由中央电视台科教频道于2013年8月隆重推出的"中国汉字听写大会"(下文简称"汉听"),到2015年已历三届。该节目自开播以来,不仅作为一项大型国家级汉字听写推广活动,同时也是全国第一档原创形态的汉字文化教育类电视节目。从

2013年8月开播之初让民众亲近汉字所获得的普遍关注,到2014年7月第二届倡导"焐热汉字"所带来的高收视率,直至2015年7月第三届大会的开播及热评热议,汉字听写大会作为一项优秀文化类节目的魅力逐年益发彰显。

1. 全民参与,形式多变,严肃文化书写时尚精彩

首届"汉听"的参赛队筛选范围以国家级重点中学为主,并适当兼顾到(教育部语言文字应用管理司于2012年确定的)国家级规范汉字书写教育特色学校名单中的111所中学。学校的选择由大会依托各地教育管理机构推荐产生。在内地受教育的港澳台学生代表队在北京产生。听写大会统一向各地发放了6套不同内容的笔试考题。考题为100个不同难度的词汇。各地由国家级规范汉字书写教育特色学校或省区教育局指定的参赛学校组织考试,对报名者进行选拔。综合成绩第一的学校中排名在前且符合比赛各方面要求的五位学生,作为正式代表队成员参加全国统一举办的复赛。

首届"汉听"采用了三级赛制,邀请全国31个省、自治区、直辖市和在内地接受教育的港澳台学生组队共同参加。初赛获胜的160位选手形成了32支代表队,最后,在15位参加决赛的胜出者即为本届听写大会的冠军。

2014年,第二届"汉听"的全国海选进行了4700余场,共历时5个月。期间,全国1700个城市、3万所中学的1200万初中学生参加了汉字听写体验活动。参赛队伍由首届的32支扩大到36支。"汉听"第二届大赛的变化,新疆建设兵团,香港、澳门和台湾三个地区,单独组队,组建了由英国、美国、韩国等五个国家的孩子组成的"国际联队"。

"汉听"在两岸的影响及对两岸文化融通的作用

第二届"汉听"另一个变化在于比赛内容。首届大赛设置成人听写体验,从后来收集的数据发现,成人听写水平传播在社会上拥有广泛的影响,癞蛤蟆一词,成人写对率是30%,国外媒体就有报道,一个"癞蛤蟆"难倒了几成中国人。第二届赛制直接把10个人拓展成100个人,"汉听"开始从纯粹字形书写能力,逐渐转向了对字义的传播。

第二届"汉听",中国台湾代表队不仅首次单独组队,选手潘冠豪表现惊艳,给所有观众留下了十分深刻的印象。第二届"汉听"专家解读的力量,增加到两位,一位从文字角度进行提示,另一位则从文化角度进行解读。专家们全程展示了汉语言文字的魅力,那些曾经的文字使用范例让我们对今天的母语有了更多的想象。大赛发起了全民焐热冰封语词的活动。第二届"汉听"于2014年7月13日晚8点在中央电视台1套首播,颇受热议的"全民焐热汉字活动"也在首播同时开启。

"汉听"竞赛方式到了第三届又一次得到创新。赛制的重大变化之一是改为双人同题对抗。来自全国31个省、市、自治区,港澳台以及国际选手代表队共36支代表队180名选手进行了课标测试,测试结果用以综合评估参赛队之间的实力,并用来确定复赛的分组方案,这样的改变对竞赛的公平性和戏剧性都是一大提升。采用上述"双人对抗"赛制后,第一题都从常用易错字开始,第二题为"应知应会类"字词,第三题带有经典例句的高难度题型,不同难度的字词呈梯级分布,观众可以全程参与互动。

总决赛36支代表队,45位选手直接晋级半决赛,另外发放3张外卡,鼓励港澳台代表队中表现最优秀的选手。12位选手晋级总决赛冠军争夺战。优胜者晋级之后,以个人名义继续参赛。

每场比赛的过程中,有100位成年人以体验者的身份参与到节目录制过程中。这100人依据学科、职业不同而分组,包括大学在校生、青年白领、中年父母和退休长辈等。

第三届"汉听"题库的设置模式为常用易错字词、应知应会字词中高低难度字词在节目均匀分布,为避免第二届"汉听"因难字、生僻字过多惹争议,大众对古籍中字词的陌生感,第三届在区分赛事难度的试题上,从《论语》《诗经》《史记》等经典古籍中精选字词,直接传播考点字词所在篇目,"冰封汉字""报报"等词开启了新一轮全民焐热活动。对这种"焐热"之举,不少语言学家站在纯学术立场指出:汉字有一个自然淘汰的过程,那些不具备实用性的汉字即使死记硬背下来,也"活"不过来。大赛总导演关正文坦言,比赛题库并未超出去年国务院颁布的《通用规范汉字表》,范围也在8105个汉字内。如果第一届听写大会是为了让观众亲近文字本身,那么第二届的口号"让书写在古籍里的文字活起来"则更注重文字背后的价值。我们习惯了以常用、简便为文字表达的价值取向,这样下去,就会影响我们母语的品质,蕴藏在古老经典中的智慧和价值观就难以得到传承,我们民族的想象力、思考力也会受到影响。我们现在的母语状态,并不是一个自然淘汰的结果,而是一个被人为干预和破坏的结果。我们经历过"文革"彻底废除经典的年代,母语的状态直到现在,都没有得到真正意义的反思和解决。

第三届"汉听"的主考官继续由来自央视的主播担任,主考官将现场阅读原文,以语境解释字词含义。同时,场外点评嘉宾张一清等"名嘴",仍为观众带来超越字词的文化内涵解读。第三届"汉听"还首次邀请全国媒体新华网、光明网、中新网、央视网、《长江日报》《现代快报》征召民间汉字达人,参与现场成人体验团,与现场中学生实现了同场竞技。

总体上,可以对三届"汉听"的全貌做如下归纳。

1.1 严肃文化节目的持续热播,体现着民众渴求实现中华文化之梦的强烈愿望

"汉听"从开播到第三届,参赛人员范围不断扩大,选手参与面广,在选拔赛中扩大了"汉听"的影响力,选拔赛历时长,学生们在准备的过程中细究汉字的来龙去脉,汉字蕴含的严肃传统文化和核心价值观在准备和参赛的过程中潜移默化地浸染和培育了学生,汉字的深刻内涵被移植在孩子们的心田上,这对未来中国的文化强国之路打下了坚实的文化根基。参与城市近两千个,这对城市文化氛围的形成,对提升城市文明形象,建设文化城市起到了重要的影响作用。港澳台和国际联队的参赛,使同根文化得到延续,对台湾等地的文化共振起到了一笔连心,一画动情,一笔一画融通文化血脉的作用,同时对在国际上提高汉字影响力做出了可供借鉴和发扬的新的媒体宣传形式。成人听写团的参与,媒体代表团的热评热议,使"汉听"真正实现了全民参与汉字书写,焐热汉字,让藏在古籍里的汉字活起来变成了可以实现的品读传统文化,重新认识和挖掘汉字美的全民文化运动,这对在经济发展迅猛,文化建设和影响滞后的当代中国,有着特殊的意义。闻者足戒[wén zhě zú jiè],奸宄[jiānguǐ],揆情度理[kuí qíng duó lǐ],这些词语的听写、专家评判解读过程实际上是一次全民接受文化教育的过程,其中的中国传统文化的解读和精髓都在一笔一画的书写中潜移默化地完成了,在参与、观看的过程中,经历了一次富含文化营养的精神洗礼。

1.2 严肃文化与时尚元素结合是打造精品文化节目的突破口

"汉听"形式不断更新加强,在坚守文化节目的特色表现上,时尚

因素不断增加。考虑到参与者和受众大多为青少年,节目的竞技性和节奏性都有了变化,用赛制的手段,晋级的游戏规则,不断挑战听写者的记忆力和联想理解力,文字的沉默与现场的紧张氛围形成一种期待正确率的压力,使得通常宽松的文化节目增加了几分较量的神秘感,这也是"汉听"特别吸引青少年的一个原因。另外,"汉听"使青少年作为主角第一次长时间占据了收视的黄金时段,各代表队的人气被各自学校的拉拉队所鼓舞。由于"汉听"覆盖城市和各级各类学校的面很广,各位选手成了每个城市每个学校的偶像。"学霸"们在全国甚至全世界观众的面前成了"男神""女神",各种昵称在媒体间不胫而走,使青少年站在了媒体关注的最时尚的前沿,学习汉字的热情和氛围空前高涨。学校家长以此为契机,树立学习也能成明星的榜样效应,使得很多迷恋网络游戏的青少年在正能量的听写大赛中获得了观看的乐趣,寻找到了他们喜欢的竞技形式在学习中的作用。一时之间,这种形式成了社会、学校、家长、个人、青少年的痴迷追捧的节目,节目的高雅性、文化传播性、正能量性、朴素性、榜样性、新鲜性、紧张性、参与性、游戏性在孩子们凝神屏气的庄重严肃书写中徒增了一份风范。节节攀升的收视率和网络热评说明了受众心理需要这样的文化营养补充,而积极的参与性则是"汉听"持续热播的动力。所谓参与,就是受众并不满意被动地接受,而是主动介入到传播的过程,有效地发挥受众的接受性和创造性。(齐亚东 2015)三届"汉听"在注重收视率的同时及时调整社会民众及媒体上网民们提出的质疑和改进的意见,在严肃节目的运行上与时俱进,增加了港澳台和国际联队的对抗,使收视群体和影响扩大到了"汉听"文化现象的国际关注,这对文化强国的媒体运行模式给出了很好的参考示范标本,港澳台及国际媒体的关注和热评证明了"汉听"节目形式的可示范性和借鉴性。台湾媒体的反响尤其热烈,台湾中天台《开放新中国》栏目,UDN TV 台的《大而化之》等节目对"汉听"的进行了专题报道和评论,肯定"汉听"节目形式对两岸文化传承的功效,反思台湾媒体过度娱乐,文化节目下滑等现象,呼吁台湾媒体在中华文化传承方面借鉴大陆"汉听"的成功经验,"汉听"成就了严肃文化的精彩时尚。

2. 收视狂潮和话题聚焦,凸显文化节目饥渴现象

作为一档文化类电视节目,"汉听"的承载文化传承的属性在当今娱乐节目大行其道的情况下,是否会遭遇低收视率的尴尬境遇呢?但"汉听"从一开始就以严肃文化的庄重朴素和沉着冷静的学霸风范顷刻之间在娱乐节目低俗化、同质化,消费明星化的风潮中独领风骚,以强大的文化内涵吸引力态势与娱乐快餐式文化供应一决高下,取得了收视狂潮和话题聚焦的傲娇优势。

2.1 收视热潮凸显民众急需文化节目作为精神营养的补充

首届"汉听"一经举办,即在大陆获得了不下 6.7 亿人收看的好成绩,其总决赛的收视率更是超过了"不可一世"的浙江卫视《中国好声音》总决赛。百度搜索"中国汉字听写大会",相关词条数目达 360 万余条。"汉听"的微博登顶热门榜,排名为全国电视节目第一,点击率竟然高达 18 万余次。网友参与话题、留言、转发总量持续飙升到总决赛节目播出前的 100 万余条。

第二届"汉听"在 CCTV 综合频道播出期间,共有 4.3 亿不重复的观众进行收看。首播平均收视率达 1.099%,同时段上星排名第五,远高于当年所播出的其他知识文化类节目而居于榜首。2014 年 7 月 9 日,美国的《华尔街日报》和德国的《世界报》都以整版篇幅报道了 CCTV "汉听"总决赛。这场总决赛的收视率超过了所有娱乐节

目,创下了当周全国电视节目排名第一的成绩。在暑期档众多以娱乐为主的大型季播节目的收视环境下,"汉听"的单期最高收视率达1.33%,当日排名第三,仅次于《爸爸去哪儿》第二季和《中国好声音》第三季。

数据同时显示,第二届"汉听"在高学历与城市观众中更受欢迎。听写大会的参赛选手主要是13岁以上的青少年,但从观众年龄构成来看,比赛所吸引的人群却集中在35岁以上,这说明节目所探讨的汉字书写话题,已吸引了全社会各个年龄段的共同关注。一位网友称:"焐热汉字,其实是在焐热我们文化的根。"曾经被大家遗忘的词汇,正逐渐从古籍中复苏起来,有的还成为网络热词。2014年,"汉听"发起的"全民焐热冰封汉字"活动,共吸引了6亿人次的网民参加,微博话题阅读量达到了1320.5万。百度的"中国汉字听写大会"相关词条达到533万,相关新闻达到14.9万条;搜索"汉字大会"相关结果4920万条,相关新闻79.4万条。以电视节目带动全民在互联网上参与文化传播,成为2014年夏秋最有影响力的网络活动之一。

2.2 "汉听"是弘扬中华传统价值观的最佳途径之一

在受到观众热捧的同时,"汉听"还取得了良好的社会效益与广泛的影响力。节目持续引发着国人对汉字书写危机的重视,也激活了键盘时代里被国人日趋淡忘了的汉字情结。人们伴随"汉听"的节奏,重新开始发现汉字之美和汉字的文化价值。

"汉听"的热浪从一开始就影响到台湾,台湾中天台《开放新中国》做专题将台湾综艺节目与大陆唱歌选秀与"汉听"做对比,从两岸共存的汉字危机等方面进行了与观众的互动性的讨论;台湾电视知名的《大而化之》节目在评价"汉字听写大会"时,认为"汉听"牵动了中国人的神经,与"汉听"相关的一系列知识性、文化性、专业性突出的节目,无疑暴露了中国人精神需求的关键之处,即文化饥渴。

文化饥渴——这是文化类节目直至汉字听写大会瞬间火爆的深刻内因。改革开放给国人带来了无法言说的改变,人们的物质生活已发生了翻天覆地的变化,对西方社会的民主自由的崇拜和向往也逐渐趋于理性和反思,可是,民众的内心还在寻找一种精神渴求,那就是中华民族的文化价值标杆和文化体系,这是国人灵魂的寻根梦。应看到,台湾媒体对"汉听"的评议是客观冷静和中肯的,同时也因为与大陆的文化同源同根性以及共处于网络化压迫的文化境遇中,其发声也自然也带着深刻的自省、共鸣特征。

自第二届开始,"汉听"就开始从单纯的书写能力的浅层竞技调整为关注汉字文化内涵,对母语语用语义和蕴藏其中的中华核心价值观等方面进行深度挖掘和展示,吻合了习近平总书记在《建设社会主义文化强国,着力提高国家文化软实力》的讲话中指出的"让书写在古籍里的文字活起来",也成为第二届"汉听"主旨与核心宣传语。"汉听"收视普及率高,收视群体不分男女老幼,家庭参与热情空前饱满,他们认为,"汉听"触动了中国人的文化神经,在这种现象背后反映出了民众对文化的偏爱和敏感,因为从收视群体分析,不仅有专业的专家学者,参赛选手的同龄人中小学生,还有白领,家庭成员中上至爷爷奶奶,下至小学生,观看比赛成了家庭文化盛宴。这对形成中华传统的重礼重教的家庭凝聚观念有现场亲和体验的实践作用,同时对家庭文化教育具有非常重要的言传身教的示范作用,全家老幼边看边写,判断评论,中华传统文化在潜移默化中代代相传,是非观念、亲情伦理,专家在汉字里的深刻解读使每一位观众都"醍醐灌顶",恍然大悟,观众在内心里饥渴的是积极价值取向,理想人格风

范,高雅审美情趣的精神层面的引导和肯定。(吴汉平 2014)

3. 两岸媒体共同关注汉字文化危机,共寻文化融通价值家园

网民和收视群体的强力热追之外,两岸学界从专业化方向,对"汉听"的文化品牌节目运行和文字本身的特殊文化承载意义,以及面临的提笔忘字和新造词语低俗化、两岸简繁字越见疏离等危机方面进行多维度、多跨度的积极挖掘,寻找文化品牌节目成功的深层缘由和未来两岸文化融通的走向。

3.1 "汉听"促进了两岸学者对同根异质文化的共时性研讨

2014年11月,CCTV发展研究中心与科教频道共同举办了一个传播论坛——第二届《中国汉字听写大会》研讨会。国家语言文字工作委员会主任、教育部副部长,中央电视台台长,学部委员、中国辞书学会原会长,教育部语言文字应用管理司司长,中央电视台,中央电视台发展研究中心,中央电视台科教频道,北京大学艺术学院,中国人民大学新闻学院以及中央民族大学等领导和文化学者出席了研讨会。中央电视台发展研究中心研究员在会上发布了第二届《中国汉字听写大会》传播影响力分析报告。研讨会上,围绕"《中国汉字听写大会》对传统文化的主流价值导向"和"文化类节目坚守之重与国家媒体的责任担当"这两个议题进行了讨论。一线中学语文教师介绍了参与《中国汉字听写大会》究竟给孩子们带来了哪些变化以及"汉听"在其语文教学中发挥了怎样的作用。

文化嘉宾取得共识,"一字一文化,一字一价值,一字一智慧,一字一历史","汉听"最重要的意义是把汉字形成过程中镶嵌在汉字字形中的中华文化密码通过听写的方式解读出来,如选手听到飘尘

"汉听"在两岸的影响及对两岸文化融通的作用

[biāochén]的解释为狂风吹起的尘土,根据字义记忆和构形理解,准确书写出了这个词,成为被焙热的汉字,在参与观看和书写的群体中,汉字形声字的构词奇妙性、构形科学性,完全体现出了中华民族创造性的文化基因。但在键盘时代,人们过于依赖机器书写,提笔忘字的现象不容忽视,随着书写的生疏,人们越来越简单化处理汉字,网络流行语中的字母词,断章取义的缩略词,生造硬造的低俗词语,如"逼格、逗逼、撕逼"等流行于青少年中的口语,甚至媒体的书面语中,这些现象和"汉听"的热播形成了值得思考的对比。中国传统文化在鸦片战争后经历过断裂,当时的知识分子为救国慌不择路,甚至出现"西学为体"理念,出现过语言文字的大争议,而改革开放后的大陆也出现了类似的现象,字母词满天飞,粗俗之语成了流行时尚的标志,文质彬彬的谦谦君子少了,土豪之气大行其道,民众语言文化素质及个体修养素质日渐滑落,在国际形象上"中国人"成了特殊的称谓,因此,民族的强国之本还是要回到"中学为体",通过汉字复兴实现民族复兴。汉字中优美的礼教文化,温良恭俭让等传统美德都在汉字中隐藏,汉字是我们民族的基因,是支撑我们整个民族文明向前走的核心价值观的东西,在书写中,完成了对文化的敬畏和对自我价值观的确立。(CCTV2014)

台湾媒体人、学者也积极参与到了媒体对大陆"汉听"的文化思考当中,其思之切、其虑之真令人信服。台湾《大而化之》节目在对"汉听"进行热评热议和跟踪采访过程中,邀请台湾学者参与节目评论。《大而化之》节目还专门邀请淡江大学中国文学系的卢国屏教授对"汉听"进行了专家解读。卢国屏从两岸文化核心价值观的差异性,繁简字的变化,生僻字的普及性,文字中隐藏的中国文化的基因等方面做出了专业而深刻的解读和评议。他认为两岸在分隔期间,各自形成了许多方面的不同,社会体制、政治氛围、生活方式、教育观念和方式、核心价值观,形成了"同根不同质"的差异状况。(卢国屏 2015)

3.2 "汉听"是促进两岸媒体合作文化节目新契机

台湾中天台《开放新中国》甚至做专题将唱歌选秀与"汉听"做对比,从两岸共存的汉字危机等方面进行了与观众的互动,探寻"汉听"的文化价值与社会意义及其对媒体文化节目的启示。在节目中,台湾主持人陆秀芳认为:两岸同样面临汉字危机,提笔忘字的现象在两岸都普遍存在,"汉听"不仅在大陆掀起收视狂潮,台湾观众在热衷观看大陆选秀节目的同时,也在热烈参与到对汉字听写大会的媒体评议,如繁简字的优劣,生僻字的存在意义,焙热汉字的价值和可行性,汉字听写大会在文化传承方面的潜在影响,大陆"汉听"在文化节目方面的成功,对两岸媒体文化节目的发展状况的探讨和争议。《大而化之》的主持人江明珠和赖锦宏,对"汉听"引起收视狂潮的现象进行了分析和评论,江明珠和赖锦宏采访了台湾民众,后者对大陆"汉听"的成功举办表示了肯定,他们也在关注节目的比赛进程,津津乐道于其中的各种话题,同时表示台湾类似的节目太少了,娱乐节目过于强势,非常希望两岸类似的文化节目越办越多,越办越好。

3.3 "汉听"是促进两岸共寻文化节目以补充文化饥渴的解决之道

在两岸交流互动的过程中也反映出微妙障碍,"汉听"在书写汉字的同时重视中国传统文化在汉字里的含义,使传统文化中很多兼具历史性、礼教性、哲理性、民俗性的价值观念得以传播,比如兄弟阋墙、魑魅魍魉、醍醐灌顶等听写词语中,都潜藏着传统文化的礼教、人格培养、品德形成、价值体现、公平公正、正直正义、惩恶扬善的社会规范和标准,以及人情风俗、自然生态的理念,可以说汉字的庞大的政治、经济、法规、道德以及历史的容量和汉字承载的神秘性、独特性和丰富的中华民族精神是密不可分的,这是具有中华文化基因的两岸民众血脉相亲相近的根本密码,因此"汉听"在两岸的热评热议,对提升两岸文化传播的交流和权威解读,提升主流文化含量,提升学术含金量,促进两岸媒体与语言学者、文化学者、同行进行新的学术探讨,寻找、开辟新的文化节目阵地是一个新的思路和领域。

尽管两岸的发展在诸多形式上有差异,但通过"汉听"的收视、媒体热评,学者和民众的积极参与,使两岸媒体、民众有了更多共同共时性话题,为两岸在文化方面的相互认可交流融通搭建了积极的加深理解和相互认同的平台。两岸学界媒体对"汉听"的历史现实的纵横解读,从文化比较层面对大陆"汉听"的成功实践进行准确剖析,不仅具有文化思考的深度,同时也点出了"汉听"这类文化节目的繁荣与广泛传播,对实现两岸文化积极交流相互融通的长远意义。

参考文献

[1] 卢国屏.两岸文化已是"同根而不同质"[N].http://www.CRNTT.com. 2015-08-24.
[2] 齐亚东.浅析中国汉字文化与现代电视节目的融合[J].新闻研究导刊,2015(6).
[3] 吴汉平、王丽.传统文化传承方式创新谈——传播技巧[J].新闻前哨,2014(9).
[4] CCTV.央视举办第二届《中国汉字听写大会》研讨会[N].2014-11-03.

台湾闽南话的复兴运动

蔡金安

(台湾财团法人安平文教基金会)

【摘要】 闽南话是台湾文化中重要的一环,抗战胜利,国民党收复台湾后,推行国语政策,使得台湾母语教育长期被抑制,被联合国认定为濒临消失的语言之一。本人身为文化工作者,深刻体认到台湾本土文化的保存与发扬,关键在于语言的复活与再生,故一直致力于母语教育的推动,期望能唤起台湾民众对母语的尊重与疼惜。自 2000 年开始,即积极展开台湾闽南话复兴运动,创办金安文教机构。如今,本人奔走两岸,希冀能在闽南地区建立"海峡两岸闽南文化交流传承基地",为中华文化融合及发扬尽微薄之力。

【关键词】 闽南话;台湾闽南话;复兴;海翁;金安文教

0. 引言

台湾是一个多民族的小岛,闽南人、客家人,还有十四族原住民,在这个小岛上每种语言都产生其特有的文化历史,多元的文化交流融合酝酿出独特的台湾文化,而闽南话亦属台湾文化中重要的一环。闽南话是大部分台湾人的母语。由于抗战胜利,国民党收复台湾后,推行国语政策,编辑国语文教材,以强制手段压制其他语言发展,积极进行"单语"政策,禁止方言,造成其他族群母语逐渐趋向灭绝。四十年的国语运动影响巨大,使得台湾大部分本土族群的语言人口及文化因而流失。

　　台湾本土文化的保存与发扬,关键在于本土语言的复活与再生,语言是一个族群文化的载体,当语言消失,文化也无法传承。因此我一直致力于母语推动,为母语传承大业而奋斗打拼,期望能唤起台湾民众对母语的尊重与疼惜。在我投入于推动台湾母语运动以来,更加确认语言对于保存人类无形文化资产大有帮助,要推行文化复兴,非得由复兴母语开始不可。后来得知大陆于 2007 年在福建设立"闽南文化生态保护区",也在做复兴闽南话项目,甚感欣慰,因此经常游走于两岸,致力于两岸闽南话的交流与推广。

　　十多年来的母语推动历程,可说是筚路蓝缕,点滴在心头。但复兴母语是我毕生志业,不论再艰难,我仍将继续向前迈进。遗憾的是台湾当局做的远远不及民间团体多,使得台湾闽南话复兴运动陷入缓不济急的窘境。台湾当局在母语教育政策执行过程产生的种种障碍,包括政策欠缺延续性、教育资源无法有效利用、缺乏专业师资培育及教师能力的不足、母语学习环境的不平等,种种窒碍限制了闽南话的再生与发展。相对于政府的冷漠,民间团体却是热切展开母语复兴运动,蓬勃发展,方兴未艾。这是因为大家都有危机共识:语言文字一旦失传,文化亦将随时间流逝而消失。

　　台湾闽南话复兴运动,尽管政府并不如民间做得多。但不可否认,若无实质体制与政策,就无法落实各级学校母语教育的推动。而相对的,若无民间团体的督促,母语政策恐怕也只是纸上谈兵,走过场而已。语言政策不能只依赖政府来推动,必须与民间团体通力合作,才能成功复兴闽南话。

1. 语言政策

随着时代变迁,台湾语言政策已不再是独尊国语的时代了。1987年解除戒严后,民间力量开始兴盛,进而关注本土语言复兴议题,教育主管部门也拟定本土语言发展政策。1993年,教育主管部门宣布将母语教育列入中小学正式教学活动范畴,让学生依兴趣以及需要,以选修方式学习台湾闽南话以及客家话。同年颁布《小学课程标准》以肯定母语教育的重要性。1994年教育主管部门颁布《中学课程标准》,亦增加"乡土艺术活动"及认识台湾社会篇、历史篇与地理篇,使得母语正式进入中小学教育课程,被认为是国语语言教育政策方针的最大改革。2000年3月,教育主管部门颁布《中小学九年一贯课程暂行纲要》,明定自2001学年度起,由小学一年级开始实施,共分为七大领域,其中之一为"语文"领域,包括国语、乡土语言及英语。"语文学习领域占领域学习节数的20%—30%","每节课以40—45分钟为原则(小学40分钟、初中45分钟)","小学一至六年级学生,必须选修闽南话、客家话、原住民语其中之一种,初中则依学生意愿自由选习。学校亦得依地区特性及学校资源开设闽南话、客家话、原住民语以外之乡土语言供学生选习。"母语列入正式的中小学教育课程,这使得母语复兴出现一线生机,台湾闽南话在教育上与传播权上终于有了新的展望。

表1 台湾语言政策大事记[①]

年代	内容
1895	台湾割让给日本。 总督府开设土语讲习,要求文武职员于公务之余学习闽南话。

① 参考自"台湾文学馆"(http://dig.nmtl.gov.tw/taigi/02sp/04_list.html)(2015年4月)。

(续表)

1896	总督府更于各地方设置"土语讲习所",对全岛日本宪兵、警察讲习闽南话。总督府公布"国语传习所规定""国语学校规则",并在各地设置国语传习所。
1897	国语传习所设汉文科。
1898	发布台湾公学校规则,各地成立公学校;汉文并于读书科。 书房义塾规程发布,书房改从惯例,但应渐增国语及算数等科目。 警察官及司狱官练习所规程发布,土语为初任教养中时数最多的科目。
1902	师范教育中,"土语"改称为"台湾语"。
1904	公学校中,汉文独立为一科。
1905	公学校中,陆续开办国语夜学会、国语普及会。
1907	公学校中,汉文不再是必修。
1922	实施内台共学,但以"国语常用者"与否,作为进入小学校或公学校的依据。 公布《台湾教育令》,将汉文由必修改为选修,许多公学校自动废除汉文。
1923	警察官及司狱官练习所加设语学特科,教授福建语、广东语、汉文与罗马字台湾语。 私立学校规则发布,将书房纳入一般私立学校管理范围内。
1928	警察法规的"土语"改称"台湾语"。
1933	台湾语于高等小学校列为选意科。
1937	修改公学校规则,废止汉文科。 废止各报汉文版。 总督府开始推行"国语常用运动",通令全台官公衙署职员无论公私场合,宜用日语,并指示各州、厅致力于全台之国语化。
1943	国民学校改为义务教育,仍以出身国语家庭与否依不同课表就读。
1945	日本投降,国民党政府"接收"台湾。
1946	设台湾省行政长官公署国语推行委员会。 教育处规定各级学校一律授国语及语体文。 废除报纸、杂志的日文版,并禁止台籍作家用日文写作,二二八事变后全面禁讲日语,禁用日语唱片。

(续表)

1947	电令各级学校禁用日语,授课以国语教学为主,暂酌用本省方言;日常用语尽量以国语交谈,不准以日语交谈,若有违背情事决以严惩。
1948	台湾省行政长官公署改为台湾省政府,台湾省行政长官公署国语推行委员会改组为台湾省政府国语推行委员会(台湾省国语推行委员会)。省国语推行委员会订定台湾省各县市国语推行委员会组织规程。
1950	颁布"非常时期教育纲领实施办法",指示各级学校及社教机关应加强推行国语运动。
1951	颁令各级学校凡举行各种集会口头报告,必须使用国语。公布台湾省各县乡山地乡推行国语办法。
1953	查禁"方言"歌曲唱本。
1955	禁止教会以罗马拼音传教,并严加取缔。
1956	开始全面推行"说国语运动"。学校禁止闽南话,学生在学校讲闽南话会被老师处罚。
1957	罗马字的闽南话圣经被国民党没收。
1959	规定电影院放映国语片,不准加用闽南话通译,违反者将予以纠正或勒令停业。
1963	政府立即订定《广播及电视无线电台节目辅导准则》,其第三条规定"广播电视台对于本地的播音语言,以国语为主,'方言'节目不超过百分之五十"。
1966	省政府令各级学校"加强推行国语计划"。
1971	规定办公室及公共场所应一律使用国语。
1973	制定"台湾省各县山地乡国语推行办法"。订定"台湾省中小学教师国语教学能力查询工作要点"。
1975	规定"公众集会及公共场所与公务洽谈应使用国语"。
1976	通过广电法,所有的电台广播及电视节目闽南话的时间受到强烈限制。
1981	为加强国语文教育,根据《国语推行委员会组织条例》恢复设立"国语推行委员会"。

(续表)

1984	教育主管部门要求传教士使用国语传教,以免妨碍国语文教育之推行。
1985	完成"语文法"草案初稿,但因为受到舆论的抨击,强大民意反对而"中止制定"。
1987	中小学不得再以体罚、罚钱等不当手段制裁在校园内说方言的学生。
1988	原住民团体发动"还我土地"运动。 上万名客家人第一次走上街头,发动"还我客家话"运动。
1993	宣布今后将母语教育列入中小学正式教学范畴,以选修方式学习闽南话及客家话。
1994	颁布《小学乡土教学活动课程标准》,其中总目标为增进对乡土历史、地理、语言和艺术等的知识。 公告原住民音标系统。
1996	小学三年级到六年级增设"乡土教学活动"一科,其中包括乡土语言教学。
1998	公告使用"台湾闽南话音标系统""台湾客家话音标系统"。

2. 乡土语言政策

2.1 把母语教育列入中小学正式教学范畴

2001年,教育主管部门正式实施九年一贯课程,将乡土语言纳入正式课程之中,闽南话、客家话、原住民语与国语地位平等。而且政府进一步制定闽南话教育相关政策,并开始从事师资培育工作,以及讨论闽南话教学中的文字、音标问题,以利于闽南话教育之推行。

2.2 颁布《小学乡土教学活动课程标准》

2002年,教育主管部门开始于小学实施母语教学。并于小学增设"乡土语言课程"。为了推动本土语言,2004学年度开始,全台中小学的学生,可以依照意愿选择学习闽南话、客家话或是原住民族语。

2.3 公告整合成功《台湾闽南话罗马字拼音方案》

2006年,教育主管部门公告整合成功《台湾闽南话罗马字拼音方案》。

2.4 公告闽南话用字

2007年5月及2008年陆续公告《台湾闽南话推荐用字》,2008年10月推出"台湾闽南话常用词辞典网络试用版",2011年则为"台湾闽南话常用词辞典网络正式版",成为闽南话教科书的用字标准。

2.5 闽南话教科书列入审查

2008年,教育主管部门修正发布《中小学九年一贯课程纲要》。2010年,小学闽南话教科书列入审查。

2.6 闽南话语言能力认证

2.6.1 为落实推广及传承闽南话,加强使用闽南话语言能力,鼓励学习闽南话,教育主管部门自2005年起,陆续召开相关会议及成立项目小组,筹备办理闽南话语言能力认证考试。于2007年11月公布《台湾闽南话语言能力认证作业要点》,是为本考试之依据。2008年成立"闽南话语言能力认证考试委员会",作为办理考试各项工作之咨询与指导。

2.6.2 教育主管部门于2008年起办理认证试题研发工作,建立包含听、说、读、写六级合并施测的语言能力认证考试,采标准参照,并于2010年度首次举行考试,2011年续办[①]。

自2012年起,认证考试依难易度分A、B、C三卷施测。

---

① 字源、拼音皆以国语推行委员会于2008年10月公布的《台湾闽南话常用词辞典》网络版为准。

表 2 A、B、C 三卷说明

级别		说　明
A 卷	A1 基础级	能了解并使用简短、常用的生活讯息和语句,例如针对身体状况基本问候等问题作出响应。
	A2 初　级	能了解并使用较长的句子或是日常活动相关事务对话,例如天气变化、卡片、传单等。
B 卷	B1 中　级	能针对个人的生活经验或是熟悉的主题,进行简单谈话、报告或是创作等。
	B2 中高级	对于较抽象的复杂文字能了解其重点。并针对多样的主题,进行创作,也能针对论点或议题提出自身观点,并进行评论。
C 卷	C1 高　级	能了解各领域、不同体裁之长篇文章,并了解文章中意义。同时,能使用丰富的词汇与修辞技巧进行创作。
	C2 专业级	能了解各种文章体裁、风格复杂且专业的内容。同时,能使用丰富的词汇与修辞技巧进行创作,写出流畅且具有美感的文章。

2.6.3 分卷施测能帮助不同目标的考生[①],取得符合自身所需的认证,在闽南话教学和自学之推广及各项资格认定中,具有不同的作用。

2.6.4 自 2017 学年度起,未通过闽南话认证之现职教师,不得教授闽南话。

[①] A 卷适用于完成中小学本土语言课程之学生、对闽南话有兴趣之一般民众、新移民或外籍人士等或其他初学者等之语言能力认定。本部并将持续推出自学配套措施,未来希望朝普及、推广性质发展。B 卷适用于本土语言师资、闽南话进阶学习者、台文系大学毕业生、一般性服务业之闽南话服务资格等之语言能力认定。本部将鼓励各机关企业以本认证考试为语言能力判定之依据。C 卷试用于台文所研究生、自我挑战之闽南话学习者、闽南话从业人员、专业性服务业之闽南话服务等之语言能力认定。教育主管部门将鼓励各专业单位采用本认证考试之成绩。

3. 民间复兴:以金安文教机构为例

金安文教机构自 2000 年开始出版闽南话书籍,其出版品涉猎甚广:教科书、杂志、报纸、文学书、词典、儿童绘本、囡仔歌、古诗吟唱、中华经典古籍译本……是台湾最大的闽南话出版社,其中小学闽南话教科书占有率为全台之冠,闽南话出版品类别亦为全台之冠。除了闽南话出版品以外,历年来举办了近 3000 场次的教学观摩与师资培训研习活动、文学营等。除了深耕台湾,同时亦关注福建闽南地区的闽南话推广,十年来我经常往返两岸,积极促进两岸闽南话的交流与传播。

3.1 出版闽南话教科书

敦聘闽南话专家学者汇编幼儿园 6 册、小学 12 册、中学 4 册教科书。

3.2 出版丛书

闽南话文学丛书、词典、文学杂志、教学季刊、教育报、儿童书、囡仔歌、古诗吟唱等。

3.2.1 闽南话文学丛书

成立"海翁文库",出版闽南话文学大系[1]、闽南话诗[2]、闽南话文学选[3]、闽南话文学术[4]、台湾语文教育丛书[5]、闽南话散文[6]、闽南话

---

[1] 闽南话文学史上 15 位重量级名家作品精选,有许丙丁、林宗源、向阳、林央敏、黄劲连、陈明仁、胡民祥、陈雷、沙卡布拉扬、李勤岸、林沉默、庄柏林、严信星、路寒袖、方耀干。

[2] 雉鸡若啼、南风稻香、蕃薯兮歌、大人囡仔诗、母语 e 心灵鸡汤、咱拢是罪人、台湾制、娘仔豆的春天、陈明仁诗的旅途、涂豆的歌、闽南话诗 100 首等。

[3] 2007 闽南话文学选、泗·海翁·舞——2008 闽南话文学选。

[4] 台湾研心路、闽南话流浪记、走入闽南话的花园。

[5] 闽南话词词变化、语言政策 KAP 语言政治、母语教育政策及拼音规划、诗歌 kap 土地 e 对话、台湾地区汉语方言的语音和词汇、台湾 kap 亚洲汉字文化圈的比较、第一届台湾罗马字青年学者学术研讨会论文集等。

[6] 茉里乡纪事、葡萄雨、哈佛闽南话笔记、欠一角银人情味等。

囡仔诗集、闽南话囡仔歌、囡仔古、闽南话学习入门、闽南话小说、闽南话史诗、闽南话经典①、台湾本土语言教材、闽南话古诗吟唱、台译唐诗三百首等。

3.2.2 词典

闽南话词典、闽南话大词典等。

3.2.3 文学杂志

《海翁闽南话文学杂志》2001年创刊,至2015年8月已出版164期,其中第13期开始随书附赠CD,是全台第一本闽南话有声月刊,此乃一创举。此外,每一期皆有评论、新诗、散文、小说、剧本、囡仔古、囡仔诗、演讲稿,体例完善,长久以来广受小学母语教师欢迎,培养出不少文坛新秀。而囡仔诗专栏每一期皆有收录小学生作品,希冀老师在教学时能引导学生创作闽南话童诗,这意味着台湾闽南话教育已达到听说读写的教学目标。

3.2.4 教学季刊

《海翁闽南话文教学季刊》2008年创刊,出版12期。为台湾第一本母语教育刊物,专为母语教育做专题探讨,介绍台湾母语教育的执行成效以及各界推广母语的情形。

3.2.5 教育报

2011年《闽南话教育报》创刊,至2015年8月已出版44期。为台湾校园闽南话教育的推广注入一股活泉,借由闽南话教育报报道各项闽南话教学活动,以及各校推广情况、人物专访、文章社论等。

---

① 台湾三字经、三字经闽南话本、弟子规闽南话本、增广昔时贤文、台译唐诗三百首、台湾成语典等。

3.3 举办师资研习、文学营、认证研习

3.3.1 师资研习

在台湾各地举办"小学闽南话课程教学研习会"(初阶、进阶),至 2015 年已有 3000 多场。

3.3.2 文学营

① 南鲲鯓闽南话文学营:协办第四届(2001 年)至第十一届南鲲鯓闽南话文学营(2008 年),负责活动策划以及课程设计。

② 海翁台湾文学营:2005 年创办,至 2015 年已举办了十一届。在台湾南部、中部、北部、东部逐年轮流举办。每一年课程皆不同,每一届参加的学员数常多达 200 人以上,是台湾目前最大型的母语营队活动。2013 年首次到厦门思明区举办(第九届),2015 年在厦门海沧区举办。

3.3.3 认证研习

自 2014 年开始举办,北、中、南巡回开班,已办理 5 场,每一场为期 5 天。每场人数皆近 120 人。

3.4 歌诗歌谣晚会

自 2005 年始,每年都会举办"海翁歌诗歌谣之夜",借由闽南话歌诗来传达闽南话的声韵之美。

3.5 厦门交流活动

教师夏令营、读册歌表演、古诗吟唱推广、歌诗歌谣演唱、闽南文化夏令营等。

3.5.1 教师夏令营

自 2007 年始,由厦门大学周长楫教授居中牵线,厦门相关单位邀请,至厦门进行闽南话师资培训交流,如今已在厦门各区已举办了 10 场,每场为期 3 天,每场受训老师近 200 人。

3.5.2 读册歌表演

每年带领台湾的小学精英团队去参加厦门广电集团"闽南之声"举办的少儿读册歌电视大赛。

3.5.3 古诗吟唱推广

以公司出版的"古诗吟唱"为基础,到厦门、泉州各级学校去推广,让学生领略闽南话的声韵之美,古诗词优美的文字与闽南话动听的旋律相结合,能创造出意想不到的听觉效果,颇受欢迎,至今邀约不断。

3.5.4 闽南话歌诗表演

2014年6月在厦门鼓浪屿音乐厅举办"闽南心语 鼓浪诗情"活动,传唱台湾闽南话歌诗。2015年10月前往厦门参加"海峡两岸民间艺术节",交流演出"闽南诗吟·闽南歌·诗"。

3.5.5 中华经典诗词交流

2015年7月带领台南7所中学校长、师生共85名,前往泉州参加"中华经典诗词吟诵交流活动",台湾各校以闽南话吟诵古诗词,载歌载舞,并以现代乐器重新演绎。

4. 结论

2009年,我得到"推展本土语言杰出贡献奖"。这奖是沉重的肯定,它提醒着我,复兴闽南话之路,还很漫长,还很艰辛。尤其是台湾闽南话的原乡——闽南泉、漳、厦——跟台湾早期的状况相似,闽南话正在流失当中,必须花同样的力量,甚至更多精神,才能复振闽南话光辉。因此,我不仅要来闽南地区多做交流活动,多办文学营、夏令营、种子师资培训营,更想在闽南地区建立一个以传承、弘扬和推广闽南话为主的"海峡两岸闽南文化交流传承基地",让海峡两岸的闽南话学者有个交流的平台，相互学习，相互激荡，激出闽南话文学、音乐、精粹文化的火花，让闽南话能成为沟通海峡两岸人民以及东南亚华侨心灵深处乡情乡音的感情桥梁，加深台湾青少年对同为炎黄子孙的认知度和认同感，真正能为中华文化的融合及发扬尽一份微薄之力。

清末民初闽台传教士编撰的五种厦门方言辞书音系比较研究[*]

马重奇

(福建师范大学海峡两岸文化发展协同创新中心)

【摘要】 近年来,笔者收集并研究了19世纪中叶至20世纪初叶闽台传教士编撰的五种厦门方言辞书。本文着重比较研究其方言音系。全文分为五个部分:一、闽台传教士编撰的五种厦门方言辞书概说;二、闽台传教士五种厦门方言辞书声母系统比较研究;三、闽台传教士五种厦门方言辞书韵母系统比较研究;四、闽台传教士五种厦门方言辞书声调系统比较研究;五、闽台传教士五种厦门方言辞书音系与卢戆章、罗常培、周长楫厦门音系比较研究。

【关键词】 清末民初;传教士;闽台厦门方言辞典;音系比较研究

1. 闽台传教士编撰的五种厦门方言辞书概说

鸦片战争后,清政府与西方列强签订了许多不平等条约,开放广州、厦门、福州、宁波、上海为通商口岸,允许英国人在通商口岸设驻

---

[*] 本研究得到国家社科基金重大项目"海峡两岸闽南方言动态比较研究"(项目编号:10ZD&128)的资助。

领事馆。基督教会在炮下之盟的庇护下开启了对华的传教活动,新教传教士为了适应闽台社会,克服语言障碍,提高传教效率,编撰了一定数量的闽台闽南方言字典。在本文里,我们着重介绍并比较传教士所编撰的五种闽台厦门方言辞书所反映的音系。

传教士编撰的闽台厦门方言辞书颇多,这里主要选择五种:大陆两种,即在厦门传教的英国牧师杜嘉德(Carstairs Douglas,1830—1877)编撰的《厦英大辞典》(简称《厦英》)(1873)和英国传教士麦嘉湖(John Macgowan)著《厦门方言英汉辞典》(*English and Chinese Dictionary of the Amoy dialects*,简称《英厦》)(1883);台湾三种,即在台湾传教的乔治·莱斯里·马偕(George Leslie Mackay,中文名偕叡理,1844—1901)编撰的《中西字典》(简称《中西》)(1891)、英国传教士甘为霖(Weilin Gan,William Campbell,1841—1921)编撰的《厦门音新字典》(简称《甘典》)(1913)和英国传教士巴克礼(Thomas Barclay,1849—1935)编撰的《厦门话字典补编》(简称《补编》)(1923)。

《厦英大辞典》是第一部用英语说明字词发音、意义用法的大型厦门腔白话华英辞典。该辞典的特色是全书无汉字,只用罗马拼音。作者杜嘉德牧师在厦门期间,重点调查了厦门方言,还先后对漳州、漳浦、晋江、永春、惠安、安溪、同安、长泰、南安、灌口等地的语音和词汇做了田野调查。为了编撰此部辞典,杜嘉德牧师多年不断采访搜录闽南白话,付出了他全部心血。施约翰牧师参与全书的校对,打马字牧师就只参与前段小部分工作,于1873年终于完成《厦英大辞典》,并由伦敦杜鲁伯那公司(Trubner & Co)刊行;该辞典封面和绪言说明共19页,字典本身有612页。

《厦门方言英汉辞典》(*English and Chinese Dictionary of the Amoy dialects*,又称《英厦辞典》)由英国传教士麦嘉湖(John

Macgowan)著,1883年在英国伦敦出版。该辞典的前言部分"INTRODUCTION"首先简述厦门、漳州、泉州和同安四个闽南方言点的情况;继而有"拼写和发音 Orthography and Pronunciation"部分,详细对厦门方言的声母、单元音和复元音韵母的音值进行了描写;还简述了"Nasals"(鼻音)的读音特点;最后还描述了"Tones"(声调),包括单字调和连读变调。辞典的正文部分以英文26字母为序,先罗列英语单词或词组,再翻译成汉语,再将其译成厦门方言的罗马字读音,凡单字者先注文读音后注白读音,凡有两个或两个以上复音词或词组者均逐一注明厦门方言罗马字读音。《厦门方言英汉辞典》厦译并列汉字及罗马拼音白话字是其一大特色。杜嘉德编《厦英大辞典》是其主要参考书。杜氏辞典序云:"有厦英而无英厦是一缺点,英厦辞典待另编成。而此愿望遂由麦氏达成。"

《中西字典》的作者是乔治·莱斯里·马偕(George Leslie Mackay,中文名偕叡理,1844—1901)。关于《中西字典》的音系性质,台湾学术界有一些争论。有人认为所反映的音系是130年前台北淡水音系,有人认为是厦门音系。《中西字典》的封面中间题有"中西字典",右边竖题有"耶稣降世一千八百七十四年英属嘉拿大国偕叡理作",左边竖题"大清光绪十七年(1891)台北耶稣教会寄印",底下横列"上海美华书馆复板"。

甘为霖(Weilin Gan, William Campbell,1841—1921)著《厦门音新字典》,收字约有15 000字,选自于《康熙字典》和《十五音》,另外参考了西洋人所编的汉字字典,譬如《中西字典》等。音是采取漳、泉、台所通行的地方音,因为他的助手是林锦生和陈大锣,较偏重台南附近的腔调;大量参考漳州音《十五音》,包括所列的本字和训用字。有音无本字,就用训用字;如找不到适合的字,就在字音的后面加"—"来表示无字。甘为霖牧师编《厦门音新字典》于1913年出版后，颇受欢迎，国人称之为《甘字典》。

1913年闽台地区的传教士共同约请在台湾传教的英国长老会巴克礼对《厦英大辞典》进行重新编纂，增补其缺。巴克礼受命后，就在继后的十年中，利用空闲整理他所收集到的《厦英大辞典》所有没收入的字汇片语。1923年《厦门话字典补编》(*Supplement to Dictionary of the Vernacular or Spoken Language of Amoy*)在上海商务印书馆出版发行，全书共有293页。补编本的一项特色，便是在每个基本字前标出汉字，稍补杜嘉德原著所不足，而其拼音方法则尽可能与原著保持一致。

笔者对以上五种方言辞书音系逐一进行整理和研究。现将他们的声韵调系统进行综合比较如下：

2. 闽台传教士五种厦门方言辞书声母系统比较研究

经过整理和研究，现将以上闽台传教士五种厦门方言辞书的声母系统排比如下：

表1 声母系统比较表[①]

厦英	p	ph	b	m	t	th	l	n	ch	chh	ts	ts'h	s	j	k	kh	g	ng	h	0
英厦	p	ph	b	m	t	th	l	n	—	—	ts	chh	s	j	k	kh	g	ng	h	0
中西	p	ph	b	m	t	th	l	n	ch	chh	ts		s	j	k	kh	g	ng	h	0
甘典	p	ph	b	m	t	th	l	n	ch	chh			s	j	k	kh	g	ng	h	0
补编	p	ph	b	m	t	th	l	n	ch	chh	—	—	s	j	k	kh	g	ng	h	0
国际音标	p	p'	b	m	t	t'	l	n	tɕ ts	tɕ' ts'	ts	ts'	s	dz	k	k'	g	ŋ	h	∅

[①] 表中的"厦英"指《厦英大辞典》，"英厦"指《厦门方言英汉辞典》，"中西"指《中西字典》，"甘典"指《厦门音新字典》，"补编"指《厦门话字典补编》，后同。

清末民初闽台传教士编撰的五种厦门方言辞书音系比较研究

表1可见,五种辞书中 p、ph、b、m、t、th、l、n、chh、ts、s、j、k、kh、g、ng、h 等17个声母罗马字拟音是一致的;以 a、o、e、i、u 开头均为零声母也是一致的。值得讨论的有以下几点。

(1) 五种闽台厦门辞书均用"h"表示送气符号,唯独《厦英大辞典》还记载了 ts'h 字母,送气符号既有"'"又有"h",但无一例字。

(2) 除了《厦门方言英汉辞典》仅记载了 ts、chh 外,其他四种闽台厦门韵书均记载出现 ch、chh、ts 等3个字母。关于这些字母的拟音问题,罗常培设计了"厦门声母与十五音比较表":

表2 罗常培"厦门声母与十五音比较表"

音值	p	p'	b	m	t	t'	l	n	k	k'	g	ŋ	ʔ	h	ts tɕ	ts' tɕ'	s	dz
音位	b	p	bb	m	d	t	l	n	k	g	g ng		ø	h	tz	ts	s	dz
十五音	边	颇		门	地	他	柳		求	去	语		英	喜	曾	出	时	入

罗常培(1956)认为,"tz,ts 跟齐齿(i 一类)韵母拼时,受腭化影响变成舌面前的[tɕ]、[tɕ'];但 g 系跟齐齿类(i 一类)韵母拼时,仍旧保持本音,不受腭化影响。"其意思是说,曾、出二母跟齐齿(i 一类)韵母拼时,受腭化影响变成舌面前的[tɕ]、[tɕ'];若与非齐齿(i 一类)韵母拼时,就读作[ts]、[ts']。至于求、去二母跟齐齿类(i 一类)韵母拼时,仍旧保持本音,不受腭化影响。因此,我们将声母 ch,chh 与齐齿(i 一类)韵母拼时,因受腭化影响变成舌面前的[tɕ]、[tɕ'];若与非齐齿(i 一类)韵母拼时,就读作[ts]、[ts']。ts 声母均与非齐齿(i 一类)韵母拼,就拟音为[ts]。

(3) 当时《十五音》中的入母字传教士有两种罗马字拟音,即 j 和 dz(如《厦英大辞典》就以 dz 表示[dz]),五种闽台厦门方言辞书均以

j 表示[dz]。

3. 闽台传教士五种厦门方言辞书韵母系统比较研究

关于韵母系统比较研究,我们拟分为"元音韵韵母""鼻音韵韵母""鼻化韵母""声化韵母""入声韵(收-h 尾)韵母"和"入声韵(收-p,-t,-k 尾)韵母"诸部分进行比较研究。

3.1 元音韵韵母比较表

3.1.1 单元音

五种厦门方言辞书均有 6 个单元音韵母,即[a]、[ɔ]、[o]、[e]、[i]、[u];均有 10 个复元音韵母,即[ia]、[ua]、[io]、[ue]、[ui]、[iu]、[ai]、[au]、[iau]、[uai]。只是它们的罗马字标音不尽一致。请看表 3:

表 3 单元音韵母比较表

厦英	a 阿	ɵ 乌	o 窝	e 下	i 衣	u 污
英厦	a 亚	o͘ 姑	o 和	e 家	i 意	u 有
中西	a 麻	o͘ 乌	o 荷	e 糜	i 医	u 圩
甘典	a 鸦	o͘ 乌	o 阿	e 裔	i 伊	u 污
补编	a 亚	o͘ 乌	o 荷	e 锅	i 医	u 圩
国际音标	a	ɔ	o	e	i	u

表 3 可见,五种辞书均有[a]、[ɔ]、[o]、[e]、[i]、[u]6 个韵母,其罗马字音标与国际音标多数相同,唯独[ɔ]韵母有不同表示法,《厦英大辞典》以"ɵ"表示,其余四种辞书均以"o͘"表示。根据罗常培在《厦门音系》(1931)记载,"周辨明式"音标、"Campbell 式"音标、"Doty 式"音标均以"o͘"符号表示[ɔ];"Douglas 式"音标则以"ɵ"符号来表示[ɔ]。

3.1.2 复元音

表 4 复元音韵母比较表

厦英	ia 爷	oa/wa 娃	io 腰	oe 矮	ui 威	iu 尤
英厦	ia 赦	oa 倚	io 腰	oe 话	ui 位	iu 右
中西	ia 椰	oa 歌	io 庙	oe 挨	ui 位	iu 休
甘典	ia 爷	oa 娃	io 腰	oe 卫	ui 威	iu 忧
补编	ia 耶	oa 娃	io 腰	oe 挨	ui 位	iu 优
国际音标	ia	ua	io	ue	ui	iu
厦英	ai 埃	au 瓯	iau 要	oai/wai 歪		
英厦	ai 爱	au 后	iau 庙	oai 外		
中西	ai 哀	au 欧	iau 要	oai 拐		
甘典	ai 哀	au 凹	iau 妖	oai 歪		
补编	ai 哀	au 欧	iau 枵	oai 歪		
国际音标	ai	au	iau	uai		

表4可见，五辞书均有[ia]、[ua]、[io]、[ue]、[ui]、[iu]、[ai]、[au]、[iau]、[uai]等10复元音韵母，其罗马字音标与国际音标多数相同。不同之处有:(1)《厦英大辞典》以 oa/wa 表示[ua]，其他四种辞书则以 oa 表示[ua]；(2)《厦英大辞典》以 oai/wai 表示[uai]，其他四种辞书则以 oai 表示[uai]。

3.2 鼻音韵韵母比较表

五种厦门方言辞书均有 4 个收-m 尾的鼻音韵母，即[am]、[iam]、[im]、[ɔm]；均有 5 个收-n 尾的鼻音韵母，即[an]、[in]、[un]、[ian]、[uan]；均有 6 个收-ŋ 尾的鼻音韵母，即[aŋ]、[iaŋ]、[uaŋ]、[iŋ]、[ɔŋ]、[iɔŋ]。只是它们的罗马字标音不尽一致。请看下表：

表5 鼻音韵母(-m尾)比较表

厦英	am 骹	iam 尖	im 侵	om 掩
英厦	am 参	iam 厌	im 饮	om 参
中西	am 暗	iam 掩	im 阴	om 参
甘典	am 庵	iam 淹	im 音	om 参
补编	am 暗	iam 掩	im 阴	om 参
国际音标	am	iam	im	ɔm

表5可见,五种辞书均有以 am 表示[am]、iam 表示[iam]、im 表示[im]、om 表示[ɔm]4个收-m尾的韵母。

表6 鼻音韵母(-n尾)比较表

厦英	an 安	in 贫	un 分	ian/ien 便	oan/wan 弯
英厦	an 按	in 亲	un 允	ien 渊	oan 怨
中西	an 安	in 因	un 温	ian/ien 鹌	oan 冤
甘典	an 寒	in 因	un 恩	ian 烟	oan 冤
补编	an 安	in 因	un 温	ien 鹌	oan 冤
国际音标	an	in	un	ian	uan

表6可见,五种辞书均以 an 表示[an],in 表示[in],un 表示[un],ian 表示[ian],与国际音标同。不同之处有:(1)《厦英大辞典》和《中西字典》中以 ian、ien 表示[ian],《厦门方言英汉辞典》和《厦门话字典补编》以 ien 表示[ian],《厦门音新字典》以 ian 表示[ian];(2)唯独《厦英大辞典》以 oan、wan 表示[uan],其余四种辞书则以 oan 表示[uan]。

表7 鼻音韵母(-ŋ尾)比较表

厦英	ang 翁	iang 仰	oang/wang 风	eng 英	ong 公	iong 容
英厦	ang 人	iang 响	oang 风	eng 应	ong 王	iong 勇

(续表)

中西	ang 红	iang 双	oang 闯	eng 英	ong 翁	iong 容
甘典	ang 翁	iang 央	oang 闯	eng 英	ong 王	iong 容
补编	ang 红	iang 响	oang 闯	eng 英	ong 翁	iong 容
国际音标	aŋ	iaŋ	uaŋ	iŋ	ɔŋ	iɔŋ

表 7 可见,五种辞书均以 ang 表示[aŋ],iang 表示[iaŋ],eng 表示[iŋ],ong 表示[ɔŋ],iong 表示[iɔŋ]。不同之处在于:《厦英大辞典》以 oang、wang 表示[uaŋ],其余辞书均以 oang 表示[uaŋ]。

3.3 鼻化韵韵母比较表/声化韵韵母比较表

五种厦门方言辞书共记载了 14 个鼻化韵母,即[ā]、[ɔ̄]、[ī]、[iā]、[uā]、[uī]、[iū]、[āi]、[āu]、[iāu]、[uāi]、[ē]、[ō]、[ū];2 个声化韵母,即[m̩]、[ŋ̍]。它们各自的鼻化韵母不一:《厦英大辞典》11 个,《厦门音新字典》12 个,《厦门方言英汉辞典》《中西字典》和《厦门话字典补编》均 13 个。请看下表:

表 8 鼻化韵韵母/声化韵韵母比较表

厦英	a^n 呀	$ɔ^n$ 恶	——	i^n 院	——	——
英厦	a^n 衫	$ɔ^n$ 五	e^n 婴	i^n 院	o^n 好	——
中西	a^n 那	$ɔ^n$ 火	——	i^n 蜢	o^n 峨	u^n 口
甘典	a^n 馅	$ɔ^n$ 火	e^n 猛	i^n 易	——	——
补编	a^n 拦	$ɔ^n$ 毛	e^n 猛	i^n 蜢	o^n 口	——
国际音标	ā	ɔ̄	ē	ī	ō	ū
厦英	ia^n 影	oa^n/wa^n 安	ui^n 黄	iu^n 羊	ai^n 哼	au^n 嗷
英厦	ia^n 影	oa^n 换	ui^n 每	iu^n 香	ai^n 奈	au^n 貌
中西	ia^n 营	oa^n 鞍	ui^n 梅	iu^n 鸯	ai^n 买	au^n 脑
甘典	ia^n 营	oa^n 鞍	ui^n 媒	iu^n 羊	ai^n 艾	au^n 矛
补编	ia^n 营	oa^n 鞍	ui^n 梅	iu^n 鸯	ai^n 耐	au^n 脑

（续表）

国际音标	iā	uā	uī	iū	āi	āu
厦英	iau^n 口	oai^n/wai^n 挨		厦英	m 姆	ng 秧
英厦	iau^n 猫	oai^n 横		英厦	m 梅	ng 卵
中西	iau^n 猫	oai^n 横		中西	m 梅	ng 央
甘典	iau^n 爪	oai^n 樣		甘典	m 不	ng 黄
补编	iau^n 爪	oai^n 挨		补编	m 梅	ng 央
国际音标	iāu	uāi		国际音标	m̩	ŋ̍

表8可见，五种厦门方言辞书共有11个鼻化韵母，即[ā]、[ɔ̃]、[ĩ]、[iā]、[uā]、[uī]、[iū]、[āi]、[āu]、[iāu]、[uāi]，鼻化韵均在音节的右上角加上"ⁿ"符号。差异之处在于：(1)《厦门方言英汉辞典》《厦门音新字典》和《厦门话字典补编》均有[ē]韵母，其余二种辞书均无此韵母；(2)《厦门方言英汉辞典》《中西字典》和《厦门话字典补编》有[ō]韵母，其余二种辞书均无此韵母；(3)唯独《中西字典》有[ū]韵母，其余四种辞书均无；(4)唯独《厦英大辞典》以 oa^n/wa^n 表示[uā]，其余四种则以 oa^n 表示[uā]；(5)唯独《厦英大辞典》以 oai^n/wai^n 表示[uāi]，其余四种则以 oai^n 表示[uāi]。

3.4 入声韵（收-h尾）韵母比较表

五种厦门方言辞书共记载了29个收-h尾的入声韵母：[aʔ]、[oʔ]、[eʔ]、[iʔ]、[uʔ]、[ɔʔ]、[iaʔ]、[uaʔ]、[ioʔ]、[ueʔ]、[uiʔ]、[auʔ]、[aiʔ]、[iuʔ]、[iauʔ]、[āʔ]、[ēʔ]、[ĩʔ]、[ɔ̃ʔ]、[ōʔ]、[iāʔ]、[uēʔ]、[āuʔ]、[uīʔ]、[āiʔ]、[iāuʔ]、[uāiʔ]、[ŋʔ]、[mʔ]。它们所记载的韵母不一：《厦英大辞典》27个、《厦门方言英汉辞典》24个、《中西字典》17个、《厦门音新字典》26个、《厦门话字典补编》25个。请看下表：

3.4.1 "单元音+h尾"韵母

表9 入声韵韵母(单元音+h尾)比较表

厦英	ah 鸭	oh 学	eh 麦	ih 接	uh 托	——
英厦	ah 押	oh 学	eh 厄	ih 滴	uh 托	——
中西	ah 押	oh 落	eh 瘄	ih 裂	uh/ooh 托	——
甘典	ah 肉	oh 鹤	eh 阨	ih 鳖	uh 托	——
补编	ah 押	oh 恶	eh 阨	ih 铁	uh 发	oʻh 口
国际音标	aʔ	oʔ	eʔ	iʔ	uʔ	ɔʔ

表9可见,五种厦门方言辞书共有[aʔ]、[oʔ]、[eʔ]、[iʔ]、[uʔ]5个"单元音+h尾"入声韵母。不同之处是:(1)《厦门话字典补编》比其余四种辞书多了[ɔʔ]韵母;(2)《中西字典》以 uh 和 ooh 表示[uʔ]韵母,其余四种辞书均以 uh 表示[uʔ]。

3.4.2 "复元音+h尾"韵母

表10 入声韵韵母(复元音+h尾)比较表

厦英	iah 食	oah/wah 热	ioh 石	oeh 血	uih 血	auh 吼
英厦	iah 赤	oah 活	ioh 药	oeh 八	uih 血	auh 落
中西	iah 食	oah 活	ioh 歇	oeh 狭	uih 拔	auh 雹
甘典	iah 页	oah 活	ioh 药	oeh 狭	uih 血	auh 落
补编	iah 亦	oah 活	ioh 尺	oeh 狭	uih 挖	auh 落
国际音标	iaʔ	uaʔ	ioʔ	ueʔ	uiʔ	auʔ
厦英	aih 口	iuh 瞯	iauh 寂			
英厦	aih 唉	iuh 㕦	iauh 倢			
中西	——					
甘典	——	iuh 六	iauh 愕			
补编	——	iuh 口	iauh 口			
国际音标	aiʔ	iuʔ	iauʔ			

表 10 可见,五种厦门方言辞书共有[iaʔ]、[uaʔ]、[ioʔ]、[ueʔ]、[uiʔ]、[auʔ]6个"复元音+h尾"入声韵母。不同之处是:(1)唯独《厦英大辞典》和《厦门方言英汉辞典》有[ai]韵母,其余三种辞书均无;(2)《厦英大辞典》《厦门方言英汉辞典》《厦门话字典补编》和《厦门音新字典》均有[iuʔ]、[iauʔ]韵母,唯独《中西字典》没有。

3.4.3 "鼻化韵+h尾"韵母

表 11 入声韵韵母(鼻化韵+h尾)比较表

厦英	ah^n □	eh^n 星	ih^n 挪	o͘h^n □		iah^n 吓
英厦	ah^n 攫	eh^n 脉	ih^n 物	o͘h^n 膜	—	iah^n 愕
中西	ah^n 凹	eh^n 蛘	ih^n 乜	o͘h^n 膜	oh^n 示	—
甘典	a^{n}h 塌	e^{n}h 脉	i^{n}h 物	o͘^{n}h 膜		ia^{n}h 愕
补编	ah^n 塌	eh^n 蛘	ih^n 䁪	o͘h^n 膜		iah^n 吓
国际音标	āʔ	ēʔ	īʔ	ɔ̄ʔ	ōʔ	iāʔ
厦英	oeh^n □	auh^n □	uih^n □	aih^n □	iauh^n 嗽	oaih^n/waih^n □
英厦	oeh^n 挟	auh^n 杂			iau^{n}h 愕	oai^{n}h 杂
中西	oeh^n 夹					
甘典	oe^{n}h 夹	au^{n}h 耦	ui^{n}h 薹	ai^{n}h 唷	iau^{n}h □	oai^{n}h □
补编	oeh^n 夹	auh^n □			iauh^n 拚	oaih^n □
国际音标	uēʔ	āuʔ	uīʔ	āiʔ	iāuʔ	uāiʔ

表 11 可见,五种厦门方言辞书共有[āʔ]、[ēʔ]、[īʔ]、[ɔ̄ʔ]、[uēʔ]等5个"鼻化韵+h尾"的入声韵母,不同之处是:(1)唯独《中西字典》有[ōʔ]韵母,其余四种辞书均无;(2)《厦英大辞典》《厦门方言英汉辞典》《厦门音新字典》和《厦门话字典补编》均有[iāʔ]、[āuʔ]、[iāuʔ]、[uāiʔ]诸韵母,唯独《中西字典》没有;(3)《厦英大辞典》和《厦门音新字典》均有[uīʔ]、[āiʔ]诸韵母,《厦门方言英汉辞典》《中西字典》和《厦门话字典补编》则无。

3.4.4 "声化韵+h 尾"韵母

表 12 入声韵韵母(声化韵+h 尾)比较表

厦英	ngh □	mh □
英厦	——	mh 默
中西		
甘典	ngh □	mh 默
补编	ngh □	mh □
国际音标	ŋʔ	mʔ

表 12 可见,《厦英大辞典》《厦门话字典补编》和《厦门音新字典》均有[ŋʔ]、[mʔ]两个入声韵母,唯独《中西字典》均无;《厦门方言英汉辞典》只有[mʔ]韵母而无[ŋʔ]韵母。

3.5 入声韵(收-p,-t,-k 尾)韵母比较表

五种厦门方言辞书共记载了 15 个收-p,-t,-k 尾的入声韵母:[ap]、[iap]、[ip]、[ɔp]、[at]、[it]、[ut]、[iat]、[uat]、[ak]、[ɔk]、[iok]、[ik]、[iak]、[uak]。它们所记载的韵母不一;《厦英大辞典》和《厦门方言英汉辞典》13 个,《厦门话字典补编》和《中西字典》14 个,《厦门音新字典》15 个。请看下表:

表 13 入声韵韵母(-p 尾)比较表

厦英	ap 压	iap 叶	ip 揖	
英厦	ap 压	iap 粒	ip 急	
中西	ap 压	iap 业	ip 翕	
甘典	ap 合	iap 贴	ip 邑	op □
补编	ap 压	iap 叶	ip 入	op □
国际音标	ap	iap	ip	ɔp

表 13 可见,五种厦门方言辞书共有[ap]、[iap]、[ip]3 个收-p 尾的入声韵母,《厦门音新字典》和《厦门话字典补编》比其他二种辞书

多了[ɔp]韵母。

表 14　入声韵韵母(-t 尾)比较表

厦英	at 遏	it 一	ut 出	iat/iet 咽	oat/wat 法
英厦	at 力	it 一	ut 出	iet 灭	oat 月
中西	at 八	it 笔	ut 忽	iat/iet 洁	oat 缺
甘典	at 扎	it 日	ut 熨	iat 悦	oat 越
补编	at 结	it 乙	ut 物	iet 灭	oat 末
国际音标	at	it	ut	iat	uat

表 14 可见，五种厦门方言辞书均以 at 表示[at]，it 表示[it]，ut 表示[ut]，与国际音标同；不同之处有：(1)《厦英大辞典》和《中西字典》中以 iat、iet 表示[iat]，《厦门方言英汉辞典》和《厦门话字典补编》以 iet 表示[iat]，《厦门音新字典》则以 iat 表示[iat]；(2)唯独《厦英大辞典》以 oat、wat 表示[uat]，其余四种辞书则以 oat 表示[uat]。

表 15　入声韵韵母(-k 尾)比较表

厦英	ak 沃	ok 屋	iok 育	ek 益	iak 约	—
英厦	ak 学	ok 谷	iok 约	ek 翼	iak 逼	—
中西	ak 目	ok 恶	iok 约	ek 益	iak 口	oak 息
甘典	ak 沃	ok 莫	iok 约	ek 逆	iak 爆	oak 口
补编	ak 沃	ok 恶	iok 约	ek 益	iak 口	—
国际音标	ak	ɔk	iɔk	ik	iak	uak

表 15 可见，五种厦门方言辞书均以 ak 表示[ak]，ok 表示[ɔk]，iok 表示[iɔk]，ek 表示[ik]，iak 表示[iak]；不同之处在于：《中西字典》和《厦门音新字典》有[uak]韵母，其余三种辞书则无。

3.6　五种厦门方言辞书的韵母数统计

现将杜嘉德《厦英大辞典》、麦嘉湖《厦门方言英汉辞典》、马偕《中西字典》(1891)、甘为霖《厦门音新字典》(1922)和巴克礼《厦门话字典补编》五种厦门方言韵母数统计如下表：

表 16　韵母数统计比较表

方言字典	舒声韵韵母数					促声韵韵母数					总数
	元音韵韵母	鼻音韵韵母	鼻化韵韵母	声化韵韵母	小计	收-h尾韵母	收-p尾韵母	收-t尾韵母	收-k尾韵母	小计	
厦英	16	15	11	2	44	27	3	5	5	40	84
英厦	16	15	13	2	46	24	3	5	5	37	83
中西	16	15	13	2	46	17	3	5	6	31	77
甘典	16	15	12	2	45	26	4	5	6	41	86
补编	16	15	13	2	46	25	4	5	5	39	85

表 16 可见，五种厦门方言辞书韵母数多寡不一，其中舒声韵韵母数差别不大，最多 46 个，最少 44 个；促声韵韵母数则差别较大，多者 41 个，少者 31 个。促声韵韵母收-p,-t,-k 尾韵母也差别不大，收-h 尾韵母差别较大，多者 27 个，少者 17 个，多寡相差 10 个，其中"鼻化韵+h 尾"韵母差别更大，这些韵母均为较早的土语层。

就此看来，传教士编撰的五种厦门方言辞书可以分为两种类型：一是辞书所收集的韵母属于常用的韵母，如《中西字典》收 77 个韵母；二是所收集的韵母中既有常用的韵母，也有不常用的韵母。如《厦门音新字典》有 86 个韵母，《厦门话字典补编》有 85 个韵母，《厦英大辞典》（只选厦门方言韵母）有 84 个韵母，《厦门方言英汉辞典》有 83 个韵母。

4. 闽台传教士五种厦门方言辞书声调系统比较研究

杜嘉德《厦英大辞典》、麦嘉湖《厦门方言英汉辞典》、马偕《中西字典》(1891)、甘为霖《厦门音新字典》(1922)、巴克礼《厦门话字典补编》等五种厦门方言辞书均为7个声调,即上平、上声、上去、上入、下平、下去、下入。

4.1 单字调

五种厦门方言辞书均记载着7个单字调,所表示的声调符号均采用英国传教士麦都思编撰的《福建方言字典》(1831)声调表示法:①上平声无标号;②上声标"ˊ";③上去声标"ˋ";④上入声无标号;⑤下平声标"ˆ";⑥下去声标"ˉ";⑦下入声标"ˊ"。请看下表:

表17　单字音声调比较表

方言字典	厦门方言声调						
	上平声	上　声	上去声	上入声	下平声	下去声	下入声
厦英	刀 to	倒 tó	到 tò	桌 toh	逃 tô	道 tō	夺 tóh
英厦	刀 to	倒 tó	到 tò	桌 toh	逃 tô	道 tō	夺 tóh
中西	晶 cheng	整 chéng	正 chèng	烛 chek	情 chêng	静 chēng	籍 chék
甘典	鸦 a	马 bé	敝 pè	乙 it	麻 bâ	是 sī	日 jít
补编	晶 cheng	整 chéng	正 chèng	烛 chek	情 chêng	静 chēng	籍 chék

4.2 二字连读变调

五种厦门方言辞书中只有《厦英大辞典》和《厦门方言英汉辞典》既涉及单字调的描写,也涉及二字连读变调规律的论述。它们描写了二字组的连读变调:第一字变调,而第二字则不变调。请看下表:

表18　二字连读变调声调比较表

方言字典	厦门方言连读变调情况						
	上平声	上　声	上去声	上入声	下平声	下去声	下入声
厦英	下去调	上平调	上声调	下入调	下去调	上去调	上入调
英厦	上去调	上平调	上声调	下入调	下去调	上去调	上入调

表18可见,上声、上去声、上入声、下去声、下入声连读变调《厦

英大辞典》和《厦门方言英汉辞典》是一致的,唯独上平声变调有差异,前者变为下去声,后者则变为上去声。这说明早在140年前传教士已经发现了厦门方言二字组连读变调规律。

5. 闽台传教士五种厦门方言辞书音系与卢戆章、罗常培、周长楫厦门音系比较研究

卢戆章于1906年出版了《中国字母北京切音合订》,在开卷的中国总字母中,共有"声音"(声母)二十五个,"字母"(韵母)九十四个,拼写时,以"字母"居中粗写,"声音"按字音的平上去入,细写于字母的上下左右,念时先韵后声。接着编者分别根据北京音(官话)和福州、泉州、漳州、厦门各地方音,列出它们的声韵系统,并拼写实例。罗常培曾于1931年出版了《厦门音系》,作者运用现代语音学的方法,详细分析了厦门音这个重点方音。该书是第一部从学术高度研究厦门方言的著作。周长楫、欧阳忆耘1998年出版了《厦门方言研究》,是现代厦门方言研究的最重要成果。现将五种厦门方言辞书音系与卢戆章、罗常培、周长楫厦门音比较如下。

5.1 声母系统比较

上文考证过,传教士编撰的五种厦门方言辞书所记载的声母系统不尽一致,请看下表:

表19 与卢戆章、罗常培、周长楫厦门音系声母比较表

厦英	p	pʻ	b	m	t	tʻ	l	n	tɕ	tɕʻ
英厦	p	pʻ	b	m	t	tʻ	l	n	——	
中西	p	pʻ	b	m	t	tʻ	l	n	tɕ	tɕʻ
甘典	p	pʻ	b	m	t	tʻ	l	n	tɕ	tɕʻ
补编	p	pʻ	b	m	t	tʻ	l	n	tɕ	tɕʻ

(续表)

罗常培	边 p	颇 p'	门 b	门 m	地 t	他 t'	柳 l	柳 n	曾 tɕ	曾 tɕ
卢戆章	卑 pi	悲 p'i	眉 bi	弥 mi	抵 ti	梯 t'i	哩 li	尼 ni		
周长楫	补 p	普 p'	某 b	茂 m	肚 t	土 t'	鲁 l	努 n	——	——
厦英	ts	ts'	s	dz	k	k'	g	ŋ	h	∅
英厦	ts	ts'	s	dz	k	k'	g	ŋ	h	∅
中西	ts	ts'	s	dz	k	k'	g	ŋ	h	∅
甘典	ts	ts'	s	dz	k	k'	g	ŋ	h	∅
补编	ts	ts'	s	dz	k	k'	g	ŋ	h	∅
罗常培	出 ts	出 ts'	时 s	入 dz	求 k	去 k'	语 g	语 ŋ	喜 h	英 ʔ
卢戆章	之 chi	痴 ch'i	丝 si	而 ji	基 ki	欺 k'i	婷 gi	硬 ngi	熙 hi	伊 i
周长楫	祖 ts	楚 ts'	所 s	蕊 l/若 n	古 k	苦 k'	五 g	午 ŋ	虎 h	乌 ∅

表 19 可见,五种厦门方言辞书的声母系统与罗常培、卢戆章、周长楫所记载的声母系统基本上一致:p、p'、b、m、t、t'、l、n、s、k、k'、g、ŋ、h、∅。不同之处是:(1)杜嘉德《厦英大辞典》、马偕《中西字典》、甘为霖《厦门音新字典》、巴克礼《厦门话字典补编》等四种方言辞书出现了 ch、chh、ts 3 个声母,分别拟音为舌面前清塞擦音[tɕ]、[tɕ']和舌尖前清塞擦音[ts]、[ts'],罗常培《厦门音系》与之同,麦嘉湖《厦门方言英汉辞典》仅记载了 ts、chh 2 个声母,即舌尖前清塞擦音[ts]、[ts'],与卢戆章《中国字母北京切音合订》、周长楫《厦门方言研究》同,只有舌尖前塞擦音[ts]、[ts'];(2)五种厦门方言辞书记载了舌尖前浊塞擦音[dz]声母,罗常培、卢戆章与之同,而周长楫则记载了[l]、[n]。

以上两点,为我们提供了一百五十年来厦门方言声母的演变轨迹:一是从舌面前清塞擦音[tɕ]、[tɕ']和舌尖前清塞擦音[ts]、[ts']两套声母,逐渐合并成舌尖前清塞擦音[ts]、[ts']一套声母;二是舌尖前浊塞擦音[dz]，先演变为浊擦音[z]，再逐渐演变成边音[l]和鼻音[n]。

5.2 韵母系统比较

5.2.1 元音韵韵母比较表

五种厦门方言辞书均有[a]、[ɔ]、[o]、[e]、[i]、[u]6个单元音韵母，均有[ia]、[ua]、[io]、[ue]、[ui]、[iu]、[ai]、[au]、[iau]、[uai]10个复元音韵母。现与卢戆章、罗常培和周长楫韵母系统比较如下：

表20　与卢戆章、罗常培、周长楫厦门音系元音韵韵母比较表

传教士	a	ɔ	o	e	i	u	ia	ua
卢戆章	ɑ 鸦	ɵ 乌	o 阿	e 裔	i 伊	u 汗	iɑ 爷	uɑ 哇
罗常培	a 家	o 都	ó 操	e 鸡	i 支	u 夫	ia 车	ua 花
周长楫	a 阿	ɔ 乌	o 窝	e 锅	i 衣	u 有	ia 爷	ua 蛙
传教士	io	ue	ui	iu	ai	au	iau	uai
卢戆章	io 腰	ue 偎	ui 威	iu 优	ɑi 哀	ɑu 瓯	iɑu 妖	uɑi 歪
罗常培	io 腰	ue 话	ui 追	iu 忧	ai 该	au 包	iau 标	uai 乖
周长楫	io 腰	ue 话	ui 威	iou 忧	ai 哀	au 欧	iau 妖	uai 歪

表20可见，传教士编撰的五种厦门方言辞书所记载的16个元音韵母与卢戆章《中国字母北京切音合订》、罗常培《厦门音系》和周长楫《厦门方言研究》所记载的是一致的。

5.2.2 鼻音韵韵母比较表

五种厦门方言辞书均有4个收-m尾的鼻音韵母，即[am]、[iam]、[im]、[ɔm]；5个收-n尾的鼻音韵母，即[an]、[in]、[un]、[ian]、[uan]；6个收-ŋ尾的鼻音韵母，即[aŋ]、[iaŋ]、[uaŋ]、[iŋ]、[ɔŋ]、[iɔŋ]。现与卢戆章、罗常培和周长楫韵母系统比较如下：

表 21　与卢戆章、罗常培、周长楫厦门音系鼻音韵韵母比较表

传教士	am	iam	im	ɔm/em	an	in	un	ian
卢戆章	am 庵	iam 阉	im 音	em 参	ɑn 安	in 因	un 殷	iɑn 烟
罗常培	am 贪	iam 添	im 阴	——	an 丹	in 彬	un 敦	ian 棉
周长楫	am 庵	iam 盐	im 阴	——	an 安	in 因	un 恩	ian 烟
传教士	uan	aŋ	iaŋ	uaŋ	iŋ	ɔŋ	iɔŋ	
卢戆章	uan 弯	aŋ 厎	iaŋ 央	uaŋ 汪	eng 英	ɵng 翁	iung 雍	
罗常培	uan 端	ang 江	iang 腔	uang 嚯	ieng 京	ong 东	iong 弓	
周长楫	uan 弯	aŋ 翁	iaŋ 漳		iŋ 英	ɔŋ 汪	iɔŋ 央	

五种厦门方言辞书共有的 15 个鼻音韵母中有 13 个韵母与卢戆章、罗常培、周长楫相同，只有[ɔm]、[uaŋ]韵母有差异。卢戆章《中国字母北京切音合订》记载了 em 韵母，而无 om 韵母，罗常培《厦门音系》(1931)和周长楫《厦门方言研究》则均无此韵母。据考证，反映漳州方言的韵书《汇集雅俗通十五音》就有箴[ɔm]、光[uaŋ]二韵，反映泉州方言的韵书《汇音妙悟》亦有箴[əm]、风[uaŋ]二韵，兼收漳、泉二腔的《八音定诀》则无此二韵。五种厦门方言辞书所记载的[ɔm]、[uaŋ]二韵母，是否可以这样推测，早期的厦门方言吸收了漳、泉二腔而存有这两个韵母，随着近两百年的时间推移，这两个韵母已在现代厦门方言中产生变异：先由[ɔm]演变成[em]，再由[em]演变成现在的[im]；[uaŋ]韵母则经过时间的推移而演变成现在的[ɔŋ]。

5.2.3 鼻化韵韵母比较表/声化韵韵母比较表

五种厦门方言辞书共记载了 14 个鼻化韵母、2 个声化韵母，即[ã]、[ɔ̃]、[ĩ]、[iã]、[uã]、[uĩ]、[iũ]、[ãi]、[ãu]、[iãu]、[uãi]、[ẽ]、[õ]、[ũ]和[m̩]、[ŋ̍]。现与卢戆章、罗常培和周长楫韵母系统比较如下：

表 22 与卢戆章、罗常培、周长楫厦门音系鼻化韵韵母比较表

厦英	ā	ɔ̄	——	ī	——	——	——	——	iā
英厦	ā	ɔ̄	ē	ī	ō	——	——	——	iā
中西	ā	ɔ̄	——	ī	ō	ū	——	——	iā
甘典	ā	ɔ̄	ē	ī	——	——	——	——	iā
补编	ā	ɔ̄	ē	ī	ō	——	——	——	iā
卢戆章	aⁿ 鸦	ɵⁿ 恶	eⁿ 婴	iⁿ 伊	——	——	εⁿ 咩	ueⁿ 偎	iɔⁿ 缨
罗常培	añ 担	oñ 摸	eñ 婴	iñ 甜	——	——	——	——	iañ 声
周长楫	ā 馅	ɔ̄ 恶	ē 婴	ī 圆	——	——	——	——	iā 营
厦英	uā	uī	iū	āi	āu	iāu	uāi	m	ŋ
英厦	uā	uī	iū	āi	āu	iāu	uāi	m	ŋ
中西	uā	uī	iū	āi	āu	iāu	uāi	m	ŋ
甘典	uā	uī	iū	āi	āu	iāu	uāi	m	ŋ
补编	uā	uī	iū	āi	āu	iāu	uāi	m	ŋ
卢戆章	uaⁿ 鞍	uiⁿ 威	iuⁿ 鸯	aiⁿ 哀	auⁿ 瓯	iauⁿ 猫	uaiⁿ 歪	m 不	ng 秧
罗常培	uañ 般	uiñ 梅	iouñ 张	aiñ 乃	auñ 矛	iauñ 猫	uaiñ 横	m 梅	ng 酸
周长楫	uā 碗	uī 梅	iū 羊	āi 耐	āu 闹	iāu 猫	uāi 关	m 呒	ŋ 秧

五种厦门方言辞书共有的 14 个鼻化韵母中,只有[ē]、[ō]、[ū]韵母有差异:(1)《厦门方言英汉辞典》《厦门音新字典》和《厦门话字典补编》均有[ē]韵母,其余二种辞书均无此韵母,卢戆章、罗常培和周长楫亦有[ē]韵母;(2)《厦门方言英汉辞典》《中西字典》和《厦门话字典补编》有[ō]韵母,其余二种辞书、卢戆章、罗常培和周长楫均无此韵母;(3)唯独《中西字典》有[ū]韵母,其余四种辞书、卢戆章、罗常培和周长楫均无此韵母。

卢戆章记载了"εⁿ[ε]""ueⁿ[ue]"两个韵母,而四种厦门方言辞书和罗常培、周长楫著作均无此二母。据考证,《汇集雅俗通十五音》

记载了"更[ɛ̄]"韵,《汇音妙悟》和《八音定诀》则均无此韵;漳州地区多数方言有[uē]韵母,厦门、泉州地区均无此韵母,可见"ɛⁿ[ɛ̄]""ueⁿ[uē]"两个韵母应属于漳州方言,而不属厦门、泉州方言韵母。

5.2.4 入声韵(收-h尾)韵母比较表

传教士编撰的五种厦门方言辞书共记载了29个收-h尾(即国际音标-ʔ尾)的入声韵母:[aʔ]、[oʔ]、[eʔ]、[iʔ]、[uʔ]、[ɔʔ]、[iaʔ]、[uaʔ]、[ioʔ]、[ueʔ]、[uiʔ]、[auʔ]、[aiʔ]、[iuʔ]、[iauʔ]、[āʔ]、[ēʔ]、[ĩʔ]、[ɔ̄ʔ]、[ōʔ]、[iāʔ]、[uēʔ]、[āuʔ]、[ūīʔ]、[āiʔ]、[iāuʔ]、[uāiʔ]、[ŋʔ]、[mʔ]。卢戆章只记载了47个厦门字母,均为舒声韵。现只能与罗常培和周长楫韵母系统比较如下:

表23 与卢戆章、罗常培、周长楫厦门音系入声韵韵母比较表

厦英	aʔ	oʔ	eʔ	iʔ	uʔ	——	iaʔ	uaʔ
英厦	aʔ		eʔ	iʔ	uʔ	——	iaʔ	uaʔ
中西	aʔ	oʔ	eʔ	iʔ	uʔ	——	iaʔ	uaʔ
甘典	aʔ	oʔ	eʔ	iʔ	uʔ	——	iaʔ	uaʔ
补编	aʔ	oʔ	eʔ	iʔ	uʔ	ɔʔ	iaʔ	uaʔ
罗常培	aq 甲	óq 各	eq 月	iq 接	uq 发	——	iaq 掠	uaq 热
周长楫	aʔ 鸭	oʔ 学	eʔ 呃	iʔ 缺	uʔ 托	ɔʔ 口	iaʔ 页	uaʔ 活
厦英	ioʔ	ueʔ	uiʔ	auʔ	aiʔ	iuʔ	iauʔ	——
英厦	ioʔ	ueʔ	uiʔ	auʔ	aiʔ	iuʔ	iauʔ	——
中西	ioʔ	ueʔ	uiʔ	auʔ	——	——	——	——
甘典	ioʔ	ueʔ	uiʔ	auʔ	——	iuʔ	iauʔ	——
补编	ioʔ	ueʔ	uiʔ	auʔ	——	iuʔ	iauʔ	——
罗常培	ióq 叶	ueq 夹	uiq 血	auq 雹	——	——	iauq 礤	——
周长楫	ioʔ 药	ueʔ 挟	uiʔ 划	auʔ 口	——	iuʔ 口	iauʔ 口	uaiʔ 口

(续表)

厦英	āʔ	ēʔ	īʔ	ɔ̄ʔ	——	iāʔ	uēʔ	āuʔ
英厦	āʔ	ēʔ	īʔ	ɔ̄ʔ		iāʔ	uēʔ	āuʔ
中西	āʔ	ēʔ	īʔ	ɔ̄ʔ	ōʔ		uēʔ	
甘典	āʔ	ēʔ	īʔ	ɔ̄ʔ		iāʔ	uēʔ	āuʔ
补编	āʔ	ēʔ	īʔ	ɔ̄ʔ		iāʔ	uēʔ	āuʔ
罗常培	aq̄ 塌	eq̄ 夾	iq̄ 物	oq̄ 膜		iaq̄ 吓		
周长楫	āʔ 喝	ēʔ 脉	īʔ 物	ɔ̄ʔ □		iāʔ □	uēʔ 挟	āuʔ □

厦英	uīʔ	āiʔ	iāuʔ	uāiʔ	ŋ̍ʔ	m̍ʔ
英厦			iāuʔ	uāiʔ	ŋ̍ʔ	m̍ʔ
中西					ŋ̍ʔ	m̍ʔ
甘典	uīʔ	āiʔ	iāuʔ	uāiʔ	ŋ̍ʔ	m̍ʔ
补编			iāuʔ	uāiʔ	ŋ̍ʔ	m̍ʔ
罗常培			iauq̄ 岠	uaiq̄ 踘		
周长楫	——	——	iāuʔ □	uāiʔ □	ŋ̍ʔ □	m̍ʔ 默

五种厦门方言辞书共记载了 29 个收-h 尾的入声韵母中,它们所记载的韵母亦不一:《厦英大辞典》27 个、《厦门方言英汉辞典》24 个、《厦门话字典补编》25 个、《中西字典》17 个、《厦门音新字典》26 个,有[aʔ]、[oʔ]、[eʔ]、[iʔ]、[uʔ]、[iaʔ]、[uaʔ]、[ioʔ]、[ueʔ]、[uiʔ]、[au]、[iau]、[āʔ]、[ēʔ]、[īʔ]、[ɔ̄ʔ]、[iāʔ]、[uāiʔ]等 19 个韵母是罗常培《厦门音系》和周长楫《厦门方言研究》所共有的。周长楫《厦门方言研究》26 个韵母中,扣除前面 19 个剩下[ɔʔ]、[iuʔ]、[uaiʔ]、[uēʔ]、[āuʔ]、[ŋ̍ʔ]、[m̍ʔ]等 7 个韵母,[uaiʔ]是其他著作所没有的,此外还有[aiʔ]、[ōʔ]、[uīʔ]、[āiʔ]等 4 个韵母也是《厦门方言研究》没有收录的。

5.2.5 入声韵(收-p,-t,-k 尾)韵母比较表

五种厦门方言辞书共记载了 15 个收-p,-t,-k 尾的入声韵母：[ap]、[iap]、[ip]、[ɔp]、[at]、[it]、[ut]、[iat]、[uat]、[ak]、[ɔk]、[iɔk]、[ik]、[iak]、[uak]。现与罗常培和周长楫韵母系统比较如下：

表 24　与卢戆章、罗常培、周长楫厦门音系入声韵韵母(-p,-t,-k 尾)比较表

厦英	ap	iap	ip	—	at	it	ut	iat
英厦	ap	iap	ip	—	at	it	ut	iat
中西	ap	iap	ip	—	at	it	ut	iat
甘典	ap	iap	ip	ɔp	at	it	ut	iat
补编	ap	iap	ip	ɔp	at	it	ut	iat
罗常培	ap 答	iap 业	ip 及	—	at 结	it 七	ut 滑	iet 列
周长楫	ap 压	iap 叶	ip 揖	—	at 遏	it 一	ut 骨	iat 杰
厦英	uat	ak	ɔk	iɔk	ik	iak	—	
英厦	uat	ak	ɔk	iɔk	ik	iak	—	
中西	uat	ak	ɔk	iɔk	ik	iak	uak	
甘典	uat	ak	ɔk	iɔk	ik	iak	uak	
补编	uat	ak	ɔk	iɔk	ik	iak	—	
罗常培	uat 热	ak 北	ok 作	iok 曲	iek 克	iak 矍	—	
周长楫	uat 越	ak 沃	ɔk 恶	iɔk 约	ik 益	iak 逼	—	

五种厦门方言辞书共记载了 15 个韵母中,[ɔp]、[uak]二韵母是罗常培《厦门音系》和周长楫《厦门方言研究》所没有的。据考证,《汇集雅俗通十五音》有"箴[ɔp]""光[uak]"二韵,情况与五种厦门方言辞书所记载的[ɔm]、[uaŋ]二鼻音韵母一样,是否可以这样推测,早期的厦门方言吸收了漳、泉方言而存有这两个韵母,随着近两百年的时间推移,这两个韵母已在现代厦门方言中产生变异：先由[ɔp]演变成[ep],再由[ep]演变成现在的[ip];[uak]韵母则经过时间的推移

而演变成现在的[ɔk]。

5.2.6 综合统计表

表 25　与卢戆章、罗常培、周长楫厦门音系韵母综合比较表

传教士方言著作与卢戆章、罗常培、周长楫著作	舒声韵韵母数					促声韵韵母数					总数
	元音韵韵母	鼻音韵韵母	鼻化韵韵母	声化韵韵母	小计	收-h尾韵母	收-p尾韵母	收-t尾韵母	收-k尾韵母	小计	
厦英	16	15	11	2	44	27	3	5	5	40	84
英厦	16	15	13	2	46	24	3	5	5	37	83
中西	16	15	13	2	46	17	3	5	6	31	77
甘典	16	15	12	2	45	26	4	5	6	41	86
补编	16	15	13	2	46	25	4	5	5	39	85
中国字母北京切音合订	16	15	14	2	47	——	——	——	——	——	47+X
厦门音系	16	14	12	2	44	19	3	5	5	32	77
厦门方言研究	16	13	12	2	43	26	3	5	5	39	82

前文说过,五种厦门方言辞书可以分为两种类型:一是辞书所收集的韵母属于常用的韵母,如《中西字典》和《厦门音系》均为 77 个韵母;二是所收集的韵母中既有常用的韵母,也有不常用的韵母,如《厦英大辞典》84 个韵母,《厦门话字典补编》85 个韵母,《厦门音新字典》86 个韵母,《厦门方言研究》82 个韵母。卢戆章《中国字母北京切音合订》记载了 47 个舒声韵母,比罗常培和周长楫舒声韵母数还多,如果再加上促声韵母,总的韵母数理应超过他们的韵母数。

总之,通过比较,五种厦门方言辞书的韵母系统与卢戆章、罗常培、周长楫关于 20 世纪初至 20 世纪末厦门方言韵母系统基本上吻合。因厦门方言是在明清时代兼收漳、泉二腔而形成的一种新型方言,其方言特点仍然保存着漳、泉二腔的个别韵类是不奇怪的。

5.3 声调系统比较

5.3.1 单字调

传教士编撰的五种厦门方言辞书均记载着7个单字调,与卢戆章、罗常培和周长楫单字调相同。罗常培和周长楫还详细描写出其调值,但有些差异。请看下表:

表26 与卢戆章、罗常培、周长楫厦门音系单字声调比较表

方言字典	厦门方言声调						
	上平声	上声	上去声	上入声	下平声	下去声	下入声
中国字母北京切音合订	上平	上声	上去	上入	下平	下去	下入
厦门音系	阴平55	上声51	阴去11	阴入32̲	阳平24	阳去33	阳入4̲
厦门方言研究	阴平55	上声53	阴去21	阴入32̲	阳平35	阳去11	阳入5̲

罗常培和周长楫单字调调值,阴平调均为55,阴入调均为32̲;上声调同为降调,仅有51和53之别;阳平调均为升调,仅有24和35之别;阳去调同为平调,仅有33和11之别;阳入调同为短促调,仅有4和5̲之别;唯独阴去调有平调11和降调21之别。这说明厦门方言声调的调值也随着时间的推移而产生变化。

5.3.2 二字连读变调

五种厦门方言辞书中只有《厦英大辞典》和《厦门方言英汉辞典》既涉及单字调的描写,也涉及二字连读变调规律的论述。卢戆章并无二字连读变调的说法,罗常培和周长楫就有此类记载。请看表27。

表27可见,《厦英大辞典》和《厦门方言英汉辞典》的二字连读变调与罗常培《厦门音系》、周长楫《厦门方言研究》基本上一致。稍有

表27 与卢戆章、罗常培、周长楫厦门音系二字连读变调声调比较表

方言字典	厦门方言连读变调情况						
	上平声	上声	上去声	上入声	下平声	下去声	下入声
厦英	下去调	上平调	上上调	下入调	下去调	上去调	上入调
英厦	上去调	上平调	上上调	下入调	上去调	上去调	上入调
厦门音系	介乎阴平跟阳去之间	阴平	上声调	阳入	介乎阴平跟阳去之间	上去调	上入调
厦门方言研究	下去调	上平调	上声调	下去调	下去调	上去调	上入调

差异的有：(1)上平调、下平调连读变调，《厦英大辞典》与《厦门方言研究》变为下去调，《厦门音系》则介乎阴平跟阳去之间，《厦门方言英汉辞典》则变为上去声，误；(2)上入调连读变调，《厦英大辞典》《厦门方言英汉辞典》与《厦门音系》均变为下入调，而《厦门方言研究》则"带-ʔ韵尾阴入调变成上声调，带-p,-t,-k韵尾阴入调变成阳入调"；(3)下入调连读变调，《厦英大辞典》《厦门方言英汉辞典》与《厦门音系》均变为上入调，而《厦门方言研究》则"带-ʔ韵尾阳入调变成阴去调，带-p,-t,-k韵尾阳入调变成阴去调21,但仍带-p,-t,-k韵尾入声韵"。

总而言之，传教士编撰的五种厦门方言辞书在声韵调的客观描写与卢戆章、罗常培和周长楫对厦门方言音系的描写基本上一致，但是声母的差异、韵母的差异以及调值的差异，正说明语音不是静止不变的，而是动态发展变化的。

参考文献

[1] 巴克礼(Thomas Barclay). *Supplement to Dictionary of the Vernacular or Spoken Language of Amoy*(《厦门话字典补编》)[M].上海：商务印书馆，

1923.
[2] 杜嘉德(Carstairs Douglas).*Chinese English Dictionary of the Vernacular or Spoken Language of Amoy, with the Principal Variations of Chang Chew and Chin Chew Dialects*.(《厦英大辞典》(或作《厦门音汉英大辞典——兼漳州和泉州方言主要变化》)[M].伦敦:杜鲁伯那公司(Trubner & Co),1873.
[3] 甘为霖(Weilin Gan,William Campbell).厦门音新字典[M].日本横滨(Yokohama):福音印刷株式会社(台南台湾教会报社发行),1913.
[4] 黄谦.增补汇音妙悟[C].文德堂梓行版,1894.
[5] 罗常培.厦门音系[C].北京:科学出版社,1956.
[6] 马重奇.加·马偕《中西字典》(1891)音系研究[J].福建论坛,2014(7).
[7] 马重奇.闽台闽南方言韵书比较研究[C].北京:中国社会科学出版社,2008.
[8] 马重奇.英·杜嘉德《厦英大辞典》(1873)音系研究[J].励耘学刊,2014(2).
[9] 麦嘉湖(John Macgowan).*English and Chinese Dictionary of the Amoy Dialects*(《厦门方言英汉辞典》,又称《英厦辞典》)[M].伦敦,1883.
[10] 乔治·莱斯里·马偕(George Leslie Mackay).中西字典[M].台北耶稣教会寄印,上海美华书馆复板,1891.
[11] 谢秀岚.汇集雅俗通十五音[C].文林堂(高雄庆芳书局影印本),1818.
[12] 叶开温.八音定诀[C].甲午端月版,1894.
[13] 周长楫、欧阳忆耘.厦门方言研究[C].福州:福建人民出版社,1998.

试论闽台闽南方域文字的研究

李春晓

(福建师范大学文学院)

【摘要】 方言用字的研究应是方言研究与方言应用的一个结合点。闽南方域文字呈现出趋简性、流俗性、依附性、通用性和约定俗成性等特点,这与闽南文化的传播密切相关。闽南方域文字研究具有宝贵的学术价值和积极的现实意义,如何深入系统地研究已提到重要的日程上来,我们有必要从文字学、方言学、训诂学、文献学和文化学等多角度对其进行全面细致的研究。

【关键词】 闽台;闽南;方域文字

张涌泉(2003)说过,蒋礼鸿、潘重规、周祖谟、李荣、朱德熙、裘锡圭、郭在贻等著名学者都呼吁过加强以简体字、近代方言字等俗文字为核心的近代汉字的研究。只有将近代文字尤其俗文字研究透了,才能勾勒出汉字由甲骨文到现代文字发展演变的历史轨迹,才能建立完整的而不是头重脚轻的汉语文字学体系。詹伯慧(2003、2004)曾强调,方言词语用字问题确实值得关注,值得我们用点力气来认真研究,妥善解决。方言用字的研究应是方言研究与方言应用的结合点。

唐兰(2005):"搜集新材料,用新方法来研究文字发生构成的理论,古今形体演变的规律,正是方来学者的责任。"饶宗颐(《欧洲汉学研究协会不定期报》,1979)曾说到闽南的俗字"皆字书所无,不特可推究方音,且保存在'方文'(此谓 localscript,与方言同样重要),可为俗字谱添入不少资料,言小学者不应以其鄙俚而轻视之也"。①这里的"方文",陆锡兴(2002)则称作"方字",学界较多称作"方言(俗)字""土(俗)字"。

在汉字学三维系统理论和字素分析方法的指导下,李玲璞(2002、2003、2004)曾提出中国文字发展的三条线索,即中国正统文字发展史、中国方域文字发展史和中国书体演变史。中国文字包含着两大文字系统,一是以记录通语雅言为其职能的正统文字系统,一是以记录方域语言为其职能的方域文字系统。基于此,在中国文字发展史的大背景下,本文使用"方域文字"这一概念,同时依据字素理论和汉字学元点理论进行分析。

闽南戏曲文献和歌册等是我们研究方域文字的重要资料,学界已有不少成果。如:(台湾)吴守礼《荔镜记戏文研究》(东风文化供应社,1970)、(台湾)施炳华著《南戏戏文:陈三五娘》(吴守礼校勘本,台南县立文化中心,1997)、《〈荔镜记〉音乐与语言之研究》(台北文史哲出版社,2000),等等。曾良《俗字及古籍文字通例研究》(百花洲文艺出版社,2006)对明刊闽南戏曲的部分戏文俗字进行分析。陈力兰《闽南话用字初探》(暨南大学 2001 年硕士学位论文)通过闽南地区的方言文学及方言文献等资料,总结闽南话用字方法及其特点,同时

---

① 转引自汪毅夫:《〈畅所欲言〉与 1897—1928 年间泉州的市井文化》,载《东南学术》2004 年第 6 期。

将闽台各地的用字差异进行比较。李竹深《闽南话用字刍议》(《闽台文化交流》2009年第4期)等也论及闽南话用字问题,这些都为我们系统整理闽南方域文字提供重要参考。

闽南话研究成果精彩纷呈,对方言用字问题的研究,闽南话论著均会有所涉及,尤其是关于本字考的内容就与本课题密切相关。《普通话闽南话词典》编写组(1977)曾编写"闽南话用字整理表(附:闽南话词汇语法成分用字简表)",《厦门歌谣》(鹭江出版社,1999)将常用的方言俗字与普通话对照表附于其后。《闽南话大词典》(福建人民出版社,2006)"引论"的"词典一些用字的说明"列出常用方言字。台湾教育主管部门于2007年、2008年、2009年曾先后推出"台湾闽南话推荐用字",在《异体字字典》网站(http://140.111.1.40/main.htm)附有"台湾闽南话用字参考表"以及"汉语方言用字参考表"。

闽南话研究受到学界重视,已积累相当基础,集结来自不同地区不同学者的研究成果,针对方域文字问题进行整理、归纳、统计和综合分析,这样的研究可以为国家的语言文字政策提供参考。我们所搜集到的带有闽南方域特色的一批字形仍具有旺盛的生命力,它们记录闽南话,能够发挥文字作为语言载体交流工具的作用。调查闽南方域文字的重要资料来源如下。

(1)明清以来闽南话戏曲材料采用同音字、训读字、另造俗字。以《明刊闽南戏曲弦管三种》(中国戏剧出版社,1995)、《荔镜记荔枝记四种》(中国戏剧出版社,2010)为主,参阅《泉州传统戏曲丛书》(中国戏剧出版社,1999)。杨越、王贵忱编《明本潮州戏文五种》(广东人民出版社,1985)。傀儡戏文清抄本,同时参考元杂剧、明清传奇的各种戏文材料。台湾郑锦全主持的"闽南话典藏——历史语言与分布变迁数据库"建置《荔镜记》(四种版本)、《同窗琴书记》《金花女》《苏六娘》等四种剧本,有原著书影、全文浏览、全文检索、索引等。

(2) 闽南传统韵书保留土音和俗字。如:《汇音妙悟》《拍掌知音》《八音定决》《汇集雅俗通十五音》《增补汇音》《渡江书十五音》《击掌知音》《潮声十五音》《击木知音》《潮语十五音》《潮汕检音字表》《潮声十七音》《潮声十八音》《潮汕十五音》《新编潮汕方言十八音》等。闽东方言韵书《戚林八音》《加订美全八音》收录部分闽南自造俗字(如"焘"等)。

(3) 方言词典:《福建方言字典》《厦英(白话)大辞典》《厦门音新字典》《普通话闽南话词典》《台湾语典》《国语、闽南话对照常用辞典》《中国闽南英语词典》《现代闽南话辞典》《闽南话大辞典》《闽南话大词典》等。

(4) 闽南话研究论著:方言志和其他各种相关论著。

(5) 其他:《晋水常谈录》《里言征》《畅所欲言》,记录方言俗字的《五音杂字》,《闽歌甲集》、俗谚、民间故事等。

经初步调查,闽南方域文字存在趋简性、流俗性、依附性、通用性和约定俗成性等特点,兹略做分析如下。

1. 趋简性

科学利用闽南话文献资料来研究方域文字,可清楚展示明代以来闽南方域文字的基本状况,可以为方言研究开拓新领域,从新材料中挖掘出新观点,同时为汉字发展史提供丰富的鲜活的语料。如今天通行的简化字可从明清闽南戏文中找到依据,说明简化字是经过长期演变约定俗成的,具有深厚的群众基础。通过这些字形的考定和研究,在简化字字形选用方面可为我们提供借鉴。兹从明刊戏文中选取部分字例如下:

(1) 两或三横笔简作一竖笔：身→身；前→前；相→相；且→旦；息→息；看→看；眉→眉；值→值；

(2) "心"字简作"一"：愁→愁；意→意；思→思；愿→愿；忽→忽；惹→惹；悠→悠；想→想；

其他字例，比如：边→边；态→态；怀→怀；齐→齐；娘→娘；鸳鸯→鸳鸯。

从汉字发展的历程看，汉字演变的总趋势是简化，在实际运用过程中字形总有"愈写愈简单"的趋向，如从殷周之古体变到宋元之简体，汉字的字体被减省，从而向着简易的方向发展。宋元明时期简化字大量产生，我们在闽南地方戏曲文献中可找到很多实证。从上述例字，我们可看出俗写字的趋简性十分明显，如"心"直接省作"一"，比"心"字草书的"⺗"还简单。即使有些增繁的字，同样具有浅近易懂的特点，字形虽繁化，但字形表意功能更加明显。比如(明刊·招商店 P14)有一句："捧起笔写几句话乞我君知。"这里"举"上部分的"与"作"文"，下部分"丰"增加一横，同时还增加形符"扌"，"捧"作为动词，表意十分明显。文字是人们交际工具之一，经济性原则决定了形体简化的必要和客观存在。当然求简必须照顾到文字自身的系统性，也就有一定的限度。

2. 流俗性

汉字系统具有超方言性，可以表达丰富的闽南话，构字的理据性也是或隐或现，就方域文字的形体而言，我们照样能够"望形知义"，能够读懂它们的字义，闽南方域文字在戏文中的书写要求能准确而传神地表情达意。因此民众在语言文字运用上的求简心理表现得尤为强烈，所用文字符号特别具有流俗性。比如傀儡簿和明刊本中，我们可看到表示"团圆"义的书写符号直接作两个圆圈"〇〇"。"圆圈"方言词作"圆篐仔",直至今日,闽南地区表示人民币单位代称的"圆"亦有的作"〇","十元(圆)"作"十〇",就是表示"十篐"。

汉字是表意体系的符号,其构形理据往往具有可解释性,方域文字的形成与一定的文化背景相关,如果构字合理,它们很容易被使用者广泛接受。戏曲文献在内容上主要反映平民百姓的日常生活,主要读者是普通民众,这就决定了语言文字的运用一定也要通俗化、民间化和大众化,必须要贴近百姓。因此闽南方域俗字就具有明显的民间流俗性,它们一般要比正字或本字字形简洁明了而通俗易懂,主要在民间文献通行和流传。明代闽南戏曲文献将"丈夫"写作"尫",将"妻子"写作"厶","我们"作"阮","什么"作"乜","学"作"斈"。唐苏鹗《苏氏演义》卷上:"只如田夫民为农,百念为忧,……口王为国,文字(子)为学,如此之字,皆后魏流俗所撰,学者之所不用。"[①]所以,"学"作"斈"等由来已久,皆属于"流俗所撰"现象。

3. 依附性

结合语音、词汇、语法的诸多研究成果,重新审视闽南地区的方域文字问题,我们可以发现在闽南文化覆盖的区域里已具备一套约定俗成的闽南方域文字系统(有的称作"白字"或"方文")。每一个字形就是记录闽南话的语素,闽南方域文字系统实际上是属于共同汉字系统的一个附属系统,包含着两个层次。

其一,与共同汉字系统重合。从闽南戏曲文献调查的用字情况来看,除了新造字属于生字以外,其他的音同音近字、训读字或传统

[①] 《丛书集成初编本》第11页,中华书局,2010。

俗用字大都使用通行的常用汉字。就方域文字系统而言，其少部分不同的字，多来自正统文字的迁移省变或为适应记录方域语言而创制的方域俗字。

其二，是闽南地区方言特有的文字，而且有些字很有创意。比如"爂"字，在四百多年前的《荔镜记》广泛流行(《荔枝记》作"撵"），也见于闽南话韵书，《渡江书十五音》"爂"增加形符"扌"作"撓"，至今仍在使用着，还见于闽东方言韵书《戚林八音》和《加订美全八音》，这也说明闽方言区方域文字系统因语言接触而相互借用。（李春晓 2015）

方域文字对通用正字要有绝对的依附性，而且这种依附性保证方域文字存在的价值在于保留明显的地域民俗风貌和审美文化特征。闽南各地词汇和语音的差异客观存在，势必影响他们所用文字同中有异，当然因互相借用而趋于"约定俗成"。而方言自造字的理据与正统文字基本上保持一致，在民间通行于一定的区域。

4. 通用性

闽南话广泛流播于我国福建、广东、江西、浙江、海南和台湾的大部分地区以及东南亚一带。《戚林八音》是成书最早、流传最广、影响最大的福州方言韵书，由《戚参将八音字义便览》与《太史林碧山先生珠玉同声》两部韵书合订而成。戚本大约成书于四百多年前的明代嘉靖年间戚继光入闽抗倭之时，林本大约编于三百年前的清代康熙年间，合订本是由福州人晋安汇辑于清代乾隆十四年(1749年)。为了补全《戚林八音》，古田人氏钟德明发动了福州格致中学、文山书院等学校的师生共同编写《加订美全八音》，按"闽邑陈钟岳生甫氏"所作的序，大约成书于清光绪丙午三十二年(1906年)，戚本和林本的"花韵出母"下收有"爂"字，注"如引泉州俗语"，《戚林八音校注》称：

"闽南通行俗字,义为带领、引起。今仍通用。福州话无此说法。"(李如龙、王升魁 2001)《加订美全八音》也收录此字,并且注明"泉州语"。

刘福铸(2005)也说到莆仙戏古剧本俗字"悪":

带领:＊～上酒店喝酒(带去酒店喝酒)。

惹:＊～的仔闷悠悠(惹得儿子闷闷不乐)。

刘福铸将莆仙戏剧本与泉州梨园戏古剧本的方言用字做比较,发现二者有很多相同的地方。许多有特色的方言词语和字的写法相同。例如:响说(这么说)、今(今天)、清气(干净)、厶("某"简写,妻子)、扌阝("都"简写)、夗央("鸳鸯"简写)、卜(要)、袂(不会)、只(这,这里)、乜(什么)、通(可以)、困(睡)、障(这样)、乞(给)、共(给,与)、吓(语气助词)、别(认识)、呆(坏)、罔(随便)、许(那)、那(仅仅)、悪(惹)等。以上事实可作为莆仙戏与梨园戏是同源关系的证据之一,进而也可说明莆仙话与泉州话也是同源关系。

我们应充分借鉴学界俗字、方言用字研究的成果,运用古籍文献整理的一般规律,从汉字学理论的视野,对闽南地区通用的方域文字进行字理分析,总结用字特点。因为方域文字系统具有历史的传承性和民间的通用性,我们有必要从历时和共时的角度进行分析考证,对于同词异形或一词多义者,则多角度地进行辨析,力求厘清其形音义之间的纠葛。

5. 约定俗成性

《荀子·正名》:"名无固宜,约之以命,约定俗成谓之宜,异于约则谓之不宜。"事物的名称是依据人们的共同意向而制定的,因而为人们所承认和遵守。文字符号一经社会公认和使用就"约定俗成",

从而成为最重要的交际工具,方域文字是人民群众应表达和记录方言之需而创造的符号系统,因为造字者的文化素质、所处区域和造字目的等方面的不同而存在着一定的差异,正字和俗写字并存。当然,我们观察下来,方域文字的任意性并非无限制地扩大化,它们也受到约定性的限制。文字的演变和发展总离不开约定俗成的原则。汉字的符号系统是约定俗成的产物,是在汉字使用者长期社会实践中逐步形成的。约定俗成的好处在于民间已写惯用惯了,不影响汉字作为交流工具的表达效果,保证书写符号系统的继承性和稳定性。

闽南各地词汇和语音的差异客观存在,势必造成人们所用文字同中有异,又因互相借用而趋于"约定俗成"。而方言自造字的理据与正统文字基本上保持一致,在民间通行于一定的区域。就方域文字系统而言,其少部分不同的字,多来自正统文字的迁移省变或为适应记录方域语言而创制的方域俗字。就正统文字系统而言,其少部分不同的字,多吸收的是方域文字,所谓扶俗为正,作为正统文字的补充。

考察闽南方域用字的演变规律以及传承情况,将明清时期闽南戏曲进行对比,可以发现它们书写的文字基本相同,而且有很大部分字形(如厶、袂、阮、恁、乒等),闽台方言论著一直沿用至今。可见四百多年来,闽南方域文字的形音义系统是一脉相承的。

闽南方域文字研究具有宝贵的学术价值和积极的现实意义,主要表现在如下方面。

(1)闽南话是海峡两岸交流的重要纽带,系统地整理闽南方域文字有着积极的现实意义,归纳用字特点,能够促进文字学的研究,有助于建立完整的文字学体系,为汉字发展史、汉字字样学、汉字形义学、方言用字规范等学科的研究提供客观可靠的材料,同时可为汉字的简化和汉字的规范化提供参考和借鉴。闽南地区保留方域文字的文献很多,采用科学方法甄别整理,真正认识它的真实面貌和重要价值,充分发挥它们作用,借助闽南话书面语料整理"闽南方域文字谱",可为汉字研究史提供第一手材料。整理挖掘出闽南地区所存在的一些自造字,可为广义的汉字研究提供一些字样,如手抄本的字样因写手的任意性而出现字形改变,而这些改变后的字形如可以分析字理,而且具有类推价值,就有可能成为后世字形的直接采用对象。通过省变字素而再造方域俗字是重要的造字手段,即所谓"略字",一般称作"省笔字"或"简体字",另外方言文献还存在大量的同音替代字、草体字、俗写字等。

(2) 方域文字属于广义汉字研究的范畴,对这类文字的整理研究有助于现代汉字构字理据的分析,对于中国文字学的演变发展有更深刻的认识。我们可从闽南地区的明清方言文献中找到很多简化字(如无、园、万、乱、寿、圣、当等),有些字形可为简化字的溯源提供重要佐证,比如从"龜"到"龟"的过渡字形"龟"可在明刊闽南戏文中找到例证。

(3) 方言文献的文字有自己的书写特点和文字通例,揭示这些特点和规律有着重要意义,因为研究和总结规律性的东西可以益于古籍整理的实践,如明刊闽南戏文将"叔"右旁的"又"写成类似重文符号两点的,"叔叔"即作"ㄕく"。再如"盼"作"盻",为古籍中因"兮""分"草书相似而"盻""盼"互混提供文献佐证。

闽南方域文字有许多是受方音的影响而造出来的,考察其产生的具体时代和分布地域,可以很好地为汉语音韵学和汉语方言学研究提供重要语料。孤立研究,视野难免受限,方言是地方文化最突出的特征,闽南地区的戏曲、歌谣等文艺形式都是以方言为工具加以表达。方言研究是研究地方文化的宝贵钥匙。因此有必要从文字学、方言学、训诂学、文献学和文化学等多角度对其进行细致研究。目前研究重点包括：

（1）通读明清以来闽南话戏曲文献，考辨俗语雅言，重点关注俗语俗字，运用本证材料比对，索隐发微，考据取证，注意闽南文化传播的时代性与地域性，全面挖掘和系统整理从明清直到现当代的闽南方域文字使用情况（本字、训读字、同音借形字、新造字）。

（2）重点考证典型的民间新造字例。从共时和历时角度将这些自造字和列出的标准楷体字进行比较，参考字素理论和构形学理论，探讨一些字例的主要特点及造字理据。

（3）重视按义合音准的标准考证出相应的本字。闽南话是保留古汉语的"活化石"，有些用字可追根溯源，从文献资料找到真正的本字，如凡言美，闽南话论著一般作"水"，而"水"作"美"讲，于经籍未见，其本字当作"嫷"，《说文》徐铉注："今俗省作媠。"闽南话有着多样的语言层次，有些是古代闽越语成分的遗留，方言用字探源应分清"字源""词源"和"语源"，字源即是探寻字词的汉字写法的源头，词源是探寻词汇系统里的语词源出何时何方的汉语，语源是探寻字词的语种归属。（董忠司 2008）

（4）要注意闽台闽南方域文字的比较，分析闽台闽南方域文字的异同。闽台一家，同根同源，用字基本一致，不过因闽南话内部词汇和语音系统的差异以及社会文化背景的不同，彼此也存在着差异。如"玩耍"一词，明刊戏文作"得桃"，厦门歌谣作"七桃"，台湾作"迌迌"或"彳亍"。早期俗文学、歌谣常见"欲""要"和"卜"互用，四百年前的《荔镜记》多用"卜"。吴守礼另造"欪"，"卜"为声符，而"要"为形符（意符）。

参考文献

[1] 董忠司.汉字类型与词语探源——从现阶段台湾闽南语用字发展说起[A]."汉语与汉字关系"国际学术研讨会论文提要[C].2008.

[2] 李春晓.闽南方言的"焉"[J].古汉语研究,2015(1).

[3] 李玲璞.正统文字与方域文字及相关问题[A].中国文字研究与应用中心年会报告,2002.

[4] 李玲璞.中国正统文字的发端——殷商甲骨文字在中国文字发展史上的地位[A].中国文字研究(第四辑)[C].南宁:广西教育出版社,2003.

[5] 李玲璞.汉字学元点理论及其相关问题——兼谈汉字认知的若干误区[A].中国文字研究(第五辑)[C].南宁:广西教育出版社,2004.

[6] 李如龙、王升魁.戚林八音校注[C].福州:福建人民出版社,2001.

[7] 刘福铸.莆仙戏古剧本俗字研究——以古本《目连救母》《吊丧》为例[J].莆田学院学报,2005(4).

[8] 陆锡兴.汉字传播史[C].北京:语文出版社,2002.

[9] 唐兰.中国文字学[M].上海:上海古籍出版社,2005.

[10] 詹伯慧.关于方言词的用字问题[A].庆祝中国语文创刊50周年论文集[C].北京:商务印书馆,2003.

[11] 詹伯慧.当前汉语方言研究中的几个问题[J].汉语研究,2004(2).

[12] 张涌泉.大力加强近代汉字的研究[J].浙江教育学院学报,2003(6).

两岸闽南话区语言生活现状调查

林华东

(泉州师范学院闽南文化研究院)

【摘要】 方言是承载文化的最重要载体,两岸闽南文化的传承也依赖闽南话的活态程度。我们开展了两岸普通话(台湾称"国语")和闽南话的现状与未来的专题调查和探索。调查结果显示,闽南话传承的外部环境正悄悄发生变化,许多基本词汇逐渐消失,直译普通话的现象逐渐明显。作为强势方言,闽南话不会那么容易消失,但会随着闽南社会的发展而变化,会随着普通话的交融而有所改变。我们有必要加强三个方面的认识:一是要充分认识语言生存与选择受着政治经济、民族意志、民众意志、利益意愿等四个因素的制约;二是要充分认识语言是识别族群的外在标记;三是要充分认识语言会随着时代的发展和生活的融合而发生变化。

【关键词】 两岸;闽南话;闽南文化;普通话;语言生活

方言是承载文化的最重要的载体,两岸闽南文化的传承也依赖着闽南话的活态程度。为此,我们组织课题小组开展两岸普通话(台湾称"国语")和闽南话的现状与未来的专题调查和探索。

1. 问卷设置与调查过程

2009年7月—2010年6月,我们花了一年时间展开两岸语言生活的实地调查。为了让调查更客观、更全面、更真实,我们在问题设置、调查对象确定、试卷发放和回收等环节上做了充分的安排和认真的考虑。

1.1 问卷设置[①]

1.1.1 问卷设置思路

首先是对象确认。受调查者一定要是闽南话区出生的闽南人,否则问卷就无效。

其次是对被调查者基本情况的问卷设置。包括年龄、文化程度、职业、居住地和出生地。为了使调查更为全面、客观、真实,我们设置了四个年龄段:10岁以下、10—20岁、20—40岁以及40岁以上;为了了解不同文化程度对方言的使用状况,我们对调查者的文化程度也做了分段,分成小学、初中、高中、大专以上等;为了了解不同职业不同工作环境对方言的接受情况,我们对调查者的职业状况做了分解,具体分为公务员、教师或医生、企业工作者等;为了能了解同一个区域的居民对方言的使用情况,我们设置了被调查者必需的社会生活前提,被调查者必须是出生并生活在厦门、漳州、泉州、台湾和潮汕地区的。

第三是问卷内容设置。包括对方言的喜欢与否、学习方言的必要性以及使用方言的主观原因。为了更深层次地了解人们对以闽南

---

① 本课题调查表由林华东、陈燕玲、戴朝阳设计;田野调查由林华东、陈燕玲、戴朝阳、谢英和2007级汉语言文学专业学生黄青青、丁迎迎同学合作完成。

话为载体的方言艺术形式认可和熟悉情况,我们设置了附表,内容涉及闽南话歌曲、戏剧、电视电台方言节目及闽南歌谣。为了更深入地了解市民对电台、电视台的闽南话节目接受情况,我们在对公共场所的调查中,增加了一份问卷"闽南话媒介传播调查问卷"。

第四是对被调查者方言使用习惯、使用环境和使用频率的问卷设置。我们选择一些典型的生活环境,如在政府部门办事、在家里、与同学聚会、接电话、在公共场所(商场、公交车、酒店)、在学校,以及具有代表性的接触对象,如长辈(父母亲)、晚辈(孩子)、朋友、工作对象等。

1.1.2 问卷分类

问卷共四份:"大中小学生闽南话使用情况调查表""闽南地区企、事业单位方言使用情况调查问卷""闽南话区公共场所市民语言使用调查问卷""闽南话媒介传播调查问卷"。

1.2 调查时间

2009年11月启动实地调查,对闽南话通行的核心区泉州、漳州、厦门、台湾以及潮汕地区深入实地展开调查;前后断断续续历时8个月,行程4千多公里。

1.3 地点选择及试卷的发放、回收

地点选择是决定能否全面、客观地获得调查数据的一个重要因素。我们既考虑了市区,也考虑了城郊;对学校的调查既考虑了重点学校,也考虑了普通的、城乡结合部的学校;对于单位的调查既考虑了单位的性质,也考虑了单位的社会地位。

台湾的调查分两次进行。2010年1月,林华东教授组团赴台开展教育交流时,在台湾学者的帮助下完成了部分调查。2010年6月,谢英教授参加"闽南文化的传承与海西社会发展"课题组赴台考察,完成另一部分调查。在问卷的录入过程中,我们发现接受调查的

台湾同胞都非常用心地完成问卷,有的甚至在问卷旁边标注与选项中没有的而他们可能出现的情况。我们感动于被调查者的责任心。

调查共发放问卷1982份,其中调查学生的问卷回收率100%,问卷有效率99%;调查单位的问卷回收率100%,有效问卷率99.5%;调查公共场所问卷回收率达98%,有效问卷率96%。实际总回收有效问卷1965份。基本情况如下表。

表1 五地调查表数量

地点 调查对象	泉州	漳州	厦门	潮汕	台湾	合计
学生	149	157	150	197	60	713
企事业	144	149	147	100	52	592
公共场所	234	134	114	113	65	660
合计	527	440	411	410	177	1965

2. 闽南话当下的使用状况分析[①]

2.1 语言态度对人们语言选择和应用的影响

下表显示了不同地区不同层面被调查者对闽南话的态度。

表2 五地被调查者对闽南话的态度

对象	地点 态度 与人数	泉州			漳州			厦门			潮汕			台湾		
		喜欢	一般	不喜欢	喜欢	一般	不喜欢	喜欢	一般	不喜欢	喜欢	一般	不喜欢	喜欢	一般	不喜欢
学生	人数	93	51	5	117	38	2	101	42	7	109	85	3	22	34	4
	占比	62.4	34.2	3.4	74.5	24.2	1.3	67.3	28	4.7	55.3	43.2	1.5	36.7	56.7	6.6

[①] 本调查的主要结果以《闽南方言的现状与未来》为题发表在《东南学术》(2011年第4期)上;调查的全部数据分析见林华东主编的《历史现实与未来:闽南文化的传承创新研究》(厦门大学出版社,2011)。

(续表)

企事业	人数	95	45	4	97	48	4	125	22	0	84	15	1	42	10	0
	占比	66	31.3	2.7	65.1	32.2	2.7	85	15	0	84	15	1	80.7	19.3	0
公共场所	人数	190	42	2	88	39	7	93	19	2	80	31	2	50	15	0
	占比	81.2	18	0.8	65.7	29.1	5.2	81.6	16.7	1.7	70.8	27.4	1.8	76.9	23.1	0
合计	人数	378	138	11	302	125	13	319	83	9	273	131	6	114	59	4
	占比	71.7	26.2	2.1	68.6	28.4	3	77.6	20.2	2.2	66.5	32	1.5	64.4	33.3	2.3
总计		527			440			411			410			177		

不同地方、不同职业的被调查者都对闽南话具有较深厚的感情，大部分人喜欢闽南话。各地不喜欢闽南话的比例都很低。各地对闽南话的情感态度有一定差异。从"喜欢"这一选项比较，学生最高的是漳州，企事业单位最高的是厦门，公共场所最高的是泉州。各地学生对闽南话的情感基本低于公共场所和企事业单位。

调查发现，台湾的台南和台北对闽南话的情感有较大差异。我们调查的74位台南人，喜欢闽南话的有63人，占85.1%，没有不喜欢的；被调查的25位台北人，喜欢闽南话的8人，占32%，不喜欢的3人，占12%。

2.2 不同场合闽南人双言使用的选择

闽南人在各种不同的语言环境中使用什么样的语言，是方言还是普通话？我们进行了调查，本项目有1875人做出回答，占总被调查人数的95.4%。下表是公共场合和私密场合被调查者语言使用的选择情况。

表 3　五地被调查者不同场合普通话与方言使用情况

场合语言 地点/人数	在家与长辈交谈（私密场合）						在酒店、商场、车站交谈（公共场合）					
	普通话		方言		普+方		普通话		方言		普+方	
	人数	占比	人数	占比	人数	占比	人数	占比	人数	占比	人数	占比
泉州 510	68	13.3	403	79	39	7.7	324	63.5	129	25.3	57	11.2
漳州 408	82	20.1	289	70.8	37	9.1	304	74.5	62	15.2	42	10.3
厦门 398	74	18.6	285	71.6	39	9.8	328	82.4	38	9.5	32	8.1
潮汕 389	19	4.9	362	90.1	8	2	172	44.2	160	41.1	57	14.7
台湾 170	45	26.5	94	55.3	31	18.2	135	79.4	22	12.9	13	7.7
合计 1875	288	16.68	1433	73.4	154	9.36	1263	68.8	411	20.8	201	10.4

在私密场合和在公共场合，被调查者使用语言的情况是有差别的。73.4%的被调查者在私密场合习惯用方言，其中潮汕点比例最高；68.8%的被调查者在公共场合习惯用普通话，其中厦门点比例最高。各地公共场合使用普通话的比例明显大于方言，而在私密场合使用方言的比例明显大于普通话。双语现象已形成。

2.3　对以方言为载体的文学艺术的感受

被调查者对闽南话艺术形式熟悉情况的回答总体趋势一致，但数据较复杂。

表 4　五地被调查者对闽南话艺术形式熟悉情况

地点/人数 调查题目		泉州 527		漳州 440		厦门 411		潮汕 410		台湾 177	
		人数	占比	人数	占比	人数	占比	人数	占比	人数	占比
熟悉几种闽南话戏种	1 种	196	37.2	268	60.9	218	53	278	67.8	101	57.1
	2 种	135	25.6	88	20	92	22.4	78	19	38	21.5
	3 种以上	106	20.1	32	7.3	54	13.1	13	3.2	2	1.1
合计		437	82.9	388	88.2	364	88.5	369	90	141	79.7

(续表)

会唱闽南话歌曲吗	会唱	129	24.5	146	33.2	145	35.3	47	11.7	70	39.5
	会一点	285	54.1	206	46.8	197	47.9	197	48	72	40.7
	不唱	99	18.8	58	13.2	58	14.1	143	34.9	27	15.3
	合计	513	97.4	410	93.2	400	97.3	387	94.4	169	95.5
喜欢听或看方言电台、电视台吗	喜欢	157	29.8	135	30.7	108	26.3	120	29.3	47	26.6
	不喜欢	109	20.7	98	22.3	92	22.4	74	18	22	12.4
	偶尔听或看	245	46.5	171	38.9	202	49.1	197	48	91	51.4
	合计	511	97	404	91.9	402	97.8	391	95.3	160	90.4

闽南话地区的戏种有高甲戏、梨园、木偶、歌仔戏等,被调查者大多熟悉自己方言区的1种剧种,熟悉3种或3种以上的不多,其中泉州熟悉3种以上的比例最高。有部分被调查者对闽南剧种不熟悉。

各地被调查者中,有相当部分能唱或能唱一点闽南话歌曲,但不同地区不同层面也有差别。其中台湾的学生会唱的比例最高;在企事业单位中,漳州、厦门和台湾的被调查者会唱的比例较高,且三地相差不多;公共场所的调查显示,台湾的被调查者会唱的比例最高,而潮汕最低,潮汕不会唱的比例最高。

在对闽南话电台或电视台节目的态度调查中发现,被调查者还是喜欢听或看闽南话的电台或电视台节目,但经常看的不多。

调查显示,各地被调查者对以闽南话为载体的语言艺术(如闽南话歌曲、歌谣等)感情色彩还挺浓,都会有一定的了解,但不同地方存在较大的区别。学生对歌谣和谚语的熟悉程度最低。因为他们了解歌谣和谚语的途径是家庭和社会。

2.4 不同地区被调查者对学习闽南话必要性的认识

下表显示被调查者对自己或自己的孩子是否需要学习和传承闽

南话的看法。

表5 五地被调查者对学习闽南话必要性的认识

认识 地点/人数	需要		无所谓		不需要	
	人数	占比	人数	占比	人数	占比
泉州 527	448	85	56	10.6	23	4.4
漳州 436	315	72.2	67	15.4	54	12.4
厦门 411	339	82.5	59	14.4	13	3.2
潮汕 410	318	77.6	60	14.6	32	7.8
台湾 177	127	71.8	44	24.9	6	3.4
合计 1961	1547	77.82	286	15.78	128	6.24

在公共场所调查中,漳州点有4人没回答该问题。此项目有效表为1961。其中有1547人认为需要学习闽南话,占78.7%。泉州点认为需要的占85%,比例最高;其次是厦门、潮汕、漳州和台湾。有128人认为不需要学习,占6.5%;其中漳州比例最高,占12.4%;其次是潮汕、泉州、台湾和厦门。

2.5 不同年龄段被调查者闽南话的使用能力

年龄的不同对于闽南话使用能力的掌握也有一定差异。详见下表。

表6 不同年龄段被调查者闽南话的使用能力

年龄 能力/人数		10岁以下 232人	10—20岁 427人	20—40岁 858人	40岁以上 447人	合计1964人
准确	人数	127	250	676	414	1467
	占比	54.7	58.5	78.8	92.6	71.15
具有一定能力	人数	91	175	180	33	479
	占比	39.2	41	21	7.4	27.15
不会听说	人数	14	2	2	0	18
	占比	6	0.5	0.2	0	1.68

从上表可看出,所有被调查者中只有0.9%不具有闽南话的使用能力,10岁以下的闽南话使用能力较弱,40岁以上的使用能力最强。各地不同年龄段的被调查者闽南话能力存在一定的差异。40岁以上的被调查者没出现不会听说的。

调查中我们还发现,台南人的闽南话使用能力相对较强,而台北人相对较弱。在74位台南人中,准确流利的63人,占85.1%,在32位台北人中,准确流利的16人,占50%。台南的被调查者中准确流利的学生占66.7%,企事业单位占90%,公共场所占84.2%。台北的被调查者中准确流利的学生占23%,企事业单位占85.7%,公共场所占58.3%。如下表：

表7 台南、台北被调查者闽南话的使用能力

地点/程度	对象/人数	学生 （台南6＋台北13）		企事业单位 （台南30＋台北7）		公共场所 （台南38＋台北12）	
		人数	占比	人数	占比	人数	占比
台南74人	准确流利	4	66.7	27	90	32	84.2
	不会听说	0	0	0	0	0	0
台北32人	准确流利	3	23	6	85.7	7	58.3
	不会听说	1	7.7	0	0	0	0

3. 获得的启示

3.1 闽南话使用现状的变化

这次对两岸闽南话区进行的闽南话语言生活调查,使我们掌握了许多第一手资料。在分析这些材料时,我们觉得以下几个方面值得引起重视。

调查结果告诉我们,闽南话传承的外部环境正在悄悄地发生变

化,许多传统基本词汇逐渐消失,直译普通话的现象逐渐明显。作为强势方言,闽南话不会那么容易消失,但会随着闽南社会的发展而变化,会随着普通话的交融而有所改变(例如产生新的文白异读)。

方言作为族群的标记,还是区域社会沟通的重要工具。近年来政府主持的电台、电视台开播闽南话频道,把闽南话纳入学校的乡土教材中,组织开展以闽南话为载体的文化竞赛活动和文艺表演活动,给了民众传承闽南话必要性的信号,是闽南文化生态保护最具体的举措。

3.2 闽南地区双言生活的思考

通过调查,我们对两岸语言生活的未来问题也获得一些启示。

一是要充分认识语言生存与选择受着四个因素制约。其一,政治军事问题。例如汉语的推普活动有力地提升了普通话的通行水平。当然,这种强制因素还包括军事因素的影响。这方面的实例很多,如1895年后日本殖民台湾50年的强制皇民化和日语推广。其二,民族(或族群)意志问题。这主要体现为语言是文化的载体,是民族的外在特征上。一个民族(或一个族群)要延续、发展自己的文化,就一定首先要保护好记录和传播文化的语言。其三,民众意志问题。在一个相对的空间(社会)中,人们会倾向选择主流群体流行的用语作为交际语。这是一种趋强心态。他们会受到竞争性语言的使用群体的文化先进性和族群人口多寡的影响。其四,利益意愿问题。语言的选择总是会受到经济因素的影响,国家或民族的经济实力对语言选择具有导向作用。例如,职称外语的考试,大众选择英语,这与英语世界当下处于领先地位有千丝万缕的关系。

二是要充分认识语言是识别族群的外在标记。我曾经在《闽南文化:闽南族群的精神家园》[①]中说:"如果说文化是一棵大树,那么,

---

① 林华东《闽南文化:闽南族群的精神家园》第200页,厦门大学出版社,2013。

语言就是这棵大树的皮。树没皮不能成活;文化失去语言支撑就无以传承。所以,要说民族精神,首先就得从语言说起;要谈民族情缘,一定得从语言入手。汉语方言是地域文化的重要载体,具有鲜明的文化特色和浓烈的乡音亲情。对语言的认同,体现着民系族群的认同和寻根思想。文化与语言最为密切。语言的变化与消亡,意味着文化的变化与消亡。因此,考察语言的状况,是研究文化嬗变的一个很好的切入点。"

三是要充分认识语言会随着时代的发展和生活的融合而发生变化。从外部环境看,城镇化的推进和"地球村"的到来,为语言创造了大融合的机遇。从内部传承看,过去传统的"祖孙"之间的隔代交流,已被今天的"父子"交流所取代,母语的语言本色受到全面冲击。从我们国家的大局看,推普是经济发展、大众交流、文化传承的需要。双语甚至多语交融会推进语言的发展,弱势方言将进一步弱化。构建方言区语言的和谐生活,既是构建和谐社会的题中之义,也应是弘扬中华民族文化的题中之义。当前,两岸语言差异随着交流的深入也已凸显。这个问题将会依靠两岸的进一步交往和社会生活的密切联系逐渐解决。社会和经济、文化的需求将给出语言选择和发展的导向。

两岸交流视域中的厦漳泉闽南话[*]

林晓峰　吴晓芳

（闽南师范大学闽南文化研究院）

【摘要】　本文分三部分:厦漳泉闽南话与台湾闽南话的关系、保护闽南话的新认识及闽南话的现状与对策。提出以下几个观点:1.从社区概念的角度给闽南话分区,分为五个区:厦漳泉闽南话核心区、大陆闽南话非核心区、台湾地区、东南亚地区、其他境外地区。共时状态下,它们与闽南话是一种本体与变体的关系。2.共时状态下,厦漳泉闽南话与台湾闽南话是两个平行的变体。3.从两岸交流的视域看,厦漳泉闽南话不仅肩负着扩大文化交流,构建和平统一的文化基础的重任,更在于肩负着主导闽南文化话语权的重任。4.厦漳泉闽南话流失严重。5.保护闽南话就是保护推广闽南文化。6.保护闽南话的措施:a.规划闽南话的定位与功能;b.培养双语儿童;c.把学校的闽南话教育定位在推广闽南文化的概念里。

【关键词】　厦漳泉闽南话;两岸交流;闽南文化;调查

---

[*] 本文得到 2015 年度"闽南师范大学选派教师赴国(境)外研修项目"的资助。

0. 缘起

2007年国家在厦漳泉地区设立国家级"闽南文化生态保护区",保护区覆盖厦漳泉所属行政区域。设立保护区的意义在于:"保护、传承和发展闽南文化,维护文化多样性","落实科学发展观,促进闽南地区全面协调可持续发展","加强两岸文化交流,维护两岸关系和平发展,推进祖国和平统一"。2014年4月"闽南文化生态保护区总体规划"经文化部同意实施。保护区主要非物质文化遗产代表性项目如闽南童谣、灯谜、锦歌、漳州南词、东山歌册、答嘴鼓、厦门方言说古及传统音乐、传统戏剧等都离不开闽南话。但在诸多保护对象中,没有看到"闽南话"。众所周知,语言是文化的基石。这引起了我们的思考:在两岸交流日益频繁的今天,在国家推广通用语言文字的语言政策下,应如何科学保护闽南话?

1. 共时状态中的两个语言变体:厦漳泉闽南话与台湾闽南话的关系

1.1 闽南话区的划分

闽南话是汉语的一个重要次方言,它源于古汉语,是上古、中古前期和南北朝等时期移民南下的中原汉人所说的汉语与福建土著语言相融合,于唐宋年间在厦漳泉地区逐渐形成并定型的汉语方言。之后,闽南话跟随移民流播到我国潮汕、浙南、海南、台湾及东南亚等地区,是一个跨地区、跨省界、走出国门的汉语方言。初步估计,现在全球说闽南话的人口有六千万人以上。语言学家从当今世界上大约二千五百种语言中选中了闽南话作为"地球之音"的代表之一,可见其古老和代表性。

典型的闽南话区包括厦门、漳州、泉州、台湾、龙岩、潮汕、浙南。海南、雷州等地的闽南话由于语言接触等原因,在语音、词汇、语法方面有了较大的变化,学界仍把它归属于闽南话。厦门、漳州、泉州三地是闽南话的发源地。在"闽南文化生态保护区"这个概念中,厦门、漳州、泉州三地被称为闽南话核心区。比照《全球华语词典》对社区华语的分类,我们把闽南话分为五个社区:厦漳泉闽南话核心区、大陆闽南话非核心区、台湾地区、东南亚地区、其他境外地区。

1.2 历时:厦漳泉闽南话与台湾闽南话是源流关系

台湾早期移民大多来自漳州、泉州,特别是明清以来,漳州人、泉州人因海上商贸和军事活动大量移民台湾,将闽南话传播到台湾[①]。闽南话在台湾经过了三百多年的发展演变,形成了有别于祖地的特色。

语音上,漳州音与泉州音互相移借、渗透,并形成了一种"不漳不泉"的台湾音。大陆学者张振兴(1997)指出:在地理分布上,北部台北、基隆和鹿港、淡水一带,南部高雄至恒春沿海一线主要同行泉州腔;中部嘉义、南投一带和东北部宜兰、罗东苏澳等地主要同行漳州腔;而西部台南、台中以及东部新城、花莲一带,漳泉腔交错分布的情况则很复杂,经常分不清哪一种是主要的。他把台湾闽南话分为三个次方言:漳州腔、泉州腔、漳泉腔交错。同时,提出:漳州腔与漳州音[②]、泉州腔与泉州音之间有一种渊源上极其密切的关系,但又不完全一样,所以厦漳泉的闽南话与台湾的闽南话必须加以区分。台湾学者董忠司为了做出区分,把漳州腔称为"内埔腔",泉州腔称为"海口腔","不漳不泉、亦漳亦泉"称为"优势腔"。台湾学者洪惟仁

---

① 具体的传播路线可见周长楫《闽南方言的形成与在台湾的传播》。
② 漳州音、泉州音指福建漳州、泉州的读音。

(1992)的调查资料支持张振兴观点:台湾汉语方言有闽南话和客家话两种,尤其是闽南话,不仅有原乡的次方言,如泉州腔、漳州腔、厦门腔,更有来台后形成的"漳泉混合区"。

词汇上,台湾社会独特的历史背景,使得台湾闽南话吸收了许多外来语,如早期的平埔族语、荷兰话、日语、英语等。这些外来语丰富了台湾闽南话的词汇,使其成为具有台湾特色的台湾闽南话。在台湾,闽南话又称"河洛话""鹤佬话""河佬话""holo话""台湾话"。"台湾话"广义上指台湾人平时使用的各种语言,包括闽南话、客家话、原住民语、甚至台湾普通话,狭义上指闽南话。在台湾,通常意义上,"台湾话""闽南话"指台湾闽南话。(洪惟仁 1992)

大陆学者周长楫(2006)也把厦漳泉的闽南话与台湾的闽南话做比较,指出台湾闽南话内部的区别主要是对应于闽南一带泉州腔和漳州腔的区别,方言的分布由先前的有分界到现在由于混居,不同地区方言在语音、词汇方面相互交流、渗透和融合,呈现出"漳泉厦滥"的现象;台湾闽南话的语音系统,基本上跟福建的闽南话的语音系统

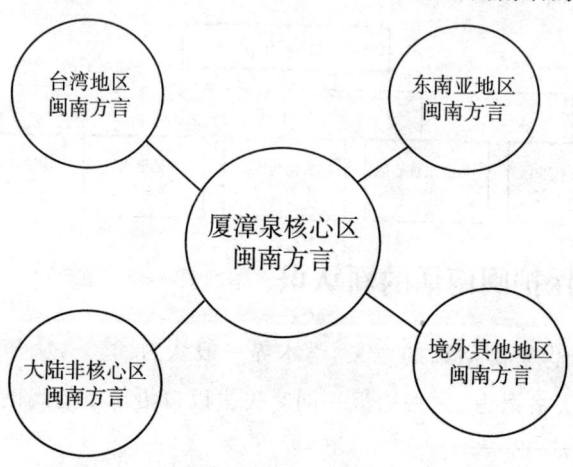

是相同的；台湾闽南话的特征词，90％左右跟厦门、漳州、泉州三地闽南话的词语相同。两地学者的调查研究证实了厦漳泉闽南话与台湾闽南话的源流关系和台湾闽南话的演变发展情况。如上页图所示。

1.3 共时：厦漳泉闽南话与台湾闽南话是彼此平行的方言变体

现在，对现代汉语本体构成有一种新认识："民族共同语和地域方言都是语言的使用变体"。①

我们认为，现代汉民族共同语是一种"本——变体"的共时状态，大陆普通话和台湾国语应是汉民族共同语下位的两个同层次的变体（二者不仅是名称上的差异）。我们把这样一种构成叫作"一语两话"或"一语两体"（两种变体）。（李行健、仇志群 2014：8）

根据李宇明的汉语层级理论，比照李行健、仇志群（2014）对大陆普通话和台湾国语关系的定位，在新的语言规划理念下，我们也提出：在历时状态下，厦漳泉闽南话是源，其他社区的闽南话是流。在共时状态下，厦漳泉闽南话与其他社区的闽南话是各自平行的语言变体。如图所示：

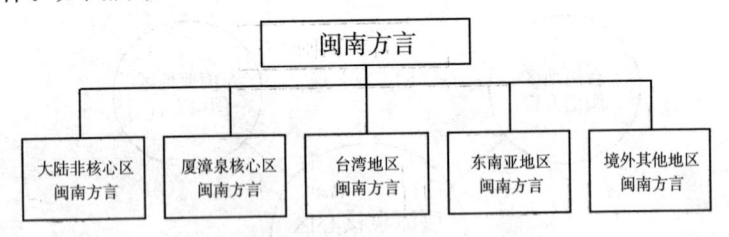

```
                    闽南方言
   ┌──────┬──────┬──────┬──────┬──────┐
大陆非核心区 厦漳泉核心区 台湾地区 东南亚地区 境外其他地区
 闽南方言   闽南方言    闽南方言  闽南方言   闽南方言
```

2. 保护闽南话的新认识

对于保护闽南话的意义，学术界一般认为：其一，从知识保存的角度看，失去语言，失去知识。同时失去以口语传承的闽南文化表现

---

① 李宇明《汉语层级》，《IACL22-NACCL26 PROGRAM》大会主题报告。

形式,如歌谣、笑话、谜语等。闽南话是古汉语的活化石,"闽南话保留的古汉语字、词、句与中原古文化关系十分密切,这些古汉语活化石有利于闽南地区传统文化的保留和传承"。(林宝卿 2014)其二,从闽南话的形成与流播史上看,闽南话是一个跨出省界、走出国门、走向世界的汉语方言,全世界使用人口有六千多万人,是联系全世界闽南人、促进闽南文化交流的纽带。其三,从两岸关系上看,"对于加强两岸文化交流,维护两岸关系和平发展,推进祖国和平统一,具有重要作用"[①]。我们认为:

第一,从保护母语的角度看,保护母语是民族的天职。"母语是文化纵向传承的基本渠道,是个人文化归属的身份证。正因如此,热爱母语,守望母语为民族之圣人、个人之天职"。(李宇明 2014)

第二,从语言与文化的关系上看,保护闽南话就是保护推广闽南文化。语言与文化紧密相连,闽南话在认知和情感层面上,最能贴切地表达和诠释闽南文化。语言是文化的载体,闽南话蕴含着闽南人的文化基因、民族记忆和知识智慧,闽南话与闽南文化相伴而生、共同发展。正是由于闽南话的存在,才使得闽南文化得以继承、传播和发展,失去了闽南话也就极大地失去了表达、传播、诠释闽南文化的能力。

第三,从两岸关系上看,失去闽南话也就失去了主导闽南文化的话语权。厦漳泉闽南话不仅肩负着扩大文化交流,构建和平统一的文化基础的重任,还肩负着主导闽南文化话语权的重任。失去闽南话不仅仅是失去表达、传播、诠释闽南文化的能力,同时也失去主导

---

① 闽南文化生态保护区总体规划:http://www.fujian.gov.cn/zwgk/ghxx/zxgh/201405/t20140513_739205.htm。

闽南文化的话语权。台湾有2300万人口,其中1700万闽南人,厦漳泉的闽南话在流失,并不意味着台湾的闽南话也在流失,或者说,有相同程度的流失。台湾在30年前就启动了方言母语保护,台湾政治解严后,兴起了一股重振失落母语、维护族群母语文化风潮,1990年母语教育首先在民进党执政的县市实施。同年,台湾教育主管部门函示:政府对各地方言并未禁止;小学教师应使用国语教学,方言可利用课外时间学习。由此开始,方言教学从利用课外时间到利用乡土教学活动和团体活动时间(1993年),从非课程到纳入正式课程(1998年),从选修课到列为必修课(2000年)。中小学中将乡土语言教育课程列为必修课虽只是短短一节课,却将闽南话文的重要性大幅度提高,许多大学也纷纷成立闽南话文相关系所。闽南话的活动能力从2014年的台湾地方公职人员选举中也可看出。我们看到,这些参选的政治精英,有相当一部分选用闽南话歌曲作为选战歌曲,16个获选的县市长其获选感言有相当一部分人用闽南话演讲。

  一边是方言萎缩,一边是方言扩张(几近通语或准通语的地位),几代人之后,可以想见,闽南话的核心区将移到台湾,闽南文化的主导权极有可能翻转,闽南文化的核心价值观将由台湾定义,闽南话将"顺理成章"地被称为"台湾话"。"闽南话"与"台湾话"表面上是名称的改变,是语言问题,实则是"国家认同"与"台湾认同"之争。一些政治"台独"往往以命名为突破口,寻找语言政策的变化,行使其"台独"之实。

3. 闽南话的现状与对策

3.1 2015年漳州市实验小学二年级学生的语言能力、语言使用情况调查

  在国家推广普通话的语言政策下,闽南话地区形成了"双言双

语"现象，普通话和方言"共存共享"，闽南话仍在社会交际和闽南文化的保存、传承等方面，发挥着十分重要的作用。不为人注意的是，在轰轰烈烈开展闽南文化保护推广的厦漳泉主城区，一个较少参与当下社会生活，却是未来社会主人的群体——中小学生，在各种场合几乎不讲或很少讲闽南话——他们中的大部分人不会讲闽南话。以漳州芗城区为例，初步调查显示：漳州城区大部分中小学生最先学会的语言是普通话，大部分人听不懂闽南话，不会讲闽南话。孩子跟闽南籍父母讲普通话，闽南籍父母跟孩子也讲普通话，家庭语言为普通话。孩子、家长对闽南话是否流失漠不关心，家长不会有意识地传承闽南话。问卷调查报告如下。

发放问卷126份，回收126份，有效问卷126份，有些学生题目填答不完整，我们以题目计算，不影响问卷的有效性。

3.1.1 闽南话世代传承情况

假设1：母亲的母语与下一代人的母语显著相关。

祖母——"父亲"，外祖母——"母亲"，"母亲"——受访人

说明：在95%的显著水平下，使用Spearman相关性检验。

表1 "最先学会语言"的Spearman相关性检验

Spearman检验	父亲	母亲	祖父	祖母	外祖父	外祖母
自己	.011 (.904)	.074 (.428)	−.075 (.468)	−.154 (.126)	−.053 (.608)	−.115 (.264)
父亲		.577 (.000)	.552 (.000)	.555 (.000)	.318 (.000)	.301 (.000)
母亲			.139 (.179)	.031 (.761)	.596 (.000)	.372 (.000)
祖父				.920 (.000)		

(续表)

祖母							
外祖父							.644 (.000)
外祖母							

注:( )内为相应伴随概率

可以发现:(1)自己(受访人)"最先学会的语言"与父母亲"最先学会的语言"没有显著相关,与祖父母先学会语言没有显著相关,也与外祖父母先学会语言没有显著相关,表明父辈和祖辈的母语背景对受访人"最先学会语言"都没有产生显著影响;(2)祖父母、外祖父母"最先学会的语言"和儿女"最先学会的语言"显著相关,表明祖辈的母语背景对下一辈最先学会语言产生显著影响。

3.1.2 受访人家庭场域语言使用情况

假设2:不同家庭语言背景的受访人在家庭场域使用的语言有显著差异。

家庭语言背景分为三类:父母双方的族语都是闽南话;父母至少一方的族语是闽南话;父母双方族语都不是闽南话。

表2 单因素方差分析

因变量		平方和	df	均方	F	显著性
您跟父亲交谈使用的语言	组间	.546	2	.273	1.913	.152
	组内	15.976	112	.143		
	总数	16.522	114			
您跟母亲交谈使用的语言	组间	.372	2	.186	1.204	.304
	组内	17.456	113	.154		
	总数	17.828	115			

(续表)

您跟祖父交谈使用的语言	组间	.360	2	.180	.714	.492
	组内	24.934	99	.252		
	总数	25.294	101			
您跟祖母交谈使用的语言	组间	.582	2	.291	1.103	.336
	组内	26.639	101	.264		
	总数	27.221	103			
您跟同辈交谈使用的语言	组间	.091	2	.046	.690	.504
	组内	7.347	111	.066		
	总数	7.439	113			
您跟下辈交谈使用的语言	组间	1.153	2	.576	4.989	.009
	组内	11.436	99	.116		
	总数	1.153	2	.576		

说明：在95％的显著水平下，不同类型群体的受访人在跟家庭成员交谈时使用语言方面的单因素方差分析得到的结论：三种家庭语言背景的受访人在家庭场域使用的语言没有区别。

3.1.3 受访人语言能力

假设3：各类群体中父母亲受教育程度与受试人闽南话能力有显著关联。

说明：在95％的显著水平下，使用Spearman相关性检验，

表3 语言能力的Spearman相关性检验

Spearman检验	父亲教育	母亲教育
第一类中自己使用语言	.147(.212)	−.014(.907)
第二类中自己使用语言	.157(.463)	−.065(.763)
第三类中自己使用语言	−.335(.174)	−.414(.087)

注：( )内为相应伴随概率

可以发现:(1)各类群体的受访人使用语言能力与父亲的受教育程度没有显著正相关,表明父亲受教育程度不能对受访人使用语言能力产生显著的正向影响,即不支持"父亲受教育程度越高,受访人更倾向于使用闽南话"的观点;(2)各类群体的受访人使用语言能力与母亲的受教育程度不存在显著负相关,表明母亲受教育程度不能对小孩使用语言能力产生影响显著的负向影响,即不支持"母亲受教育程度越高,受访人更倾向于使用闽南话"的观点。

3.2 分析与结论:在厦漳泉主城区闽南话代际传承明确危险,闽南话处于濒危状态

经过分析,我们得出结论:闽南话代际传承明确危险。综合其他因素,闽南话处于濒危状态。

3.2.1 代际之间的语言传承上,明确危险——大体上是父母一代(含)以上的人使用

95%的祖父母、外祖父母将闽南话传承给儿女,而95%的父母不将闽南话传承给儿女(受访人)。不论父母的教育背景和父母的语言背景如何,父母都无意将闽南话传承给下一代,95%的受访人最先学会的语言是普通话。在95%的显著水平下,使用Spearman相关性检验,可以发现:不支持"父亲母亲受教育程度越高,受访人更倾向于使用闽南话"的观点,这说明30—45岁的闽南话族知识精英没有较一般人更强烈的族群意识。

3.2.2 家庭语言使用情况:父母都是闽南话族的家庭在家庭生活中也基本不使用闽南话

一般广为接受的多语言社会的语言场域包括:家庭、学校、社会、宗教、朋友间等五个场域。家庭场域是使用母语的场域,在本案中,学校、朋友、校外、宗教场合全部使用普通话,原本应使用闽南话的场域——家庭也被普通话取代,说明普通话强势扩散,闽南话正在转移。95%的情况是,不同家庭语言背景的受访人在家庭场域中不使用闽南话,即父母都是闽南话族的家庭在家庭生活中也不使用闽南话。这与上文(1)的数据互相印证。语言的转移表示该语言活力正在萎缩,而95%家庭语言不是闽南话,说明了在闽南话核心区的主城区,闽南话明确危险。

联合国教科文组织文件《语言活力与语言濒危》(*Language Vitality and Endangerment*)中列出语言活力与语言濒危的九个衡量因素,即:A.代际之间的语言传承;B.使用一种语言的绝对人口;C.总人口中使用该语言的比例;D.现存语言使用领域的趋势;E.新领域和媒体的回应;F.用于语言教育和学习材料的数量;G.政府对语言的态度与政策;H.社群成员对自己语言的态度;I.语言相关典藏的数量与质量。其中,A—F评估闽南话的活力与所面对的威胁。G—H评估语言态度。I评估语言典藏的急迫性。

这九个衡量因素从5到0分出六个濒危程度等级,对照之下,我们得出结论,闽南话的活动能力相当低,其前景堪忧。闽南话处于濒危状态。

3.3 对策:适度推广闽南话

3.3.1 根据国家的语言政策和两岸关系方针,规划闽南话的地位和作用

2013年发布的《国家中长期语言文字事业改革和发展规划纲要(2012—2020年)》(下文简称"纲要")提到国家的语言政策是:"大力推广国家通用语言文字","规范使用国家通用语言文字","科学保护各民族语言文字","构建和谐语言生活……科学规划各种语言文字的定位和功能,妥善处理语言生活中的新情况新问题"。

党的十八大报告中提到两岸关系方针是:"推进两岸关系和平发展、促进两岸和平统一","巩固和深化两岸关系和平发展的政治、经济、文化、社会基础,为和平统一创造更充分的条件",而进一步巩固和深化两岸关系和平发展的途径就是:"深化经济合作,厚植共同利益;扩大文化交流,增强民族认同;密切人民往来,融洽同胞感情;促进平等协商,加强制度建设"。

所以目前要做的是,规划闽南话的定位和功能。努力落实"纲要"和十八大精神,把闽南话规划和推广闽南文化紧密结合起来,营造和平统一的文化基础。

3.3.2 在"闽南文化生态保护区",设立若干个闽南话研究机构

2015年4月3日在福建省语委官方网站上有这么一条消息:福建方言被列入"中国语言资源保护工程"[①]。为什么需要保护?无外乎两个原因,一是因为珍贵,二是因为状态不好,这印证了我们所做的调查:厦漳泉闽南话处于濒危状态。那么如何保护呢?从哪些方面保护呢?联合国教科文组织发表的《语言活力与语言濒危》的声明中提到[②]:

增进濒危语言活力的迫切要求,包括了语言典藏、新语言材料、训练有素的本土语言学家和语言教师、新政策的推动、民众意识的提升,以及各个不同层面的支持:从个别语言专家到民间组织,从各地政府到联合国教科文组织等国际机构。语言的存亡,最终取决于社群的成员,而非局外人所能左右。只有社群成员才能作是否与如何复兴、维持与强化自己的语言的抉择。

---

① www.fjyywz.gov.cn。
② 转引自何大安:《语言活力通说》,载《语言政策的多元文化思考》2007年第1期。

语言保护牵涉面广,所以,我们建议在闽南文化核心区设立闽南话研究机构,为保护推广闽南话提供保障。

(1) 推动闽南话规划、闽南话使用情况调查、闽南话活动能力评估、闽南话典籍、语料库建设等工作。

(2) 统筹协调各方力量,政府主导、社会参与,提升民众使用母语的意识和水平,营造和谐语言生活环境。如鼓励家庭母语传承,在家庭生活中学习和使用闽南话;荣耀闽南话的历史和在保护闽南文化推进两岸和平统一的作用,把家庭社区建设成为保护闽南话的重要基地。有句闽南话俗语"树头顾乎在,母惊树尾做风台",家庭就是我们的"树头",闽南话一旦成了家庭的第一语言,加上又有这样庞大的人口基数,闽南话就不会是濒危语言。当然,这个过程需要有相当多的措施,需要克服普通话的同化压力。

(3) 奖励支持闽南话基础研究、奖励支持提升闽南话能力的各项研究及活动,彰显闽南文化的生机活力。把《闽南文化生态保护区规划纲要》中提及的各种保护方法应用于闽南话上。

3.3.3 闽南话教育进入学校教育体系,在幼儿园、小学培养双语(普通话+闽南话)儿童,科学保护闽南话

(1) 重视母语教育是当前语言教育的趋势。早在 1953 年,联合国教科文组织就强调母语教育的重要性。该组织不但建议初期的教育需要使用母语,更建议母语教育在教育体制的使用尽量向后延伸。2003 年联合国教科文组织文件《语言活力与语言濒危》指出,当今世界已到了面临语言健康和活力的新挑战。已到了强调语言与文化多样性的关键时刻。《联合国教科文组织宪章》确立了永久保持语言多样性的基本原则。重视母语教育已成为国际语言教育的趋势。目前国际上幼儿教育课程普遍强调母语教育的重要性。

（2）推广普通话与推广方言不矛盾。相关研究表明：儿童的母语（闽南话）发展是第二语言（普通话）发展的基础，双语现象对儿童的语言与教育发展有正面效果，学校花在方言母语的教学时间，不会妨碍儿童通过学校的强势语言（普通话）进行的学业发展。

（3）闽南话进入学校教育系统，表明了官方、公共政策或舆论的正面支持。父母对母语的态度深受政府的语言政策的影响。在上文提及的调查中，在95％显著水平下父母没有传承闽南话的意愿，这与单语政策有很大关系。

现在，国家在推广通用语言文字的同时，也"构建和谐语言社会"，而"比照和谐社会构建的理论框架，和谐语言生活最主要的特征应是语言多样、语言观多样，以及不同语言之间的良好的关系协调机制的建立"。（李行健、仇志群 2014）所以，在国家新的语言规划理论下，我们建议，在幼儿园、小学培养双语（普通话＋闽南话）儿童。

闽南话进入校园后，面临的是教学大纲、教材、师资、教法等一系列问题，这些都需要组织专家调研。如师资培训，可以从现有的幼儿教师、小学教师中吸收一部分人培训，成为合格的闽南话教师。也可在厦漳泉有条件的师范类学前教育、小学教育专业开设闽南话师资班等。

（4）把学校的闽南话教育定位在推广闽南文化的概念里。学校的闽南话教学不仅仅要提高听、说能力，提高母语沟通能力，还要把木偶戏、歌仔戏、讲古、灯谜、歌谣、童谣、答嘴鼓、闽南话歌曲等诸多闽南文化表现形式融进闽南话教学里，以儿童喜闻乐见的方式学习闽南话，在学习闽南话的过程中传授和推广闽南文化，实现闽南话与闽南文化的交融。在这个过程中，学习闽南话与推广闽南文化二者相得益彰、事半功倍。

另外，我们建议制定闽南话等级测试纲要。历史上语言传播成功的主要诱因之一是提供实质的利益，若是小学入学必备闽南话等级证书，必定带动整个厦漳泉地区对闽南话的学习热情。

4. 结语

语言是族群区别标志，三十年来，随着两岸经贸、文化交流的深入，闽南话的沟通与桥梁作用日益凸显。"台湾和海外也有不少同胞操闽南话，通过闽南话沟通台湾和海外同胞的感情，事关民族大业，也应纳入福建语言规划"。（李宇明 2012）我们相信，随着福建自贸区的设立，闽南话在"扩大文化交流，增强民族认同；密切人民往来，融洽同胞感情"[①]中将发挥更大作用，科学保护、利用、研究闽南话具有不可低估的现实和历史意义。

参考文献

[1] 洪惟仁.台湾方言之旅[C].台北：前卫出版社，1992.
[2] 李行健、仇志群."一语两话"：当代汉民族的共同语的共时状态[A].两岸四地现代汉语对比研究新收获[C].北京：语文出版社，2014.
[3] 李宇明.论语言生活的层级[J].语言教学与研究，2012(5).
[4] 李宇明.第二语言的力量[A]."IACL22-NACCL26 PROGRAM"会议论文提要[C].2014.
[5] 李宇明主编.全球华语词典[M].北京：商务印书馆，2010.
[6] 林宝卿.闽南方言是古汉语的活化石[J].闽台文化研究，2014(3).
[7] 张振兴.台湾闽南话纪略[C].台北：文史哲出版社，1997.
[8] 周长楫.闽南话的形成发展及在台湾的使用[C].北京：中国书籍出版社，2009.
[9] 周长楫主编.闽南话大词典[M].福州：福建人民出版社，2006.

---

① 十八大报告。

台湾闽南话使用现状及其相应问题研究*

苏金智

(教育部语言文字应用研究所)

【摘要】 闽南话是汉语的一种重要方言,也是全世界60种主要语言和方言的代表之一。它不仅在福建闽南一带广为使用,也传播到广东的潮汕、广西的柳州、浙江的温州、江苏的宜兴、江西的上饶、海南、台湾以及东南亚等地。全球闽南话的使用人口大约有6000万。本文在研究台湾闽南话的使用现状的基础上,探讨闽南话与国语的相互影响,并从闽南话的书面化、闽南话的教育与学习探讨闽南话地位在台湾的发展变化,最后从海西经济区闽南话的使用现状提出两岸应共同保护闽南话的建议。

【关键词】 台湾;闽南话;使用现状;书面化;教育与学习;保护

1. 引言

闽南话是汉语的一种重要方言,也是全世界60种主要语言和方

---

* 本研究得到国家语委"十二五"科研规划2012年委托项目"海西经济区语言文字使用情况调查"(项目编号:WT125-18)的资助。

言的代表之一。它不仅在福建闽南一带广为使用,也传播到广东的潮汕、广西的柳州、浙江的温州、江苏的宜兴、江西的上饶、海南、台湾以及东南亚等地。全球闽南话的使用人口大约有6000万。根据台湾2010年人口普查的统计,台湾的人口为2300万人(曹逢甫2013),人口四大族群为台湾闽南人、客家人、原住民与1949年随国民党从大陆入台的大陆人。根据黄宣范(1993)的估算,四大族群的比例为:台湾闽南人73.3%,大陆人13%,客家人12%,原住民1.7%。闽南人在四大族群中人口数量居首,因此闽南话成为台湾地区最为通用的汉语方言。闽南话在台湾语言生活中占有重要的地位。20世纪80年代以前,台湾的国语推广政策压制方言,闽南话的使用也受到限制。80年代以后,尤其是民进党执政以后,闽南话的使用逐渐成为"文化台独"的话题。乡土语言教育是台湾语言政策的重要部分。在实施这一政策的过程中,同时也进行了闽南话推广的一系列研究。马英九的文化政策也把闽南话的推广作为一项重要的措施。

本文将在研究台湾闽南话的使用现状的基础上,探讨台湾闽南话对台湾国语使用的影响,并从政策层面上研究台湾闽南话对国语在语言政策上所产生的影响和变化,最后提出两岸应共同保护闽南话的建议。

2. 台湾闽南话使用情况

台湾闽南人是由闽南一带从明末开始移民过去的。闽南人从此以后逐渐成为台湾人口的主要部分。1926年的台湾汉族人籍贯数据显示,台湾汉族人主要来自福建和广东,来自福建最多,占82.9%,来自广东的占15.6%。表1中的永春州即现在泉州市的永春县,兴化府即现在的莆田市,嘉应州即现在的梅州市。泉州和漳州的人口占80%,广东的潮州也讲闽南话,讲闽南话的人口总数应是84.1%。表格中的人口数以万为单位。请看下表:

表1 1926年台湾汉族人籍贯人数及比例(%)

州府	泉州府	永春州	漳州府	汀州府	龙岩州	福州府	兴化府	潮州府	嘉应州	惠州府	其他
人口	168.14	2.05	131.95	4.25	1.6	2.72	0.93	13.48	29.69	15.46	4.89
比例	44.8	0.5	35.2	1.1	0.4	0.7	0.2	3.6	7.9	4.1	1.3

2010年台湾人口普查首次调查了语言使用情况,统计结果显示,6岁以上常住人口在家庭中使用语言的比例为:国语83.6%,闽南话81.9%,客家话6.6%,原住民语1.4%。如果从这个数据看,八十多年来台湾人家中讲闽南话在台湾人口中的比例似乎略有减少。根据1997年的一份调查(苏金智2004),台湾以闽南话为母语的大约为75.4%。母语不是闽南话的许多台湾人也能讲闽南话,因此台湾人讲闽南话的总数超过80%是可信的数据。台湾闽南话内部的区别主要对应于闽南一带的泉州腔和漳州腔。泉州腔主要通行于台湾北部的台北、基隆、鹿港和淡水一带,漳州腔则主要通行于中部嘉义、南投以及东北部的宜兰、罗东和苏沃一带。有些地方则难于分清是哪一种口音,如西部台南、台中以及东部新城、花莲一带。

台湾的语言学者曹逢甫(2013)认为,台湾闽南话两大次方言泉州腔和漳州腔的区别逐渐消失,发展出不"不漳不泉,亦漳亦泉"的新兴变体,台湾闽南话正在朝共同化的方向发展。

3. 台湾闽南话对国语的影响以及对语言政策的影响

闽南话在台湾的广泛使用,对台湾国语语音、词汇、语法都产生了不少的影响。顾百里(1985)在《国语在台湾之演变》一书第三章专门研究了闽南话对国语的影响。作者比较系统地从语音、词汇和语法三个方面论述了闽南话对国语的影响。语音方面指出了声母卷舌音念成平舌音,f念成h,n,l不分等方面的问题。韵母方面ü念成i等方面的问题。声调方面主要是上声调念不准,轻声少见。词汇方面作者列举了58个常见的台湾国语来自闽南话的借词,如闽南话的词头"阿"、"煮菜"(做饭)、"鸡母"(母鸡)、"人客"(客人)、"讲笑"(说笑话)、"脚踏车"(自行车)、"锁匙"(钥匙)、"头家"(老板)、"头路"(工作)、"头毛"(头发)、"土豆"(花生)、"小汉"(小个)、"坐马"(骑马)等。

闽南话在句法上对国语的影响作者一共列举了十四点,例如台湾国语"有"与"没有"都可作为助动词,不仅可以表示动作的完成与否,还可以表示某一东西状态的存在与否,但标准国语只有"没有"可以这么用。

20世纪90年代后,大陆不少学者对两岸词语和句法的差异进行了不少研究。

《国语在台湾之演变》第五章为"台湾国语的现状"。作者论述了台湾国语的地位及其使用范围。作者探讨了台湾国语与闽南话混用的情况,特别是发生语言转移的地方和成因。作者做了一个代表性不是很强的语言使用和语言态度的问卷调查,结果显示,几乎所有台湾籍的人都以闽南话作为母语学习。作者预测,闽南话的前途与政治相关。如果分离现状持续下去,台湾的闽南话和台湾国语将逐步靠拢,同时与大陆的厦门方言和普通话差异愈来愈大。不过作者最后说,闽南话只限于家庭和较为亲密的人之间使用,国语的地位在不断增强。

在顾氏著作面世不到十年,台湾社会发生了较大的变化,方言的使用出现反弹。闽南话的地位因此上升,甚至可以说闽南话与国语相比较而言略占优势（姜莉芳、熊南京 2012）。20 年后，学者姜莉芳、熊南京（2012）对台湾语言使用和语言态度的调查结果显示，闽南话虽与国语都是强势语言，但国语的优势远远大于闽南话。

二十多年来，台湾有关部门在闽南话的书面化、闽南话的教育与学习、闽南话的测试等方面做了大量工作，因此在某种程度上提高了闽南话的地位。

4. 台湾闽南话的书面化

台湾闽南话的书面化主要是规定闽南话用字和编纂相关词典。

方言用字，尤其是所谓本字问题，一直是困扰方言研究者的难题。闽南话的用字是书面化需要解决的。台湾原国语推行委员会和教育主管部门组织相关学者对闽南话的用字进行了研究，并通过行政手段规定了闽南话用字，以便运用于教学和测试。1995 年至 2003 年国语推行委员会委托多位学者进行"闽南话本字研究计划"，其成果为《闽南话字汇》八册。2001 年至 2004 年又组织编纂了《台湾闽南话常用辞典》。2003 年时任国语推行委员会主任委员的郑良伟主持了"台湾整理闽南话基本字词工作计划小组"的工作。台湾教育主管部门 2009 年 10 月公布"台湾闽南话推荐用字 700 字表"，2014 年 12 月又进行了修正。根据公布这些用字相关部门的介绍，这 700 字包含了本字、训用字、借音字和闽台地区的自创字。

"本字"指台湾传统闽南话文所用的传统汉字，如"山""水""箸（筷子）""才调（本事）""沃（浇）"等。另外，在闽台广泛使用的一些方言字，也视同"本字"，如"囝（小孩）""粿（一种米制食品）"等字。

"训用字"指借用传统汉字的意义，但读为闽南话读音的那些字，如"穿衫"（穿衣服）的"穿""仔""无""瘦""戆""会"等字字表制定者认为不是本字,是训用字。

"借音字"指借用汉字的音或相近的音来表示闽南话的字,如"嘛(也)""佳哉(幸亏)""膨(鼓起)"等字。

这些字词大多是日常用字和词汇,每个字词都有标音、对应的国语字词,并举例,还标出又音和异用字或异形词。

5. 台湾闽南话的教育与学习

为了方便进行闽南话的教育和学习,台湾教育主管部门主要做了以下四项工作:一是创制拼音系统,编写拼音系统使用手册;二是制定课程纲要;三是在一些大学里设立专门教学科研机构;四是组织测试和水平认定。

台湾教育主管部门于 2006 年 10 月 14 日公布"台湾闽南话罗马字拼音方案",于 2008 年出台《台湾闽南话罗马字拼音方案使用手册》。该手册分为两大部分,第一部分介绍台湾闽南话的声母符号、韵母基本符号和声调排序与标记位置。第二部分包括台湾闽南话的音节结构、声韵调使用说明、罗马字标记原则和连字符使用的基本原则。手册的公布,有利于教学和学习。

台湾教育主管部门《中小学九年一贯制课程纲要语文学习领域(闽南话)》对小学一年级到初中三年级学生的闽南话各种语言能力进行了规定。课纲共有五大部分:基本理念、课程目标、分段能力指标、分段能力指标与十大基本能力之关系、实施要点。课纲第三部分把语言能力指标规定为五类:聆听能力;说话能力;标音能力;阅读能力;写作能力。课纲对这五种能力还进行了详细分解,并提出了具体要求。课纲第四部分把五种能力指标与十大基本能力分阶段说明。十大基本能力是:(一)了解自我与发展潜能;(二)欣赏、表现与创新;

(三)生活规划与终身学习;(四)表达、沟通与分享;(五)尊重、关怀与团队合作;(六)文化学习与国际了解;(七)规划、组织与实践;(八)运用科技与资讯;(九)主动探索与研究;(十)独立思考与解决问题。课纲把 9 个年级分成四个阶段:第一阶段(1—2 年级);第二阶段(3—4 年级);第三阶段(5—6 年级);第四阶段(7—9 年级)。课纲在第五部分实施要点中规定了教材的编选原则、教学方法的建议和教学评量的方法等相关问题。

  台湾有些大学设立台湾语文学系,如台湾师范大学、台中教育大学、莲花教育大学等,目的是培养台湾语文传播与教育人才。联合大学则直接叫"台湾语文与传播学系"。这些大学中台中教育大学在闽南话的语言教育方面做得更加突出。该系在网页上说,该系虽不是唯一的闽南话系,但却是第一个台湾语文师资培育专业学系。语言教育以闽南话为主,并以闽南话为主要教学语言。在客家话、英语、日语的教学过程中教学语言也是闽南话。学生毕业后要求闽南话达到中高级水平,客家话达到初级水平,英语达到中级水平,日语达到五级水平。下面看一下该系的大学二年级课纲和大学四年级课纲部分内容。

  大二课纲

  语言文学组必选:汉语语音与音韵、台湾语言文献

  艺术文化组必选:网页制作与闽南话资料库、歌仔戏表演实务、闽南话口语传播、客家文化、布袋戏表演实务

  一般修养学群选修:台湾意像木工设计与制作、台湾意像陶瓷设计与制作、台湾原住民族及其历史、台英语文对译、中级日语

  大四课纲

  语言文学组必选:字形与字源、闽南话词汇与语意、闽南话修

辞学

艺术文化组必选：台湾戏剧与电影

一般修养学群选修：闽南话教材编写、台湾乡土教材编写、台湾原住民艺术、台湾地名与地理

为推广闽南话，台湾教育主管部门鼓励全民学习闽南话，并从2010年起开办闽南话的认证考试。认证考试将近六年，据统计已有超过一万人报名参加认证考试。年龄最小的是小学三年级学生，最大的是85岁的老人。

该考试分为笔试与口试两大部分，笔试部分为阅读、听力和书写三部分；口试部分采用录音方式进行。根据闽南话程度的不同，试卷分为A、B、C三卷。A卷分为A1和A2，A1为基础级，A2为初级；B卷分为B1和B2，B1为中级，B2为中高级；C卷分为C1和C2，C1为高级，C2为专业级。表2是各卷适用的考试对象。

表2　台湾闽南话考试各卷适用对象

卷别	适用对象
A	适用于完成中小学本土语言课程之学生，对闽南话有兴趣之一般民众、新住民或外籍人士等闽南话初学者之语言能力认证。
B	适用于本土语言师资、闽南话进阶学习者、一般性服务业之闽南话服务等之语言能力认证。
C	适用于自我挑战之闽南话学习者、闽南话从业人员、专业性服务业之闽南话服务等之语言认证。

6. 两岸应共同致力闽南话的保护

台湾当局相关部门近几十年来对闽南话在台湾的使用十分重视，尤其是在书面化、教育与学习和测试认证方面做了大量工作。闽南话逐渐成为与国语旗鼓相当的优势方言。大陆近几年来也开始重

视闽南话的保护工作。国家在福建省设立了闽南文化生态保护区，闽南话属于保护的范围。吕良弼(2009)，陈燕玲、林华东(2013)，苏金智(2015)等文章都对闽南话的生存状态进行了调查研究，并指出学生群体闽南话使用能力减退和使用场合较少等问题。

陈燕玲、林华东(2013)2010年底到2011年初调查了泉州市和永春县中小学生普通话与闽南话的使用情况，调查结果显示，泉州市区76％的中小学生普通话的使用多于闽南话，永春42％的中小学生普通话的使用多于闽南话。我们本次调查结果显示，泉州市区中小学生群体闽南话词汇掌握情况好于永春中小学生群体。这说明近两年泉州市区采取了一定的闽南话保护措施取得了明显的效果。泉州市区中小学生在家庭中使用闽南话的比例高于郊区县永春。这也说明，只要社会对学生群体方言技能退化的现象引起注意并采取一定措施，方言技能退化的现象是可以避免的，方言濒危的现象也是可以避免的。

闽南话地区闽南话的保护在对台交往中具有特殊的意义。因为闽南话不仅在社会交际、文学语言、媒体语言等方面在两岸仍发挥着重要作用，在两岸情感交流等方面也起着其他语言或方言无法替代的作用。闽南话的保护不仅应放进相关政府部门的议事日程，还应制定相应切实可行的措施。闽南有些地区闽南话已进课堂，社会上对方言进课堂有不同看法。对这一问题应进行认真的研究。

闽南话在构建两岸共同精神家园，构建两岸闽南文化传承体系等方面，将会起到重要作用。尽管有些人想利用闽南话作为政治工具，但其目的是不可能实现的。两岸闽南人应共同为保护闽南话和闽南文化做出努力。

参考文献

[1] 曹逢甫.台湾闽南话共同腔的浮现:语言学与社会语言学的探讨[J].*Language and Linguistics*,2013.14(2).

[2] 陈燕玲、林华东.泉州地区城乡学生双言生活状况对比调查[J].语言文字应用,2013(1).

[3] 顾百里.国语在台湾之演变[C].台北:台湾学生书局,1985.

[4] 黄宣范.语言、社会与族群意识:台湾语言社会学的研究[C].台北:文鹤出版有限公司,1993.

[5] 姜莉芳、熊南京.族群视野下台湾地区语言使用及语言态度调查[J].怀化学院学报,2012.31(7).

[6] 吕良弼.闽南话生态环境探析——以石狮市为例[A].海峡两岸之闽南文化——海峡两岸闽南文化研讨会论文集[C].2009,知网.

[7] 苏金智.语言技能退化与语言濒危[J].玉溪师范学院学报,2015(1).

从文献目录看闽台的方言资源

张振兴

(中国社会科学院语言研究所)

【摘要】 由张振兴、李琦、聂建民辑录的《中国分省区汉语方言文献目录(稿)》(中国社会科学出版社,2014)是一种文献资源的调查,它为方言文献资源的研究提供了某种方便,也可以为海峡两岸的语言文化交流提供一定范围的服务。按照条目总数、通论总数、地点方言数、涉及县市数几项罗列就可以说明广东、福建、台湾三省方言复杂,方言文化发达,海外交流频繁,因此研究的多,关注的多,文献资料也就多。说明闽方言在海峡两岸通行范围广泛,影响力也更大一些。论文从文献目录挖掘"四条信息",提出"四个印象",强调从语言文化的角度来看,我们既需要研究共性,也需要研究特殊性。两岸共同研究闽方言,研究闽南话,需要统筹协调,共同规划,共享资源,概括起来就是"整理、提高、开拓"六个字。

【关键词】 方言文献;海峡两岸;闽方言;闽南话

1. 关于《中国分省区汉语方言文献目录(稿)》

语言是一种资源,一种财富,一种投资环境。

中国的语言资源包括汉语和少数民族语言。汉语是一个整体，它自然包括所有的汉语方言。讲汉语要有整体汉语的概念，一讲汉语只想着普通话是不全面的。

从语言是资源的观点看汉语方言，有两个观察的角度：一个是活着的，正在说着的方言口语；一个是方言的记录，包括经过整理研究的方言文献。从方言口语里可以研究现在正在使用的语言资源。从方言文献可以同时了解语言资源的现在和历史。就是说，方言文献记录方言的现在，也记录方言的过去，它以文献的形式提供了语言资源迄今为止调查研究的历史和现状，对这种资源继续调查和研究是非常重要的。

不久前由张振兴、李琦、聂建民辑录的《中国分省区汉语方言文献目录（稿）》（中国社会科学出版社，2014），是一种文献资源的调查。它为方言文献资源的研究提供了某种方便，也为今后的汉语方言研究提供了文献依据和文献参考。《中国分省区汉语方言文献目录（稿）》收录了截至2010年以前的中外汉语方言调查研究文献目录。当然，由于各种原因，这个文献目录肯定有疏漏或错漏，它是需要不断补充和改正的。

这个文献目录的条目，按照省市区分类，包括除西藏以外中国所有省市区。每个省市区首先列出涉及整个省市区的文献条目，然后根据新编《中国语言地图集》（第2版，2012）的方言分类，按照所在省市区内的大类方言分类，最后按方言地点排列。从这个分类里，我们可以很容易查找到所在省市区内，涉及整体的方言研究已有哪些文献，境内有哪些大类方言，哪些地点方言有什么文献。从这个文献目录里，甚至可以大致了解每个省市区方言研究的历史状况。

鉴古知今，是科学研究的前提条件之一，也是研究所有问题的出发点。心中有数,心中有底,可以在现在的基础上迈向更高的台阶。因此,《中国分省区汉语方言文献目录(稿)》也可以为海峡两岸的语言文化交流提供一定范围的服务。

2. 一个大概的统计数字

根据《中国分省区汉语方言文献目录(稿)》,可以提供一个非常大概的估算数据。按照条目总数、通论总数、地点方言数、涉及县市数几项,罗列如下。其中"通论总数"指讨论整个省区的方言内容的文献,不涉及具体地点方言;"地点方言数"指涉及省区内的具体地点方言的文献;"涉及县市数"指地点方言所涉及的县市或村镇数目。

省市区	条目总数	通论总数	地点方言数	涉及县市数
总论之一	1373			
总论之二	1521			
安徽	520	11	509	58县市51地
北京	718			
福建	2287	111	2176	66县市91地
甘肃	230	13	217	36县市
广东(含港澳)	3127	127	3000	81县市87地
广西	656	20	636	75县市72地
贵州	198	18	180	11县市19地
海南	272	85	187	8县市11地
河北(含天津)	235	41	194	9县市12地
河南	346	43	303	28县市25地
黑龙江	178	141	39	3县市3地
湖北	765	45	720	35县市30地

(续表)

湖南	1014	56	958	57县市50地
吉林	33	14	19	5县市5地
陕西	580	36	544	55县市56地
上海	518			
四川(含重庆)	427	148	279	42县市39地
台湾	2165	629	1536	18县市32地
新疆		19	66	16县市
云南	198	45	153	14县市19地
浙江	661	11	651	38县市38地
总计	18 022	1613	12 367	655县市640地

观察上面的数字,我们知道:

除西藏自治区以外的全国34个省市区中,广东省条目最多,总数是3127条,其次福建2287条,台湾2165条。三省条目的总数多达7000余条,几乎占了全国汉语方言研究文献总数的三分之一。

数字说明,广东、福建、台湾三省方言复杂,方言文化发达,海外交流频繁,因此研究的多,关注的多,文献资料也就多。其中海峡两岸关系最密切的福建、台湾正是在我们的议题之内。

3. 从闽台方言文献中得到的印象

就行政区划来说,闽台两省文献条目总数是4452条。

就方言来说,两省主要通行闽方言和客家话,其中闽方言条目4200多条,客家话条目只有200多条。这说明闽方言在海峡两岸通行范围广泛,影响力也更大一些。

闽方言主要通行于闽台两省,但广东东部潮汕地区,西部雷州半岛,还有海南省的大部分地区,广西壮族自治区的一部分地区也说闽方言。

客家话通行地区除了闽、粤、台以外,还通行于江西南部地区,以及湖南、广西、四川、海南等其他一些省区。

所以按照方言分类,讨论闽方言和客家话的时候一定要把两岸闽台两省最紧密地联系在一起。还得把广东潮汕地区、雷州半岛、海南省等非闽台地区联系在一起。这么一来,闽方言的文献条目总数可能达到 5000 条左右,远远超过粤方言的条目总数。是汉语十类方言里文献条目最多的。接近文献条目总数的四分之一。

按照现在时髦的说法,这也算是一个大数据吧。仔细研究这个文献条目,可以知道几个重要的信息。

第一,闽方言条目中,闽南话的条目最多。从总体上讨论闽南话的有 500 条左右。分地点讨论闽南话的有 3400 条左右,覆盖了闽台两省通行闽南话的所有市县。如果以方言片为单位计算,其数量冠于汉语所有片一级方言。这个现象并不奇怪,因为闽、台两省通行的闽方言里,闽南话是大宗,通行地域最广,使用人口最多,其经济文化的影响力也最大。尤其是台湾,主要使用闽南话。

第二,闽台两省重点方言的调查研究非常成熟,例如福建的福州、厦门、漳州、泉州等地点方言,台湾的台南、台北等地点方言可以说经历了全方位、多角度的反复调查研究。检查文献目录知道,福州的文献条目达 160 多条,厦门的文献条目也有 150 多条,这还不包括那些名称冠以"闽方言、福建话、闽南话",而实际上是只研究厦门话或福州话的文献条目。仅从方言点的文献目录数量上来看,厦门话或福州话大概仅次于广州话和上海话。这个没有办法,广州话和上海话是更能赚钱的方言。

第三,由于闽台两地特殊的地理、历史原因,尤其是台湾地区的特殊性,外国人(尤其是日本人)特别重视闽方言(主要是闽南话)的应用型调查研究。例如福建的西文文献条目多达250多条,台湾的西文和日文文献条目接近300条。其内容大多涉及英日语与闽方言闽南话对照词典,闽方言与闽南话的方言课本教材、会话手册等。这些内容主要目的是为在闽台地区活动的英日人士学习闽方言闽南话服务的,实用性很强。

第四,从文献目录上看闽台两省方言研究的内容,有四点给人印象深刻。

(1) 重视实地的田野调查。尤其是台湾学者的田野调查令人刮目相看,台湾地区的调查已深入到村镇了。在这个方面,福建的调查研究尚有不足。

(2) 重视方言历史音韵的整理与研究。闽台是方言韵书大省,黄谦《新镌汇音妙悟》、谢秀岚《汇集雅俗通十五音》、蔡士泮《戚林八音》等一批方言韵书出现时间早,流传范围广。所以文献目录里专列"附录:福建韵书"一节,收录大约80条有关文献目录,涉及闽台各类方言韵书。

(3) 重视方言与文化的联系。闽台两省这一类的文献目录占了很大的分量。例如方言与文化通论、方言与民间戏剧、方言与民间歌谣、方言与民俗等。

(4) 重视闽台方言的源流研究。很有意思的是,在闽台两地的方言文献里,很多冠以"福建话"的论著,其实是讨论台湾的闽南话的。从文献里可看出,台湾话、闽南话、福建话经常所指是相同的。

以上四条信息,四个印象,在其他大方言区里不能说没有,但都没有两岸的闽方言区,闽台两省方言那么突出。这是事实。这说明什么?这说明闽台闽方言与其他方言有共性,闽方言只是汉语方言之一。曾经有学者夸大闽方言的特殊性,认为《切韵》系统管不住闽方言,这是不符合事实的。同时也说明闽方言有其特殊性。它受到更多的关注,文献特别多,文献的特点尤其突出,就说明它有特殊性。闽方言本身有特殊性,跟闽方言相关的历史文化也有特殊性。

从语言文化的角度来看,我们既需要研究共性,也需要研究特殊性。

4. 维护好两岸语言文化的桥梁

汉语方言中闽方言的共性和特殊性,为我们构建了两岸语言文化交流的桥梁。现在需要我们共同努力,维护这个桥梁,使之畅通无阻。

我是闽方言的使用者,也是一位略知闽方言的方言学工作者。调查研究我的母语方言福建漳平永福话是我的本分;调查台湾的闽南话是我的工作。目的都在于以最微小的贡献来维护两岸语言文化交流的桥梁。

我很仔细研究过《中国分省区汉语方言文献目录(稿)》里福建、台湾两省的文献目录。经常会陷入深思:两岸都是闽方言,都是闽南话,客家话也是共同的,所以共性远远大于特殊性。如果集中资源,集中力量,共同研究闽方言,共同研究闽南话,共同研究客家话,那该有多好!

本文主要讨论闽方言的话题。这里需要特别指出,两岸共同研究闽方言,研究闽南话,需要统筹协调,共同规划,共享资源。有很多事情是可以做的。

第一,整理已有的研究成果,出版闽方言、闽南话类编。例如像林双福、洪惟仁先生所主编的《闽南话经典辞书汇编》(台湾武陵出版社,1993)十种一样,整理、出版一批早期两岸的闽方言研究成果。还可以选择一批两岸闽方言、闽南话地点方言的调查研究的精品之作,整理出版闽方言或闽南话重点调查研究汇编若干种。也可以选择闽方言、闽南话研究的精品论文,按照语音、词汇、语法等类别,分门别类整理出版汇编本。

这一类的科目很多。甚至还可以专门把日本殖民台湾时期,日本殖民机构或人员编纂的闽南话词典、日台对照词典、教材、研究文本汇编成册,以供专门研究之用。

第二,编纂综合性的闽方言大词典、闽南话大词典。现在我们有很好的周长楫主编的《闽南话大词典》(福建人民出版社,2006),还有很好的董忠司总编纂的《台湾闽南话辞典》(台湾五南出版公司,2001)。可是总要受到地域限制。应在这两种或其他种类词典的基础上,编纂一部广泛的闽南话大词典,这样的大词典还应包括潮汕地区、粤西雷州半岛,甚至海南岛的闽南话。还应集中两岸研究人员,编纂一部广泛的、综合性的闽方言大词典。这种大词典应包含闽、台、粤、琼等省区的所有闽方言,反映所有闽方言的语言事实。

其实,不仅是词典、大词典。如果有机会,都应有一本经得起推敲的闽南话字典,或闽方言字典。从某种意义上说,让一种语言或方言发挥真正的文化价值,字典比词典更重要。

第三,加强闽南话、闽方言与闽南地域、闽方言地域历史文化联系的调查研究。闽台都是文化大省,其文化大都植根于闽台地区的闽方言或客家话,特别是闽方言。在这方面,两岸应携手合作。其重点应是与闽南话、闽方言相关的戏剧、民间曲艺的语言研究。这个方面,两岸只见零散文献。其实这个领域大有可为。例如闽剧、高甲戏、芗剧、布袋戏、潮剧、琼剧等地方戏剧曲艺的语言应用等一系列语言问题,现在几乎还是研究的空白。像《明本潮州戏文五种》(广东人民出版社,1985)里面早期闽南剧本里的大量语言现象,也几乎没人系统整理与研究。

以上只是举例说说而已。类似需要两岸共同携手研究的问题很多。其实,总而言之,就是整理、提高、开拓六个字。

5. 余论

语言是民族之魂。

语言是文化之根。

语言需要研究,语言也需要保护。

闽南话、闽方言、客家话是两岸共同的资源,共同的财富。没有任何其他东西,能比语言更能说明两岸人民同祖同宗,同源同流,骨肉相亲。

因此,对两岸共同拥有的闽南话、闽方言、客家话,需要两岸学者携手合力,共同研究,共同开发,共同利用。

闽南话、闽方言、客家话在汉语方言中,极富有生命力。由这几种方言培育的闽南文化、闽方言文化、客家文化也是华夏文明中璀璨的明珠。

我们拥有它,太幸福了,请珍惜闽南话,请珍惜闽方言,请珍惜客家话!

闽粤台客家俚俗谚语的扩散与变异

曾纯纯

（台湾屏东科技大学客家文化产业研究所）

【摘要】 台湾南部六堆地区俗语、谚语的来源除了古代文献,本文章主要溯源自客家人的原乡闽西与粤东,比对出六堆客谚的来源或出处,以观察客谚吸收、加工与转换的关系。

【关键词】 客家;俗语;谚语;语言扩散;语言变异

1. 前言

台湾南部六堆地区客家人的原乡,主要以粤属嘉应州、潮州府,及闽属汀州府所辖各县的移民为主[①]。客家人移植原乡文化与习俗,包括耕作、建筑、礼俗、工艺、戏剧、岁时节庆、宗教信仰、饮食、服饰等,也在台湾本土化,形成以客家话群聚居的语言生态环境。表现在语言上面,客家话中有大量关于生活方式与精神、文化的字词与俚

---

① "六堆"非行政组织,而是台湾南部客家的代名词,行政区域横跨屏、高二县市。六堆名称及范围如下,中堆:竹田,前堆:长治、麟洛、九如圳寮、屏东市田寮、盐埔七份仔,后堆:内埔,先锋堆:万峦,左堆:新埤、佳冬,右堆:高树、美浓、六龟、杉林、甲仙一部分、里港武洛、旗山手巾寮(林正慧 2008:22)。

俗谚语,部分是承袭原乡的语言习惯,部分则是客家人在六堆地区生活中长期累积下来的智慧结晶,是其生活习俗与思想信仰的缩影,反映出六堆客家人的特性。

客家有句广为人知的谚语:"宁卖祖宗田,不忘祖宗言;宁卖祖宗坑,不忘祖宗声。"借此亦可了解语言是保存客家文化最重要的环节也是文化的表征。(涂春景 2002)谚语更是客家先民细密的观察和人生经验所创造,经过无数人的雕琢沿用而成的简洁句,从中可以看到当代的社会现象、人类行为以及人生哲理,同时展现丰富的语言技巧,我们透过大量的客家谚语,可探索其深层的文化底蕴及族群特色。谚语既是人们的口头创作,六堆地区俗语、谚语的来源除了古代文献,应可以从原乡闽西与粤东的俗语、谚语里找到具体的来源或出处(王勤 1980:5—6),且一条谚语流传不同地区,会产生不同说法、版本,若果闽粤台三地皆有例子,应可以看到客谚吸收、加工与转换的关系。

朱介凡(1964:91)认为谚语为完整的句子,俗语只是词汇。曾永义(2003:96)认为谚语是俗语的一种。本文章主要探讨俗语、谚语及歇后语,俗语是通过群众世代口耳相传,成为口语化、定型化和广泛使用的语句。谚语是在群众中广泛流传的一种固定语句,以简练通俗的话,反映出深刻的道理。歇后语由两部分构成,前为比喻(设事),后为本意,本意是对比喻的解释,近似谜语。(谢永昌 1994:179—206)其次,本文章所列举的谚语取自于笔者所建立的谚语语料库,此语料库键入闽西、粤东、台湾南部等地出版的谚语书籍与词典所列出的客家谚语①,共计闽西 609 条,粤东 1035 条,台湾南部 3150 条。

---

① 征引材料略例,俗谚语句后括号中附文献出处代称,阿拉伯数字为页码,如:〔闽汀 123〕即为陈泽平、彭怡玢的《长汀客家方言熟语歌谣》页 123。本文征引材料有大陆闽西 2 本:除了〔闽汀○〕,还有〔闽武○〕林善珂主编的《武平文史资料:民

不过,目前对于客家话书写的方式主要有拼音和汉语书写,拼音亦是尚未定论,因此,闽粤台对客家俚俗谚语的记录,多采北京话或台湾国语,并且用最接近的汉字书写,民间的写法比较随意,各个作者对于同一字眼所用的文字符号可能不一致,如词义"他",用字有"渠""佢""伊";词义"没有",本字"无",也写作"无""毛""没""冇""毋"等,本文不予以统一,尽可能保存各地方言的本来面目,不随意去取用字用语及标音,这样才能了解语言变迁的真实情况。(王晋光 2003:36—45)

关于客家谚语的研究很多,坊间更有大量谈论谚语的书籍提供具参考性的语料。本文章将应用语言扩散的理论,分析客家谚语语料库,借以观察六堆地区俚俗谚语如何从原乡闽西、粤东俗谚语吸收材料而成区内俗谚之情形,但限于文献之不足,无法在时间上考证每一条俗谚扩散流播之来龙去脉,但在较宏观的角度,本文章试图找出在谚语背后流传运作的概念,希望以此反映客家俚俗谚语的语言扩散与变异的情形。

2. 理论背景

作为语言扩散研究的先驱者,语言社会学者费什曼(Joshua A. Fishman 1977)以英语扩散提出"由上而下"(top-down process)的扩

间风俗专辑》。大陆粤东则有 3 本:〔粤梅○〕谢永昌的《梅县客家方言志》。〔粤客○〕张维耿主编的《客家话词典》。〔粤通○〕罗美珍、林立芳、饶长溶主编的《客家话通用词典》。台湾六堆有 9 本:〔台六○〕钟壬寿的《六堆客家乡土志》。〔台美○〕美浓镇公所的《美浓镇志》。〔台客○〕李盛发的《客家话谚语、歇后语选集》。〔台文○〕曾喜城、曾梅枝、刘敏华的《文学》。〔台万○〕曾喜城的《万峦妹仔没便宜》。〔台猴○〕曾彩金的《六堆人讲猴话》。〔台谚○〕曾彩金的《六堆俗谚语》。〔台浓〕李新男的《美浓客家谚语山歌俚语歇后话》。〔台谚 II○〕曾彩金的《六堆俗谚语II》。

散模式；库柏（Robert L. Cooper 1976）也提出语言扩散的三种类型：母语扩散类型、通用语扩散类型、高层用语扩散类型。王晓梅（Wang，Xiaomei 2012）则以马来西亚的华语为对象，以华语扩散模式及其内外机制与扩散过程进行了细致的阐述，她认为与英语的扩散不同，华语扩散除了由上而下的过程，更有以家庭场域内的电视广播为要素的低层扩散作用，同时又通过教育由正式场域向非正式场域扩散，因此柔佛州的华语扩散是高层与低层双向的运动方式。然而费什曼的英语扩散研究是针对非英语社群内的语言扩散，王晓梅的马来西亚华语扩散研究对象是方言社群，因此，本文章不讨论单独个别的方言社群，主要目的是找出不同地区的同一方言社群的语言扩散现象，分析的语料以俚俗谚语为主，观察共同语扩散，是否更涉及社会文化因素与语言认同等问题。

3. 流传的痕迹

王晋光（2003：36—46）从华南地区客、闽、粤三语吸收华北、华中文学作品中俗谚的同异考察语言变迁，其整理的语例有直接移植、更换字词、删减成分、增添成分、重组整理与据意造句，对于本文章研究闽、粤、台三地客谚的流传发挥了相当大的作用。据此将客谚流传的情况做一简要的概述。

3.1 直接移植

句式不变，词义不变。如：

六十六，学唔足〔闽汀 40〕

六十六，学唔足〔粤梅 197〕

六十六，学唔足〔粤通 321〕

六十六，学毋足〔台浓 225〕

田作唔好荒一年,子教唔好害一生〔闽汀 54〕

田作唔好荒一年,子教唔好害一生〔粤通 323〕

田做毋好荒一年,子教毋好害一生〔台谚 II128〕

按:这两句在台湾流传的俗谚,是直接采用闽粤原谚语,"唔"与"毋"、"作"与"做"用字虽不同,但发音相同,是不加任何改变地移植,在三地完全直接移植,只有这两句。

日求三餐,夜求一宿〔粤客 162〕〔粤通 323〕〔台客 172〕

家和万事兴〔粤梅 183〕〔台客 90〕

食水爱念水源头〔粤梅 193〕〔台美 500〕〔台客 136〕〔台谚 13〕

按:以上三句台湾谚语,不加任何改变直接从粤东移植,这类谚语来自文学作品,如"日求三餐,夜求一宿"出自李栋《彩云归》,"家和万事兴"出自吴趼人《二十年目睹之怪现状》,内容凝实清晰,发生形近讹变的机会很低。

冬雾晴,春雾雨,秋雾茫茫炙死鬼〔闽汀 5〕〔粤通 321〕

雷公早唱歌,有雨唔会多〔闽汀 7〕〔粤通 325〕

冬毛三日雨,春毛三日晴,八月落雨唔过坪〔闽汀 8〕〔粤通 321〕

按:以上三句谚语仅在闽粤之间直接移植,并未流传到台湾,据笔者统计共约 44 句,以阴晴雨雪天气谚语最多,其次是交际往来与人生百态。显见谚语直接移植多发生在文字系统相同的地区。

3.2 更换字词

保留句式,改变关键词,或更换关键词的位置,其词义亦不变。如:

饭后一杯茶,饿死医药客〔闽汀 43〕

饭后一杯茶,饿死医药侪〔粤梅 200〕

饭后一杯茶,饿死医药侪〔粤通 319〕

饭后一杯茶,饿死医药家〔台客 43〕

饭后一杯茶,饿死医生侪〔台谚 33〕

饭后一杯茶,饿死御医爷〔台浓 91〕

初一落雨初二散,初三落雨到月半〔闽汀 12〕

初一落雨初二晴,初三落雨透月半〔闽武 195〕

初一落雨初二晴,初三落雨烂泥坪〔闽武 193〕

初一落雨初二晴,初三初四烂禾坪〔台美 498〕

好子唔要爷田地,好女唔要嫁衣裳〔闽汀 49〕

好子唔用爷田地,好女唔用娘嫁衣〔台美 499〕

好子毋用爷田地,好女毋用娘家衣〔台客 108〕

好子不用爷田地,好女不用娘家衣〔台文 32〕

好子毋用爷田地,好女毋用娘家衣〔台谚 11〕

好子不要爷田地,好女不要娘嫁妆〔台浓 218〕

按:受到俗说、时解等因素影响,用同义字词更换谚语中的某些成分,或在数目上发生增减,但基本意义保持不变,同时显示谚语在传播中,字词更换极具弹性。

秧好半年粮〔闽汀 23〕

秧好半年禾〔粤客 234〕

养子唔读书,不如养只猪〔闽汀 53〕

养子唔读书,不如供只猪〔粤通 335〕

男人扫帚,女人畚斗〔闽汀 83〕

男人扫把,女人粪斗〔粤通 323〕

只要人手多,石磨搬过河〔闽汀 91〕

只要人手多,牌楼搬过河〔台美 526〕

按:有些是关键词的更换,依照当地语音或习惯用词调整,字词更换后,并没有改变语意。

3.3 增减字词

此为句式删减成分,词义不变。如:

一狗吠影,众狗吠声〔粤通 335〕

一狗吠形,众狗吠声〔台客 179〕

吠影吠声〔台浓 218〕

按:广东谚语出自王符《潜夫论·贤难》"一犬吠形,万犬吠声",台谚同一出处而句子删减为"吠影吠声",均喻不察真相而随声附和,人云亦云。

嫁鸡随鸡,嫁狗随狗,嫁到狐狸满岭走〔闽汀 58〕

嫁鸡随鸡飞,嫁狗随狗走,嫁到告化牵袋口〔闽汀 58〕

嫁鸡随鸡飞,嫁狗随狗走〔台客 76〕

烧糍冷粽,隔夜粉冻〔闽汀 41〕

烧糍粑,隔夜粉冻〔粤通 331〕

恶人先告状——倒打一耙〔闽武 198〕

恶人先告状〔台客 199〕

养蛇食鸡——好心没好报〔粤通 335〕

养蛇食鸡〔台美 512〕

按:闽粤的歇后语,流传到台湾,多删减成为一般俗语,总体上并不影响文义。

此为句式增添成分,词义大致不变。如:

勤快勤快,有饭有菜〔闽汀 71〕

勤快勤快,有饭有菜,懒惰懒惰,挨冻挨饿〔粤通 329〕

灯芯撬石板〔闽汀 93〕

灯芯撬石板——不可能〔粤通 321〕

3.4 重组整理

这类的句式重组整理,有意义不变的。如:

唔食烟,唔食酒,活到九十九〔闽汀 43〕

唔食烟,唔食酒,疾病见嘞弯路走〔粤通 336〕

饭后三百步,唔用上药铺〔闽汀 45〕

饭后百步走,活到九十九〔闽武 194〕

饭后行百步,食到九十九〔台客 43〕

饭后行百步,毋使去药铺〔台谚 33〕

按:意思是不抽烟喝酒及饭后多散步、多活动,就不容易生病。

八月大,么菜卖;八月小,菜满园〔闽武 196〕

八月大通街无菜卖,八月小通街菜滔滔〔台美 498〕

按:意思是农历八月月小,必定蔬菜丰收。

另有意义改变者。如:

鸡嬷做鸡公啼,会耕唔会犁〔闽汀 85〕

鸡公啼系本分,鸡嫲啼爱杀头〔台客 83〕

鸡公啼本分,鸡嫲啼斩头〔台猴 15〕

鸡公高啼尽本分,鸡嫲学啼刀斩头〔台浓 61〕

按:封建社会重男轻女,闽谚是强调女不如男。但流传到台湾,在父权社会以男性为主轴,如果女性要强出头就不被接受,有贬低女人的意思。

3.5 据意造句

根据原有意思造句。句式有变,意义也变了。如:

鸡爱留来啼,狗爱留来吠〔粤梅 194〕

公鸡爱留啼,狗爱留来吠〔台美 521〕

鸡公仔留来啼,鸡嫲留来孵卵〔台谚 188〕

按：这句比喻什么都不愿放弃的粤谚，流传到台湾，一句是更换字词，另一句则是依"鸡留来啼"意再重新造句，然而语意都是骂人小气，什么都舍不得。

鸭听雷，狗吠月〔粤通 334〕

鸭嫲听雷，唔知惊〔台猴 18〕

按：这句意为多管闲事的粤谚，流传到台湾，则以"鸭听雷"的不知道害怕，引申为对事情的无知。前一句典雅，后一句口语，且语意差距甚大。

老实老实，连汤带肉一下食〔闽汀 76〕

老实老实孩肥毋会偷食〔台谚 108〕

按：闽谚是描述有些貌似老实的家伙实际上很不简单，台谚的据意造句则是戏谑人太老实。

3.6 小结

烂泥糊唔上壁，稗草碓唔出糠〔闽汀 89〕

烂泥糊唔上壁〔粤梅 186〕

烂泥糊唔上壁〔粤客 115〕

烂泥糊不上壁〔粤通 325〕

烂泥糊唔上壁〔台美 509〕

烂泥糊毋上壁——毋系个料仔〔台客 222〕

烂泥糊唔上壁〔台猴 124〕

烂泥糊毋上壁〔台浓 216〕

按：一句谚语流传闽、粤、台三地，历时数百年，文句增减或新糅异义，随意性极强，此例语出孔子"粪土之墙不可圬也"，与"扶不起的阿斗"同义，粤谚是删减闽谚的成分，而台谚是直接移植，也有变成歇后语的，足见谚语扩散之各具特色，闽谚如释义，粤、台则浅显，喻义

483

都是不堪造就的无用之才。

笔者引用闽粤台客谚资料最早溯及至 1973 年,绝大部分是近二十年整理出版的图书,在这之前客家俚俗谚语是透过口头传播的代代相传,传念中难免出现讹误,或者因方音混杂,词语更迭或社会文化背景的变迁,其中某些客谚的意思变得难以理解是正常的事。综合以上各例,显然在台湾南部流传的客谚大部分可以探寻到出处,但在吸收演变后,语意变化多端,这对于了解客谚的扩散与变异,有所帮助。

4. 其他讨论

4.1 农谚变异最明显

农谚是各地农业总结用语,为常见事件的总结,有明显的地区性和季节性,有其实际适用的场合,因此在传播过程中,最容易产生变异。如:

清明前后,种瓜种豆〔闽汀 27〕

谷雨前,莫莳田;夏前夏后,莳田时候〔闽汀 27〕

清明前,打扮田;清明后,打扮豆〔粤客 181〕

清明前好莳田,清明后好种豆〔台谚 183〕

第一句是说明闽西清明前后为适合种植瓜豆的时候。第二句是闽西谷雨前插秧恐发生春寒烂秧,夏前夏后为立夏前后,到了五月初才适合耕田。第三句是在广东,清明前这段时间给稻田犁田耙田,清明后这段时间给种豆的旱地除草施肥。但在台湾南部,清明前好插秧,过了清明,则种豆比较合时宜,意谓及时从事耕作。不同类型的农作物播种时间各不相同,从这些农谚流传里可以发现,依照当地的节气来确定"莳田"的时间,充分体现强烈的地域性和气候性特点。

夏至雨,有谷做毛米〔闽汀 28〕

八月风台雨,有谷作没米〔台美 498〕

在闽西的六月底夏至这一天下雨,夏季的雨水就会很多,稻子收起来后没法及时晒干,就会霉烂。这句俗谚传到美浓,则因应台湾夏天八月多台风,而影响收成。

夏至西北风,菜园一扫空〔粤梅 204〕

夏至西风吹过夜,大水浸河坝〔台客 104〕

夏至西风吹过夜,大水浸河坝〔台谚 183〕

这三句农谚均根据风向预测天气状况。粤谚是说明夏至如刮西北风,对蔬菜的生长极为不利。流传到台湾南部,则强调夏至晚上如果吹西风,常会下大雨泛滥成灾。

冬至出热头,正月冻死牛〔闽汀 20〕

冬至在月头,无被唔使愁;冬至在月尾,冻死老乌龟;冬至在月腰,有米无樵烧〔粤客 47〕

冬至在月头,有寒年下头〔台美 498〕

冬至在月头,没秧唔使愁;冬至在月尾,寻秧唔知归〔台美 498〕

冬至在月头,无秧毋使愁;冬至在月尾,少秧无人知〔台谚Ⅱ150〕

闽谚的原意为冬至这一天要是晴天,这一个冬天将很冷。粤谚内容更加丰富,冬至在一个月的开头,预示着冬天气候暖和;在月尾,预示着冬天特别寒冷;在月中,预示着雨会下个不停。流传到美浓,这句客谚的重点是指秧苗生长发育情形,在《六堆俗谚语Ⅱ》则说明冬至在月头,不用愁没有秧苗;在月尾,就无法预估秧苗的多与少,喻凡事要防患未然。

以上是关于农耕的农谚,有配合节令的农耕常识,亦有经验累积的气象知识,像"冬至在月头,没秧唔使愁;冬至在月尾,寻秧唔知归",在传统农业社会常以冬至日到来的时间先后与当日天气的好坏,推测往后的气候。这些农谚随着台湾农耕机械化,农业技术改良,气象预测的准确,甚至六堆地区的农田改种槟榔,再加上奖励水田休耕之政策,导致稻米文化的式微,这些农谚也在大量流失当中。笔者对闽粤台三地俗谚语进行调查,发现此(闽)有彼(粤台)无的相互差异322词条①,其中与农谚相关的阴晴雨雪有61条,四时寒暑18条,田园生产35条,山林畜牧26条,总计140条,约占流失谚语的43.5%。由于谚语形式自由,缺乏稳定性,内容具有时效性的农谚,最易流失。

4.2 词汇语义的地域变化

猫躁饭甑好死狗〔粤梅188〕

猫造饭甑——好死狗〔粤客141〕

猫撡饭甑总成狗〔粤通319〕

猫撡饭总成狗〔台客36〕

猫炒饭,总承狗——好到别人〔台文39〕

猫抄饭,总成狗〔台猴16〕

猫秒(抄)饭甑——总承狗〔台浓249〕

"饭甑"是木制圆桶形蒸饭的器具(罗美珍、林立芳、饶长溶主编2004:35),在广东客家谚语"猫躁饭甑好死狗"的"躁"(tshau 52)有扰动之意,比喻自己未蒙其利,反而让别人占上风。"躁"字亦有更换字词为"造"(cau4),意为翻寻(张维耿主编1995:20),或"撡"字,梅县音为"tshau5",意为打翻(罗美珍、林立芳、饶长溶主编2004:

---

① 仅就《长汀客家方言熟语歌谣》与《武平文史资料:民间风俗专辑》两本闽谚与粤谚、台谚的比较。

257），"猫糟饭甑总成狗"，意思均是猫打翻了饭甑狗得利之意。这些俗谚语，流传到台湾南部六堆地区，但家家户户已不使用饭甑了，大家只知其音，未必知其义，采集时复因"误听"造成了"误记"（曾彩金2008：6），而客家话的"糟"（tshau5）、与"抄"（cau 35）、"炒"（cau 52）的音又极为相似，遂误以为是"猫炒饭"或"猫抄饭"，还就其字面延伸了新义。当"饭甑"删减成"饭"字，还能解释成猫打翻了饭，却被狗吃了，以暗喻旁人不劳而获〔台客 36〕〔台文 39〕。但"猫抄饭"的"抄"字，音虽近似，含义却不同，"抄"字没有搅动翻倒之义，此句被批注成猫找饭吃，找到了饭却被狗抢去吃了〔台猴 16〕。美浓的"猫秒（抄）饭甑——总承狗"与粤东俗谚近似，也解释此句为：猫将饭甑翻倒了，闻声而至的野狗把猫赶走，饱餐一顿，野狗总承了利益。因此更换字词为"总承狗"，并推论是"狗总承"的倒装句，而此句在美浓是讥讽被割稻尾或被窃功劳的蠢事〔台浓 249〕。一句谚语，有其字面意义，有其引申意义，有其约定俗成的意义，但若不知其字面意义，则无法透过联想记忆而引申其义，更无法掌握长期使用而约定俗成的特殊语言表达方式，这句谚语就成了新创谚语。

  蚺蛇腰饭甑肚，好吃又畏苦〔台美 500〕

  蚺蛇腰饭甑肚，好食又惊苦〔台客 68〕

  南蛇腰，饭甑肚〔台文 26〕

  南蛇腰饭甑肚——又会食又畏苦〔台文 40〕

  南蛇腰，饭甑肚，好食又畏苦〔台猴 117〕

  蚺蛇腰、饭甑肚，好噬又畏苦〔台浓 228〕

  蟒蛇腰、饭增肚〔台美 512〕

"饭甑"这项蒸饭的木桶，随着六堆地区家族凝聚力变弱，少见大家族同爨合食，加上煮饭工具的改良，今已不多见，不但这个词汇已渐渐流失,年轻一辈不识其义,歇后语"火烧饭甑——气死人"〔台谚125〕、"三十暗晡个饭甑——无闲"〔台谚196〕均以为饭甑是放置饭锅的架子。六堆还流传着一句"南蛇腰饭甑肚,好吃又畏苦","南蛇"号称台湾最长的蛇,食性杂,凡举鼠类鸟类蜥蜴或青蛙等都会捕食,食量很大,"饭甑"是放饭的容器,容量也大,讽刺只会懂得吃而懒得动手的人。粤谚有"饭甑肚欻放铁尺——蒸(真)家伙"〔粤客53〕,指出"饭甑肚"是蒸饭的甑子里,而六堆客家借指为饭桶肚,骂人用语,意谓只会吃饭不会做事。同样也有"误听"而"误记"的,如"蟒蛇腰、饭增肚"〔台美512〕,什么都吃得精光,比喻为食量大,这也是因为"饭甑"这个词汇已渐流失而导致的现象。

4.3 谚语诠释的变异

六堆地区客家谚语延伸新义,以节气的谚语居多,粤东和闽西的气候、环境与台湾南部有异,有些谚语流传下来,已与当地节气有出入。如:

人怕老来穷,禾怕寒露风〔粤梅205〕

禾怕寒露风,人怕老来穷〔粤客218〕

禾怕寒露风,人怕老来穷〔台谚64〕

"寒露"是廿四节气之一,"霜降"之前,已近深秋。在广东梅县,晚稻吐穗扬花时,遇上寒露冷风的侵袭,会造成歉收。但在台湾南部二期稻作在中秋节前后就收割完成,若是拖到寒露尚未收割的稻子,则会受到寒害而影响收成。同一句谚语在两地时令节气不同会有不同解释。因此,除了大量流失,原有的谚语也往往未能贴近六堆一地的气候,久而渐渐不知其义,后来的六堆客家人就目前的气候状况,解释其谚语。其他如:

上屋搬下屋,唔见一箩谷〔粤客197〕

上屋搬下屋,去撤一箩谷〔粤通 331〕

上屋搬下屋,失去一箩谷〔台美 518〕

上屋搬下屋,跌了一箩谷〔台文 30〕

上屋搬下屋,失忒一箩谷〔台浓 213〕

意思是搬家必然会带来损失,美浓地区则扩大语意为搬家之难,更延伸为"劝人择邻而居,否则搬家既伤神又失财"〔台浓 213〕。

直肠直肚无米煮〔粤梅 188〕

直肠直肚无米煮,横肠吊肚套马牯〔粤客 21〕

直肠直肚三餐无米煮〔台六 356〕〔台文 34〕〔台万 102〕〔台谚 137〕

直肠又直肚,三餐无米煮〔台浓 111〕

直肠直肚,一生辛苦〔台浓 240〕

为人直话直说,不虚伪做作,却落得穷到没米煮饭,原比喻过于直率老实的人,往往吃亏。六堆地区则延伸此句为"劝人要知道变通"〔台谚 137〕,美浓据意造句"直肠直肚,一生辛苦",认为心直口快,会惹人讨厌,因而贵人不敢相助。

落雨天孩秆,紧孩紧重〔粤梅 212〕〔粤客 128〕〔粤通 324〕

落雨天孩秆,紧孩紧重〔台客 222〕〔台文 38〕〔台谚Ⅱ114〕

落雨孩禾秆,紧孩紧重〔台谚 105〕

此一谚语系直接移植且流传极广,在广东原意是,在下雨天时挑稻草,雨水浸湿了稻草而增加重量,因此越挑越重,意谓担负的责任越来越重,六堆地区延伸语意为"向人借贷,利息愈滚愈大"〔台文 38〕。

针嘴上削铁〔闽汀 93〕

针尖上削铁〔台美 501〕

针头削铁——赚钱不易〔台浓253〕

闽谚此句原意指小打小闹，成不了气候。流传到美浓一带，逐渐产生了针头削铁卖，劝人锱铢必俭的意思，"针头削铁"增添成分变成歇后语，意思是"赚钱不易"。

肉毒猪嬤，鱼毒鲤虾〔闽汀41〕

肉毒猪嬤，鱼毒鲤虾，人毒叭哈嫲〔台猴156〕

肉中有毒猪嫲肉，人间最毒耙蛤蟆〔台浓23〕

闽谚劝人远离食品中对健康不利的成分，肉类中最毒的是母猪肉，水产最毒的是鲤鱼和虾，容易诱发痼疾。在台湾则增添"人毒叭哈嫲"，"叭哈嫲"是缠足的女人，心肠最毒的女人是缠足的小妾，劝人不要娶小老婆。第三句则是据意造句，"耙蛤蟆"是指缠足的老鸨，其心狠手辣，诚非笔墨所能形容。台谚的诠释已与原意不同。

5. 结论

本文主要是针对方言区俗语、谚语传播情况，由于闽西、粤北、台湾南部客家人相互交际并没有很大困难，其俗谚语的词形与词义差异也不大，但在1949年以后，大陆与台湾都是以北京话为标准语，长达近半世纪的文化交流中断，政治影响及当地族群与文化等因素，两岸客家话已走向不同的道路，在台客家话词汇已发生了多方的、比较明显的语义与语用变异，与大陆客家话已有了一定的距离。特别是台湾的客家话受到国语和闽南话的碰撞与融合呈现出更多的可能性，开始摆脱原乡的方言痕迹。这份研究也证明地域因素对于谚语使用与谚语态度的影响，特别是客谚的变异。

虽闽西、粤东与台湾六堆均以客家话为区域通行方言，但在其使用群中有各自不同的精神投射，大陆闽西与粤东深处内陆社会、文化等领域的因素,使其方言群拥有较强的内聚力与向心性,但在搜集与处理语料时,有意无意间要摆脱方言背景,走上书面语或雅化之路,反而使方言特色消失(王晋光 2003:36)。台湾近年来的本土运动,为推广客家话应用,公布"客家话拼音输入法",希望统整各个客家话次方言。其次教育主管部门为了保存客家文化,推广客家话文教育,陆续编定并公布相关成果,如《台湾客家话常用词辞典》《客家话拼音方案》、台湾客家话书写推荐用字(第 1、2 批)、客家话分级教材等①,于文化传承及客家话文教学上皆有极大帮助,也对客家话文规范化的概念及其标准逐渐产生影响。因此六堆客家俚俗谚语的扩散,除了由上而下的扩散过程,也通过出版及教育的体系由正式场域向非正式场域扩散,且这一个过程是以客家话用书为媒介为其主要机制的,学校导向的客谚扩散过程是通过教科书促成的。

参考文献

[1] 陈泽平、彭怡玢.长汀客家话熟语歌谣[M].福州:福建人民出版社,2007.
[2] 李盛发.客家话谚语、歇后语选集[M].屏东:安可出版社,1998.
[3] 李新男.美浓客家谚语山歌俚语歇后话[M].高雄:高雄县美浓镇公所,2010.
[4] 林善珂主编.武平文史资料:民间风俗专辑[M].福建:武平县政协文史与学习宣传委员会武平县客家联谊会,2007.
[5] 林正慧.六堆客家与清代屏东平原[C].台北:远流出版公司,2008.
[6] 罗美珍、林立芳、饶长溶主编.客家话通用词典[M].广州:中山大学出版社,2004.
[7] 美浓镇公所.美浓镇志[C].高雄:美浓镇镇公所,1997.
[8] 涂春景.听算无穷汉:有韵的客话俚谚 1500 则[M].台北:南天书局有限公司,2002.
[9] 王晋光.俗谚南传:略说俚谚移植与变异[J].*Chinese Language Review*,

---

① 台湾客家语拼音输入法更新,网址:http://www.edu.tw/。

2003.
[10] 王勤.谚语歇后语概论[M].长沙:湖南人民出版社,1980.
[11] 谢永昌.梅县客家话志[C].广州:暨南大学出版社,1994.
[12] 曾彩金.六堆人讲猴话[C].屏东:屏东县六堆文化研究学会,2005.
[13] 曾彩金.六堆俗谚语[M].屏东:屏东县六堆文化研究学会,2008.
[14] 曾彩金.六堆俗谚语Ⅱ[M].屏东:社团法人屏东县六堆文化研究学会,2012.
[15] 曾喜城.万峦妹仔没便宜[C].屏东:美和新故乡出版部,2004.
[16] 曾喜城、曾梅枝、刘敏华.文学[A].六堆客家社会文化发展与变迁之研究.艺文篇(上)[C].屏东:六堆文教基金会,2001.
[17] 曾永义.俗文学概论[M].台北:三民书局,2003.
[18] 张维耿主编.客家话词典[M].广州:广东人民出版社,1995.
[19] 钟壬寿.六堆客家乡土志[C].屏东:常青出版社,1973.
[20] 朱介凡.中国谚语论[M].台北:新兴出版社,1964.
[21] Cooper, R.L. 1976. The Spread of Amharic. Bender M.L.; Bowen J.D. and Cooper R.L. (Eds.). *Language in Ethiopia*, pp.289-304, London: Oxford University Press.
[22] Fishman J.A. 1977. The Spread of English as a new perspective for the study of "Language Maintenance and Language Shift". Fishman J.A.; Cooper R.L. and Conrad A.W. (Eds). *The Spread of English*, pp.108-133, Massachusetts: Newbury House Publishers.
[23] Wang, Xiaomei(王晓梅) 2012. *Mandarin Spread in Malaysia*, pp.103-125, Kuala Lumpur: University of Malaya Press.

闽南话在台湾语言生活中的地位和作用

周长楫

(厦门大学人文学院)

【摘要】 台湾闽南话是福建闽南地区漳州话、厦门话和泉州话相互融和而形成的一种"漳泉滥"闽南话。由于闽南籍移民在台湾人口中占有绝对的优势,台湾闽南话及其文化在台湾被人们广泛地使用着,在台湾的社会语言生活有着不可忽视的重要地位与作用,它甚至渗透到国语里。近年来台湾民间和当局有关部门对台湾闽南话及其文化所采取的系列保护措施,对继承和弘扬闽南话及其文化有着重要的作用。由此联想到我们必须正确调整和处理好共同语与方言的关系,制定合乎情理的共同语与方言和谐共处的政策,采取保护共同语及其文化和地方方言及其文化的切实可行的措施,以求得语言和方言的和谐共处,进而促进全社会的和谐相处的建立。

【关键词】 闽南话;国语;台湾语言生活;地位;作用

根据台湾当局 2014 年 8 月的统计,台湾地区总人口数为 2340 余万人。其中少数民族占总人口数的 2%,约 47 万人,汉族人口占总人口数的 98%,约 2300 多万人。汉族人口中,闽南人约占 75%,

客家人约占12％，外省人（早期来自大陆各省市地区的）约占13％。有鉴于此，为了顺利地进行交际沟通，人们普遍认为汉语的"国语"即大陆所说的普通话应成为全民重要交际的工具和共通的语言。除了国语外，汉语的诸方言，如吴方言、湘方言、赣方言、粤方言、客家话、闽方言（主要是闽南话）以及北方方言的各次方言如江淮官话、西南官话、西北官话和北方官话等，也在不同的人群中流行着。不过，在流行的汉语诸方言中，台湾闽南话使用的地域和人数最多，其次是客家话。这就是说，台湾闽南话（也有人叫河洛话）在台湾人的语言生活中有着重要的地位和作用。台湾闽南话这种重要的地位和作用表现在哪些方面呢？

首先，台湾闽南话不仅在占台湾汉族总人口75％的闽南籍人群中流行，而且也在说其他汉语方言的人群里流行，如占台湾总人口百分之十几说客家话的人，甚至是从大陆移民来的说吴方言、湘方言、赣方言、粤方言、福州话以及北方方言的多数人也都会听或说闽南话，甚至连少数民族中，也有不少人会说闽南话。这样，在台湾，几乎绝大多数人，都会使用闽南话。台湾闽南话的主要特点是"漳泉滥"，就是福建闽南地区漳州话、厦门话和泉州话相互融和而形成的一种闽南话。这是由于台湾的闽南籍移民来自福建闽南的漳州、厦门和泉州三个地区，他们到台湾后由于逐渐混居而使各自带来的地域方音掺和融合。当然，有些人讲的闽南话多偏漳州腔，有些人讲的闽南话多偏泉州或厦门腔，还有不少人则是福建三地掺和的混合腔。台湾南部地区使用闽南话的情况要比台湾北部更为盛行。

其次，台湾闽南话不仅在人们经济、文化和日常生活中被人们广泛地使用着，而且也渗透到人们的政治生活中，有的机关企业甚至在公务活动时也使用闽南话。至于在各种选举中，闽南话更成为包括政治人物在内的各种候选人都必须学会和掌握,并能与广大群众交流的重要语言工具,它在一定程度上会影响到得票率以及选举的成败。近年来,台湾的媒体广播语言、报刊和书籍的文字还频频出现国语语词与闽南话语词交叉使用的现象,一批闽南话自造字也多有出现。

第三,台湾闽南话的语词不仅在说闽南话时使用,而且也渗透到国语里,也就是说,台湾的国语里吸收了不少台湾闽南话的语词,只是读音改成国语的。这些语词,被人们广泛使用着。据我们观察,台湾国语吸收闽南话词语的数量比其吸收日语、英语的词语多得多,其使用频率也是其他外来语所不能比的。下面举些例子。

[阿伯] $a^1 bo^2$ ①伯父:我的～是从福建漳州来的。②尊称年长已婚的男子:～,你先走。‖来自闽南话[阿伯]$a^1 beh^7$。

[阿督仔] $a^1 du^1 zai^3$ 原指眼睛深陷、鼻子高挺的白种人,后用来泛指西方人。也写作"阿凸仔""阿突仔":他是～。‖来自台湾闽南话[阿督仔]$a^1 dok^7 a^3$。

[阿里不达] $a^1 li^3 bu^4 da^2$ 不正经,吊儿郎当;做事黏黏糊糊、拖拖拉拉,不清不楚:他是一个～的人。‖来自闽南话[阿里不达]$a^1 li^3 but^7 dat^8$。

[阿舍] $a^1 she^4$ 旧时称少爷或富家子弟。‖来自闽南话[阿舍]$a^1 sia^5$。

[奥步] $ao^4 bu^4$ 阴招:选举时的～,通常在选前两三天才爆发。‖来自闽南话[奥步]$ao^5 boo^6$。

[芭乐] $ba^1 le^4$ 番石榴。‖来自台湾闽南话[芭乐]$ba^1 lok^8$。

[白贼] $bai^2 zei^2$ 说谎;谎言:他很爱～|～话。‖来自闽南话[白贼]$beh^8 cat^8$。

[菜脯] cai^4 fu^3　腌制的萝卜干：～炒蛋。‖来自闽南话[菜脯]cai^5 boo^3。

[菜头] cai^4 tou^2　萝卜：～汤。‖来自闽南话[菜头]cai^5 tao^2。

[草地] cao^3 di^4　①长草的土地。②乡下：～人（乡下人，农民）。‖②义来自台湾闽南话[草地]cao^5 de^6。

[趁钱] chen^4 qian^2　①有钱。②赚钱：他很能～。‖②义来自闽南话[趁钱]tan^5 ziā。

[吃头路] chi^1 tou^2 lu^4　干活儿赚钱，谋生：他四界～（他四处谋生）。‖来自闽南话[食头路]ziah^8 tao^2 loo^6。书写时将"食"转换为"吃"。

[吃桌] chi^1 zhuo^1　吃酒席：晚上要去～。‖来自闽南话[食桌]ziah^8 doh^7。书写时将"食"转换为"吃"。

[厝] cuo^4　①房子，屋子：古～｜～边（邻居）｜～主（房东）。②停放或浅埋待葬棺木。‖①义来自闽南话[厝]cu^5。

[大车拼] da^4 che^1 pin^1　使出全力拼高低；奋力拼搏：校园歌手～。‖来自台湾闽南话[大车拼]dua^6 cia^1 biā。

[大目神] da^4 mu^4 shen^2　比喻粗心大意的人：他真的是一位～。‖来自闽南话[大目神]dua^6 bbak^8 sin^2。

[歹势] dai^3 shi^4　不好意思：真～，我来晚了。‖来自闽南话[否势]pāise^5。书写时将"否"转换为"歹"。

[冬粉] dong^1 fen^3　一种绿豆制品，像面条：～鸭。‖来自闽南话[冬粉]dang^1 hun^3。

[冻蒜] dong^4 suan^4　选举中中选：大家都来支持～市长。‖来自闽南话[中选]diong^5 suan^3。闽南话的"冻蒜"与"中选"音近。台湾书写时选用近音字"冻蒜"。

［豆花］dou⁴ hua¹　豆腐脑儿。‖来自闽南话［豆花］dao⁶ hue¹。

［番仔］fan¹ zai³　未开化民族；外国人：他是个～。‖来自闽南话［番仔］huan¹ a³。

［飞蛇］fei¹ she²　带状疱疹：～是很可怕的皮肤病。‖来自闽南话［飞蛇］漳州音的 bue¹ zua²。

［古锥］gu³ zhui¹　小巧玲珑，逗人喜爱：这个小女孩很～。‖来自闽南话［古锥］goo³ zui¹。

［乖僻］guai¹ pi⁴　性情偏执，不驯服，与众不同。也指性格古怪、孤僻，和别人合不来：他很～。‖来自闽南话［乖僻］guai¹ piah⁷。

［馃］guo³　米磨浆制成的糕点：甜～。‖来自闽南话［馃］漳州音 gue³。

［好康］hao³ kang¹　①富有：他家很～。②有利可图的好事：这么～的事情我怎么一点也不知道？‖来自闽南话［好康］ho³ kang¹。

［鸡婆］ji¹ po²　比喻好管闲事，多事：她什么事都要管，很～。‖来自闽南话［鸡婆］漳州音 ge¹ bo²。闽南话书写为"家婆"。

［客兄］ke⁴ xiong¹　姘夫。‖来自闽南话［客兄］keh⁷ hiā。

［鲁我］lu³ wo³　纠缠不休，使感到头疼麻烦而气恼：你不去说头家，来～做什么？‖来自闽南话［鲁我］loo³ ggua³。

［猫］mao¹　吝啬：谁像他那么～？‖来自闽南话同音字［猫］miao¹。

［暝］ming²　夜晚：今～他不回家。‖来自闽南话［暝］mi²。

［趴趴走］pa¹ pa¹ zou³　到处乱逛：他到处～。‖来自闽南话［趴趴走］pa¹ pa¹ zao³。闽南话书写为"抛抛走"。

［批］pi¹　信：挂号～。‖来自闽南话［批］漳州音 pe¹。

［俗］su²　价格便宜。‖来自闽南话［俗］siok⁸。

[土豆] tu³dou⁴　花生:炒的~很好吃。‖来自闽南话[涂豆]too²dao⁶。书写时将"涂"转换为"土"。

[哇塞] wa¹sai⁴　表示惊讶:~!怎么这么快!‖来自闽南话[我使]ggua³sai³。"我使"原是闽南话粗话"我使恁娘"的缩语。相当于国语"操你娘"。后来引申为因赞叹、惊讶,甚至不满、气愤时的口头禅。

[歪哥] wai¹ge¹　行为不正派。‖来自闽南话[歪哥]uai¹go¹。

[五脚基] wu³jiao³ji¹　骑楼下的人行道。‖来自闽南话[五骹记]ggoo⁶ka¹gi⁵。书写时将"骹记"转换为"脚基"。闽南话的"五骹记"来自马来语的 kaki lima。"kaki"是"英尺","lima"是"五",即"五英尺"。按马来西亚当地的习惯,不露天的人行道需五英尺宽才合乎要求。

[雾煞煞] wu⁴sha⁴sha⁴　形容让人看不清、摸不透,好像在雾里看东西的样子:他到底是讲什么,我是~,没听懂。‖来自台湾闽南话[雾煞煞]bbu⁶sah⁷sah⁷。

[行山] xing²shan¹　在山路锻炼、散步:我爸每天早晨都会到附近的山头去~。‖来自闽南话[行山]giāsuā。

[鸭霸] ya¹ba⁴　蛮横不讲理:他很~。‖来自闽南话[鸭霸]ah⁷ba⁵。

[夭寿] yao¹shou⁴　①表示程度到极点:小溪里的鱼多得~。②短命;该死:他的儿子很~,十二岁就死了|他真的很~,老偷人家的东西,被抓了几次也不悔改。‖来自闽南话[夭寿]iao¹siu⁶。

[有够] you³gou⁴　非常,十分:这个小姑娘~水(很漂亮)。‖来自闽南话[有够]u⁶gao⁵。

[正港] zheng⁴gang³　真正,地道:我们吃的米,都是~的泰国

米。‖来自闽南话［正港］ziāgang³。

为什么台湾闽南话在台湾的语言生活中如此活跃并有着不可忽视的重要地位与作用呢？

首先，闽南籍移民不仅在台湾人口中占有绝对的优势，而且，这些闽南籍移民自明清时代来到这里生活的时间比起来自大陆其他地区的移民要长久，这些闽南籍移民及其后裔所带来的闽南话及其文化也深深扎根在这块土地上，由于他们是开垦台湾，发展台湾经济、文化的先驱者和主力军，台湾地区长期以来的政治活动家与政治领袖、经济与商业领域里的巨头，文化教育的精英，多出于闽南籍移民及其后裔。他们在台湾的政治、经济、文化以及日常生活中做出的贡献、所起的作用和影响力也是其他人包括当地少数民族远远不能比的。自然，闽南话及其文化在这里就成为占有优势的语言和文化。需要顺便提及一点的是，尽管台湾闽南话在台湾语言生活中有如此重要的地位与作用，但作为汉民族共同语的国语，在台湾人民中还是受到尊重和普遍接受的，而且，尽管受到闽南话和汉语其他方言的影响，国语在台湾的普及程度甚至比大陆某些方言区还高，国语说的标准程度也比大陆某些方言区还强。

其次，闽南话及其文化本身有着极其深厚的文化底蕴。语言是文化的载体。地方方言承载着地域文化的内容。它是中华文化一个重要的组成部分。由于闽南话及其文化形成发展的历史悠久，它的文化底蕴十分深厚。闽南文化有物质文化和精神文化两个方面，其内容包括饮食、服饰、建筑、商贸、交通、物产、生产技术、民间艺术（戏曲、音乐、舞蹈、曲艺、美术等）、民间工艺、民间信仰、民间习俗、民间文学（歌谣、民间传说故事等）、民间游艺（童玩、成人游戏等）、民间医药、学术创造、人文思想精神等，十分丰富而精彩。这些文化深深地渗透在人们的生活中,其所表现的许多概念和内容,必然反映在闽南话的词语里,而这些词语及其所表示的内容,有时是普通话(国语)所不能代替的。例如,"粿"一词在饮食文化里是一个频率使用极高的基本词语,它是米磨成米浆经滗干后拌上各种配料蒸熟后的食品,相当于国语的"年糕"。但年糕一般是用糯米磨浆后做成的,而闽南话的"粿"就不仅限于用糯米了,也可以用一般的米,还可以用面粉,配料也多种多样,所以"粿"可分甜粿、咸粿两大类。甜粿还有白糖甜粿、乌糖(红糖)甜粿之分,还可在其上面添加红枣、蜜饯之类的配料,还有碗糕粿、啵粿、面必粿。咸粿也有多个品种,如菜头粿、金瓜(南瓜)粿、芋粿、番薯粿、油葱粿、水粿、粉粿、豆包仔粿之别,还有白粿、粿条等。这些词语,只有用闽南话表达才能准确达意。又如民间信仰的妈祖(海上救护神)、大道公(保生大帝)、土地公(福德正神)、清水祖师,民间习俗中的天公生(老天爷诞辰)、佛祖生(佛爷生日)、普度(农历七月的祭鬼神风俗),还有如民俗、建筑、工艺等里面,也有许多只有用闽南话词语才能最简洁而概括地表现它所含的丰富文化内容。闽南话词语的来源是多元的,有来自别的方言少用或不用、只保留在闽南话里的古语词,有吸收普通话的语词,更有自己创造的方言词语,还有外来词,因此闽南话的词语数量多,同义词也比普通话丰富,如表示"打"这个概念的同义词,据我们初步统计,普通话不过 20 多个,闽南话至少有 37 个之多;表示"吃"的同义词,普通话也不过 20 来个,闽南话至少有 28 个;表示"烹饪"的词语,普通话还不到 20 个,闽南话至少有 30 个以上。我们上面所举的被国语吸收的闽南话词语,像"鸡婆""菜脯""古锥""三八""大车拼"等,唯其只有用闽南话的词语表达,才能言简意赅又传神传情地表达它的内容。因此,在台湾的语言生活中,闽南话能较好地满足人们对事物表达要求生动、丰富而又精确传情达意方面的需要,有着国语难以取代的重要作用。从这里也可看出,把闽南话一些词语吸收到国语里,对丰富国语的表达功能,就成为语言生活的必然结果,对丰富台湾国语的语词也是很有必要的。

第三,闽南移民对闽南话及其文化的热爱与自信,以及近年来民间和当局有关部门对台湾闽南话及其文化所采取的系列保护措施,这对继承和弘扬闽南话及其文化有着重要的作用。

具有浓厚爱国爱乡情愫的闽南人,无论迁往何地,总是把家乡的母语和文化携带在身,不愿离弃。移民台湾的闽南人也是如此。一百多年前,丧权辱国的清政府将台湾割让给日本。日本殖民者在台湾实行皇民政策,企图用日语及其文化同化台湾,但台湾闽南籍移民仍顽强地坚守自己的母语与文化;抗战胜利台湾回归祖国后,台湾当局也以各种高压手段妄图泯灭台湾闽南话及其文化,但也事与愿违。虽近几十年台湾国语运动的推行以及其他原因,使闽南话及其文化在一些人尤其是青少年一代人中有日渐衰微的趋势,但近二十几年台湾广大人民对母语及其文化的热爱又掀起并推动了人们学习母语及其文化的热潮,特别是在民间强烈的呼吁推动下,陆续在幼儿园、小学开设了母语及其文化(当然也包括客家话以及少数民族语言)的课程,从而促进当局采取了一些相应的措施,如编写母语及其文化的课本、制定母语注音方案、举办教师母语及其文化的培训班以及颁发教师母语资格证书、出版各种母语词典,举办母语广播、戏剧、电视节目,特别是推行台湾闽南话文学,在社会上广泛开展母语及其文化的活动,等等,使台湾闽南话及其文化的继承弘扬有了切实可靠的保证。

综上所述,令我想起了前总理周恩来曾在1958年全国政协会议上所做的《当前文字改革的任务》报告。这个报告实际上是阐述党与政府关于语言文字的政策。在这个报告里,有一段关于普通话和汉语方言关系的精彩话语是这样说的:"我们推广普通话,是为的消除方言之间的隔阂,而不是禁止和消灭方言。推广普通话是不是要禁止或者消灭方言?自然不是的。方言是会长期存在的。方言不能用行政命令来禁止,也不能用人为的办法来消灭。推广普通话,要区别老年和青年,要区别全国性活动和地方性活动,要区别今天和明天,不能一概而论。相反地,只会说普通话的人,也要学点各地方言,才能深入各个方言区的劳动群众。"是的,地方方言及其文化与地方百姓的生活、思想和感情紧密相连,是地域民系的重要特征之一,它在社会生活中的地位与作用不可忽视。它不仅不会与民族共同语对立,还可以跟民族共同语和汉语的其他方言,甚至是少数民族语言和谐共处,相得益彰。在一个有共同语和方言,或者说多种语言和方言共存的社会里,如果不能做好多种语言多种方言及其文化的和谐相处,必然也会严重影响社会的和谐。执政者应充分认识到这一点。必须正确调整和处理好共同语与方言的关系,制定合乎情理的共同语与方言和谐共处的政策,采取保护共同语及其文化和地方方言及其文化的切实可行的措施,以求得语言和方言的和谐共处,从而建立全社会的和谐相处的稳固基础。

图书在版编目(CIP)数据

两岸语言文字调查与语文生活 / 李宇明主编. —北京：商务印书馆，2017
ISBN 978-7-100-12829-2

Ⅰ.①两… Ⅱ.①李… Ⅲ.①汉语—语言学—文集
Ⅳ.①H1-53

中国版本图书馆CIP数据核字(2016)第312528号

权利保留，侵权必究。

LIĂNG'ÀN YŬYÁN WÉNZÌ DIÀOCHÁ YŬ YŬWÉN SHĒNGHUÓ
两岸语言文字调查与语文生活
李宇明　主编

商　务　印　书　馆　出　版
(北京王府井大街36号　邮政编码100710)
商　务　印　书　馆　发　行
北京市艺辉印刷有限公司印刷
ISBN 978-7-100-12829-2

2017年1月第1版　　　开本 880×1230 1/32
2017年1月北京第1次印刷　印张 16¼
定价：45.00元